ULRIKE LADNAR

Frankfurter Szenen

ULRIKE LADNAR

Frankfurter Szenen

Historischer Roman

GMEINER SPANNUNG

Bisherige Veröffentlichungen im Gmeiner-Verlag:
Das Geheimnis der fünf Frauen (2015),
Wiener Vorfrühling (2013), Wiener Herzblut (2012)

Besuchen Sie uns im Internet:
www.gmeiner-verlag.de

Im Ehnried 5, 88605 Meßkirch
Telefon 07575/2095-0
info@gmeiner-verlag.de

1. Auflage 2017

Lektorat: Claudia Senghaas, Kirchardt
Herstellung: Mirjam Hecht
Umschlaggestaltung: U.O.R.G. Lutz Eberle, Stuttgart
unter Verwendung eines Fotos von: © ullstein bild – Frieda Riess
Druck: CPI books GmbH, Leck
Printed in Germany
ISBN 978-3-8392-2015-3

Das Gesicht der jungen Frau war weiß, sehr weiß.

Sie lag auf ihrem Rücken.

Sie war in ein leichtes Gewand gehüllt. Es war aber kein Nachthemd, das sie trug, sondern ein Sommerkleid, das von winzigen pastellfarbenen Blümchen gesprenkelt war wie eine Wiese.

Ihre braunroten Haare waren offen und umhüllten ihr Gesicht mit weichen Locken wie ein Rahmen ein Bild. Um ihren Kopf herum schimmerten weiß wie ihr Gesicht große Lilien auf einem Polster.

Ihre Hände ruhten auf ihrem Bauch, gefaltet wie zu einem Gebet.

Über ihre Füße war eine cremefarbene Decke gebreitet, so dass man nicht sehen konnte, ob sie Schuhe trug oder barfuß dalag.

Das Brett, auf dem sie lag, war schmal, sehr schmal.

Die junge, schlanke Frau füllte die ganze Liegefläche aus. Ihre Körperhaltung wirkte starr und sie sah aus wie darauf festgenagelt. Auf beiden Seiten der Liegefläche ragten dunkle Bretter empor.

Es war eine lange Kiste, in der sie lag.

Ein Sarg.

Und deswegen war das Gesicht der jungen Frau so weiß.

Denn sie war tot.

PROLOG IN ZÜRICH, DIENSTAG, 20. NOVEMBER 1917

Felix von Wiesinger saß auf der schmalen Chaiselongue in der Wohnung seiner Tochter Sophia in Zürich. Halb neben, halb auf ihm schlief sein Enkelsohn, dem er bis vor wenigen Minuten aus einem alten Bilderbuch, das noch aus der Kindheit Sophias stammte, vorgelesen hatte.

Er bedauerte, dass er nicht auf dem ausladenden und weit bequemeren Möbelstück in einer Nische des Zimmers Platz genommen hatte, wo einige Spielsachen und ein paar dicke Fachbücher davon zeugten, dass seine Tochter sich mit ihrem Sohn manchmal dorthin zurückzog. Dann hätte er es sich jetzt auch gemütlicher einrichten können, ohne dass er fürchten müsste, den Schlaf des Kleinen zu stören. Und davor, wie schwierig es sei, den kleinen Karl zu seinem Mittagsschlaf zu bewegen und dann sein vorschnelles Aufwachen zu verhindern, hatte seine Tochter ihn vor ihrem Aufbruch trotz aller Eile mehrfach gewarnt. Doch der Blick, den man von der Chaiselongue aus auf den in der Nachmittagssonne glitzernden See hatte, wenn man nur aufrecht genug saß, hatte ihn verlockt, sich dorthin zu setzen, und natürlich war Karl ihm mit dem Bilderbuch in der Hand sogleich gefolgt.

Sein linkes Bein, das Karl als Polster diente, drohte einzuschlafen, und Felix von Wiesinger ergriff ein Sofakissen und versuchte, seinen Oberschenkel unter Karls Köpfchen wegzuziehen und ihm von der anderen Seite aus gleichzeitig an seiner Stelle das Kissen unterzuschieben. Karl überstand die Prozedur, ohne wach zu werden, und er umschlang das Kissen mit seinen Ärmchen. Felix von Wiesinger rieb sich ein wenig die Beine und setzte sich dann vorsichtig einige Augenblicke lang noch einmal ganz aufrecht hin, den Anblick der sonnenbeschienenen bläulich-goldenen Oberfläche des Sees vor Augen. Draußen in der Welt tobte ein Krieg, und er saß hier, sah die im Schlaf leicht geröteten Wangen Karls, hörte sein ruhiges Atmen und wollte diesen Augenblick der Ruhe mit in seinen eigenen Nachmittagsschlaf nehmen.

Er schloss die Augen. Doch er konnte nicht einschlafen, obwohl er bestimmt müder als sein Enkelsohn war. Der unerwartet erforderliche hastige Aufbruch von Wien nach Zürich hatte ihn dazu gezwungen, die ganze Nacht von Sonntag auf Montag durchzuarbeiten, um sich dann am frühen Morgen todmüde in den Zug setzen zu können. Dieser war über eine lange Wegstrecke hin überfüllt, weil so viele Soldaten unterwegs waren, wohin sie allerdings fuhren, so vom Osten aus in den Westen, erschloss sich ihm nicht so recht. Aber auch später, in der Schweiz, herrschte in seinem Abteil ein großes Gedränge, und dann hatte sich noch eine ganze Familie hereingequetscht und sofort pausenlos irgendwelche unappetitlich riechenden Dinge in sich hineingestopft, als bestünde die Gefahr, dass er oder ein anderer der Mitreisenden sich unerlaubterweise bei ihnen bediente. Und vor seinem Abteil standen einige Menschen, die sehnsüchtig hineinstarrten, als sei dort das Paradies.

Das Paradies hoffte er dann in Sophias Wohnung zu finden, als er, es war schon sehr dunkel, abgehetzt dort ankam und im Laternenlicht den See wahrnahm. Vom See schien Stille auszugehen. Wie lange war er nicht mehr am Wasser gewesen, hatte er gedacht. Am Meer. Oder an der Donau. Oder an einem der schönen österreichischen Seen. Am Mondsee zum Beispiel, wohin er vor mehr als zwanzig Jahren seine Hochzeitsreise mit Sophias Mutter gemacht hatte und wo er oft mit seiner Tochter zur Sommerfrische hingefahren war. Wie lange war er überhaupt privat nirgendwo mehr gewesen. Aus beruflichen Gründen hingegen war er zumindest in den ersten beiden Kriegsjahren ununterbrochen unterwegs zu geheimen diplomatischen Verhandlungen, manchmal auch nur zu Gesprächen oder Vorgesprächen, um Möglichkeiten zur Verhinderung einer Eskalierung des Krieges, dann zu seiner Beendigung zumindest für Österreich-Ungarn auszuloten. Wo er da jeweils war, durfte er niemandem sagen, mit wem er sprach, auch nicht. Fast führte er eine Art Doppelleben. Und natürlich lagen einige dieser Orte in wunderschönen Landschaften, im Gebirge, auf weiten Ebenen, es mussten auch Seestädte dabei gewesen sein, aber er konnte sich an keinen dieser Orte erinnern. An keinen Spaziergang an irgendeinem Ufer. Alles war nur anstrengend und wurde zunehmend hoffnungsloser. Einmal war er nachts aufgewacht und wusste nicht, wo er eigentlich war. Wenig später hatte er mit dieser Arbeit aufgehört und angefangen, den Krieg, an dessen vorzeitiges Ende er nicht mehr glauben konnte, zu verwalten, wie er es etwas zynisch vor sich selbst bezeichnete. Er war nämlich jetzt für die Verteilung der geringen Nahrungsmittel-Ressourcen des Landes auf die Bevölkerung der Riesenstadt verantwortlich. Wieder fand er nachts oft kaum Schlaf, so sehr litt er an dieser ermüdenden und frustrierenden Aufgabe. Selbst wenn es ihm gelang, das Wenige rechnerisch halbwegs gerecht verteilen und entsprechende Lebensmittelscheine drucken zu lassen, herrschte Hunger in der Stadt. Im letzten Sommer und zur Erntezeit war er nachts oft aufgeschreckt, wenn er leises und fernes Donnern und Grollen hörte, und war auf den Balkon geeilt und hatte besorgt die Entwicklung des Gewitters beobachtet. Die Erde brauchte den Regen, aber es durften auch keine zu heftigen Unwetter die Getreidehalme zum Umknicken oder zu heftige Regenfälle die Erdäpfel zum Faulen bringen.

Felix von Wiesinger öffnete noch einmal die Augen, um erneut Zuversicht angesichts des schönen Sees zu schöpfen, der sich immer ein wenig anders präsentiert hatte an diesem Novembertag, anfangs blau, dann grau, fast schwarz, einmal flach und eben wie eine Buchseite und dann gekräuselt, und später wieder wie gepunktet durch herabfallende Tropfen und ein paar Minuten lang wild flutend wie ein Meer. Während der gesamten Zugfahrt, wann immer es ihm gelang, die Probleme seiner Arbeit zu vergessen, hatte er daran gedacht, wie unzerstörbar doch die Natur war. Oder vielleicht auch nur auf ihn wirkte. Die Berge, die unterwegs vor seinem Zugfenster auftauchten, hatten diesen Gedanken in ihm geweckt, als sie sich hoch, grau, felsig, mit schneebedeckten weißen Gipfeln präsentierten und ihm die Gewissheit gaben, dass sie sechs Tage später bei seiner Rückfahrt wieder so aussehen würden. Heute und morgen und ewig sich so zeigten.

Sein Blick fiel auf die Spielecke, die seinem Enkel neben der Tür zu dem französischen Balkon eingeräumt war. Nach dem Mittagessen hatte er mit Karl dort einen hohen Turm gebaut, viele Bausteine vorsichtig aufeinandergestellt. Die ersten drei oder vier hatte das Kind selbst aufgetürmt, danach hatte jeder weitere Baustein zum Umstürzen des gesamten Werks geführt. Karl hatte lange mit großer Geduld wieder und wieder versucht, einen richtig hohen Turm zu bauen, dann aber hatte er begonnen, den fünften oder sechsten und die danach folgenden bunten Holzklötzchen voll zuversichtlicher Erwartung seinem Großvater zu reichen und diesen sein Glück versuchen zu lassen. Sein Enkelsohn hatte ihn so dazu gebracht, sich einfach ins Hier und Jetzt zu begeben und sich auf das Spiel zu konzentrieren. Irgendwann, der Turm war wirklich schon erstaunlich hoch, musste er Karl sagen, dass es nicht höher ginge. Und Karl hatte ganz aggressionsfrei und nur voll interessierter Anspannung den Turm umgeworfen. Kleine Kinder kennen den moralischen Unterschied zwischen Auftürmen und Zerstören noch nicht, dachte Felix von Wiesinger, für sie ist es wahrscheinlich einfach nur faszinierend, wie schnell der Zerstörungsprozess im Unterschied zur Konstruktions- und Bauphase verläuft, ein Stups, und alles ist kaputt.

Felix von Wiesinger zwang sich, den herumliegenden Bausteinen keine symbolische Bedeutung zuzuweisen, sondern in ihnen einfach ein paar Spielgegenstände zu sehen, die irgendwann aufgeräumt werden mussten.

Doch das war schwer angesichts einer Welt, die sich gerade selbst zerstörte.

Denn so nahm er die Welt zurzeit wahr. Der Krieg hatte bislang schon Millionen Menschen das Leben gekostet und weiteren Millionen Menschen war dadurch großes Leid angetan worden. Auch seine Familie war davon betroffen, denn sein Schwiegersohn war gestorben, kurz nachdem Karl zur Welt gekommen war. Immer noch trauerte Felix von Wiesinger um Sophias Mann, der ihm ein guter Freund gewesen war. Auch Sophias Trauer war noch längst nicht überwunden. Sie sprach allerdings nie darüber und schien ihr Leben im Griff zu haben und positiv gestalten zu können. Aber Sophias Schweigen machte ihm manchmal mehr Angst, als es ihr Weinen getan hätte. Und sein Enkelsohn hatte seinen Vater verloren und würde nie den Schutz und die Liebe eines Vaters genießen und an dessen Vorbild reifen können.

Viele andere Männer waren versehrt aus dem Krieg zurückgekommen, von Gewehrkugeln oder Granateneinschlägen getroffen, Schrapnells hatten ihnen Arme oder Beine zerfetzt, Gas ihre Lungen beschädigt. Ob ihre Wunden je heilen würden, konnte man in vielen Fällen noch nicht absehen. Leider war auch ein Mitglied seiner Familie zum Invaliden geworden, nämlich der Sohn seiner zweiten Frau Ada, den der Krieg einen Arm gekostet hatte.

Und welche psychischen Folgen dieser Krieg haben würde, wusste man auch noch nicht. Wie sollten diese Männer, die jahrelang unter Entbehrungen und Hunger und Kälte oder Hitze gelitten hatten, unter dem Ritual der Kampfhandlungen, dem Warten auf das Heulen der Geschosse, dem täglichen Lauern auf die Angreifer, die daran gewöhnt waren, fremden Plänen und Rhythmen zu gehorchen, die Gewalt ausüben oder ertragen mussten, für die ihr bisheriges Leben sie nicht vorbereitet hatte, zurückkommen in ihr Heim, in ihre Familie, in der sie auf selbstständige und selbstbewusste Frauen stoßen würden, die gelernt hatten, ihr Leben alleine zu meistern, und die dort Kinder treffen würden, die sie nicht kannten, für die ein Vater nur noch eine blasse Erinnerung oder eine Figur auf einer zerknitterten Fotografie war. Oft überlegte von Wiesinger, welche Träume diese Männer nach dem Krieg in den Nächten hätten. Alpträume. Und Einsamkeit am Tag. Sie würden in ihren Familien nicht über den Krieg sprechen, um ihre Frauen zu schonen.

Und natürlich wäre die Welt um sie völlig verändert. Dass das Kaiserreich den Krieg nicht überleben würde, war Felix von Wiesinger und allen seinen Freunden klar. Dass sich dann aber der Übergang in eine Republik geordnet und gerecht und ohne Konflikte vollzöge, darauf wagte er trotz der vielen Vorbereitungen, die in politischen Parteien und anderen Gruppierungen bereits getroffen wurden, kaum zu hoffen.

Egal wie alles ausgehen würde, die Welt, in der er lebte, würde zerstört sein, und die neue Welt würde anders sein als die Welt, in der er gelebt hatte. Und die er doch trotz aller Kritik so sehr geliebt hatte.

Felix von Wiesingers Blick wanderte von Karls Spielecke zu Sophias Schreibtisch. Der war mit Papieren und Büchern überhäuft, weil seine sonst ordentliche Tochter genauso unvorbereitet von Zürich aus aufgebrochen war wie er am Tag zuvor aus Wien. Sein *Sopherl*, wie er seine Tochter im Innern immer noch nannte. Wie hatten Ada und er Sophia in den letzten Monaten vermisst, und wie sehr auch den kleinen Karl. Dabei war die Familie in Wien größer denn je, denn Ada und er hatten einen Waisenjungen – die vielen Waisenkinder waren ebenfalls eine Folge des langen Krieges – adoptiert und dann war Ada kurz vor ihrem 40. Geburtstag noch einmal Mutter geworden. Felix von Wiesingers Sohn war somit kaum jünger als sein Enkel. Eine Frau und zwei Söhne, so sah seine Familie jetzt aus. Es war alles ganz anders als früher, schön war es, ja, aber trotzdem dachte er häufig daran zurück, wie Sophia und er alleine in dem großen Haus und dem großen Garten gelebt hatten, liebevoll betreut natürlich von ihrer Köchin, ihrem Diener, ihrem Kutscher und anderen treuen Hausangestellten. In der alten Welt.

Darauf, dass Sophia nun in Zürich lebte, reagierte er mit einer Mischung aus freudigem Stolz und Trauer. Natürlich empfand er Stolz angesichts ihrer Selbstständigkeit und ihrer Entschlossenheit, hier das Studium der Rechte, das Frauen in Wien offiziell immer noch nicht zugänglich war und das sie dort eher privat betreiben konnte, konsequent aufzugreifen und in kürzester Zeit abzuschließen. Dennoch war Felix von Wiesinger nie wieder ganz unbeschwert, seit sein Sopherl nicht mehr in Wien war und ihr Leben ohne seine Liebe und seine sie heimlich schützende Hand führen musste. Dabei war es gewiss auch gut für seine Tochter, Wien für eine Zeit verlassen zu haben. Denn sie hatte dort, und das war eine dauerhafte Sorge für ihren Vater, zu viel mitmachen müssen. Zu viele Tote zu beklagen. Ihre Mutter. Den jungen Mann, der ihre erste große Liebe war. Felix von Wiesinger erstarrte, als er an diese Nacht zurückdachte, als er befürchten musste, dass dieser Mann seine Tochter mit in seinen Untergang reißen würde. Dann hatte sie ihren Ehemann, seinen guten Freund Rudolf, verloren. Er hoffte, dass in Zürich die Lebenden seine Tochter stärker vereinnahmen würden als ihre Toten. Seine Gedanken umkreisten Felix von Wiesinger in ermüdender Monotonie.

Fast schon eingeschlafen, fiel ihm wieder der Brief ein, der ihn nach Zürich geführt hatte. Der Brief von Mascha. Doktor Mascha Grünberg, eine junge Ärztin, war die beste Freundin seiner Tochter und sie ging einst in ihrem Haus ein und aus. Sie war unterstützend an Sophias Seite bei allem, was ihr widerfuhr, voller Zuneigung und Treue. Nicht nur mit Rat, sondern auch mit Tat. So verließ sie nach Rudolfs Tod ihr eigenes Elternhaus, um zu ihrer Freundin und deren Sohn zu ziehen. Sie lebten gut miteinander, so gut es eben ging. Felix von Wiesinger wusste, dass er nie vergessen würde, was Mascha in dieser Zeit für seine Tochter und dadurch für seine Familie getan hatte. Leider hatte Mascha dann Wien beinahe fluchtartig mit unbekanntem Ziel verlassen. Das war inzwischen schon länger als ein halbes Jahr her, nein, noch länger sogar, rekonstruierte Felix von Wiesinger. Und sie hatte sich nicht gemeldet in all der Zeit. Bis jetzt.

In dem an ihn adressierten Kuvert lagen ein verschlossener Briefumschlag für Sophia und ein Brief an ihn, in dem sie ihn bat, den beiliegenden Brief Sophia unverzüglich zu überreichen, sei sie nun in Zürich, was sie ja vorhatte, oder eben noch in Wien. Eindringlich teilte Mascha ihm noch mit, dass sie ihre Freundin unbedingt bei sich brauche, weil etwas Seltsames sich ereignet habe, das sie als sehr bedrohlich wahrnehme. Im Übrigen lebe sie inzwischen in Frankfurt am Main und arbeite dort als Ärztin. Und Sophia möge, nein, solle, nein, müsse zu ihr kommen.

Und so stürmte er nach dem Erhalt des Briefs in sein Amt, um die Angelegenheiten der nächsten Tage zu erledigen oder zu delegieren, eilte dann mit seinem kleinsten Reisekoffer an den Bahnhof und machte sich auf den Weg. Die Freude seiner überraschten Tochter tat ihm gut. Dann reichte er ihr Maschas Brief und nachdem sie ihn gelesen hatte, gab sie ihn ihrem Vater, während sie sofort eine Reisetasche mit dem Notwendigsten füllte. Mascha schrieb, dass sie Grund habe, um das Leben einer Bekannten zu bangen. Diese, eine Schauspielerin, erkenne das Ausmaß der Bedrohungen nicht und nähme die Gefahr auf die leichte Schulter.

Sophias Reise musste angesichts der fortgeschrittenen Zeit dann doch noch auf den nächsten Morgen verschoben werden. Trotz seiner Müdigkeit genoss Felix von Wiesinger das lange nächtliche Gespräch mit seiner Tochter über politische, aber auch juristische Fragen. Sie erörterten, welche neuen Gesetze der Übergang in eine Republik erfordern würde und welche politische Partei wohl das erforderliche Mandat erhalten würde. Sophia sprach über alles so sachlich und vernünftig, wie es ihre Art war.

Über sich selbst sprach Sophia nicht.

Schon an der Wohnungstür stehend, den verwirrten kleinen Karl auf dem einen Arm, die Reisetasche in den anderen Arm gehängt, gab Sophia am nächsten Morgen ihrem Vater noch einige Anweisungen zu seinem Umgang mit seinem Enkel, und er sagte ihr zum Abschied sehr bestimmt, dass er am Sonntag wieder zurück nach Wien fahren müsse, sie habe also außer dem Abend des Hinreisetags und dem Morgen des Rückreisetags nur drei Tage Zeit, also den Mittwoch, Donnerstag und Freitag, um ihrer Freundin Mascha bei der Lösung ihres Problems zu helfen.

Und dann ging zumindest in Zürich alles gut. Felix von Wiesinger hatte nicht die geringste Neigung, Sophias Anweisungen zu folgen und seinen Enkelsohn zu erziehen, und so versuchte er es erst gar nicht. Der kleine Karl, der zunächst irritiert darauf reagierte, dass seine Mutter mit einer großen Tasche weggegangen war, erkannte zunehmend erfreut, dass sein Großvater nicht nur bereit war, alles das zu tun, was er, Karl, gerne wollte, sondern dass er sogar selbst große Freude daran zu haben schien. Den ganzen Vormittag hatten sie in seiner Ecke gespielt, dann ging sein Großvater mit ihm an den See. Beim Spazierengehen hatte er eine große Wasserlake entdeckt, fast so groß wie ein kleiner See, und dann hatten sie um die Wette kleine und größere Steinchen hineingeworfen und jeder wollte, dass bei seinem Stein das Wasser am höchsten aufspritzte. Und das war eindeutig ihm gelungen. Deswegen durfte er, der Gewinner, auch aussuchen, ob er zu Hause essen oder mit seinem Großvater in ein Restaurant gehen wollte. Natürlich wollte er Letzteres, und sie fanden ein schönes Restaurant am See und sie saßen an einem Tisch direkt am Fenster und sahen die Leute draußen vorbeigehen und Karl durfte alleine aussuchen, was er essen und was er trinken wollte. Und danach gingen sie nach Hause und sein Großvater hatte ihm vorgelesen und kein Wort über den Mittagsschlaf verloren. Und wenn er genug vom Vorlesen hatte, würde sein Großvater bestimmt wieder einen schönen Einfall haben. Inmitten seiner Freude darüber, wie sich die seltsame morgendliche Situation entwirrt hatte, schlief Karl ein.

Als er aufwachte, sah er neben sich seinen Großvater sitzen und tief schlafen. Er grunzte dabei leise und irgendwie beruhigend im Rhythmus seines Atems. Vom Phänomen des Schnarchens wusste Karl noch nichts. Aber er beschloss, ganz leise zu sein und seinen Großvater lange ungestört schlafen zu lassen. Schlaf tut dir gut, sagte seine Mutter immer zu ihm, wenn er nicht ins Bett wollte. Aber wahrscheinlich hatte sie ja recht, sie hatte eigentlich immer, und dann müsste der Schlaf ja auch seinem Großvater guttun, der extra gekommen war, um mit ihm zu spielen.

MITTWOCH, 21. NOVEMBER 1917, ERSTER TAG IN FRANKFURT

Buyck: … Es lebe der Krieg!
Jetter: Krieg! Krieg! Wisst ihr auch, was ihr ruft? Daß es euch leicht vom Munde geht, ist wohl natürlich; wie lumpig aber unsereinem dabei zumute ist, kann ich nicht sagen. Das ganze Jahr das Getrommel zu hören; und nichts zu hören, als wie da ein Haufen gezogen kommt und dort ein andrer, wie sie über einen Hügel kamen und bei einer Mühle hielten, wieviel da geblieben sind, wieviel dort, und wie sie sich drängen und einer gewinnt, der andere verliert, ohne daß man sein Tage begreift, wer was gewinnt oder verliert. Wie eine Stadt eingenommen wird, die Bürger ermordet, und wie's den armen Weibern, den unschuldigen Kindern ergeht. Das ist eine Not und Angst, man denkt jeden Augenblick: »Da kommen sie! Es geht uns auch so!«

(Johann Wolfgang von Goethe: Egmont)

1

Oft habe ich Angst, dass ich verrückt bin.

Aber nein, sage ich mir dann, man ist nicht verrückt, solange man sein kleines Kind umhegt, es füttert und mit ihm spielt und manchmal sogar mit ihm scherzt, solange man arbeitet und dabei Freude haben kann.

Man ist nicht verrückt.

Man ist nur krank vor Sorge um seinen Geliebten, der an der Front kämpft.

Dass eine Granate ihn treffen könnte. Vielleicht sogar sein Herz sprengt. Ihn tötet.

Diese Sorge kann so wehtun, als sprenge sie einem selbst das Herz. Oder den Kopf.

Nein, ich bin nicht verrückt. Aber vielleicht werde ich es.

Natürlich wusste Sophia Sachtl nach über drei Jahren Krieg und ihrem Einsatz in vielen Wiener Wohltätigkeitseinrichtungen, dass sie an ihr erstes Frankfurter Frühstück in der Pension Rosso keine kulinarischen Erwartungen stellen durfte. Selbst in Zürich hatte sie erfahren müssen, dass der Krieg zu einer Verknappung der Lebensmittel und zu großen sozialen Spannungen geführt hatte.

Frühstück gibt es im Salon, hatte Mascha ihr gesagt. Aber das, was sie an ihrem ersten Morgen in dem sogenannten »Salon« vorfand, übertraf dann noch weit ihre schlimmsten Befürchtungen. Vielleicht hatte sie auch wegen der Worte »Salon« und »Pension« die Situation falsch eingeschätzt. Pension, dieses Wort klang familiär und gemütlich, und so hatte sie ja auch am Vorabend die leicht schäbige Behaglichkeit von Maschas Zimmer wahrgenommen, aber das Wort »Salon« fügte dem noch eine Spur von Eleganz und Vornehmheit hinzu. Dem widersprach alles, was sie dann vorfand. Sie erschrak fast über die ungewaschenen, wohl einmal weißen, inzwischen aber fast schon dunkelgrauen Gardinen vor den beiden Fenstern und die dunkelgrünen Samtvorhänge, die dünn und verschlissen vor den Fensterrahmen herunterhingen. In dem quadratischen Raum, auf dessen Parkettboden vor der Tür etliche Bretter fehlten und andere vor den Fenstern sich bedenklich wölbten, standen fünf Tische, einer einsam in der Raummitte, die anderen in den Ecken des Salons, von schmuddeligen Tischdecken bedeckt. An dem Tisch rechts von der Tür saß ein älterer Mann, links rührten zwei Frauen in ihren Tassen und unterhielten sich leise. Sophia grüßte und ging dann auf den Tisch in der Mitte zu. Sie verhielt sich wie ein normaler Hotelgast, fragte sich aber, ob sie sich nicht hätte vorstellen und Kontakt mit den Anwesenden aufnehmen sollen. Leider hatte sie Mascha nicht danach gefragt.

Auf dem Tisch befanden sich Tassen, Unterteller und Kuchenteller sowie einige Kannen. Das Geschirr passte so wenig zusammen wie die Stühle, die um die Tische herum standen. Es kam Sophia so vor, als habe jemand auf einem Tandelmarkt* einen Korb voller Geschirrstücke zusammengekauft, ohne darauf zu achten, ob die einzelnen Teile miteinander harmonierten. In einer Holzschale lagen einige dünne und ausgetrocknete Brotscheiben, daneben stand eine Schüssel mit rötlicher Marmelade. Sophia ergriff tapfer eine Scheibe Brot und beschmierte sie mit der Marmelade. Nicht das winzigste Fruchtstückchen oder Kernchen verriet, woraus sie bestand. Danach hob sie den Deckel einer der Kannen an und blickte in eine helle, gelbgrüne Flüssigkeit, die

* Tandelmarkt (österr.): Trödelmarkt

süßlich roch. Irgendein undefinierbarer Tee, dachte sie und legte den Deckel wieder auf die Kanne. Hoffentlich hatte niemand den Ekel auf ihrem Gesicht gesehen, den man ihr als verwöhnte Arroganz auslegen könnte. Sie blickte sich rasch um. Nein, sie hatte Glück. Niemand schien sie zu beachten. Sie schenkte sich ohne weiteres Zögern Flüssigkeit aus der anderen Kanne in eine Tasse. Sie überlegte, an welchem der beiden freien Tische sie Platz nehmen sollte, als der ältere Herr sie ansprach: »Sie müssen Frau Sachtl sein, die Freundin von unserem Fräulein Doktor Grünberg. Setzen Sie sich zu mir und frühstücken Sie mit mir und erzählen Sie mir von Wien. Das Fräulein Doktor hat gesagt, dass Sie eine Loge in der Staatsoper hätten, da kennen Sie doch bestimmt alle Premieren dieser Saison.«

Sophia, die überlegte, ob sie da den Pensionsinhaber oder einen der in der Pension lebenden Musiker vor sich hatte, von denen Mascha ihr erzählt hatte, antwortete: »Da muss ich Sie leider enttäuschen. Denn ich lebe zurzeit nicht zu Hause, sondern in Zürich. Ich studiere dort.«

»Aber warum? Sie könnten doch in Wien alles lernen, was Sie für die Bühne brauchen!«

Sophia lächelte: »Da haben Sie ein falsches Bild von mir. Natürlich liebe ich die Bühne, das tun alle Wiener und Wienerinnen. Aber als Zuschauerin. Auf der Bühne zu stehen, nein, das wäre nichts für mich.«

»Und was studieren Sie denn dann in Zürich, was Sie in Wien nicht studieren könnten? Eine geheimnisvolle Geschichte, die Sie da mit sich herumschleppen.«

Sophia wollte zu einer Antwort ansetzen, als der ältere Herr unvermittelt aufsprang und sich vor ihr verbeugte: »Sie müssen schon entschuldigen, da habe ich mein ganzes gutes Benehmen vergessen angesichts der Hoffnung, den neuesten Klatsch aus Wien zu hören. Aber der vom Sechseläutenplatz* wird mir auch behagen! Ich sollte mich doch zuerst vorstellen.«

Erneut verbeugte er sich tief, diesmal so tief, dass er sich nur mit Mühe wieder aufrichten konnte. Dabei murmelte er etwas Unverständliches, wohl seinen Namen. Vom anderen Tisch her blickten die beiden Frauen amüsiert zu ihr und sie lächelte freundlich zurück.

»Wie ich heiße, wissen Sie ja. Meine Freundin hat mich ja anscheinend bereits vorgestellt, bevor ich da war.«

»Und ob! Sie spricht seit Tagen von nichts anderem!«

Sophia nahm einen Schluck aus ihrer Tasse. Warm war das Getränk nicht mehr, und was es genau war, konnte sie auch nicht herausfinden. Dunkelbraun und dünn, wie es war, könnte es sich um etwas in der Art von Kaffee handeln, »Ziguriwasser«**, würde ihre Wiener Köchin das nennen. Plötzlich kamen Sophia Bilder von blühenden Zichorien in den Sinn und machten sie traurig. Blaue Blume, dachte sie, Wegwarte, wer wartet am Weg? Als Kind war sie oft damit gescheitert, aus ihnen schöne Sträuße zu binden, weil an dem Stiel immer mehrere Blüten wuchsen, so dass das Gebilde in ihrer Hand keine schöne kugelige blaue Oberfläche erhielt, wie sie es von einem Blumensträußchen nun einmal erwartete.

»Schmeckt Ihnen nicht, unser Muckefuck«, sagte ihr Gegenüber. »Gibt es denn in Wien noch den guten Kaffee von früher?«

»Leider fast nirgends mehr.«

»Aber in Zürich können Sie doch immer noch alles genießen, was Sie möchten. In das Fellner-Helmer-Gebäude*** gehen

---

* Sechseläutenplatz: Dort steht seit 1891 das Stadttheater in Zürich, heute Opernhaus.

** Zigurikaffe (österr.): Ersatzkaffee aus Zichorien (Wegwarten)

*** Fellner und Helmer waren ein bekanntes, auf Theaterbauten spezialisiertes gründerzeitliches Architektenteam um 1900, das in Europa beinahe 50 Theater- und Opernhäuser sowie Konzertsäle errichtete.

und der Musik lauschen. Kaffee vor der Oper, Champagner in der Pause!«

Sophia lachte: »Ich habe doch gesagt, dass ich nicht zum Spaß dort bin, sondern wegen meines Studiums. Ich studiere Rechtswissenschaften. Denn das darf man als Frau in Wien noch nicht.«

»Ach wirklich? Seltsam. Und unser Fräulein Doktor hat Medizin dort studieren dürfen?«

»Ja, das durfte sie. Obwohl es nicht immer einfach war.«

»Ich halte Sie ja vom Essen ab. Probieren Sie einmal die Marmelade. Selbst gemacht. Wird Ihnen schmecken!«

Sophia bezweifelte das, biss aber kräftig von ihrer Brotscheibe ab. Das gelbliche Brot zerkrümelte beim Hineinbeißen, als sei es nur von der Marmelade zusammengehalten worden, die klebrig war wie zäher Kleister. Sophia legte das Brot zurück auf den Teller und blickte auf den Herrn an ihrem Tisch, der das alles offenbar mit großem Genuss verzehrt hatte, wie sie an den vielen Krümeln sah, die auf der Tischdecke und auf dem Fußboden lagen. Auch sein einer Tunika ähnliches weißes Hemd, unter dem sich sein Embonpoint* herauswölbte, war mit gelben Pünktchen besprenkelt. Maisbrot, dachte sie und ergriff ihr Brot erneut, hielt aber diesmal sicherheitshalber den Teller darunter. Mascha würde über mich lachen, dachte Sophia, und mir wieder vorwerfen, wie verwöhnt ich doch sei. Und mir einen Vortrag halten über die medizinischen Aspekte der Ernährung. Aber nach dem Krieg, das weiß ich, werde ich mich den kulinarischen Aspekten der Ernährung hingeben. Und zwar hemmungslos.

»Nun?«, fragte ihr Gesprächspartner. »Himmlisch, nicht wahr?«

Jetzt kicherten die beiden Frauen in der anderen Ecke und sprachen Sophia direkt an: »Frau Sachtl, dürfen wir uns in Ihr

* Embonpoint: dicker, spitzer Bauch

Gespräch einmischen? Ihre Freundin hat uns nämlich gebeten, dass wir uns heute Morgen um Sie kümmern. Sie hat ja sehr früh ins Krankenhaus gemusst, aber sie ist gegen Mittag zurück.«

»Ja, das hat sie mir gesagt, auch, dass sie dann ein paar Tage frei hat. Ich wusste aber nicht, dass sie jemanden gebeten hat, sich um mich zu *kümmern*. Ich wollte mir ein bisserl die Stadt ansehen.«

»Das macht das Fräulein Doktor bestimmt gerne mit Ihnen gemeinsam. Wir hatten einen anderen Plan mit Ihnen.«

»Und welchen?«

»Wir wollten Sie bitten, uns ein wenig, oder ein *bisserl*, wie Sie sagen«, die junge Frau übertrieb das dialektale Element stark, »zu helfen.«

Sophia war amüsiert: »Gerne. Ich nehme an, bei dem Projekt, von dem Mascha mir gestern Abend erzählt hat, diesem pazifistischen Theaterstück, an dem Sie alle hier in der Pension mehr oder weniger beteiligt sind.«

»Viele, ja. Alle nicht«, dröhnte Sophias Gegenüber.

»Dann weiß ich, wer Sie sind!«, rutschte es Sophia heraus, die sich daran erinnerte, dass Mascha erwähnt hatte, dass der Pensionsinhaber Rosso ein wenig gekränkt darüber gewesen sei, dass er nicht um seine Mitwirkung bei der Theateraufführung gebeten wurde.

»Als hätte ich mich nicht vorgestellt«, murrte dieser.

»Doch, das haben Sie. Ich habe Sie nur nicht richtig verstanden.«

Er räusperte sich: »Was ist mit meiner Stimme? Oder meiner Artikulation? Weswegen haben Sie mich nicht verstanden? Friedhilde«, schrie er, so laut er konnte, »wir müssen einen Laryngologen aufsuchen!«

»Nein, nein«, beschwichtigte ihn Sophia. »Mit Ihrer Stimme war alles in Ordnung. Und mit Ihrer Artikulation auch. Vielleicht war ich einfach ein wenig müde.«

»Wenn man müde ist, ist man doch eigentlich eher hellhöriger als schwerhörig!«

»Nun gut«, räumte Sophia ein, »eventuell hatten Sie ja auch ein zu großes Stück dieses Brots und der wunderbaren Marmelade im Mund? So dass ich Sie deswegen nicht verstanden habe?«

In diesem Moment öffnete sich die Tür und eine griesgrämig dreinblickende dünne, ältere Frau trat ein. In der Hand hielt sie einen Wollschal, den sie dem Tenor entgegenstreckte: »Hier, mein Lieber, nimm zuerst einmal deinen Schal. Ich habe unsere Klementine sofort nach Deinem Hilferuf zu Doktor Löwen geschickt, er soll heute noch bei uns vorbeischauen. Bevor du mich schiltst, ich habe nicht vergessen, dass der eigentlich Kinderarzt ist und deswegen vielleicht nicht die erste Adresse sein sollte, aber er hat dir trotzdem mit deiner Stimme immer gut geholfen.«

Er nickte missmutig: »Ja, obwohl ich meine Kehle eigentlich nur Spezialisten anvertrauen möchte.« Zu Sophia gewandt, fügte er wichtigtuerisch hinzu: »Wir haben seit drei Jahren sogar eine Universität in Frankfurt und haben die Kapazitäten der Universitätsklinik aufgesucht.«

Friedhilde nickte und ergriff ihren Gatten am Arm. Dieser setzte ihr umständlich auseinander, dass alles nur ein Irrtum gewesen sei, wie sich herausgestellt hätte.

»Versprichst du mir das?«, wandte sich Friedhilde Rosso an ihren Gatten.

»Ja, ja. Und jetzt gehe Klementine nach, vielleicht holst du sie ja sogar noch ein.« Er blickte erklärend zu Sophia: »Unsere Klementine hat zwar ein gutes Herz, aber die Schnellste ist sie wirklich nicht! Und unnötige Wege hasst sie.«

Friedhilde drapierte trotz aller Einwände den Schal um den kostbaren Hals ihres Gatten und murmelte dabei: »Vorsorge schadet nie, mein Lieber!«

Danach verließ sie das Zimmer, und ihr Gatte griff den Gesprächsfaden wieder auf, als habe die kleine Unterbrechung nie stattgefunden: »Ich habe angeboten, das Stück mit zwei wunderbaren Arien einzuleiten, aber die Frau Schulmeister hat es untersagt. Ich hätte meine Stimme wirklich gerne in den Dienst des Friedens gestellt. Wirklich. Aber vielleicht sollten wir selbst etwas für die Wiederherstellung des Friedens tun? Ein Konzertabend hier in unserem Salon vielleicht? Ja, Frieden, Frieden, pace, pace … Ja. Ich habe es: *Pace, pace, mio Dio …**« Er blickte begeistert um sich, beseelt von seiner eigenen Idee. »Friedhilde!«, schrie er wieder laut.

Kurz darauf betrat seine Gattin zum zweiten Mal das Frühstückszimmer: »Was ist dir, Ronaldo?«

»Wir veranstalten ein Konzert. Hier im Salon. Und ich brauche deine Hilfe. Dringend. Sofort. Subito. *Pace, pace, mio Dio …*«

»Ich sollte doch Klementine folgen.«

»Klementine, Klementine! Sie wird schon auch alleine wieder heimfinden. Jetzt, meine Liebe, jetzt geht es um die Kunst. Die Kunst, verstehst du!« Er stand auf und verließ den Frühstückssaal, und seine Frau folgte ihm.

Sophia war amüsiert über das Ehepaar. In ein bizarres, chaotisches Haus ist meine Mascha da geraten, dachte sie. Der ältere, recht beleibte Herr und seine spindeldürre Gattin. Sie liebt ihn, umhegt ihn, das ist offensichtlich, und er kann ohne diese Fürsorge nichts in der Welt alleine ausrichten, weder zum Arzt gehen noch einen Konzertabend planen, geschweige denn organisieren. Und hält sich trotzdem für den Nabel der Welt.

---

* Pace, pace, mio Dio: Arie der Leonore aus Verdis »Die Macht des Schicksals«

Sophia war froh, dass Mascha ihr am Vorabend und fast die halbe Nacht lang alles erzählt hatte, was sie wissen musste, um ihre Nachforschungen in der Pension möglichst umfassend vorinformiert und effektiv durchführen zu können. Sie hatte ihr etliche vollgeschriebene Karteikarten überreicht, eine für jeden Pensionsgast. Und eine, auf der nur Namen und Berufsbezeichnungen aufgelistet waren und die aussah wie ein Personenverzeichnis in Theaterstücken.

Sophia hatte sie noch vor dem Frühstück auswendig gelernt und sich auch noch einmal mit den Informationen über die einzelnen Personen anhand der Karten vertraut gemacht. Eigentlich müsste sie also die beiden Frauen identifizieren können.

Zumindest drei Personen kannte sie ja bereits, darunter zwei Frauen, die sie bei ihrem Identifizierungsversuch ausschließen konnte:

Ronaldo Rosso, Pensionsinhaber, Tenor
Friedhilde Rosso, seine Frau
Klementine, ihre Hausangestellte

Nur schade, dachte Sophia, dass die Personen auf Maschas Verzeichnis nicht in der Reihenfolge ihres heutigen wirklichen Auftritts im Salon auftauchten, aber schließlich agierten sie hier ja auch nicht in einem Theaterstück, sondern im realen und deswegen nicht vorhersehbaren Leben. Und die Personen, die Sophia an diesem Morgen als Erste kennen gelernt hatte, die Rossos, bildeten das Schlusslicht des Verzeichnisses, nur Klementine stand noch nach ihnen auf dem Zettel; ihnen folgten lediglich noch namenlose *zwei Tänzerinnen* und *zwei Musiker.* Sophia überlegte, nach welchen Kategorien Mascha das Verzeichnis angelegt haben könnte. Wären es logische oder auch psychologische, wovon man eigentlich ausgehen konnte, spräche das dafür, dass sie die Rossos, deren

Pension ja den Schauplatz der Ereignisse abgab, für unverdächtig hielt. Sie standen allenfalls am Rande eines für den Fall irrelevanten Beziehungsgeflechtes. Doch Mascha hatte bei ihrem Verzeichnis offenbar dramaturgischen Gesichtspunkten gehorcht, denn sie hatte die wichtigste Person an die erste Stelle gesetzt. Obwohl, wie Sophia spontan einfiel, in älteren Stücken ja auch noch gewisse soziale Hierarchien galten. Im »Egmont«* zum Beispiel, einem der letzten Theaterstücke, das sie gesehen hatte, tauchte Klärchen, die Geliebte Egmonts, im Personenverzeichnis erst nach vielen ranghohen Männern auf, und sogar Egmont selbst führte, wenn sie sich richtig erinnerte, die Liste nicht an.

Maschas Personenverzeichnis jedenfalls begann mit der Protagonistin, der Person, um die sie sich solche Sorgen gemacht hatte, dass sie durch einen postalischen Hilferuf fast dramatisch um Unterstützung gebeten hatte, mit Rosalinde Geiger, Schauspielerin in Frankfurt. Sie würde sie sofort erkennen, hatte Mascha gemeint, sie sei ganz einfach eine Frau, die immer und überall die Aufmerksamkeit auf sich zöge. Und das tat keine der beiden Frauen dort am Tisch.

Also waren die beiden zwei der fünf weiteren weiblichen Wesen, die namentlich neben Rosalinde auf Maschas Karteikarte auftauchten; bei dreien von ihnen hatte Mascha noch das Attribut »jung« hinzugefügt. Gut, und eine der drei jungen und eine der beiden älteren saßen dort zusammen am Tisch, aber wer war wer? Mascha hatte ihr zwar viel über die Frauen erzählt, aber wenig über deren Aussehen.

Sophia fühlte eine seltsame Anspannung. Sie würde jetzt drei Tage in dieser Pension leben, zusammen mit ihrer Freundin Mascha, über deren derzeitiges Leben sie nichts, wirklich gar nichts wusste, mit Rosalinde Geiger und mit vielen ihr

* Egmont: ein Jugendstück Goethes

fremden Menschen, mit Künstlerinnen und Künstlern. Und diese sollte sie unauffällig aushorchen, denn für Mascha galt als sicher, dass die Gefahr für Rosalinde von jemandem hier in der Pension ausging. Vielleicht also von einer der beiden freundlichen Frauen in der Ecke?

Für die war die kleine Gesprächsunterbrechung durch die Szene aus dem Eheleben der Rossos wohl kein besonderes Erlebnis, wahrscheinlich erlebten sie häufiger derartige Dispute und Plänkeleien. Die ältere der beiden erhob sich denn auch ungerührt und wandte sich an Sophia: »Kommen Sie mit uns, Frau Sachtl?«

Sophia trank noch einen Schluck des kaffeefarbenen Frühstücksgetränks und erhob sich. Sie erklärte, dass sie nur noch schnell ihren Mantel holen wolle, doch die jüngere Frau widersprach ihr: »Wir arbeiten hier im Haus. Das Haus ist riesig, wissen Sie, und die nicht vermieteten Räume dürfen wir für unser Stück nutzen. Alle halbwegs intakten Zimmer sind ja bewohnt, von uns Gästen und vom Ehepaar Rosso selbst. Wie das Zimmer, in das Herr Ronaldo Rosso, unser *großer* Tenor«, die Frau dehnte das Adjektiv beziehungsreich, »jetzt gegangen ist, sein Musikzimmer. Ein Klavier steht darin und ein Bücherregal. Dort verbringt er den größten Teil des Tages und arbeitet, studiert, musiziert. Dabei darf er nicht gestört werden. Wir glauben aber, dass er nur da drinnen sitzt und von seiner Karriere träumt, von der keiner weiß, ob er sie je gehabt hat. Denn oft vernimmt man ein lautes Schnarchen, wie es einen tiefen Schlaf älterer Herren begleitet.«

»Sei nicht so ironisch, Charlotte! Wo er doch nachts oft kein Auge zumachen kann, der Arme!«

»Und du sprichst mir von Ironie?«

Von draußen war lautes Schimpfen zu hören. Die junge Frau lächelte Sophia zu: »Das soll Sie nicht stören, Frau Sachtl.

Das ist die Klementine. Sie beschwert sich sicherlich bei Frau Rosso, dass man sie grundlos in die Kälte hinausgeschickt hat. Klementine liebäugelt mit einem Stellungswechsel, hat sie mir anvertraut. Da fehlt nicht mehr viel und sie verlässt die Rossos. Aber zurück zu uns. Wir wirken wahrscheinlich furchtbar ungezogen und vorgestellt haben wir uns auch noch nicht.«

Aber Sophia hatte inzwischen natürlich schon den Namen Charlotte gehört und wusste deswegen, wer die beiden waren: Victoria Schopf und Charlotte Stiefel, zwei Schauspielerinnen, Maschas Einschätzung nach trotz des Altersunterschieds eng miteinander befreundet.

Sophia lächelte trotzdem freundlich auffordernd und die junge Frau fuhr fort: »Also, ich heiße Victoria, Victoria Schopf, und meine Kollegin hier ist Charlotte Stein.«

»Was für ein assoziationsreicher Name* für Theaterfreunde«, sagte Sophia, ihre Verwunderung über den unerwarteten Nachnamen verbergend.

Charlotte lachte: »Schon, aber wir heißen alle nicht so, wie wir heißen. Victoria heißt im Programmheft nicht Schopf und ich im wirklichen Leben nicht Stein.«

Sophia wunderte sich, dass die eine sich mit ihrem wirklichen Namen und die andere unter ihrem Pseudonym vorgestellt hatte, als Victoria das Rätsel auch schon auflöste: »Ich bin meinen Künstlernamen einfach noch nicht so gewohnt. Ich habe ihn nämlich erst vor kurzer Zeit geändert, als ich mich vom Tanzen abgewendet und fürs Spielen entschieden habe. Ich heiße jetzt König. Victoria König. Und das ist mir noch fremd.«

Charlotte erklärte Sophia lachend im übertrieben dozierenden Ton einer Lehrerin: »Frau Victoria König will damit sagen, dass ich viel älter bin als sie und dass mir deswegen mein Künstlername schon in Fleisch und Blut übergegangen ist.«

---

* Charlotte von Stein: eine enge Freundin Goethes in Weimar

Victoria lachte: »Durchschaut, Liebste!«

Die kurze Neckerei schien Charlotte, die am Tisch so ernst gewirkt hatte, aufgemuntert zu haben. Sie wandte sich an Sophia: »Also steigen wir jetzt miteinander ganz hoch hinauf, bis unters Dach. Dass Sie über unser Stück Bescheid wissen, haben wir ja schon gehört.«

Sophia nickte. Mascha hatte sie in der Tat detailliert darüber in Kenntnis gesetzt. Rosalinde Geiger, der neue Stern am Frankfurter Theaterhimmel, war mit einem jungen Dichter verheiratet, der im Frühling 1917 im Krieg so schlimm verwundet worden war, dass sein rechtes Bein amputiert werden musste. Schon während seines Fronteinsatzes hatte er begonnen, ein Theaterstück gegen den Krieg zu schreiben, das er während seines langen Aufenthalts im Lazarett und später im Krankenhaus fertiggestellt und seiner Frau nach Frankfurt geschickt hatte. Es hieß »Frauen im Krieg«. Rosalinde hatte spontan beschlossen, sein Stück auf die Bühne zu bringen, und sie fand Schauspielerinnen und alle erforderlichen Helfer und Helferinnen und motivierte sie zur Mitarbeit, ohne dass sie dafür eine Gage erwarten konnten.

Unter dem spitzen Dachgiebel erwartete Sophia eine geschäftige Nervosität. Die meisten Frauen arbeiteten direkt unter dem Giebel, von dem eine Glühbirne an einem Kabel herabbaumelte, unter der sich ein großer Arbeitstisch befand. Doch auch dort, wo man sich schon gehörig bücken musste, standen noch etliche Stühle. Zwei Frauen waren da mit irgendetwas beschäftigt, das Sophia nicht genau erkennen konnte. Männer sah sie nicht unter dem Dach.

An dem beleuchteten Tisch nähten eine junge Frau und zwei junge Mädchen, die fröhlich und ansteckend kicherten. Die beiden hatten krauses rotes Haar und waren offensichtlich Schwestern. Sophia wartete gar nicht erst darauf, von ihren beiden Begleiterinnen, die bereits fröhlich mitlachten, vorgestellt zu werden, sondern sie wollte das gleich selbst tun.

»Mein Name ist«, setzte sie an, doch sie wurde von der jungen Frau unterbrochen. »Hier weiß jeder, wer Sie sind. Ihre Freundin spricht seit drei Tagen von nichts anderem als davon, dass ihre Freundin Sophia Sachtl …«, sie wurde von einer der Schwestern unterbrochen, die ihre Aussage um die Worte »geborene Sophia von Wiesinger« ergänzte, bevor die andere fortsetzte, »für ein paar Tage zu ihr nach Frankfurt auf Besuch kommen wird.« Wieder lachten alle, bevor die junge Frau erneut das Wort ergriff: »Und sie hat uns alle gebeten, Sie freundlich zu empfangen.« Wieder gaben die jungen Mädchen ihren Kommentar dazu: »Das tun wir natürlich, aber auch ohne die Bitten von Fräulein Doktor Grünberg hätten wir das getan. Denn warum sollten wir zu einem Gast unfreundlich sein? Und vor allem hat sie uns gebeten, uns heute Vormittag um Sie zu kümmern, Ihnen einfach etwas zu tun zu geben. Das wäre Ihnen am liebsten.«

Sophia lächelte: »Da hat meine Freundin sicherlich recht. Aber … Entschuldigung, ich weiß immer noch nicht, mit wem ich es zu tun habe.«

Die junge Frau entschuldigte sich: »Wie dumm von mir Und wie ungezogen. Nur weil wir alle Sie kennen, kennen Sie uns ja noch lange nicht. Die beiden rothaarigen Backfische hier sind Rachel und Esther, die Töchter eines Rabbis, der uns unterstützt. Ich bin Luise Schulmeister. Ich arbeite im Theater als eine Art Mädchen für alles und helfe überall aus, in der Schneiderei, bei den Bühnenbildnern und Bühnenarbeitern. Sie wissen ja, der Krieg … Da tun wir Frauen vieles, was wir früher nicht getan haben. Das ist in Wien gewiss nicht anders als bei uns. Und gilt bestimmt auch für Sie, nicht wahr? Ich war vor dem Krieg zum Beispiel Porzellanmalerin. Aber jetzt kann ich so viel Neues lernen und tun. Wie Sie jetzt hoffentlich gleich bei uns.« Luise Schulmeister schaute sie aufmerksam an und sagte: »Aber Sie sehen, ehrlich gesagt, nicht so aus, als hätten Sie besondere Fähigkeiten bei der Handarbeit. Oder nähen Sie gerne? Obwohl wir da ganz gut besetzt sind.« Sie deutete auf die beiden Frauen am Rand.

Sophia dachte etwas verunsichert nach, denn es störte sie, dass sie auf andere Menschen immer noch wie eine verwöhnte Tochter aus gutem Hause zu wirken schien, die nichts alleine tun konnte. »Prinzessin auf dem Elfenbeinturm«, so hatte Mascha sie einmal genannt, und Sophia hatte seitdem versucht, ihr Verhalten zu ändern. Auch ihr Leben war schon längst nicht mehr das einer vornehmen jungen Dame. Doch den Frauen hier schien sie trotzdem vorzukommen wie eine Prinzessin im Märchen, die sich in ihrem Schloss verirrt hatte und in den Dienstbotenzimmern wiederfand.

»Ich denke, wenn ich mir Mühe gebe und gut angeleitet werde, kann ich mehr leisten, als man mir zutraut. Hoffe ich zumindest. Und dass ich mir Mühe geben werde, verspreche ich Ihnen mit einem feierlichen und«, sie lachte und streckte übertrieben ernsthaft drei Finger in die Höhe, »theatralischen Schwur. Und jetzt bitte ich um eine genaue Anleitung. Dafür sind Sie jetzt zuständig, Frau Schulmeister.«

Die beiden rothaarigen Mädchen mussten erneut lachen. Die ganze Gesellschaft der Frauen auf dem unwirtlichen Dachboden wirkte heiter und entspannt. So hatte Sophia zuvor schon die Atmosphäre bei den Geplänkeln im Frühstückszimmer wahrgenommen. Dass sich hier irgendeine Gefahr zusammenbraute, schien völlig unvorstellbar. Aber es war so, hatte Mascha beteuert. Musste so sein. Jemand aus dem Kreis dieser sympathischen und fröhlichen Menschen trachtete Rosalinde Geiger nach dem Leben.

Luise Schulmeister dachte nach, dann kramte sie unter den vielen Stoffen, die den Tisch bedeckten, eine dicke Mappe hervor.

»Frau Sachtl«, sagte sie, »das hier sind ganz wichtige Unterlagen. Unser Theaterstück hat acht lange Szenen, und für jede Szene finden Sie in dieser Mappe einen Umschlag mit einer Aufstellung der Requisiten, die in der jeweiligen Szene benötigt werden. Und all diese Requisiten sind dort im hinteren Teil des Dachbodens verstaut. Es wäre sehr wichtig, dass jemand alle Papiere durchgeht und die erforderlichen Requisiten zusammensucht. Vielleicht für jede Szene in einen Korb legt. Ich wache manchmal nachts voller Sorgen auf und male mir aus, was alles passieren könnte. Wenn zum Beispiel die schöne und lebenslustige Helene, das ist unsere Hauptperson, sich in der dritten Szene unseres Stücks vor Trauer um den Tod ihres Mannes ihre leuchtenden Haare abschneiden will, und dann ist keine Schere da. Oder die alte Mutter in der zweiten Szene. Sie soll eine abgegriffene Bibel vom Tisch nehmen und an ihr Herz drücken. Was für ein Missgeschick das wäre, wenn sie keine fände! Wenn Sie das machen könnten? Wir sind ja alle nicht für diese Art Arbeit ausgebildet, wir sind Schneiderinnen, Schauspielerinnen, Sängerinnen, Tänzerinnen, im Krieg auch recht erfahren in der Bühnentechnik geworden, aber wir vermissen schmerzhaft jemanden, der das Bühnenhandwerk richtig beherrscht. Wir haben uns alles nur abgeschaut und haben viele Probleme mit unserem Dilettantismus. Wir können uns nur retten, so scheint mir, wenn wir alles so ordentlich wie möglich machen und immer wieder genau kontrollieren. Meinen Sie, das wäre eine Aufgabe für Sie?«

»Ich denke, da haben Sie genau das Richtige für mich gefunden. Ich vermute, dass Sie die Requisiten in der riesigen Holzkiste dort hinten verstaut haben, oder? Und daneben liegen, wenn ich das im Dunkeln richtig ausmache, bereits die Körbe, oder? Sie haben sich das alles schon so zurechtgelegt.«

»Ja, ich wollte heute eine Nachtschicht einlegen. Aber ich würde mich freuen, wenn Sie mir die abnähmen!«

Sophia steckte sich die Mappe unter den Arm und ging nach hinten. Sie holte zunächst die acht Körbe hervor und stellte sie nebeneinander auf. Der Mappe entnahm sie die Umschläge und legte jeden in einen Korb. Zufrieden betrachtete sie ihre Vorbereitungen. Sie liebte es, Dinge, die chaotisch wirkten, zu ordnen, ihnen ein System aufzuzwängen. So schien das Leben ihr beherrschbarer zu werden. Sie wusste, dass alle, die sie kannten, sie für eine sehr ordentliche, ja sogar etwas zur Pedanterie neigende Person hielten, aber das Gegenteil war der Fall. Zumindest in ihrem Innern. Denn äußerlich konnte man leichter gegen Unordnung und Chaos ankämpfen. Wie hier mit der Waffe der acht Körbe. Das gefiel ihr auch zunehmend gut bei ihrem Studium der Rechte. Da lagen die Worte nebst ihren Definitionen jedes in seinem Korb oder seiner Schublade, und wenn man das Wort anwenden wollte, dann konnte man es mit seiner Definition ergreifen oder besser begreifen, und der jeweilige rechtswissenschaftliche oder gerichtliche Disput bestand dann nur noch darin, dass man analysierte, ob ein Tatbestand, der mit einem Begriff versehen wurde, auch zu der Definition passte oder nicht.

Sophia öffnete die Holzkiste, die fast bis zum Rand mit Gegenständen gefüllt war, unter denen sie auf den ersten Blick die abgegriffene Bibel entdeckte, von der Frau Schulmeister gesprochen hatte. Sie ergriff sie und legte sie sofort in den zweiten Korb, überrascht, dass sie so zufällig und spontan angefangen hatte. Dann aber arbeitete sie die Listen systematisch ab, eine nach der anderen, und in der Frau Schulmeister schien sie eine sehr gute Ergänzung zu sich selbst zu finden, denn alles, was in den Listen verzeichnet war, lag auch in der Holzkiste. Das hat sie bestimmt schon oft überprüft, dachte Sophia, aber sie arbeitete trotzdem mit großer Zufriedenheit weiter. Die Arbeit erforderte nicht ihre ungeteilte Aufmerksamkeit, so dass sie die anderen Frauen, die auf dem Dachboden arbeiteten, beobachten konnte. Manche Gesprächsfetzen drangen an ihr Ohr.

Frau Schulmeister schien die beiden Mädchen in der Kunst des Säumens zu unterrichten, was die beiden immer wieder zum Lachen brachte. Den Grund dafür schien außer ihnen und vielleicht Frau Schulmeister niemand zu kennen, doch allmählich kristallisierte sich aus verschiedenen kleinen Äußerungen für Sophia heraus, dass die beiden es witzig fanden, dass sie ausgerechnet hier im Theater, dem unbürgerlichsten Ort der Welt, das Nähen von Säumen erlernten, was ihnen ihre strenge Mutter, für die ein Theater etwas Anrüchiges und leicht Verwerfliches war, schon seit Jahren nicht richtig hatte beibringen können. »Und jetzt sitzen wir zu Füßen einer strengen Schulmeisterin und nähen«, hörte Sophia die eine sagen. Die andere fügte hinzu: »Da hätte sich Mutter selbst hier betätigen können und wahrscheinlich mehr bewirkt als wir beide.«

»Ihr seid mir schon recht, ihr beiden«, lobte Luise Schulmeister, »und außerdem steht ihr ja auch noch auf der Bühne.«

Inzwischen schienen auch die anderen Frauen dem Gespräch zuzuhören, denn es war recht ruhig geworden. Alle amüsierten sich, als die eine Schwester, die um einiges größer war als die andere, deren Gesichtszüge aber jünger wirkten, sich beklagte: »Aber leider dürfen wir kaum ein Wort sagen, nur ich darf einmal ›Ach, mein liebster Papa‹ flüstern. Sonst dürfen wir nur schluchzen.«

»Ich bin froh, dass ich nichts sagen muss«, sagte ihre Schwester, »ich würde vor Angst bestimmt wegrennen, wenn alle Blicke auf mich gerichtet wären. Und die Scheinwerfer. Schrecklich! Aber ich gehe trotzdem zum Theater, liebe Frau Schulmeister. Ich werde alles machen, was man hinter der Bühne tun muss. Wie Sie. Denn etwas Aufregenderes habe ich noch nie erlebt. Außer vielleicht vor drei Jahren, als mein Cousin mich drei Tage wegen einer Überraschung zappeln ließ.«

»Und was war das dann für eine Überraschung?«, fragte Luise Schulmeister freundlich. Die jüngere Schwester lachte, und nach kurzem Zögern auch die ältere: »Die Überraschung war eigentlich überhaupt nicht aufregend, nur das Warten. Und das, was man sich während des Wartens ausgemalt hat. Je geheimer er alles hielt, desto mehr drohte ich vor Aufregung zu platzen.«

Die andere warf ein: »Meine *große* Schwester sollte den ausrangierten Wintermantel seiner *kleinen* Schwester erhalten, der ihr immer so gut gefallen hatte.«

»Das Ganze war so lächerlich. Und furchtbar peinlich. Denn seine Schwester ist jünger als ich, und eigentlich sollte sie meine Kleider erhalten und nicht ich ihre. Aber sie ist einfach größer und kräftiger als ich, was soll's.«

»Und dabei war der Mantel gar nicht schön«, setzte die Jüngere noch eins drauf, »ein richtiger Kindermantel eben. Gut, zwei Jahre, bevor sie ihn bekommen hat, hat er ihr noch gefallen, aber als sie ihn dann bekam, war sie unzweifelhaft kein Kind mehr und konnte eigentlich nicht mehr in so etwas herumlaufen. Musste sie aber. Bald werde sogar ich Kleider von unserer Cousine erhalten, denn inzwischen hat sie sogar mich überwachsen, stellen Sie sich das vor!«

Frau Schulmeister scherzte: »Na, solange ihr beiden nicht mit den Spielsachen der jungen Cousine spielen müsst, sondern eure eigenen Sachen zum Zeitvertreib habt …«

»Das stimmt. Wir spielen schon lange nicht mehr mit Puppen wie unsere Riesenbase.«

»Und schon gar nicht mit Leichenpuppen«, flüsterte Rachel, die jüngere der beiden Schwestern.

Frau Schulmeister schaute auf Rachels Arbeit: »Das hast du heute sehr schön gemacht. Und so genau.«

Im Hintergrund führten Victoria König und Charlotte Stein ein ernsthaftes Gespräch wie bereits unten im Salon. Sophia konnte kaum etwas verstehen. Aber es war offensichtlich, dass Charlotte ein Problem hatte und Victoria vergebens versuchte, sie zu trösten. Nur die Wörter »Geld« und »Ehefrau« drangen einmal in ihr Ohr, und aus ihnen und mit dem Wort »Angst«, das sie unten im Salon aufgeschnappt hatte, bevor Signore Rosso für ein wenig Amüsement gesorgt hatte, könnte ein Schriftsteller sich schon eine Geschichte zusammenreimen. Sophia, die sich für wenig fantasievoll hielt, wollte sich aber keinen Roman ausdenken, und schließlich, so dachte sie, würde Mascha wahrscheinlich wissen, was mit den beiden Frauen los war. Mascha wusste viel von anderen, weil jeder ihr seine Geheimnisse anvertraute. Vielleicht eine Folge ihres Berufs. Einem Arzt oder einer Ärztin erzählte man manches, vor einem Juristen hielt man vieles lieber geheim. Und gar einen Roman über Geld, Ehefrau und Angst. Das ließ ja das Allerbanalste vermuten, eine Geschichte, wie sie immerzu vorkam: Eine Schauspielerin, die Geliebte eines wohlhabenden Mannes, wird von diesem verlassen, weil das Verhältnis unglücklicherweise von dessen Ehefrau entdeckt wurde. Sie gerät in finanzielle Not und weiß nicht, wie sie ihr Leben weiter bestreiten soll. Denn als einfaches Ensemblemitglied verdiente man zu wenig, um einigermaßen angenehm leben zu können. Noch dazu im Krieg. Das wusste Sophia, die äußerst gespannt auf die wirkliche Geschichte war, die sie von ihrer Freundin zu erfahren hoffte.

Zu ihrer nur gelinden Verwunderung war diese Geschichte, die Mascha ihr ein paar Stunden später erzählte, wirklich genau die, die ihre armselige Fantasie ihr eingegeben hatte.

Charlotte Stein, seit einem Jahrzehnt Ensemblemitglied in Frankfurt und seit dieser Zeit die Geliebte eines reichen Kaufmanns im Frankfurter Westend, musste vor acht Wochen ihre geräumige Wohnung ebenfalls im Westen der Stadt, in der sie all diese Jahre glücklich und zufrieden gelebt hatte, verlassen. Ihr Geliebter hatte aufgrund einer Unvorsichtigkeit, erklärbar nur durch jahrelanges Nicht-entdeckt-worden-Sein, einen ganz offensichtlichen Beweis seines Doppellebens auf seinem häuslichen Schreibtisch liegen lassen und es seiner Frau auf diese Weise unmöglich gemacht, noch länger über seine Untreue hinwegzusehen, von der sie natürlich schon seit vielen Jahre wusste und die zu tolerieren ihr an und für sich nicht allzu schwer fiel. So kam es zum üblichen Verlauf: Drohungen mit Scheidung und Skandalen, Gefährdung seines bislang unbescholtenen Rufs. Er sah sich gezwungen, seine Geliebte und die Freuden der ungehemmten Leidenschaft aufzugeben. Schon nach kurzer Zeit bemerkte er zu seiner Verblüffung, dass er weniger die Lust vermisste als vielmehr die Entspannung, die ihm die Konversationskunst seiner Geliebten bereitete, sowie die Bequemlichkeit ihres Heims, die er nach einem anstrengenden Arbeitstag auch nach vielen Jahren immer noch uneingeschränkt genoss. Seine Pantoffeln standen angewärmt neben dem Kamin, ein dickes Polster auf dem Sofa wartete darauf, seinen Kopf zu empfangen, und er wusste, dass ihm sogleich ein Glas guten Rotweins in die Hand gedrückt wurde, ohne dass er irgendeinen Auftrag hätte erteilen oder irgendeine Bitte hätte äußern müssen. Daraufhin bemühte er sich beharrlich, Charlotte dazu zu bewegen, die Beziehung wieder aufzunehmen, noch geheimer, noch versteckter, im Osten der Stadt vielleicht, und natürlich auch finanziell in bescheidenerem Rahmen. Doch Charlotte wies seine Bitten zurück. Sie logierte seit ihrem Auszug in der Pension bei ihrer Freundin Victoria. Seitdem, so erzählte Mascha, diskutierten die beiden Frauen ununterbrochen, was zu tun sei. Die Positionen schienen unverrückbar zu sein. Charlotte ging davon aus, dass sie sich nach zehn Jahren einer Liebschaft, während der sie sich stets loyal verhalten hatte und sogar treu gewesen war, auch bestimmte Rechte auf ihre eigene Sicherheit in der Zukunft erarbeitet hatte. Umso mehr, als sie ja sogar versucht hatte, ihm mehr als eine Geliebte zu sein: eine Vertraute, eine Freundin, ein Mensch, der stets für ihn da war. Und das war sie alles auch schon längst geworden. Und schließlich hatte sie, als sie seinerzeit nach Frankfurt gekommen war, durchaus noch Aussichten auf eine größere Karriere gehabt. Nur hatte sie irgendwann ihren Ehrgeiz und ihren Fleiß hintangestellt. Schließlich musste sie ja keinen Existenzkampf mehr führen, und die geheizte Wohnung, die schönen Möbel, eine Versorgung, bei der sie auf nichts verzichten musste, all das ließ sie ihren beruflichen Eifer vernachlässigen. In den letzten Jahren fand Charlotte ihr Leben sehr angenehm. Vormittags probte sie für Rollen, die sie nicht allzu sehr forderten, da sie inzwischen in ein anderes Rollenfach hineingewachsen war: in die Rolle von Müttern, älteren Freundinnen und Gesellschaftsdamen. Vor allem Letzteres liebte sie, und in Gesellschaftskomödien konnte kaum jemand die Pointen so präzise setzen wie sie. Den Ehrgeiz, tragische Rollen zu spielen, hatte sie längst aufgegeben. Es genügte ihr, auf der Bühne als große Dame zu erscheinen, mit einer guten Perücke auf dem Kopf, stark geschminkt, in einem eng anliegenden Kleid mit einem mehr als nur angedeuteten Dekolleté, in ihrer einen Hand, von der sie die Finger stark abspreizte, eine lange Zigarettenspitze mit einer angezündeten Zigarette, an der sie manchmal zog, um dann verführerische kleine Kreise in die Luft zu blasen.

Das war eine Kunst, die ihr Geliebter sie gelehrt hatte, und wenn sie ihn in der Vorstellung wusste, versuchte sie immer, ihre Rauchkringel in seine Richtung zu schicken. Oft klagte sie, dass sie ihrem Geliebten zuliebe auf eine große Bühnenlaufbahn verzichtet hätte, wozu ja auch gehört hätte, dass man häufig die Theater wechselte, um Erfahrungen zu sammeln und Kontakte zu knüpfen. Aber in Momenten, in denen sie ehrlich war, und zumindest sich selbst gegenüber war sie das eigentlich häufig, konnte sie diese Lesart ihres Lebens nicht aufrechterhalten. Denn eine gewisse Bequemlichkeit, ein Hang zum Wohlleben, ein leichte Trägheit machten sie für das Leben einer Geliebten mehr als geeignet. Ein großzügiger und sympathischer Geliebter, ein freies Leben ohne Pflichten und Auseinandersetzungen, das war ihr angenehm. Eigentlich lebte sie so, wie es ihr gefiel. Dass aus der Sympathie längst eine tiefe Verbundenheit geworden war, erkannte sie erst, nachdem die Beziehung beendet worden war. Doch jetzt nachzugeben, sich mit einer bescheideneren Unterkunft zu begnügen, die vielleicht sogar der in der Pension Rosso ähnelte, seltenere und kürzere Besuche ihres nach der offiziellen Enttarnung streng überwachten Geliebten hinzunehmen sowie wesentlich geringere finanzielle Zuwendungen zu akzeptieren, nein, das vermochte sie nicht, weil es nicht nur ihr, sondern sogar ihm deutlich gemacht hätte, dass sie darauf angewiesen war, dass jemand sie nicht, wie sie es bisher hatte auslegen können, aus Liebe oder Leidenschaft unterstützte, sondern dass jemand sie, ja, man konnte es nicht anders nennen, aushielt.

»Natürlich habe ich mir manches zusammengereimt«, gestand Mascha ihr später, als sie zusammen in Frankfurt unterwegs waren, »aber wenn man täglich in einem Raum frühstückt und auch sonst manchmal zusammensitzt, dann fügen sich die

Bruchstücke, die man aufschnappt, zusammen. Und einmal hat sie mir erzählt, dass sie die Arbeit an dem Theaterstück von Rosalinde Geigers Ehemann deswegen so ernst nehme, weil sie hoffe, dabei die Begeisterung für die Kunst des Schauspielens, die sie in ihrer Jugend gefühlt hatte, wiederzuentdecken. Dass es nicht nur darum gehe, jemanden zu amüsieren oder zu rühren und zum Mitleiden zu bewegen, sondern eben auch darum, ihn bei aller Unterhaltung auch geistig oder moralisch herauszufordern. Und das könnte mit diesem Stück gelingen, meinte Charlotte, obwohl kein richtiger Regisseur da sei, obwohl hinter der Bühne alles dilettantisch ablaufe, obwohl sie ihre eigenen Kostüme selbst genäht – und sogar teilweise bezahlt – habe. Sie habe schon lange nicht mehr darüber nachgedacht, dass sie in ihrem Beruf auch über die Macht verfüge, den Menschen vor Augen zu führen, dass die Welt verändert, verbessert werden müsse.« Mascha erinnerte sich daran, wie aufrichtig Charlotte bei diesen Äußerungen gewesen sei. Sie habe noch erzählt, dass sie früher über Politik nicht nachgedacht habe und sogar den Krieg, soweit es eben möglich war, ignoriert habe. Erst als ein guter Freund von ihr einen Sohn an der Front verloren hatte, habe sie angefangen darüber nachzudenken, was eigentlich Krieg sei, wem er diene und wem er schade. Dieser Freund, da war sich Mascha sicher, war Charlottes Geliebter. Mascha vermutete sogar, dass der Tod seines Sohnes die wahre Ursache der Unachtsamkeit gewesen sei, durch die ihr Verhältnis aufgedeckt worden war. Charlotte jedenfalls habe begonnen, sich ihrem Beruf wieder ernsthaft zuzuwenden. Das könne man daran sehen, dass sie bereit war, in dem Theaterstück die Rolle einer alten Frau anzunehmen. So würde sie auf der Bühne stehen, als alte Frau, nicht als ältere Dame. »In unförmige schwarze Lumpen gehüllt und mit einem dünnen grauen Haarknoten im Nacken, so hat sie es mir erzählt. Sie muss eine scheußliche Perücke tragen, nicht nur scheußlich, sondern uralt, gebraucht.« Sophia musste lachen, und Mascha erzählte weiter, dass Charlotte über ihrem schönen Busen einen Halter tragen müsse, in dem schwere Brüste aus Stoff fast bis an den Bauch herabhingen. »Das alles tut Charlotte Stein inzwischen aus Überzeugung«, resümierte Mascha. »Denn sie denkt jetzt wie wir, dass der Krieg ein schwerer Fehler ist. Erinnerst du dich noch, wie viele Frauen damals im Herbst 1914 den jungen Männern, die so siegessicher und schneidig in den Krieg zogen, voller freudiger Bewunderung zugewinkt haben? Und wie viele Frauen den starken Reiz verspürt haben, der von den marschierenden jungen Männern und Burschen ausging, in ihren neuen Uniformen, die sie da im Gleichschritt zur Schau trugen, voller Vorfreude auf Kampf und Sieg? Inzwischen aber wissen die meisten Frauen es besser. Auch Charlotte. Bei den Männern bin ich mir da nicht so sicher.«

Ein Mann wusste es inzwischen sicher besser, ging es Sophia durch den Kopf, als sie sich wieder auf ihre Listen und Gegenstände konzentrieren wollte. Der Dichter Selmar Marsel. Von ihm hatte Mascha ihr bereits am vorigen Abend ausführlich erzählt.

Rosalindes Ehemann hieß mit Vornamen wirklich Selmar, seinen Nachnamen hatte er durch eine simple Verdrehung der beiden Silben seines Vornamens gebildet, weil seine Mutter, eine einflussreiche und, wie Selmar einmal selbst anklagend formulierte, auch geldreiche Frau, es ihm untersagt hatte, seine »Werkelchen«, wie sie seine poetischen Versuche verächtlich nannte, unter dem Namen der angesehenen Familie zu veröffentlichen. Ein Dichter, so sagte sie ihm, das passe nicht in das Bild ihrer Familie. Habe nie hineingepasst. Als ihr Sohn nach der Reifeprüfung Literaturwissenschaften studieren wollte, konnte sich die strenge Mutter noch gegen ihn durchsetzen und ihn irgendwie dazu bewegen, sich der Rechtswissenschaft zu widmen, zumindest dem Anschein nach, denn er absolvierte sein Studium lust- und freudlos. Nach dem mittelmäßigen Abschluss graute ihm davor, sich einen Beruf in diesem Bereich zu suchen. Und dazu ließ er sich dann auch nicht mehr zwingen, sondern er begann zum Entsetzen seiner Mutter, Gedichte zu schreiben, die er auch bald in den Zeitungen der Stadt unterbringen konnte, vorzugsweise in der »Frankfurter Zeitung«*. Seine Mutter war bestürzt über die Gedichte ihres Sohnes, in denen sie nur grelle und unverständliche und bedrohliche Bilder fand und außerdem Spuren wahnsichtiger Weltsicht zu erkennen fürchtete. Die Witwe fasste den Plan, sich mit alten Freunden ihres früh verstorbenen Mannes, eines bekannten Judaisten, zu beratschlagen. Dessen überlegen reflektierender Beistand hatte sie während der Ehe dabei unterstützt, die Kluft zwischen den strengen Regeln ihres kleinbürgerlichen Elternhauses und seinen liberalen Überzeugungen auszuhalten, eine Kluft, die das gesamte Frankfurter Judentum seit der Mitte des 19. Jahrhunderts prägte. Inzwischen klammerte sie sich wieder viel stärker an das, was in ihrer Familie als richtig galt.

Ein erfahrener Arzt mit großem Interesse an der Psychoanalyse war der Erste, dessen Hilfe sie suchte, aber er setzte ihr auseinander, dass ihr Sohn sehr begabt und vielleicht auch bis zur angespannten Nervosität kreativ, aber keinesfalls geistig krank sei. Ihr zweiter Besuch galt einem Redakteur der »Frankfurter Zeitung«, einem Studienfreund ihres Mannes, in dem sie, obwohl er mit ihr nicht im Einklang stand, was die Deutung der Weltläufe betraf, doch einen potenziellen Ver-

---

* Frankfurter Zeitung: renommierte Tageszeitung, seit der Reichsgründung 1871 Sprachrohr der liberalen bürgerlichen Opposition, vor dem Ersten Weltkrieg deutlich pazifistische Position

bündeten sah, da er Vater einer äußerst eigenwilligen Tochter war, deren Name immer wieder in den Zeitungen der Stadt auftauchte. Auf ihre Bitte, doch in Zukunft Gedichte ihres Sohnes nicht mehr im Feuilleton zu drucken, antwortete er trotzdem äußerst empört, dass sie von ihm ein Verbrechen an der Kultur des Volkes fordere, denn das sei es, wenn der Welt die klugen und weitsichtigen Gedichte ihres Sohnes vorenthalten würden. Im Übrigen würde er Selmar gerade dabei helfen, einen Verleger für seinen ersten Lyrikband zu finden. Den größten Gefallen, den er ihr, der Witwe seines alten Freundes, tun könne, wäre, dass er ihr Ansinnen für sich behielte und ihrem Sohn nie von ihrer Absicht, die Veröffentlichung seiner Gedichte zu verhindern, erzählen würde.

Ihre Bestürzung verringerte sich auch nicht, als Karten und Briefe früherer Freunde eintrafen, die ihr zum Talent des Sohnes gratulierten. Immerhin aber, so schloss sie daraus, war er noch nicht völlig aus den Kreisen gefallen, denen anzugehören ihr so wichtig war. Zwar erschienen ihr auch die Gedanken ihres selbstverständlich trotzdem über alles geliebten Mannes häufig mehr als gewagt, aber er drückte sie wenigstens mit Worten aus, die sie verstand. Ihr Sohn hingegen wählte auf den ersten Blick zwar auch Wörter aus, die sie kannte, aber er stellte dann einen Zusammenhang zwischen ihnen her, der sie bestürzte und ihr unverständlich blieb.

Und die Gedichte handelten meistens von einer großen Stadt, und sie erkannte an einigen Begriffen und Namen unschwer, dass er Frankfurt im Hinterkopf hatte, wenn er von seinen großen Städten fantasierte und ihre Gefahren beschrieb. Von einem »eisernen Steg«* war da die Rede, der einen großen Fluss überspannte, oder von den Toren einer Synagoge,

* Der Eiserne Steg: eine 1868 erbaute Fußgängerbrücke über den Main, die die historische Altstadt mit Sachsenhausen, einem großen Vorort, verbindet

die sich hinter einer Wallanlage friedlich* öffnete, von »sandigen Wegen«**, auf denen Fremde gestrandet waren, von großen Hallen, in die Eisenbahnen einrückten, um die Stadt zu zerschneiden und aufzufressen. Und erst die Farben, mit denen ihr Sohn das Beschriebene versah. Wer hatte je einen blauen Mond über Frankfurt gesehen? Oder einen gelben Himmel über dem Fluss? Einen roten Fluss? Einen blutroten Fluss gar? Und erst die Stadtbewohner: Mörder, Prostituierte und Obdachlose schoben sich in den Versen ihres Sohnes durch die Straßen, und es war ihr manchmal peinlich, auch nur davon zu lesen. Aber sie konnte die Bilder auch nicht vergessen, und einmal, sie konnte nicht schlafen und stellte sich ans Fenster, es war fast schon völlig dunkel draußen, aber eben nur fast, und über dem Haus gegenüber hing der Mond, riesig, rund, fahl, und sie hätte schwören können, dass er grün war in dem Moment, in dem sie ihn gesehen hat. Er macht mich ganz verrückt mit seinen Versen, dachte sie und legte sich zurück in ihr Bett.

Doch das war erst der Anfang ihres Leides. Denn wenige Monate später, der erste Gedichtband ihres Sohnes war gerade in Vorbereitung und sollte in Kürze bei einem angesehenen jüdischen Verlag erscheinen, eröffnete er seiner Mutter, dass er heiraten wollte. Sie spürte ihr Herz laut klopfen und fragte sich, welches der netten jüdischen Mädchen in ihrer Umgebung sein Herz gewonnen habe, und plötzlich hörte sie die trippelnden Schritte vieler Enkelkinder durch ihren langen Korridor laufen und freute sich. Eine größere Sukka*** würde

---

* Die Synagoge der abgespaltenen Israelitischen Religionsgemeinde, Friedberger Anlage, 1907 eingeweiht, mit 1.600 Plätzen

** Sandweg: eine wichtige Geschäfts- und Wohnstraße im Frankfurter Ostend. Zu Beginn des 20. Jahrhunderts reihten sich hier viele jüdische Geschäfte und Institutionen aneinander; viele Bewohner des Ostends waren Ostjuden.

*** Sukka (hebr.): Laubhütte, eine aus Ästen, Zweigen, Blättern usw. errichtete Hütte, um im Herbst das sogenannte Laubhüttenfest zu feiern; in Städten häufig auf Balkonen errichtet

sie auch brauchen. Sie nahm ihren Sohn in den Arm und war erstaunt, als dieser sich von ihr löste und sagte: »Vielleicht bist du nicht ganz mit meiner Wahl einverstanden, aber du wirst sie liebgewinnen, das verspreche ich dir.«

»Wer ist es?«, drängte sie.

Und dann erzählte er ihr, dass er sich in eine junge Schauspielerin des Städtischen Theaters verliebt habe. Sie schluckte hektisch und er sah voller Sorge, dass ihr Gesicht in Windeseile mit kleinen roten Fleckchen übersprenkelt wurde, ein sicherer Vorbote einer heraufkommenden nervösen Erregung. War das genug an Geständnissen für einen Tag? Die Ankündigung einer Schwiegertochter, die nicht demselben gesicherten und festen bürgerlichen Rahmen angehörte wie seine Mutter? Aber dann hätte er binnen Kurzem das nächste Geständnis zu machen, das das Lebensglück seiner Mutter, oder, wie er sich berichtigte, das, was sie für ihr Lebensglück hielt, noch mehr bedrohen würde: Seine Braut war kein jüdisches Mädchen.

Also erzählte er ihr auch das. Unmittelbar danach. Lieber ein riesiger Schrecken als ein wiederholter. Ihre roten Gesichtsfleckchen verdichteten sich zu einer dunkelroten Fläche, so dass er es für angebracht hielt, das Mädchen zum Arzt zu schicken und diesen um einen Hausbesuch zu bitten. Bis zu dessen Eintreffen bettete er seine Mutter auf das große Sofa im Salon und legte die vielen dicken, mit Samt bezogenen Kissen unter ihren Kopf und Rücken, denn, das wusste er, wenn sie flach auf einem Bett oder einem Sofa lag, hielt sie sich für ein leichteres Opfer des Todes, als wenn sie, fast aufrecht sitzend, mit festem Blick das vor ihr liegende Geschick erwartete. Sie sprach nicht. Er stand neben ihr und ergriff gelegentlich ihre Hand und drückte sie leicht und liebevoll. Sie erwiderte weder seinen Handdruck noch blickte sie ihn an, vielmehr fixierte sie die offen stehende Tür.

Der Arzt kam schnell und diagnostizierte mit einem Blick

die nervöse Anspannung seiner Patientin, die sich in hohem Blutdruck äußerte. Früher hätte man sie als Hysterikerin abgetan, aber von diesem schnellen Urteil hatte sich die moderne Medizin glücklicherweise verabschiedet. Und er als ihr langjähriger Arzt wusste sowieso besser als andere, besser vielleicht sogar als ihr verstorbener Gatte oder ihr Rabbi, den sie sonst mit ihren Seelenqualen aufsuchte, dass ihre gesundheitlichen Probleme stets mit ihrem Sohn zu tun hatten, besser gesagt damit, dass ihr Sohn zum wiederholten Male nicht nur die mütterlichen Ratschläge in den Wind schlug, sondern, wie ein erneuter Blick auf ihren hochroten Teint ihm zeigte, genau das Gegenteil dessen tat, was ihm geraten wurde.

»Lassen Sie uns doch bitte einen Augenblick alleine«, schlug er diesem Sohn, der überall zu Recht als seltenes Exemplar eines guten und gehorsamen Sohnes galt, vor und setzte sich dann neben seine Patientin. »Nun, was hat er wieder getan, Ihr Sohn, das Sie so verärgert hat? Wissen Sie, dass jeder Sie um ihn beneidet, erst hat er sein Abitur gemacht, dann als folgsamer Sohn sein Studium abgeschlossen, obwohl er andere Talente und Sehnsüchte hatte, und jetzt ist er, jung wie er ist, schon dabei, einer der bekanntesten Vertreter der modernen Dichtergeneration unseres Landes zu werden.«

»Heiraten will er.«

»Wie schön!«

»Aber wen!« Sie erzählte ihrem Arzt alles, und er gab er ihr den unwillkommenen Rat, sie solle die junge Frau erst einmal freundlich aufnehmen und sich am Glück ihres Sohnes freuen. Dann solle sie sie erziehen. Vorsichtig zum Judentum hinführen. Vielleicht könne sie die junge Frau ein wenig liebgewinnen. Oder wenigstens akzeptieren. Dann könne sie ja die Sache mit der Heirat immer wieder ein wenig hinauszögern. Gründe fänden sich genug. Bis nach meinem Geburtstag, könne sie beispielsweise vorschlagen. Dann: nicht im Winter.

Oder nicht im Hochsommer. Oder wenn meine Schwester aus Amerika auch anwesend sein kann. Und dann könne die Schwester ja immer ein kleines Leiden habe. »Frauen haben doch da ihre Möglichkeiten, sich durchzusetzen. Und wenn Ihr Sohn und seine Verlobte davon ausgehen, dass Sie die Heirat unterstützen und über jede Verschiebung eher traurig sind, werden sie keinen Verdacht hegen, dass ausgerechnet Sie es sind, die verantwortlich für die permanenten Terminverschiebungen ist.«

»Was heißt verschieben: Ich will die Heirat hintertreiben!«

»Das behalten Sie aber bitte besser für sich. Und vielleicht lässt sich die junge Frau während der Wartezeit doch zu einer guten jüdischen Schwiegertochter erziehen. Befolgen Sie meinen Rat. Gewinnen Sie einfach Zeit. Und in der Zwischenzeit können Sie die junge Frau kennenlernen. Und Ihr Sohn auch.«

»Ich werde es mir überlegen«, antwortete Selmars Mutter, und ihr Arzt sah zu seiner großen Beruhigung, dass ihre dunkelroten Wangen sich wieder in kleinere rote Fleckchen aufgelöst hatten, die bereits heller wurden. Sie schwieg und flüsterte dann: »Warum soll ich eigentlich nur die Heirat der beiden Täubchen verschieben? Zunächst einmal werde ich ihre Zeitvorstellungen für die Verlobungsfeier durchkreuzen.« Sie blickte zum Fenster, hinter dem ein starker Wind die leeren Äste der Bäume schwanken ließ: »Wer verlobt sich nicht lieber an einem schönen Frühlingstag? Im Mai zum Beispiel. Ach nein, im Mai werde ich sechzig Jahre alt. Da kämen dann zwei große Familienfeste auf uns zu. Und meinen Geburtstag kann ich schließlich nicht verlegen, wohl aber die Verlobung. Es tut mir so leid, werde ich meinem Sohn sagen. Auch für dich, mein liebes Töchterchen, werde ich hinzufügen. Aber im Sommer finden wir bestimmt einen schönen Termin, an dem wir die ganze Verwandtschaft wieder zu uns einladen können. Ich werde einmal herumfragen.

Und dann, ein paar Wochen später, werde ich die beiden zu mir zum Tee bitten und traurig sagen, dass Onkel Leo leider den ganzen Sommer in der Schweiz verbringen muss. Seine Lunge. Der Arme. Aber es wäre ein Affront, wenn wir den Termin nicht mit ihm abstimmen, werde ich sagen. Er war nach dem Tode deines Vaters fast so etwas wie dein Ersatzvater. Stimmt das nicht, Selmar?, werde ich fragen. Und Selmar wird zustimmen und noch über die Strenge klagen, mit der Onkel Leo ihn immer behandelt hatte. Und die ganze Zeit werde ich und wird ein Rabbiner die junge Frau in der jüdischen Religion und der jüdischen Lebensweise unterweisen. Sehr streng und fordernd. Man wird sehen, wie das dann alles wird. – Meinen Sie es so?«

»Nun, nicht genau so«, schmunzelte der erfahrene alte Arzt. »Aber ein klein wenig so. Nur übertreiben Sie Ihr Pläneschmieden nicht. Vergessen Sie nicht, dass man das Leben nicht ganz alleine lenkt.«

Selmar, zurück ins Zimmer gerufen, freute sich, seine Mutter wieder wohlauf zu finden. »Verzeih«, lächelte sie ihn an, »ich war einfach so überrascht. Mein schwaches Herz, du weißt ja. Aber ich freue mich, die junge Frau kennenzulernen. Wann willst du sie mir vorstellen?«

Woher sie das denn alles so genau wisse, hatte Sophia ganz spät am gestrigen Abend, in der Nacht eigentlich schon, ihre Freundin gefragt, als diese ihr die Geschichte von Selmar und seiner Mutter erzählt hatte. Den Kopf über ihre Körbe gebeugt, stieg in ihrer Erinnerung das Bild Maschas auf, wie sie ihr bei dieser Frage zuzwinkerte und dabei lachte. Es war dies eine neue Mascha, diese lachende und zwinkernde junge Frau, die den Kopf so schnell zu ihr wandte, dass ihre kurzen Haare sich um sie drehten wie ein Karussell. Es war nicht die Mascha, die sie seit Jahren kannte.

»So genau weiß ich es eigentlich gar nicht«, gestand sie, »aber immerhin speist sich mein Wissen aus drei Quellen. Die erste ist unsere Diva selbst, Rosalinde Geiger, inzwischen längst Ehefrau des besagten Dichters Selmar Marsel, eigentlich Selmar Hirschfeld. Rosalinde wurde geboren als Rosa Gerber, ihr bürgerlicher Name lautet amtlich also eigentlich Rosa Hirschfeld, aber so nennt sie kein Mensch. Im Theaterprogramm heißt sie Rosalinde Geiger. Manche sagen, seit Selmar so bekannt geworden ist, auch Frau Marsel zu ihr. Rosalinde oder Rosa ist ausgesprochen offen, man könnte auch sagen extrovertiert, und sie plaudert so gerne, das wirst du selbst noch erfahren. Aber sie ist nicht dumm. Sie ist bei allem trotz ihrer überwältigend erscheinenden Freimütigkeit vorsichtig. Sie schwatzt und plappert im Übrigen scheinbar nur Nichtigkeiten vor sich hin, aber man kann diese dann wie ein Puzzle zusammensetzen und erhält ein insgesamt zwar vages Bild, das aber gelegentlich eine überraschende Detailtreue aufweist. Vielleicht wäre Rosalinde selbst überrascht, wenn sie so eines Puzzles gewahr würde. Denn ich habe manchmal das Gefühl, dass sie vor allem deshalb selbst plaudert, damit sie nichts gefragt werden kann. Denn solange sie selbst das Zepter in der Hand hat, kommt nur das zur Sprache, worüber sie auch sprechen will ... Die zweite Quelle bin gewissermaßen ich selbst, obwohl anderswo geboren und aufgewachsen. Aber trotz dieser Unterschiede ist das strenge orthodoxe Milieu überall ähnlich, und ich kenne es aus fast zwei Jahrzehnten eigenen Erlebens. Du selbst hast mich damals herausgelockt, als wir zusammen in dein kleines Haus gezogen sind. Aber meine eigenen Erfahrungen in Galizien und dann in Wien erlaubten mir eine eindeutige Einordnung und Interpretation mancher der von unserer Rosalinde so locker erzählten Details. Und meine dritte Quelle ist Selmar Marsel selbst, allerdings, und das macht die Sache etwas kompliziert, hat er kaum einmal mit mir über seine Geschichte gesprochen, wohl aber häufig mit Luise, Frau Schulmeister. Denn mit der unterhält er sich, seit er aktiv an dem Projekt teilnimmt, tagaus tagein, sofern seine Mutter, seine Ehefrau und seine Dichtung ihm die Zeit dafür lassen. Und ihre Arbeit ihr. Luise Schulmeister jedoch ist nicht nur sehr fleißig, sondern auch äußerst diskret, so dass man zwar von dieser Quelle alles am präzisesten erfahren könnte, gleichzeitig aber ständig gegen ihr Versiegen angehen muss. Nur selten sind ihr während gemeinsamer Arbeiten ein paar Wörter herausgerutscht. Deswegen hoffe ich ja so auf dich und deine Konversationsgabe. Du wirst dich mit ihr gut verstehen, das weiß ich.«

Sophia wusste inzwischen, dass Mascha das zutreffend erahnt hatte, denn wirklich fiel es ihr sehr leicht, mit Luise eine gemeinsame Gesprächsbasis zu finden. Doch am Vorabend hatte sie Maschas Vermutung noch abgewehrt: »Ach, meine Liebe«, hatte sie nämlich gesagt, »damit ist es nicht so weit her. Natürlich kann ich auf Gesellschaften mit allen Anwesenden, ob sie mir nun fremd sind oder nicht, über dieses und jenes plaudern, das habe ich schon früh gelernt. Als ich ein junges Mädchen war, haben mir auch noch viele Menschen Vertrauen entgegengebracht.«

»Ich bin dafür ein besonders gutes Beispiel«, hatte Mascha bestätigt, aber Sophia hatte Zweifel dagegen vorgebracht, dass das noch immer so war: »Ich bin inzwischen, glaube ich, fast ein bisserl menschenscheu geworden, dort in Zürich.« Mascha aber hatte Sophia darauf verwiesen, dass Luise und sie ein ähnliches Schicksal teilen mussten. Beide seien durch diesen entsetzlichen Krieg zur Witwe geworden.

Sophia fand Luise Schulmeister übrigens nicht so zurückhaltend, wie sie es nach dem gestrigen Gespräch mit Mascha erwartet hatte. Vielleicht liegt das aber auch an den beiden jungen Mädchen, dachte sie, die Luise sehr zu mögen schien und deren Fröhlichkeit auf alle ansteckend wirkte und die selbst sie zum Lächeln gebracht hatte.

Mascha hatte dann noch ihre Überzeugung geäußert, dass Luise ihre ganze Energie in die Theaterarbeit stecke, weil sie ihrem gefallenen Mann zuliebe diesem pazifistischen Theaterstück zum Erfolg verhelfen wolle.

»Dem pazifistischen Stück oder dem pazifistischen Dichter?«, hatte Sophia nachgefragt. Doch Mascha hatte der Deutung, die Sophia der Freundschaft zwischen dem jungen Dichter und der Theatermitarbeiterin gab, entschieden widersprochen: »Dem Stück, da bin ich sicher. Soweit ich aus den Bruchstücken ihrer Unterhaltung, die ich gelegentlich aufschnappe, schließen kann, geht es da eigentlich immer um Erlebnisse und Erfahrungen an der Front. Ich glaube, dass Luise einfach nachvollziehen möchte, wie ihr Mann in seinen letzten Monaten, Wochen, Tagen gelebt und gelitten hat. Ich meine sogar, dass er und Selmar zusammen an der Front waren, in derselben Gruppe, Einheit. Ich kenne diese militärischen Ausdrücke nicht so gut. Ich nehme an, dass Luises Mann ihr genau wie alle anderen Soldaten auch vor allem positive Berichte über sein Leben an der Front geschickt haben wird. Der Krieg als Bewährungsprobe für Männlichkeit, Stärke und Männerfreundschaft, der Krieg als großes Abenteuer. Das haben mir viele verwundete Soldaten im Krankenhaus erzählt, dass sie das so machen, nicht wegen der Zensur, sondern einfach, um ihre Frauen zu Hause zu trösten, ihnen zumindest keine Angst einzujagen.«

»Das kann sein. Aber das machen die Frauen in ihren Briefen an die Front ja genauso. Sie vermeiden zu genaue Beschreibungen von Hunger und Not und Krankheit und Sorge.«

»Das ist wahrscheinlich so. Vielleicht sind diese gegenseitigen Lügen im Krieg eigentlich Liebesbeweise von Menschen, die sich einst geschworen haben, sich nie anzulügen.«

Sophia hatte noch lange über diese Äußerung Maschas nachgedacht. Natürlich waren ihr dabei auch die letzten Briefe ihres so unerwartet umgekommenen Mannes in den Sinn gekommen. Aber darüber wollte sie nicht sprechen, auch nicht mit Mascha.

Eigentlich auch nicht mit Luise Schulmeister.

Ein anschwellender Geräuschpegel versetzte Sophia zurück in die Gegenwart. Sie sah von ihren schon gut gefüllten Requisitenkörben auf. Ein junger und sehr gut aussehender Mann betrat den Dachboden. Alle begrüßten ihn freundlich. Sein Gesicht blieb trotz der freundlichen Zuwendungen angespannt und ernst. Sophia wusste sofort, dass es sich um Selmar Marsel handeln musste, denn das war der einzige junge Mann auf Maschas Personenverzeichnis. Er war sehr mager, kein Wunder nach den Entbehrungen im Krieg, und er sah blass aus. Als er Luise Schulmeister erblickte, die da immer noch mit den beiden Mädchen an dem kleinen Tisch arbeitete, entspannte er sich ein wenig und ging auf sie zu. Humpelte auf sie zu, um es genauer zu sagen. Jetzt erst bemerkte Sophia, dass er unter beiden Armen Krücken hielt. Trotzdem fiel ihm das Gehen sehr schwer. Die jüngere der beiden Schwestern sprang auf, als sie ihn kommen sah, und danach erhob sich auch die ältere. »Wir müssen jetzt nach Hause, Frau Schulmeister, es ist ja schon Mittagszeit. Dürfen wir nachher wiederkommen? Gibt es etwas zu tun für uns?«

»Ihr müsst sogar kommen! Denn wir proben doch die vierte Szene. Es ist also sogar euer Schauspieltalent vonnöten, nicht nur euer Geschick bei der Handarbeit! Ich muss unbedingt bald einmal eurer Mutter sagen, wie wertvoll eure Hilfe für uns ist.« Die beiden Mädchen verabschiedeten sich zufrieden und nickten allen anderen Anwesenden, auch Sophia, freundlich zu, als Rachel noch einmal stehenblieb und sich suchend umschaute: »Mein Mantel! Mein Mantel ist weg. Und mein

Schal! Hat jemand meinen Schal gesehen? Erst gestern habe ich meine Handschuhe verloren, vielleicht auch hier irgendwo. Das gab schon ein bisschen Ärger zu Hause.«

Ihre Schwester Esther stimmte zu. »Weil du immer alles verlierst! Heute hast du deinen neuesten Schal mit, wunderbare Vorkriegsware«, lachte sie, »der muss hier noch irgendwo sein.«

Die anderen Frauen hielten inne, ernster, als der Anlass es erwarten ließ. »Ich erinnere mich, dass du mit Mantel und Schal hereingekommen bist«, sagte Victoria, »aber dann bist du wieder hinausgegangen und mantel- und schallos zurückgekehrt. Denk nach, wo du deine Sachen hingetan hast!«

»Danke, Frau König! Jetzt erinnere ich mich. Sie sind unten auf dem Treppenabsatz. Ich habe sie auf den Garderobenhaken über dem Schränkchen aufgehängt.« Rachel rannte hinaus, um dann bei der Rückkehr kleinlaut zu erklären: »Der Mantel ist da. Aber der Schal nicht.«

»Ich gehe nachschauen!«, rief Esther hilfsbereit. »Vielleicht steckt er in einem Mantelärmel.«

Victoria seufzte tief auf: »Was ist das hier nur? Seit ein paar Wochen verschwindet alles. Es muss einen Dieb hier geben. Oder einen Hausgeist.«

Sophia schaute auf. »Die Aufführung scheint glücklicherweise von diebischen Machenschaften verschont zu bleiben«, scherzte sie, »es ist jedes winzige Teil vorhanden. Vollständig. Unversehrt.«

Esther kehrte zurück: »Wirklich nicht da. Mutter wird unglücklich sein, mit einer Tochter wie dir geschlagen. Vielleicht gehen wir zuerst zu Vater und du beichtest es ihm?«

»Ich glaube, dass ihr heute Glück haben könntet«, schaltete Sophia sich ein. »Wartet einmal.« Sie rannte hinunter und kam wenig später mit zwei sehr ähnlichen Tüchern zurück, großen viereckigen Baumwolltüchern mit schönen farbigen floralen Ornamenten.

»Die habe ich in meiner Tasche gefunden, da hat mein Vater sie mir heimlich hineingesteckt. Aber ich bin sicher, er würde sich freuen, wenn ihr sie tragen würdet.«

Esther wollte das Geschenk nicht annehmen, da sie es für zu schön und zu wertvoll hielt, aber Rachel hatte sich schon begeistert ein Tuch um ihren Hals drapiert und jubelte laut, dass sie noch nie so ein vornehmes Kleidungsstück besessen hätte. Esther zögerte noch, doch da legte Sophia ihr das Tuch um und Victoria versicherte, wie gut es ihr stehe. Da konnte sie nicht mehr widerstehen und beide Mädchen zogen glücklich ab.

Noch bevor die beiden den Dachboden verließen, hatte sich, wie Sophia bemerkte, zwischen dem Dichter und Frau Schulmeister ein intensives und ernsthaftes Gespräch entfaltet, das aber so leise geführt wurde, dass man nichts verstehen konnte.

Er hatte sich inzwischen auf Rachels Platz niedergelassen und mit seiner Krücke Esthers Stuhl weggeschoben, als wolle er verhindern, dass sich irgendjemand zu ihm und Luise Schulmeister setzte. So ausdrucksstark und beeindruckend sein Gesicht ist, so intensiv seine Blicke, so unauffällig ist das Gesicht von Frau Schulmeister, dachte Sophia. Ich habe sie vorhin zwar genau angesehen, als wir miteinander gesprochen haben, aber vielleicht würde ich sie auf der Straße trotzdem nicht sofort wiedererkennen. Dabei ist sie eine schöne junge Frau, wenn man sie richtig betrachtet, sich in ihr Gesicht vertieft. Ihre Haut ist klar, ihre blauen Augen strahlen zwar eine gewisse Distanz aus, blicken aber offen in die Welt. Ihr hellbraunes Haar ist nicht besonders vorteilhaft zu diesem kleinen Knoten im Nacken zusammengebunden, wie ich ihn auch manchmal trage, weil es eben so bequem ist, weil einem die Haare nicht ins Gesicht fallen, wenn man liest wie ich oder am Nähtisch beschäftigt ist wie sie. Und sie scheint nichts Auffallendes zu mögen, ihr hellgrauer Rock ist schlicht, aber erstklassig geschnitten, das sehe sogar ich, und auch ihre weiße

Bluse sieht aus, als hätte sie ein erstklassiger Couturier entworfen und in einem sehr guten Salon nähen lassen. Eigentlich, wenn ich ehrlich bin, hat sie genau das an, was ich am liebsten trage: einen bequemen grauen Rock, etwas kürzer als die Röcke vor dem Krieg, und eine weiße Bluse. So gehe ich in die Universität, um ja nicht den Verdacht aufkommen zu lassen, dass ich mehr als nur mein Studium im Kopf hätte. Damals in Wien, vor dem Krieg, da hat Ada mich ja für Mode interessieren können und ich hatte Freude an meinen ersten schönen und modernen und auch extravaganten Kleidern, aber dann, als ich für meinen Vater und die Wiener Polizei die eine oder andere detektivische Aufgabe unter anderer Identität übernommen habe, habe ich wieder zum hellgrauen Rock und der weißen Bluse gegriffen, und dabei ist es dann geblieben. Dazu feste, bequeme Schuhe, mit denen ich dem Kleinen im Park besser nachrennen kann. Aber von Frauen, die im Theater arbeiten, hätte ich doch etwas Auffallenderes, Grelleres, Mondäneres erwartet. Obwohl, sie ist erst seit Kurzem Witwe. Vielleicht interessiert sie sich deswegen zurzeit nicht für ihr Erscheinungsbild. Aber was für einen Blödsinn reime ich mir da zusammen. Ich weiß so wenig über diese Frau, nichts über ihre Geschichte, nichts über ihr Leben. Nur dass sie nett und freundlich ist, das habe ich gemerkt. Und dass sie voller Anteilnahme für Selmar Marsel ist, das steht in ihrem Gesicht geschrieben, wenn sie ihn anschaut. Und sie ist überaus kompetent und alle folgen gerne ihrer Anleitung.

Inzwischen war auch Mascha aus dem Krankenhaus gekommen, um den restlichen Tag mit Sophia zu verbringen, und sie wollte wissen, wie ihre Freundin den Vormittag verbracht hatte. Sophia lächelte ihrer Freundin zu und bat sie, noch ein paar Minuten zu warten, bis sie ihre Arbeit abgeschlossen hätte.

Wenig später war Sophia fertig. Sie bemerkte, dass Maschas Blick auf Frau Schulmeister gerichtet war. »Mascha«, sagte sie, »wollen wir gehen?«

»Gehen? Ach ja, ich wollte dir ja ein wenig die Stadt zeigen. Holen wir unsere Mäntel, ja?«

Die beiden Freundinnen verabschiedeten sich von den Frauen auf dem Dachboden und auch von Selmar Marsel, der Sophia, die Fremde in diesem Dachbodenensemble, erst jetzt zu bemerken schien. Frau Schulmeister stellte Sophia vor und Selmar Marsel blickte von ihr zu Frau Schulmeister, als sähe er da eine gewisse Ähnlichkeit, Verwandtschaft, die sonst jedem verborgen geblieben war. Von Mascha verabschiedete er sich zu Sophias Erstaunen äußerst herzlich. Hatte Mascha ihr nicht am vorigen Abend erzählt, dass ihr Kontakt zu dem Dichter nur oberflächlich war?

Das würde sie die Freundin später fragen.

2

Fasst euch kurz, wenn ihr sprecht, hat die Mutter immer zu uns Kindern gesagt.

Sagt nur das wirklich Wichtige. Redet nicht drumherum. Schmückt es nicht aus.

Sagt nur, was wirklich ist. Sprecht nicht über eure Träume oder Hoffnungen oder Ängste. Das interessiert keinen außer euch selbst. Das ist nur verschwendete Zeit. Die fehlt euch dann beim Arbeiten und beim Beten.

Und beim Schreiben macht ihr es genauso.

Auch da schreibt ihr nur, was wichtig ist und was wirklich ist. So spart ihr eure Zeit und die der anderen. Und außerdem spart ihr Papier.

Papier ist sehr teuer, müsst ihr wissen.

Später standen Sophia und Mascha vor dem vierstöckigen Haus aus rotem Sandstein, das die Pension beherbergte. Sophia blickte nach oben zu dem sehr hohen und steilen, nur leicht abgeschrägten grauen Schieferdach, hinter dem sich noch ein weiteres Stockwerk und darüber die Giebelkammer, in der sie gearbeitet hatte, verbargen. Der Wind wehte kalt und pfeifend, so dass beide ihre Hüte festhalten mussten. Trotzdem konnte Sophia die Augen nicht von der Häuserzeile abwenden, in der ähnliche Sandsteinhäuser und hellgrau gestrichene sich abwechselten, fast alle mit hübschen Erkern und markanten Fenstereinrahmungen verziert. »Wie modern sich das ausmacht«, sagte Sophia verwundert, »deine Straße, gesäumt von diesen schönen neuen Häusern, die wohl alle gegen Ende des letzten Jahrhunderts gebaut worden sind. Und ich dachte immer, Frankfurt sei eine sehr alte Stadt, das hat mein Vater, der als junger Mann einmal hier war, gestern noch betont, eine Kaiserstadt, mit vielen noch sichtbaren mittelalterlichen Strukturen. Und der Name deiner Straße, »Sandweg«. Als ich den in Zürich auf deinem Briefumschlag gelesen habe, hab ich an ein kleines Wegerl am Stadtrand gedacht. Und jetzt sehe ich eine moderne Großstadtstraße.«

»Sophia, meine Liebe, du wirst sie sehen, diese mittelalterlichen Strukturen, wenn wir es irgend einrichten können. Ach, wie gerne hätte ich dich länger hier und würde dir alles zeigen. Wenigstens bis zur Premiere des Stücks, an dem du jetzt auch beteiligt bist, solltest du hier sein.«

»Ja«, umarmte Sophia ihre Freundin, »du weißt gar nicht, wie gerne ich bliebe. Aber es geht einfach nicht. Ich muss am Samstag fahren, denn mein Vater muss am Sonntag zurück nach Wien. Er quält sich sowieso schon damit, dass er seine Arbeit für diese kurze Zeit aus der Hand gegeben hat. Und am Montag muss ich in der Universität ein Referat halten.«

»Das verstehe ich natürlich. Aber bitte versprich mir, dass du bald wieder mit dem Kleinen herkommst, in den Semesterferien, dann nehme ich mir ein paar Tage frei und wir erforschen zusammen die Stadt. Das tun wir doch, ja?«

»Ja, das tun wir. Aber erst nach dem Krieg.«

»Der wohl bald vorbei sein wird, denke ich.«

»Das glaube ich auch. Verloren ist er ja schon lange, zumindest für uns arme Österreicher, das hat Papa schon vor einiger Zeit gesagt. Ich verstehe nicht, warum immer noch so getan wird, als kämpfe man für einen Sieg.«

»Man kann Soldaten doch nicht für eine Niederlage kämpfen lassen, oder? Man kann doch nur gegen das Verlieren kämpfen.«

»Vielleicht kämpfen sie aber auch bloß um das Überleben? Das eigene, nicht das des Landes. Denn das wird es ja nach dem Krieg auch nicht mehr geben. Unseres zumindest nicht. Lediglich ein kleines Deutsch-Österreich wird übrig bleiben, und die Weichen dafür, dass dieses kleine Land eine Republik wird, sind schon gestellt.«

»Hat das dein Vater gesagt?«

»Ja.«

»Wenn das passiert, sollten wir beide eigentlich dabei sein. Meinst du nicht?«

»Du kannst doch jederzeit zurück nach Wien kommen. Ich habe sowieso das Gefühl, als hättest du das, was dich damals weggetrieben hat, verarbeitet. Und somit gibt es für dich keinen Grund mehr, dich von Wien fernzuhalten. Und die Situation, die den Grund ausgemacht hat, existiert in mehrfacher Hinsicht nicht mehr. Der ehemalige Primarius der Frauenheilkunde hat sich als Privatier aufs Land zurückgezogen. Dem kannst du nicht mehr begegnen. Und alle anderen dort im AKH* würden sich freuen, wenn du wiederkämest. Und nicht nur die. Auch viele Menschen in der Leopoldstadt**. Deine Eltern, der gute Pospischil***, ach, und viele andere, denen du geholfen hast.«

»Und du? Kommst du bald zurück?«

»Ich beeile mich mit dem Studium wirklich sehr, aber wenn Papa recht behält, und das tut er meistens, wird der Krieg vorbei sein, bevor ich fertig bin. Und dann schauen wir einmal. Ich will mich jedenfalls erst einmal um mich selbst kümmern.«

»Du?«

»Ja. Ich. Um es ganz deutlich zu sagen: Ich werde erst einmal meine Geschichte vor die Geschichte des Landes stellen.« Sophia lachte, weil ihr letzter Satz so hochtrabend klang.

---

* AKH: Allgemeines Krankenhaus der Stadt Wien, frühere Arbeitsstelle Maschas

** Leopoldstadt: der zweite Bezirk Wiens, traditioneller Einwanderungsbezirk, damals vor allem für ostjüdische und tschechische Bürger der Monarchie

*** Pospischil: ein pensionierter Gendarm in der Leopoldstadt, der Sophia und Mascha bei der Aufklärung eines Mordfalls geholfen hat

Auch Mascha war amüsiert, als Sophia im gleichen Tonfall fortfuhr: »Ich denke, auch wenn ich erst nach Kriegsende zurück nach Wien komme, wird die neue Republik einen Platz für mich finden, an dem sie mich braucht. Aber ich mache so schnell, wie es geht. Schließlich will ich ja nicht, dass der Kleine anfängt, Schwyzerdütsch zu sprechen statt Hochdeutsch!«

Mascha lachte: »Was heißt hier Hochdeutsch? Nur wir in Wien denken, dass wir feines Burgtheater-Hochdeutsch sprächen, hier in Deutschland aber erkennt jeder sofort, woher wir kommen, selbst wenn wir uns ganz viel Mühe geben.«

»Wirklich?«

»Du wirst es noch erleben.«

Sophia und Mascha gingen den Sandweg hinunter in Richtung Zeil. Obwohl Mascha ein recht schnelles Tempo einschlug, blieb Sophia immer wieder stehen, um etwas genauer anzusehen. »Schau dort, die Straße heißt Baumweg. Klingt auch so ländlich«, lachte sie. Mascha zeigte ihr einen großen jüdischen Kindergarten, aus dem gerade viele kleine Kinder herausströmten, nur mühsam von ihren Betreuerinnen gebändigt. »Vielleicht machen sie einen Ausflug in den Zoo«, sagte Mascha, »der ist nur ein paar Minuten weg.«

Sophia blickte den Kindern nach und dachte ganz kurz etwas wehmütig an ihren Vater und ihren Sohn. Dann folgte sie Mascha, die eine belebte Straße überquert hatte und nach rechts eilte. Es herrschte starker Verkehr, Straßenbahnen klingelten laut, warnten Passanten, von denen viele traditionelle jüdische Kleidung trugen, davor, unvorsichtig über die Straße zu hasten. Autos rasten an ihnen vorbei, manche laut hupend. Dazwischen ratterten einige Pferdekutschen über das Pflaster, und die Kutscher ließen lange Peitschen über die Köpfe ihrer Tiere schwingen, um sie zu einem größeren Tempo zu bewegen.

Mascha und Sophia gelangten zu einer Straßenbahnhaltestelle auf der Zeil, und Sophia konnte einen Blick auf eine riesige und prachtvolle Kirche werfen. Mascha, ihrem Blick folgend, erklärte ihr, dass das die neue Synagoge sei, und beide Frauen erfreuten sich an dem Anblick der feierlichen und monumentalen Eingangsfront, die sich architektonisch völlig in ihre Umgebung integrierte.

Erst als sie in der Bahn saßen, Mascha hatte mit einigem Geschick sogar zwei Sitzplätze ergattern können, stellte Sophia noch ein paar Fragen zu dem Theaterstück Marsels, denn ihre Beschäftigung mit den Requisiten, lauter unscheinbaren Alltagsgegenständen, hatte ihr Interesse verstärkt. »Das Besondere des Stückes ist«, erklärte Mascha, »dass in ihm kein einziger Mann auftritt. Es ist ein reines Frauenstück. Es heißt ›Frauen im Krieg‹ und zeigt die Auswirkungen des Krieges, der Abwesenheit, der Verletzungen und des Sterbens der Männer, auf die Frauen. Die Mütter, Ehefrauen, Verlobte und Töchter. In einer zentralen Szene treffen sich beispielsweise nach dem Krieg auf der Suche nach dem Sterbeort ihres Sohnes beziehungsweise Mannes zwei Frauen an einem Ort an der ehemaligen Front, zwei bislang verfeindete Frauen. Im Gespräch erkennen sie, dass sie mehr verbindet als trennt. Ihre Trauer verwandelt sich am Szenenende in leidenschaftliche und anklägerische Wut.«

»Hat Selmar Marsel dabei an seine Frau und seine Mutter gedacht?«, wollte Sophia wissen.

»Davon gehe ich aus. Du kennst ja ihre Geschichte schon. Zumindest zur Hälfte. Denn das mütterliche Herumgetrickse mit den Terminen wurde abrupt durch den Krieg unterbrochen. Der, wie du dich erinnerst, auch bei uns zuerst bejubelt wurde. In allen Schichten und Gruppierungen. Sogar von jungen klarsichtigen Künstlern, von Dichtern und Malern. Auch von Selmar Marsel. Der zog wie viele andere als Freiwilliger begeistert in den Krieg. Vorher aber heiratete er Rosalinde, es gab ja so viele schnelle, vielleicht auch vorschnelle Eheschließungen in dieser Zeit. Selmars Mutter war stolz auf ihren Jungen, der unter lautem Zuspruch ihrer Kreise in sein vermeintlich kurzes Abenteuer aufbrach. Und seine Frau? Die Eheschließung war nun einmal zum fait accompli* geworden, das sie akzeptieren musste. Sie bestand darauf, dass die junge Frau bei ihr einzog. Sie sollte wenigstens auf ihr künftiges Eheleben vorbereitet werden. Sie wurde im jüdischen Glauben unterrichtet und überhaupt in allem unterwiesen, was in den Augen von Frau Hirschfeld für ein halbwegs erträgliches Eheleben ihres Sohnes nötig war. Und natürlich sollte ihre Schwiegertochter ihren Beruf aufgeben. Doch das tat Rosalinde nicht, so sehr sie sich auch den anderen Vorschriften von Selmars Mutter fügte. Zu fügen schien.«

Immer wieder blickte Sophia durch die Fenster nach draußen. Obwohl sie die autobiographischen Hintergründe von Selmars Stück wirklich kennen wollte, lenkte die fremde Stadt sie ab. Das Ziel der beiden Frauen war das Polizeipräsidium. Mascha hatte schon vor Sophias Ankunft mit dem Gedanken gespielt, die Polizei einzuschalten, ihn dann aber nicht in die Tat umgesetzt, weil niemand außer ihr, nicht einmal Rosalinde selbst, über das, was ihr so große Angst einflößte, beunruhigt zu sein schien. Sophia hingegen hatte nicht nur ihre Ängste sofort nachempfinden können, sondern auch den unverzüglichen Gang zur Polizei für unabdingbar gehalten. Sie war es auch, die vorschlug, nicht in ein Polizeirevier in der Nähe zu gehen, sondern direkt zum Präsidium, wo vermutlich ein erfahrener älterer Beamter sitzen würde, der ihre Sorgen nicht sofort als Hirngespinste abtun würde. Dass Sophia dabei an jemanden wie ihren Vater und Mascha an jemanden wie ihren guten Pospischil dachte, behielten beide für sich.

---

* Fait accompli: Redewendung aus dem Französischen: vollendete Tatsache

Zur Vorbereitung des Gesprächs bei der Polizei zog Sophia Maschas Personenverzeichnis aus der Tasche. Außer den beiden Rossos und ihrer Angestellten kannte sie jetzt noch Charlotte Stein, Victoria König, Luise Schulmeister und Selmar Marsel. Zwei weitere Frauen, einige Männer sowie die Hauptperson, Rosalinde Geiger, hatte sie noch nicht zu Gesicht bekommen.

»Sehr hilfreich, Mascha, diese Liste. Mir ist übrigens noch etwas aufgefallen. Du hast doch erzählt, dass du bislang kaum mit Selmar Marsel gesprochen hättest. Ich fand aber, dass er überaus freundlich zu dir gewesen ist.«

»Wir haben wirklich nur ein einziges Mal richtig miteinander geredet. Das war erst gestern, ich saß im Salon und habe immerzu gerechnet, wann du frühestens da sein könntest, falls du wirklich in Zürich lebst. Und da hat er gefragt, warum ich so herumzapple, und ich habe ihm von uns erzählt. Und von meinem Leben in der Leopoldstadt. Und er hat mir von seinen Erfahrungen im Frankfurter Ostend* berichtet. Das Gespräch hat nicht lange gedauert, keine halbe Stunde, aber wir waren uns ein paar Minuten lang so nah wie Freunde und haben uns allerlei für Fremde eigentlich ungehörige Geständnisse gemacht.«

»Welche?«, wollte Sophia wissen.

Mascha lachte: »Du weißt das alles sowieso. Aber Herrn Marsel hat es amüsiert. Erinnerst du dich daran, wie meine Eltern, als sie dachten, es sei Zeit, dass ich einen Mann nähme, zum Sabbat immer einen Junggesellen einluden, wenn sie einen fanden, der vor ihren Augen Gnade fand, wozu viel gehörte? Er musste natürlich jüdisch sein, er musste einer Familie entstammen, über deren Geschichte man Bescheid

* Ostend in Frankfurt: ein Stadtteil, durch den die Stadt ab der Mitte des 19. Jahrhunderts erweitert wurde, ebenfalls Einwanderungsbezirk. Um 1920 lebten im Frankfurter Ostend ca. 40 % Juden.

wusste, er musste gebildet sein, mindestens so gebildet wie ich, und das war ein schon fast nicht erfüllbares Kriterium, denn …« Sophia unterbrach sie, ebenfalls lächelnd: »Ich weiß. Denn du warst in ihrem Grätzl* bei allen so hoch angesehen, dass sie kaum zum Greißler** oder zum Markt gehen konnten, ohne dass Frauen oder Mädchen sie anhielten und von deinen Wundertaten bei Geburten und Krankheiten erzählten und deine beruflichen und menschlichen Qualitäten priesen.«

»Und ich hatte nach Meinung meiner Eltern nicht nur in der Leopoldstadt, sondern in ganz Wien einen guten Ruf!«

»Du hattest ja schließlich Freunde in der höchsten Gesellschaft, nämlich mich und vor allem meinen berühmten Vater, einen Baron, der in den höchsten Regierungskreisen verkehrte und trotzdem ein Herz für die kleinen Leute hatte.«

»Hör auf, mir tut das Lachen schon weh! Aber sie haben das alles wirklich so eingeschätzt. Weswegen mein Zukünftiger auch über eine gewisse gesellschaftliche Bildung verfügen und mit vornehmen Leuten ungezwungen verkehren können musste. Und trotzdem kein Schmock*** sein durfte. Natürlich sollte er auch ansehnlich sein. In einem Wort: Er musste ein richtiger Wundermann sein.«

»Du bist ja auch eine Wunderfrau!«

»Und wie hartnäckig die beiden waren! Mein Vater schaute bei seinen Besuchen in der Synagoge immer darauf, ob neue Männer in der großen Gemeinde auftauchten, zu Besuch oder neu angesiedelt, und meine Mutter hat in dem koscheren Lebensmittelgeschäft in der Großen Sperlgasse**** manchmal ihren Einkauf vergessen, wenn sie auf einen jungen Mann gesto-

---

* Grätzl (österr.): Teil eines Wohnbezirks
** Greißler (österr.): Inhaber eines kleinen Lebensmittelladens
*** Schmock (jidd.): Tölpel, recht unangenehmer Mensch
**** Große Sperlgasse: wichtige Straße in der Leopoldstadt, im dortigen ehemaligen jüdischen Getto (bis 1670) hieß sie Hauptgasse; dort befanden sich auch danach viele jüdische Einrichtungen und Geschäfte.

ßen ist, den sie in ihrem Grätzl noch nicht gesehen hat. Und alle Nachbarinnen und Nachbarn unterstützten ihre Heiratskandidatensuche. Es gab keinen ledigen und studierten Sohn oder Neffen oder Cousin oder Bruder oder Freund aus einer halbwegs respektablen jüdischen Familie um den Karmeliterplatz herum, der einer Einladung bei der Familie Grünberg entkam.«

»Aber manche waren doch auch ganz nett, oder?«, fiel Sophia ein.

»Ja. Aber unter den wachsamen und gespannten Augen meiner Eltern konnte ich mit niemandem zarte Bande knüpfen. So frei war ich damals noch nicht.«

»So siehst du das?«

»Nein. Du hast recht. In Wahrheit nämlich war ich wie ein dummes Mädel an meinen Geliebten gefesselt, dessen hinterhältige Machenschaften ich nicht durchschaut habe. Aber das habe ich Herrn Marsel nicht erzählt. Alles andere schon. Und wie schwer es ihnen geworden ist, als ich das schützende Elternhaus verließ. Und dass ich seitdem nie ohne ein schlechtes Gewissen an meine Eltern denken kann. Und da hat er mich so mitfühlend angeschaut und dabei tief aufgeatmet – wäre er eine Frau, hätte ich gesagt: aufgeseufzt –, dass ich wusste, dass es ihm mit seiner Mutter ganz genauso erging. Ausgesprochen hat er das nicht, aber das war auch nicht nötig. Es war bestimmt wegen dieses Gesprächs, dass er mich vorhin so freundlich gegrüßt hat.«

Mascha versank in ihren Erinnerungen und auch Sophia dachte an diese Zeit zurück.

Allerdings bemerkte sie, als sie wieder aus dem Fenster schaute, dass sie schon wieder bereit war, sich ablenken zu lassen, denn die Strecke hätte nicht schöner sein können. Ältere Stadtviertel mit winzigen Fachwerkhäuschen und große und breite moderne Geschäftsstraßen mit Prunkbauten wechselten sich ab. Am Bahnhof stiegen sie aus und Sophia blieb kurz stehen, um erneut die großen runden Fassaden der Hallen zu betrachten, über denen sich, was sie gestern bei ihrer Ankunft schon bewundert hatte, eiserne Tonnengewölbe spannten. Gegenüber standen hinter einer halbkreisförmigen Grünanlage mit einer Baumreihe mit mächtigen gusseisernen Lichtmasten, den Straßenbahngleisen und einer mit Automobilen und Kutschen stark befahrenen Straße imposante, dem Barock nachempfundene Gebäude aus dem vorigen Jahrhundert, die ihre zahlreichen Kuppeln, die sich teilweise auf kleinen Türmchen wölbten, den Ankommenden verführerisch präsentierten. Vornehme Hotels, das hatte Sophia schon am Vorabend bemerkt, aber auch ein weiteres Gebäude im Jugendstil, das ihr ganz neu vorkam, mit einer riesigen Kuppel zwischen zwei Türmen und einer imposanten Bronzegruppe über dem Eingang. »Ist das ein Theater?«, fragte sie Mascha, die nickte. »Ja, es heißt Schumanntheater und hat mit uns zu tun. Denn Schumann war ein Wiener Zirkusdirektor und er hat dieses Riesenhaus als festen Zirkusbau geplant. Es gibt jedes Jahr einen Monat Zirkus dort, außerdem werden Operetten gespielt. Und die übrige Zeit Varieté. Aber wir müssen wirklich weiter«, drängte sie, »wir haben nur ein paar Minuten zu gehen.« Sophia folgte ihrer Freundin, die tatsächlich wenig später an einem großen, repräsentativen Platz stehen blieb, der von etlichen eindrucksvollen, überwiegend im Barockstil errichteten Gebäuden umrahmt wurde: »Das hier ist der Hohenzollernplatz. Und da drüben, schau, dort ist schon unser Ziel, das Polizeipräsidium.« Sophia war amüsiert: »Hohenzollernplatz. Heißt hier auch alles seit ewigen Zeiten nach den Königen, diesen Wilhelms, Friedrichs oder Friedrich Wilhelms, wie bei uns alles Habsburger Namen erhalten hat?«

»Nein, so ist es hier nicht. Natürlich gibt es auch alte Straßen mit solchen Namen, aber dieser Platz hier ist im Ganzen recht neu. Auch das Präsidium ist erst drei Jahre alt.«

»Aber ich dachte immer, hier seien Kaiser und Könige gekrönt worden.«

»Das stimmt schon, aber es ist nur die halbe Wahrheit. Frankfurt ist auch stolz darauf, freie Reichsstadt gewesen zu sein; außerdem ist die Beziehung zu den Preußen vielleicht nicht ganz so innig, wie man gemeinhin denkt. Aber komm jetzt weiter, Sophia.«

»Entschuldigung. Ich verhalte mich wirklich desolat. Weißt du, Zürich zum Beispiel ist wunderschön, aber alles, was ich dort kenne, habe ich zufällig gesehen. Der Kleine kennt die Stadt besser als ich, denn seine Kinderfrau macht mit ihm weite Spaziergänge, und am Abend erzählt er mir dann, wo er überall war. Ich arbeite dort eigentlich nur, ich studiere und passe auf Karl auf. Möglicherweise bin ich einfach ausgehungert, und jetzt, ohne meine Fachbücher und meinen Sohn, dafür zusammen mit meiner Jugendfreundin, spüre ich das. Kann man das sagen? Kulturell ausgehungert? Oder sozial ausgehungert? Das bin ich vielleicht auch ... Erlebnishungrig, ich weiß kein passendes Wort, um dir das zu erklären.«

Mascha und Sophia betraten das moderne Sandsteingebäude. Am Auskunftsschalter half man ihnen und sie gingen zum Stiegenhaus. Die breiten Stufen waren mit einem roten Teppich belegt und durch die Fenster drang Licht herein. Prächtige schmiedeeiserne, weiß lackierte Geländer leuchteten vom ersten Stock herunter, von einem großen Lüster beschienen. Vor der ihnen angegebenen Tür blieben sie stehen: »Vergiss nicht«, sagte Mascha, »dass wir gestern besprochen haben, uns unerfahren zu geben und deine juristischen Kenntnisse und überhaupt deine detektivische Erfahrung nicht zu erwähnen. Ich bin ja neugierig auf den alten Herrn.«

Der Mann allerdings, der sie auf ihr Klopfen hin hereinbat, war jung, nur wenig älter als Mascha und Sophia.

»Bitte«, sagte er, ohne von den Papieren auf seinem Schreibtisch aufzusehen, die sich in wüster Unordnung ausbreiteten. Nach Ordnung-Machen sah das nicht aus, eher nach An-der-Unordnung-Verzweifeln. Zu diesem Eindruck trugen auch die wild zerzausten roten Haare bei, die den Kopf des Mannes umrahmten, wie man es manchmal bei Dirigenten sah, die voller Leidenschaft vor ihrem Orchester agierten. Dirigierten. Nur dass diese ihre Musiker normalerweise in den Takt brachten, was dem Beamten hier mit seinen Akten wohl nicht gelingen würde. Sophia hätte ihm gerne ihre erprobten Sekretärinnen-Fähigkeiten angeboten, doch sie begnügte sich mit einem freundlichen Gruß. Mascha sagte gar nichts, sondern blieb hinter ihr stehen. Sie schien sich hinter ihrem Rücken verstecken zu wollen. Sophia wiederholte ihren Gruß, und endlich blickte er auf. Er schob mit der einen Hand seine derangierten Papiere beiseite und versuchte mit der anderen fast gleichzeitig, seine derangierten Haare glattzustreichen. Dann grüßte er unverbindlich und streckte seinen Hals ein wenig aus, um zu sehen, wer sich da hinter ihrem Rücken verbarg. Als er Mascha sah, huschte ein Zeichen der Unsicherheit über sein Gesicht, dem er auch gleich völlig unverblümt Ausdruck verlieh: »Wir kennen uns, gnädiges Fräulein?«

Mascha antwortete, in Sophias Augen äußerst unpassend: »Bin weder Fräulein, weder schön …«*

»Also eine gnädige Frau? Das muss ich akzeptieren, aber was die Schönheit der gnädigen Frau betrifft, müssen Sie mir schon meine eigene Meinung lassen.«

---

* Zitat aus Goethes »Faust«, mit dem Gretchen dessen Angebot, sie nach Hause zu begleiten, ablehnt: »Bin weder Fräulein, weder schön, / Kann ungeleit' nach Hause geh'n.« – Das Wort »Fräulein« bezeichnete damals die Zugehörigkeit zu einem höheren Stand, Gretchen verweist mit ihrer Aussage also darauf, dass sie einem niederen Stand angehört.

Mascha entgegnete, dass sie auch keine gnädige Frau sei, sondern einfach das Fräulein Mascha Grünberg. Also will sie auch ihren Titel weglassen, dachte Sophia, als sie ihn antworten hörte: »Also das Fräulein Mascha Grünberg aus Wien. Und verrät mir das Fräulein Mascha Grünberg, wo wir uns schon einmal gesehen haben?«

»Nein, aber ich will nicht unliebenswürdig erscheinen. Deshalb gebe ich Ihnen einen Hinweis. Es hat mit dem Zitat zu tun.«

»Gretchens Sätzen zu Faust? Haben wir uns im ›Faust‹ gesehen? Eine glänzende Inszenierung übrigens, aber schon eine Zeit her. Und der ›Urfaust‹ steht erst am Saisonende auf dem Programm.«

»Nein, darauf habe ich nicht angespielt.«

»Im Märchen gibt es immer drei Hinweise oder Ratschläge oder Proben.«

»Für heute belassen wir es bei diesem einen.«

»Schade! Aber ich muss um Entschuldigung bitten«, er schaute Sophia an, »Sie habe ich jetzt ein wenig unhöflich behandelt. Liege ich dieses Mal mit einem *gnädigen Fräulein* richtiger?«

»Nein, leider wieder nicht. Da stelle ich mich besser gleich vor: Frau Sophia Sachtl.«

»Und auch aus Wien«, fügte der junge Mann an.

»Woher wissen Sie das?«, fragte Sophia interessiert.

»Man hört es. Und es klingt recht charmant.«

Mascha flüsterte Sophia etwas zu, das der junge Mann nicht verstand. Es klang so ähnlich wie: »Beweis genug?«

»Was wollen Sie hier unter Beweis stellen?«, fragte er, die beiden Frauen neugierig musternd.

Sophia fand die Szene bizarr und wunderte sich, dass ausgerechnet ein deutscher Beamter so unernst, eigentlich sogar unpassend auf fremde Besucherinnen reagierte. Sie stieß

Mascha, die inzwischen neben ihr stand, in die Seite und flüsterte ihr zu, sie solle dem Kommissar das Foto zeigen. Mascha öffnete ihre Tasche erst, als der Kommissar seine Musterung abgeschlossen zu haben schien und fragte: »Und Sie sind sicher, dass Sie sich hier nicht in unserem schönen Gebäude verlaufen haben? Ich bin nämlich nur für Kapitalverbrechen zuständig, Raub, Mord und so weiter.«

»Das wissen wir«, erwiderte Mascha, endlich wieder in ihrem freundlichen, aber bestimmten Tonfall, der Sophia so vertraut und lieb war. »Deswegen sind wir ja auch ausgerechnet zu Ihnen gekommen. Hier«, sie holte die Fotografie heraus und reichte sie ihm, »das ist der Grund unseres Kommens. Diese Fotografie hat eine Freundin von uns erhalten. Und sie hat mir Angst gemacht«, fügte sie ernsthaft und ohne den scherzhaften Unterton, der vor ein paar Minuten ihr Gespräch beherrscht hatte, hinzu.

Der Kommissar ergriff das Lichtbild und erstarrte.

Nach etlichen Augenblicken kramte er aus seiner Schreibtischschublade eine Lupe hervor und betrachtete das Foto noch aufmerksamer.

»Gut, dass Sie gekommen sind«, sagte er ernst, »die Fotografie ist sicherlich eine sehr ernsthafte Warnung. Sieht auf den ersten Blick ja wie eine Leiche aus, ist aber eine Puppe. Perfekt gemacht. Und: Ich bin sicher, dass diese Ihrer Freundin ähnelt.«

»Es ist mehr als eine oberflächliche Ähnlichkeit«, erwiderte Mascha. »Die Puppe auf dem Foto sieht exakt so aus wie meine Freundin.«

»Dann muss ich Sie leider darin bestärken, dass es richtig war, dass Sie damit nicht sorglos umgegangen sind.« Sophia bemerkte, wie sensibel der jetzt ganz ernste junge Mann Maschas Wort »Angst« vermied, ohne sie aber in dem Glauben zu wiegen, es gäbe keinen Anlass zur Besorgnis. Er legte seine Lupe mit einer schwungvollen Armbewegung auf den Schreibtisch, wobei sie unter die zahlreichen Papiere und Akten rutschte. Sophia fragte sich, ob er sie dort je wiederfinden würde. Der Beamte blickte Mascha und sie erneut an und fragte dann, an Mascha gewandt: »Ist Ihre Freundin auch«, sein Blick wechselte zu Sophia, »die Ihre?«

Sophia antwortete: »Nein, das nicht. Ehrlich gesagt, kenne ich diese Freundin meiner Freundin nicht einmal. Ich bin einfach zu Besuch hier und als Fräulein Grünberg mir die Puppenfotografie gezeigt und auch zugegeben hat, dass ihr damit sehr unbehaglich sei, habe ich ihr geraten, hierher zur Mordkommission zu gehen und Rat zu holen beziehungsweise zu erkunden, was ihre Freundin jetzt tun soll.«

»Und seit wann sind Sie hier?«

»Ich bin gestern Abend gekommen.«

»Direkt aus Wien?«

»Nein, aus Zürich.«

»Aha.«

Nach kurzem Schweigen stellte er seine nächste Frage, diesmal an Mascha gerichtet: »Und woher haben Sie die Fotografie? Ich gehe doch recht in der Annahme, dass das, was Sie so beunruhigt hat, nicht diese Fotografie war, sondern …«

Mascha unterbrach ihn: »Das stimmt. Es war die Puppe in dem Sarg.«

»Und wie kommen Sie zu der Fotografie?«

»Die hat Frau Sachtl gemacht. Um sie hier in der Gendarmerie zu zeigen.«

»Gestern Abend? Und heute ist sie schon entwickelt? Haben Sie ein Labor in Ihrer Wohnung?«

»Ein Labor?« Mascha betonte das Wort auf die typische Wiener Weise auf der ersten Silbe, was er offenbar seltsam fand, denn er schmunzelte leicht. Oder er schmunzelte, was

Sophia für genauso wahrscheinlich hielt, darüber, wie leicht er die beiden jungen Frauen als Lügnerinnen enttarnt hatte.

Deshalb hielt sie es jetzt für an der Zeit, das Geplänkel einzustellen und auch damit aufzuhören, sich für dümmer auszugeben, als sie war. Der Plan war nicht angemessen, sondern schlecht, wie sie jetzt fand. Er ging davon aus, dass man klüger war als andere. Die Wahrheit war in der Situation angebrachter.

»Sehen Sie«, setzte sie an, »Fräulein Doktor Mascha Grünberg ist meine liebste und beste Freundin. Verschiedene Ereignisse haben uns beide vor vielen Monaten dazu gebracht, Wien zu verlassen. Sie arbeitet hier in Frankfurt als Ärztin und ich studiere in Zürich Rechtswissenschaften, was Frauen in Wien immer noch nicht dürfen. Und als in der Pension, in der Mascha hier wohnt, diese leichenähnliche Puppe auftauchte und kein Mensch wusste, woher sie kam, da hat es Mascha mit der Angst bekommen, weil sie darin eine Drohung oder zumindest ein ominöses und aggressives Zeichen sah. Umso mehr, als die Puppe einer der anderen Bewohnerinnen der Pension recht stark ähnelt.«

»Ich glaube, ich weiß sogar, wer diese andere Bewohnerin ist«, sagte der Kommissar. »Sie müssen wissen, ich bin ein begeisterter Theaterbesucher und lasse mir keine Inszenierung entgehen. Und die Puppe da auf Ihrer Fotografie, die ähnelt Frau Rosalinde Geiger. Ich habe sie in »Egmont« gesehen.«

»Das stimmt«, antwortete Mascha, jetzt ihrerseits bereit, alles offenzulegen. »Und weil ich so ein Angsthase bin und weil außer mir niemand in der Pension Angst hatte, auch Rosalinde selbst nicht, und weil alle anderen die Sache eher amüsant zu finden schienen, habe ich mich mit einem Brief an meine Freundin Sophia gewandt und sie gebeten, zu mir zu kommen und mich in dieser Sache zu beraten. Und sie ist so schnell wie möglich gekommen.«

»Und das Foto?«

»Einer der Pensionsbewohner hat die Puppe in ihrem Sarg fotografiert, ich habe ihn um den Gefallen gebeten. Und dann hat er mir zwei Abzüge gemacht. Einen habe ich meiner Freundin geschickt und der andere ist der hier.«

»Wissen Sie was? Ich fürchte, ich muss Sie beide jetzt bitten, mich eine Stunde oder so alleine zu lassen.« Der junge Kommissar fuhr mit seinen langen und schmalen Fingern, die denen eines Klavierspielers ähnelten, durch seine Haare, so dass sie wieder abstanden wie bei ihrem Eintritt. »Vertrauen Sie mir einfach. Ich denke, ich muss da eine kurze Vorarbeit leisten und einen bestimmten Kollegen suchen und hinzuziehen, dann müssen Sie nicht alles zweimal erzählen. Ist das für Sie akzeptabel? Eine Stunde zu warten?«

»Wir dürfen aber doch hinaus?«, fragte Sophia. »Wenn ich schon eine Stunde Zeit geschenkt bekomme, dann will ich mir etwas draußen ansehen. Vorhin sind wir vom Bahnhof her hierhergekommen. Und wo geht es hin, wenn wir jetzt ein wenig in die andere Richtung gehen?«

»Natürlich sind Sie hier schon etwas außerhalb der Stadt, im modernen Frankfurt. Aber Sie werden ein paar sehr schöne und moderne Gebäude entdecken können. Bestimmt wird Sie die neue Messehalle interessieren. Ein sehr repräsentatives und sehr großes rechteckiges Gebäude, und auf dem rechteckigen Teil erhebt sich dann ein riesiger Kuppelbau, ich denke, dass man dergleichen selbst in Ihrem schönen Wien nicht findet, und die Kuppel besteht nur aus Stahl und Glas wie die Perronhallen am Bahnhof, die Sie ja schon gesehen haben. Das wird Ihnen gefallen, denke ich, hoffe ich, denn sonst wäre es unverzeihlich von mir, Sie um diese eine Stunde gebeten zu haben. Aber Sie werden mich nachher verstehen, das verspreche ich Ihnen, und dann werden wir auch keine Zeit mehr verlieren.«

»Nicht einmal eine Minute?«

»Nein, versprochen.«

»Schade. Dabei hätte ich mir doch so gerne von einem sachkundigen Theaterbesucher erklären lassen, ob das typisch für die Stadt Goethes ist, dass in ihrem Theater immerzu Goethe gespielt wird, bei aller Liebe, aber ›Egmont‹ und ›Urfaust‹ in einer Saison? Ist das nicht ein wenig … de trop?«, fragte Sophia, eigentlich aus echtem Interesse, dann aber irritiert erkennend, dass sie ähnlich wie zuvor Mascha begonnen hatte, mit diesem jungen Mann, den sie statt des erwarteten väterlichen alten Beamten im Präsidium angetroffen hatten, zu flirten.

»Dabei ist das noch lange nicht alles, es gibt in dieser Saison noch ›Stella‹ und ›Clavigo‹ und ›Die Laune der Verliebten‹ und ›Die Mitschuldigen‹. Vielleicht noch einen anderen Goethe, der mir gerade nicht einfällt. Darüber würde ich sehr gerne mit Ihnen plaudern, aber ich fürchte, wir müssen dieses Gespräch verschieben, bis wir unser Problem beziehungsweise das von Fräulein Doktor Grünberg oder sogar eher das von Rosalinde Geiger geklärt haben.«

»Einverstanden«, nickte Sophia, obwohl sie sich fast ein wenig zurückgewiesen fühlte. Trotzdem fügte sie in sehr leichtem Tonfall hinzu: »Aber nur, wenn Sie uns auch einen Gefallen tun.«

»Und welchen?«

»Sagen Sie uns doch, mit wem wir es zu tun haben.«

Er errötete, stand auf und verbeugte sich: »Verzeihen Sie bitte. Kommissar Grossmann, Max Grossmann.«

3

Schreib mir doch häufiger, bittet mein Geliebter in seinen Briefen von der Front.

Und schreibe ausführlicher, bitte. Und erzähle mir alles, was so passiert ist. Was du den ganzen Tag machst. Deine Arbeit.

Aber schreibe mir auch, wovon du träumst und wovor du Angst hast. Schreibe mir wirklich alles. Und beschreibe alles ganz genau.

Wie das Kind sich entwickelt. Was es gerne spielt. Was es schon sagen kann. Worüber es sich freut. Wovor es Angst hat.

Ich möchte alles über euch wissen. Bekommt ihr genug zu essen? Seid ihr gesund?

Meinst du, unser Kind kann sich noch an mich erinnern?

Eine Stunde später standen Sophia und Mascha wieder vor der Tür des Amtszimmers von Kommissar Grossmann.

Zwei Erkenntnisse hatte diese unerwartete freie Stunde in einer fremden Umgebung Sophia gebracht.

Zum einen war es die, dass ihre Lust, diese unbekannte Stadt kennenzulernen, stetig wuchs und dass sie dabei eine lang unterdrückte Lebensgier spürte. Sie fühlte sich zurückversetzt in die Zeit, als sie auf gemeinsamen Reisen mit ihrem Vater gelernt hatte, die Augen für die Welt so weit zu öffnen, wie es nur irgend möglich war. Sie vermeinte die Stimme ihres Vaters wieder zu vernehmen, der ihr, wenn ihre Füße von den langen Spaziergängen durch fremde Städte müde zu werden drohten, ermahnend zuflüsterte: »Schau, Sopherl, vielleicht kommen wir nie mehr hierher. Und dann tut's uns ewig leid, dass wir da waren und nicht alles g'sehn haben.« Ihr Vater wäre traurig, wüsste er, dass sie nach vielen Monaten in Zürich noch keines der Museen der Stadt besucht hatte, noch nicht im Theater war, die Geschichte der Stadt noch nicht studiert hatte. Den vielen radikalen linken Gruppen, die auch nach der Abreise Lenins nach Russland die Weiterentwicklung des Sozialismus und mögliche revolutionäre Umstürze diskutierten, war sie ebenfalls ferngeblieben, obwohl sie so konsequent sozialdemokratisch erzogen wurde wie nur wenige junge Frauen ihrer Zeit. Auch zu den vielen ausländischen Intellektuellen und Künstlern, die während der Kriegszeit nach Zürich gekommen waren, suchte sie keinen Kontakt. Natürlich hatte sie manchmal etwas mit ihrem Sohn unternommen, zum Beispiel eine Schifffahrt über den schönen See gemacht. Aber hatte sie es dabei vermocht, in dem Kleinen die Neugier auf Fremdes, Unbekanntes zu wecken, wie das ihrem Vater mit ihr gelungen war? Konnte sie das überhaupt, wo ihr selbst jegliche Neugier abhandengekommen war? Jetzt war sie wieder in ihr, diese grenzenlose Lust am Schauen, am Erleben, am Erfahren. Und ausgerechnet jetzt durfte sie das nicht ausleben, nicht einmal ansatzweise wieder ausprobieren, weil der kurz bemessene Zeitrahmen ihres Frankfurter Aufenthalts vielleicht nicht einmal dafür ausreichte, das Puppenrätsel zu lösen.

Das Zweite, was sie während der freien Stunde definitiv erkannte, war, dass es ihrer Freundin Mascha wieder uneingeschränkt gut ging. Dass sie sogar flirtete. Das hatte die Wiener Mascha nie getan. Doch wo und bei welcher Gelegenheit sie bereits einmal mit dem Kommissar zusammengetroffen war, hatte Mascha auch ihr nicht verraten. »Das bekommst du selbst heraus, wenn du auf die weiteren Hinweise achtest, die ich dem Kommissar geben werde. Schließlich bist du ja nicht nur meine liebste Freundin, sondern auch meine klügste«, hatte sie dem Thema ein Ende gesetzt.

Hinter dem unaufgeräumten Schreibtisch saß neben dem jungen Kommissar ein älterer, fast schon alter Mann. Die beiden Männer waren so unterschiedlich, wie man nur sein konnte. War der junge Mann schmal und fast schlaksig, so trug der andere einen beachtlichen Bauch vor sich her. Zu dem einfachen, aber ordentlichen und gut sitzenden Anzug des Kommissars kontrastierte der blaue einteilige Arbeitsanzug des anderen, der ihn so aussehen ließ, als habe man ihn direkt von einer Baustelle geholt oder auch aus einer Handwerkerstube. Hatte der eine ein glattes, gut rasiertes Gesicht, so waren Kinn und Wangen des anderen mit vielen Bartstoppeln bedeckt. Nur in einem entsprachen sich Grossmann und der andere: in der Form ihrer Frisur, wenn man es denn so nennen mochte. Denn bei beiden wurde das Gesicht durch einen wilden Haarkranz umrahmt, rot allerdings bei dem einen, grau bei dem anderen.

»Da hat der junge Kollesche abber unnerdribbe«, war der erste Satz des Fremden.

»Untertrieben«, meinte Mascha für ihre Freundin übersetzen zu müssen und fügte, an den Fremden gewandt, hinzu: »Womit denn?«

»Er«, er deutete auf den Kommissar, »hat mer g'sacht, hier wäre zwei ganz nedde Frolleinscher. Aber was mer hier sehe, dess sin ja direkt wunnerscheene Meedscher.«

Grossmann lachte: »Lassen Sie sich nicht irritieren, meine Damen. Das ist mein ehemaliger Vorgesetzter, Herr Cronhart. Und er spielt gerne den Frankfurter, der er eigentlich gar nicht ist. Er versucht, andere durch sein angelerntes *Frankforderisch«*, er betonte das Wort ironisch, »zu täuschen. Das gelingt ihm aber höchstens bei Fremden wie bei Ihnen. Er ist jetzt im Ruhestand.«

Sophia zuckte fragend mit den Achseln, und Grossmann setzte ergänzend fort: »Bevor er gegangen ist, arbeitete er an einem anderen Fall mit einer Puppe in einer Schachtel, die wie ein Sarg aussah.«

»Des Doodebübbsche«, ergänzte Cronhart und übersetzte selbst, als er Sophias verwirrtes Gesicht sah, »das Totenpüppchen. So haben wir den Fall unter uns genannt. Der Fall des Totenpüppchens. Mein geschätzter junger Kollege hat mich heute in meinem Ruhestand gestört, weil er zu der Zeit, als ich den Fall bearbeitet habe, selbst nicht hier war. Die Zeitläufe, Sie verstehen.«

Das taten Sophia und Mascha zwar nicht, zumindest nicht genau, aber offensichtlich war, dass der Krieg oder die Politik eine Zeitlang einen anderen Einsatz von Grossmann gefordert hatte. Dieser tat so, als habe er die Bemerkung nicht gehört, und wechselte das Thema, indem er zu seinem Kollegen sagte: »Jetzt zeig schon die Fotografie.«

Cronhart wühlte in einem Aktenberg, den Sophia und Mascha erst jetzt als einen neuen Papierstapel auf der zuvor schon überhäuften Schreibtischfläche erkannten, und zog ziemlich schnell eine Fotografie heraus, die er Sophia und Mascha reichte. Die beiden jungen Frauen starrten erschrocken auf das Motiv, das mit dem auf ihrer Fotografie identisch war: eine bleiche junge Frau, nur auf den ersten Blick schlafend, aber auf den zweiten Blick eindeutig tot, die in einem Sarg lag.

»Ein Totenpüppchen«, sagte Mascha erschrocken und Sophia entfuhr fast gleichzeitig: »Ein Leichenpüppchen.«

»Wieso nennst du es Leichenpüppchen?«, fragte Mascha.

»Das Wort habe ich heute von den beiden Töchtern des Rabbiners gehört«, antwortete Sophia. »Sie haben etwas Seltsames gesagt, nämlich, dass sie nicht mit Leichenpuppen spielen wollen.«

Heinrich Cronhart und Max Grossmann beugten sich erschrocken vor: »Welche Leichenpuppen?«

Mascha konnte ihnen die Anspannung nehmen: »Darüber weiß ich Bescheid. Sie sollten am Sonntag etwas für die Näharbeiten suchen, und dann sind sie in das falsche Zimmer gelaufen und kamen mit ganz ängstlichen und blassen Gesichtern wieder. Sie waren einfach im falschen Raum und sind über Rosalindes Abbild gestolpert. Da kann man als junges Mädchen schon einen Schreck bekommen!«

Die Herren lehnten sich wieder zurück und auch Sophia war erleichtert: »Sie haben jetzt also den Fall *der* Totenpüppchen zu lösen? Nicht mehr nur Fall *des* Totenpüppchens?«, wandte sich Sophia an die beiden Herren.

Cronhart und Grossmann nickten. Cronhart ergriff, auf einmal sehr ernsthaft, das Wort: »Wir dachten, dass Sie uns zunächst einmal alles über Ihren ›Fall‹, denn so müssen wir die Angelegenheit unserer Ansicht nach leider nennen, erzählen und dass wir Ihnen danach von unserer Causa vom November letzten Jahres berichten.«

Jetzt waren es Sophia und Mascha, die nickten, und Mascha fasste alles, was sie wusste und Sophia bereits am Vorabend erzählte hatte, klar und systematisch zusammen, so wie sie es in ihren Arztberichten tun würde, ohne ein überflüssiges Wort, ohne jegliche Ausschmückung oder Abschweifung. Beide Männer machten sich während Maschas Vortrag Notizen und stellten anschließend einige Fragen, die vor allem der Abfolge der Ereignisse galten. Insbesondere wollten sie neben dem genauen Datum auch die Uhrzeit wissen, zu der die Puppe im Haus aufgefunden wurde. Mascha wiederholte, was sie Sophia am Vorabend zu deren ähnlichen Fragen gesagt hatte: dass die Puppe am Donnerstag, also vor fast einer Woche, erstmals im Haus gesehen wurde, dass keiner der Pensionsgäste oder der Pensionsbetreiber die Puppe entgegengenommen hätte, sondern dass sie an diesem Donnerstag einfach da war, morgens im Salon, dass alle in der Pension Rosso abstritten, etwas damit zu tun zu haben oder auch nur etwas darüber zu wissen, dass aber außer Mascha niemand über die Puppe erschrocken gewesen sei. Die anderen hielten die Präsentation der Totenpuppe, wie Mascha sie jetzt auch nannte, im Salon für eine Inszenierung, die in irgendeinem Zusammenhang mit dem derzeit bearbeiteten Stück stand. Vielleicht Werbezwecken dienen sollte. Deswegen habe auch irgendjemand, und Mascha konnte sich trotz aller Anstrengung nicht daran erinnern, wer das gewesen sei, vorgeschlagen, man solle die Totenpuppe im Sarg irgendwie in die neue Inszenierung von Marsels Theaterstück einbauen, sozusagen als tote Entsprechung der Witwe, die im Stück von Rosalinde Geiger gespielt werde.

»Aber wie soll das denn funktionieren?«, fragte Grossmann konzentriert. »Wenn Frau Geiger dann auf der Bühne die kleine Schachtel mit dem Doodebübbsche in der Hand hält, erkennt doch keiner im Publikum, worum es sich da handelt, oder?«

»Wieso *kleine* Schachtel?«, fragte Mascha. »Die Schachtel ist groß, so groß wie ein veritabler Sarg, und die Totenpuppe ist genauso groß wie Rosalinde Geiger.«

Die beiden Männer sahen sich an. Dann bückte sich Cronhart und zog eine kleine Schachtel hervor, die er zuvor unter dem Schreibtisch versteckt haben musste, und legte sie auf den Tisch: »Die haben wir schon aus der Asservatenkammer geholt, nachdem mein junger Freund mich hierhergeschleppt hat.« Sophia holte überrascht Luft, und Mascha legte den Arm um die Freundin. Wie ein Spielzeug lag ein kleiner Sarg vor ihnen, und in ihm ruhte eine tote junge Frau. »Das Totenpüppchen«, flüsterte Mascha.

Cronharts Lichtbild hatte sie über die wahren Größenverhältnisse genauso getäuscht wie ihre Fotografie die beiden Herren.

»Wenn man nicht aufpasst, sieht man nur, was man zu sehen erwartet«, murmelte Sophia. »Das hat mein Vater mir oft erklärt. Man unterwirft alles, was einem vor Augen kommt, dem eigenen Bild und findet die passende Schublade dafür. Dann irritiert einen das Unerwartete nicht, tut einem nicht weh. Nur erkennt man nichts mehr daran, wenn man ihm seine Besonderheit genommen hat. Und man selbst verliert sein Erkenntnisinteresse und damit seine Erkenntnisfähigkeit.«

»Ein kluger Mann, Ihr Herr Vater«, sagte Cronhart nachdenklich. »Da hat er Ihnen etwas fürs ganze Leben mitgegeben. Dass man neugierig aufs Leben sein muss, neugierig aufs Leben bleiben muss.«

Sophia schwieg beschämt. Zum einen, weil sie das Gefühl hatte, in einer offiziellen Situation etwas Privates, Intimes geäußert zu haben. Das war peinlich und indezent, weil es den anderen eine Vertrautheit aufzwang, die diese vielleicht nicht wünschten. Zum anderen, weil sie schon wieder an ihren Vater gedacht hatte und weil der ältere Herr dort mit seinem grauen Heiligenschein um den Kopf fast wörtlich eine der Lebensregeln ihres Vaters formulierte. Eine, an die sie erst vorhin gedacht hatte, eine, die sie ihrem kleinen Sohn nicht authentisch genug vorlebte.

Sie war, wie ihr schien, einige Sekunden tief in ihre Gedanken versunken. Doch es mussten mehr als einige Sekunden gewesen sein, denn plötzlich hörte sie Mascha unnatürlich laut sagen: »Wir bitten darum, nicht wahr, Sophia?«

Sophia nickte, wobei sie hoffte, nicht zu erröten, wusste sie doch wirklich nicht, worum sie eben gemeinsam mit Mascha gebeten haben sollte. Doch es klärte sich sofort und unproblematisch auf. Cronhart begann nämlich, wie bereits angekündigt, mit dem Bericht über seine damaligen Ermittlungen bei dem Fall der ersten Totenpuppe.

»Diese kleine Puppe«, setzte er an, »stellt Fräulein Ruth Löwen dar. Sie ist, nein, war die Tochter des in ganz Frankfurt geschätzten Arztes Doktor Arthur Löwen. Doktor Löwen ist Kinderarzt und dort, wo er lebt und praktiziert, im Ostend, wird er geradezu verehrt. Es gibt nur wenige Familien im Ostend, deren Kinder er nicht wenigstens einmal in seiner Praxis gesehen hat. Die Geschichten über seine beruflichen Erfolge sind Legenden, fast jeder im Ostend kann irgendeine Geschichte erzählen, wie er einmal einem schwerkranken Kind das Leben gerettet hat. Auch über seine menschlichen Qualitäten besteht Einigkeit; er gilt als ein äußerst großzügiger und grenzenlos hilfsbereiter Mann. Seine ganze Liebe gehörte, nein, gehört noch immer seiner Tochter Ruth, seiner Tochter aus erster Ehe. Ruths Mutter ist im Kindbett gestorben, und zwei Jahre nach ihrem Tod hat Doktor Löwen wieder geheiratet, wahrscheinlich auch, um seiner Tochter eine Mutter zu geben. Ich denke, er hatte wegen seines Berufs und seiner vielen caritativen Initiativen zu wenig Zeit, um seine Tochter alleine aufzuziehen. Die zweite Ehe ist kinderlos geblieben. Wir haben damals den Eindruck gewonnen, dass es zwischen den Eheleuten nur wenige seelische Übereinstimmungen gibt. Dass aber die zweite Frau Löwen den Doktor liebt, daran haben wir nie gezweifelt. Aber sie ist in manchem streng und wirkt hart, ganz im Unterschied zu ihrem Mann, aber vielleicht ist das auch eine Säule ihres Familienlebens, schließlich muss ja einer darauf schauen, dass alles seinen geregelten Gang geht. Er würde wahrscheinlich ohne seine Frau sein letztes Hemd hergeben.

Im November letzten Jahres wurde Doktor Löwen ein Päckchen zugestellt. Als er es öffnete, erblickte er völlig unvorbereitet eine kleine Sargschachtel, in der ein Püppchen lag, das Püppchen aber war kein Kind, sondern eine junge Frau, die seiner Tochter verblüffend ähnelte, eine junge Puppenfrau, die tot war. Es war die Schachtel, die ich Ihnen vorhin gezeigt habe. Doktor Löwen war sehr erschüttert über das makabre Geschenk, wenn es denn ein Geschenk war und keine Drohung. Aber wer ihm drohen könnte oder wollte, wusste er nicht. In seiner Sorge kam er mit der Totenpuppe zu uns. Wir konnten ihm aber leider nicht wirklich helfen, denn das war kein Fall für die Mordkommission, zumindest damals nicht. Trotzdem unternahmen wir einige Anstrengungen und fanden heraus, dass das Paket von einer jungen Frau gesandt worden war, die mit einem Taxi zu Löwens Haus gefahren war und den Chauffeur gebeten hatte, jemandem im Haus das Päckchen zu überreichen. Geöffnet hat übrigens eine junge Frau, fast noch ein Mädchen, in dem er, da sie keine Dienstkleidung trug, die Tochter des Hauses vermutete. Er erhielt gutes Geld für den kleinen Auftrag und hatte nicht das Gefühl, bei einer schlimmen Sache beteiligt gewesen zu sein. Eher dachte er daran, dass jemand mit einem schönen Geschenk überrascht werden sollte. Obwohl der Taxifahrer sich noch genau an die junge Frau erinnerte und sie gut beschreiben konnte, fanden wir sie nicht. Und dann erhielten wir einen neuen Fall und haben die Ermittlungen in dieser Doodebübbsche-Causa, die ja keine Causa war, abgeschlossen.

Doch dann wurde doch noch ein Fall daraus. Schrecklich war das. Vor allem unser Gang zu Doktor Löwen. Ein furchtbarer Gang nach Canossa. Und die Vorwürfe, die wir uns gemacht hatten. Hätten wir nicht doch noch mehr Arbeit und Engagement investieren müssen? Hätte man dem Doktor nicht raten müssen, seine Tochter zu warnen und sie vorübergehend nicht alleine ohne ein Dienstmädchen oder die Mutter ausgehen zu lassen? Obwohl er das, wie er uns erzählte, anfangs sogar angeordnet hatte. Aber als nach etlichen Tagen nichts Außergewöhnliches vorgefallen war und das Leben wie immer zu sein schien, hat die Vorsicht wieder ein wenig nachgelassen. Sowieso hätte keine Vorsicht der Welt verhindern können, was dann passiert ist.«

Sophia und Mascha blickten den alten Mann fragend an. Die Falten in seinem Gesicht schienen tiefer geworden zu sein, als ob die Vorwürfe, die er sich selbst machte, seine Wangen erneut durchgrüben. Er griff nach der Akte, als benötigte er sie zur Wiederauffrischung seines Gedächtnisses. Doch er schaute nicht hinein, sondern wedelte sich mit ihr hilflos ein wenig Luft zu.

»Sie wollen wissen, was dann passiert ist«, fuhr er so leise fort, als spräche er nur zu sich selbst. »Ruth sollte mit der Eisenbahn zu ihrem Großvater nach Oberrad fahren, also zu dem Vater ihrer Stiefmutter, und ihm bei einigen häuslichen Dingen helfen. Denn der war seit einem Jahr verwitwet. Er ackerte zwar buchstäblich wie immer auf seinen Feldern, tat sich aber mit seinem Haushalt schwer. Doktor Löwen hatte schon überlegt, ob man den alten Mann zu sich nehmen solle, aber sein Schwiegervater wehrte sich vehement dagegen. Und auch Frau Löwen reagierte sehr zögerlich auf diesen Vorschlag, weil sie um die sowieso schon eng bemessene gemeinsame Zeit mit ihrem Mann bangte. Und vor allem wollte sie auf die Erträge aus den Oberräder Gärten und Feldern nicht verzichten, noch dazu jetzt im Krieg. Sie konnte ihrem geliebten Gatten so manches frisch vorsetzen, was von dort kam. Und dass das in diesen Kriegszeiten ein unschätzbarer Vorteil ist, kann nicht bestritten werden. Ich weiß, wovon ich rede. Wissen Sie, wo mein junger Kollege mich heute aufgefunden hat? In meiner kleinen Laube im Garten. Einem Cronberger Garten. Ich wollte das letzte Laub zusammenrechen.«

»Da waren Sie aber schnell da«, sagte Mascha. »Kronberg liegt doch recht weit weg, im Taunus, oder?«

»Kronberg meinen Sie, stimmt, Kronberg im Taunus. Aber ich spreche von meinem Frankfurter Garten. Kleingartenverein, müssen Sie wissen. Wir sprechen von Cronberger Gärten, weil ein sehr verdienstvoller Bürger dieses Namens unsere Kleingartenanlage geplant und erkämpft hat. Zurzeit ist es halt schwierig dort, so viele unserer Mitglieder sind eingezogen worden, viele auch gefallen, und die Frauen gehen arbeiten und müssen ja noch die Kinder versorgen. Wir Übriggebliebenen und Daheimgebliebenen, also vor allem wir Alten, versuchen nun, die Gärten der anderen irgendwie mitzubestellen. So gut wir es eben vermögen. Und wenn es an die Ernte geht, müssen wir unsere Gartenanlagen auch noch bewachen. Trotz der Zäune und Gitter, die es dort gibt.«

Mascha und Sophia nickten. »Das kann ich mir vorstellen«, sagte Sophia, »dass man Ihnen und den anderen da sehr dankbar ist. In Wien sind auf vielen städtischen Grünanlagen inzwischen wilde Gärten entstanden, die toleriert werden. Wer will es Menschen, die Not leiden, verwehren, wenn sie jedes Fleckchen Erde nutzen? Ich kann Ihnen versichern, dass ich die schwierige Ernährungssituation kenne. Meine Mutter hat im letzten Winter in einer Kriegsküche gearbeitet und mein Vater ist im Ministerium damit beschäftigt, die Verteilung von fast nichts auf sehr viele zu organisieren. Aber bitte, Herr Cronhart, jetzt haben wir uns ein wenig von Ihrer Geschichte wegbewegt. Ruth Löwen machte sich also auf den Weg nach Oberrad, ja?«

»Ja. Aber – sie ist dort nicht angekommen.«

»Weil …?«, sagte Mascha leise.

»Weil sie in Frankfurt auf dem Bahnhof unter den Zug gekommen ist und sofort tot war.«

»Selbstmord?«, fragte Sophia. »Selbstmörder wählen häufig den Tod auf der Bahnschiene. Das weiß ich.«

»Das stimmt auch. Aber meistens wählen sie dafür eine andere Stelle, irgendwo auf freier Strecke zwischen zwei Bahnhöfen, wo sie davon ausgehen können, dass der Zug schnell fährt und dass die Aufmerksamkeit des Zugführers nicht ganz so groß ist. Meistens ist das auch ein Ort, wo sie zuvor alleine sind. Oft warten sie dort recht lange, lassen den einen oder anderen Zug vorbeifahren. Ich weiß nicht, wie viele es gibt, die von diesem Ort aus sogar zurückgehen ins Leben. Aber direkt am Bahnhof? Mit vielen Leuten um einen herum? Sich da vom Bahnsteig herunter auf das Gleis fallen zu lassen in dem Moment, in dem man den Zug herandampfen sieht und hört, wie er stark abbremst, weil er ja anhalten muss?«

Sophia dachte nach: »Es ist ein Kopfbahnhof, wenn ich mich richtig erinnere? Natürlich. Die Züge bleiben stehen und es führen in ihrer Richtung keine Gleise aus dem Bahnhof hinaus in die Stadt. Ruth Löwen ist also vermutlich den Bahnsteig entlanggegangen, weit hinaus, hinter die Perronhallen, ja? Das tun Leute, die aus irgendeinem Grund in einem Waggon ganz vorne sitzen wollen zum Beispiel, oder weil sie wissen, dass man von dort aus am Zielbahnhof am besten ins Freie kommt. Und andere Menschen waren ebenfalls dort, sagten Sie? Wie viele?«

»Das ist schon das erste Problem. Es waren zwölf bis vierzehn Personen dort, weit draußen wie Ruth Löwen. Das haben Sie richtig vermutet.«

»Haben die Leute sich an Ruth erinnert?«

»Vage. Aber wir hatten ermittlungstechnisch ein Riesenglück, weil einer von den Leuten dort einer dieser selbsternannten Ordnungshüter war. Kennen Sie die? Menschen, die sich überall einmischen und überall mitreden. Sie fangen immer mit dem Satz an: Ich kenne da einen Arzt und der hat mir erklärt, dass … Oder: Ich kenne da einen Polizisten, und der hat mir beschrieben, wie … Oder: Ich kenne da einen Förster, und der hat mir vorgeführt, dass … und so weiter. Sie reißen in jeder Situation die Initiative an sich und regeln die Lage nach eigenem Gutdünken, vorgeschoben wird das Expertenwissen dessen, den sie »da« kennen oder zu kennen vorgeben. Wir haben in unserem Kleingartenverein auch einen, der »kennt« einen erfahrenen Gärtner und tyrannisiert uns immer mit dessen Wissen, und wir sollen dem sklavisch folgen und machen, was er uns vorschreibt, am besten gleichzeitig und im Gleichschritt.«

Mascha lachte: »Die Oberschwester in der Frauenheilkunde an meinem alten Wiener Krankenhaus ist auch eine von dieser Sorte. Da waren sogar wir Ärzte und Ärztinnen froh, dass wir in der Früh ohne Appell anfangen konnten und nicht strammstehen mussten. Natürlich war sie tüchtig und hatte tatsächlich einen Überblick über alles, aber sie hat bestimmt nicht geahnt, dass nicht nur die Lernschwestern vor ihr zitterten. Ihre Autorität war eine gewisse Erna Faber, die Oberschwester, die sie ausgebildet hatte. Immer wieder hörte man in der Abteilung den Satz: ›Wenn das die Erna Faber sähe!‹ Das wurde regelrecht zum geflügelten Satz bei uns. Auch im Ärztezimmer haben wir uns immer wieder zugeflüstert: ›Wenn das die Erna Faber sähe!‹, obwohl wir natürlich viel mehr Angst vor unserem Primarius hatten.«

Grossmann grinste.

»Was ist los, Herr Kollege?«, fragte Cronhart.

»Ich mach das mit Ihnen so wie die Oberschwester von dem Fräulein Doktor Grünberg mit ihrer Erna Faber. Ich sage immer: Der alte Cronhart hat mir beigebracht, dass das so zu machen ist. Basta. Und dann gibt es keine Einwände mehr.«

Beide Männer lachten in gutem Einvernehmen, bis Cronhart den Faden wieder aufgriff: »Es war also, und dieses Mal muss ich sagen, glücklicherweise, einer da, der sagte, dass er ›da einen kenne‹, einen Polizisten nämlich, und von dem habe er gehört, dass kein Tatbeteiligter beziehungsweise kein Tatzeuge den Tatort beziehungsweise den Ort des Geschehens verlassen dürfe. Er hat sich also vor die elf anderen Personen gestellt …«

»Also doch zwölf insgesamt? Vorhin sagten Sie, zwölf bis vierzehn?«, unterbrach Sophia ihn.

»Gut aufgepasst, Frau Sachtl! Aber es klärt sich gleich. Er hat keinem Menschen erlaubt, sich zu entfernen, und hat sich wie ein Polizist aufgeführt. Den Schaffnern, die natürlich gleich nach dem ungewöhnlich plötzlichen und heftigen Bremsen des anfahrenden Zugs aus den Waggons herauskletterten, der aus dem ersten Waggon kreidebleich, gab er Anweisungen, als sei er der Bahnhofsvorstand und der Polizeipräsident in einer Person. Sie sollten die Passagiere in ihren Waggons halten, einen schickte er um einen Arzt, einen weiteren zur Bahnpolizei und so weiter. Als wir dann eintrafen, waren bereits der Arzt und seine Sanitäter da, die Bahnpolizei hatte die erforderlichen Maßnahmen zur Absperrung der Unglücksstelle getroffen. Eigentlich war alles so erfolgt, wie wir es auch gemacht hätten.«

»Also hat dieser Herr vielleicht wirklich jemanden bei der Polizei gekannt?«, fragte Sophia.

»Ja. Oder besser nein, zumindest nicht privat. Denn einen dicken Akt gab es schon über ihn, im Revier seines Bezirks. Denn er ist wohl ein notorischer Ordnungsfanatiker und Ankläger, jemand, der durch die Stadt läuft und wegen jeder Kleinigkeit, die er ungebührlich findet, zur Polizei rennt. Die Kollegen dort haben erzählt, dass sie die Flucht ergreifen, wenn sie sehen, dass er sich ihrem Revier nähert. Aber bei diesem Fall verdanken wir ihm tatsächlich, dass noch alle potenziellen Zeugen anwesend waren. Natürlich hätte er als Privatperson niemanden direkt am Verlassen des Unglücksorts hindern dürfen, aber zufällig steckte er in einem seltsamen dunkelgrauen, uniformähnlichen Anzug, der die Autorität, die er durch den strengen Befehlston seiner Anweisungen gewonnen hat, noch gestützt hat.«

»Und was ist bei den Untersuchungen herausgekommen?«, fragte Mascha. »Hat Ruth Löwen denn nun wirklich Selbstmord begangen?«

»Wir wissen es bis heute nicht. Sie hat keinen Abschiedsbrief hinterlassen. Niemand hat in den Tagen vorher irgendeine stimmungsmäßige Veränderung an ihr wahrgenommen. Niemand wusste von irgendeinem Kummer Ruths.«

»Wie alt war Ruth denn genau?«, fragte Sophia. »Ihre Puppe sieht ja ganz jung aus. Siebzehn? Achtzehn? Höchstens achtzehn, schätze ich.«

»Knapp achtzehn«, antwortete Cronhart. »Sie hat sich gerade an einem Frankfurter Gymnasium im Osten der Stadt, an der Herderschule, auf ihren Schulabschluss vorbereitet und plante ihre weitere Ausbildung.«

»Ausbildung wozu?«

»Das scheint ein kleiner familiärer Konflikt gewesen zu sein. Ruth wollte Medizin studieren und einmal als Ärztin zusammen mit ihrem Vater arbeiten. Ihre Mutter aber hielt eine Ausbildung zur Krankenschwester für ausreichend, um dem Vater und auch ihr zu helfen. Sie würde doch sowieso bald heiraten und Kinder bekommen.«

»Aha«, sagte Sophia ironisch.

Und Mascha erläuterte: »Diese Sprüche kennen wir. Glücklicherweise nicht von unsern Eltern! Aber hat denn der Vater da kein Machtwort gesprochen?«

»Der gute Doktor Löwen ist nicht der Mann für Machtwörter. Sie müssen sich einen Arzt vorstellen, der völlig in seiner Arbeit aufgeht und alles andere seiner Frau überlässt. Durch diese geteilten Kompetenzen schafft er sich viel Freiraum und erspart sich manche Diskussionen. Seine Frau ist eine ungemein tüchtige Person, die ihm nicht nur das Haus perfekt führt und ihn liebevoll umsorgt, sondern auch in der Praxis sehr viel abnimmt. Sie versteht viel von Krankenpflege, sie organisiert seine Praxis, schreibt die Rechnungen, führt seinen Terminkalender und so weiter. Er kann sich ausschließlich auf seine Patienten konzentrieren und muss sich um nichts anderes kümmern. Ein Machtwort seinerseits würde das ganze funktionierende Geflecht des Zusammenlebens stören. Wir sind bei unseren Ermittlungen zu der Auffassung gekommen, dass sie die Tochter zur Helferin in der Praxis ausgebildet sehen möchte, damit selbst dann, wenn sie einmal unpässlich oder krank sein sollte, alles im Hause Löwen unverändert weitergeht. Aber ich persönlich denke, dass sie nachgegeben hätte, wenn sie das Gefühl hätte, dass diese Entscheidung ihren Mann wirklich unglücklich machen würde. Aber diese Entscheidung stand noch nicht unmittelbar an. Andere Konflikte, und diese kleine Meinungsverschiedenheit war ja noch kein richtiger Konflikt, konnten wir nicht finden.«

»Junge Mädchen in Ruths Alter sind doch häufig unglücklich verliebt. Haben Sie in dieser Richtung nichts herausgefunden?«

»Daran habe ich auch gedacht. Und ihre Freundinnen waren recht offen, so schien es uns. Aber keine wusste etwas von einer heimlichen oder gar unglücklichen Liebschaft zu erzählen.«

»Ein Liebster, der in den Krieg ziehen musste?«, warf Mascha ein.

Aber Sophia schüttelte den Kopf: »Das wäre in Ruths Alter ein so dramatisches Erlebnis gewesen, so heldenhaft, so großartig, damit hätte sie nicht hinter dem Berg halten können.«

»Wir haben wirklich nichts, gar nichts gefunden.«

»Ich war einmal in Oberrad«, sagte Mascha unvermittelt, »weil ein Kollege mir die Gerbermühle* zeigen wollte.«

---

* Gerbermühle: ursprüngliche Wassermühle am Mainufer mit wechselhafter Geschichte, spielte schon in der Liebesgeschichte des jungen Goethe mit Lili Schönemann aus Offenbach eine Rolle; 1815 lebte Goethe dort sechs Wochen als Gast Johann Jakob Willemers und dessen Frau Marianne, die zum Vorbild seiner Suleika aus dem »West-Östlichen Divan« wurde.

»Gerbermühle?«, fragte Sophia.

»Ein Goethe-Ort«, erklärte der Kommissar und wandte sich dann wieder Mascha zu: »Und was wollen Sie damit sagen?«

»Der Bahnhof in Oberrad ist fast unten am Main, inmitten von Gärten und Äckern, und das eigentliche Dorf liegt nördlicher. Wir sind dann nach dem Besuch der Gerbermühle nach Oberrad hinaufgegangen. Dort gab es eine Straßenbahn, ich glaube, es war die Linie 16, mit der wir zurückgefahren sind. Warum ist Ruth, wenn sie ihren Großvater besuchen wollte, nicht mit der Straßenbahn hingefahren? Sie wäre dann sicherlich näher am Haus gewesen. Hat sie die Eisenbahn gewählt, weil sie … sich unter den Zug werfen wollte? Eine Straßenbahn ist ja nie so schnell und hätte wahrscheinlich noch rechtzeitig bremsen können. Vielleicht dachte sie, dass sie dann nur schlimm verletzt, aber nicht tot wäre.«

»Interessantes Detail. Wir haben auch darüber nachgedacht. Aber eigentlich haben wir die Selbstmord-These rasch aufgegeben. Das größte Argument dagegen war die Puppe im Sarg, die zwei Wochen vorher abgegeben worden war. Rückblickend schien uns der Vater recht zu behalten, der darin von vornherein eine Drohung gesehen hat, die Ankündigung eines Todes. Eines Mordes.«

»Also haben Sie es als einen Mordfall eingestuft?«

»Anfangs definitiv ja. Aber da wir nichts, aber auch gar nichts in dieser Richtung beweisen konnten, haben wir den Fall nach einiger Zeit als Unfall ad acta gelegt.«

»Und was haben die zwölf Zeugen zu der Sache gesagt?«

»Herzlich wenig. Wir haben sie alle namentlich erfasst und jede einzelne Aussage minutiös mit den anderen verglichen, ich habe sogar auf einen großen Bogen Papier die Gleise und den Bahnsteig und alles maßstabsgetreu nachgezeichnet und für jeden der zwölf mir bekannten Zeugen einen kleinen Papierkreis ausgeschnitten und mit dem jeweiligen Namen beschriftet. Die Kollegen aus den Nachbarzimmern sind hereingekommen und haben mich ausgelacht, weil ich meine Dienstzeit mit Kindergartenspielen, so sagten die einen, oder Kriegsspielen, so die anderen, totschlüge. Aber ich wollte unbedingt das Geheimnis der zwölf bis vierzehn Zeugen entschlüsseln, als könnte ich nur dadurch die Ursache des Tods der jungen Ruth Löwen eindeutig bestimmen.«

»Ist es nicht so«, meinte Sophia, »dass Zeugen sich oft sehr widerspruchsvoll zu einem Geschehen oder einer Person äußern?«

»Ja, das ist bekannt. Wir haben sie alle zwölf so oft einvernommen, so oft den einen mit den Aussagen des anderen konfrontiert, aber es blieb alles ohne Ergebnis. Der Obmann der Zeugen, so nenne ich einmal den Mann, der alles in die Hand genommen hat, hat gar nichts gesehen. Er hat sich die Zeit auf dem Bahnsteig damit vertrieben, dass er abwechselnd auf seine Uhr gestarrt hat und auf den Horizont, weil er kontrollieren wollte, ob der Zug auch wirklich pünktlich einträfe. Dann waren unter den zwölf Personen vier Freundinnen, die einen Ausflug zur Gerbermühle machen wollten. Die versicherten glaubwürdig, dass sie sich alle drei Monate träfen und sich ein schönes Ausflugsziel vornähmen, wo sie nach einer kleinen Wanderung je nach Wetterlage ein Picknick machten oder irgendwo einkehrten. Dies hielten sie schon seit vielen Jahren so, seit ihrem Konfirmationsunterricht. Und da gäbe es immer so viel zu erzählen und Neues zu berichten, dass sie kaum auf ihre Umwelt achteten. Seit dem Krieg noch weniger als vorher, denn jetzt seien ja besonders schlimme Schicksalsschläge zu verkraften. Eine der vier Frauen habe im Krieg ihren Sohn verloren und sie bemühten sich alle sehr um sie. Zuerst wollte sie gar nicht mehr an den Treffen teilnehmen, und der betreffende Tag sei das erste Mal gewesen, dass sie sich ihnen wieder angeschlossen hätte. Deswegen hätten sie alle nur Augen für ihre Freundin gehabt. Wie viele Leute da auf dem Bahnsteig mit ihnen standen, das hätte sie nicht interessiert, aber als der entschlossene Herr sie dann zusammengehalten habe, habe eine von ihnen schnell die Personen abgezählt, und da seien es mit ihnen zwölf gewesen.

Zwei weitere Personen waren ein älteres Ehepaar, das während der Wartezeit einen heftigen Streit hatte. Der Frau war eine junge, hübsche Frau aufgefallen, die ihrer Ansicht nach Ruth Löwen zum Bahnsteig begleitet hatte. Diese Frau hatte sonst aber keiner erwähnt. Auch der Ehemann hatte sie nicht wahrgenommen, er sagte nur, dass seine Frau überall junge und hübsche Frauen sähe, die ihn verführen wollten. Darauf sollten die Kommissare gar nicht hören. Er selbst habe allerdings wirklich jemanden gesehen, der sich nicht unter den ›Arretierten‹, wie er seine Gruppe hartnäckig nannte, befand. Eine ältere Frau, Knoten im Haar, graues Tuch um den Hals, dunkelgrauen Mantel, völlig unauffällig. ›Wer schaut schon genauer auf eine ältere Frau?‹, fragte er provozierend mit einem Blick auf seine Frau, die eigentlich genau so aussah wie die Person, die er da beschrieb. Sie verstand, was er ihr sagen wollte, und brachte seine Aussage auf den Punkt: ›Ältere Frauen sind für ihn wie wahrscheinlich für alle Männer so gut wie unsichtbar, er sieht sie nicht, er kann sie nicht beschreiben, und am nächsten Tag hat er vergessen, dass sie je gelebt und sich in seinem Blickfeld befunden haben.‹

›Da widersprichst du dir selbst, meine Liebe‹, provozierte er sie, ›denn immerhin bin ich, ein Mann, derjenige, der die ältere Frau gesehen hat, und du, eine Frau und deswegen so unendlich sensibel in deiner Wahrnehmung, hast sie nicht gesehen.‹

›Wahrscheinlich habe ich sie deswegen nicht gesehen, weil du sie erfunden hast.‹

›Wie du die junge Frau erfunden hast? Das ist ein psychologisch äußerst interessantes Phänomen, finden Sie nicht, Herr Kommissar?‹, fragte mich der ältere Ehemann. ›Ein alter Mann und seine alte Frau sehen eine Frau. Vielleicht sehen sie auch keine Frau, sondern meinen nur, eine Frau zu sehen. Die real existierende oder die erfundene Frau, die sie sehen, ist entweder alt, zumindest denkt der alte Mann so, oder sie ist, in den Augen seiner Frau, jung. Was machen Sie nun mit unserer Aussage?‹«

»Eigentlich komisch, aber zutreffend zusammengefasst. Und was haben Sie nun wirklich mit dieser Aussage gemacht?«, fragte Sophia nach. »Sie haben bislang sieben der zwölf Zeugen beschrieben, von denen ein Mann und vier Frauen gar nichts und zwei Eheleute zu viel gesehen haben. Was ist mit den anderen fünf Personen?«

»Ja, das war es, was uns schier zur Verzweiflung gebracht hat. Von den anderen fünf Personen warteten drei Männer, jeder für sich, darauf, dass der Zug einfuhr, seine Passagiere entließ, dass sie einsteigen konnten, dass die Lokomotive auf der einen Seite ab- und auf der anderen angekuppelt wurde und sie endlich wegkämen. Ein Soldat auf Urlaub, ein Handwerker und ein Kriegsinvalide. Der Handwerker war in Sorge, dass der Zug sich verspäten würde. Er meinte, allerdings sehr vage, eine junge Frau in der Nähe von Ruth wahrgenommen zu haben; sicher war er sich aber nicht. Der Soldat betrachtete den Invaliden und der Invalide den Soldaten. Beide erzählten, dass sie das Geschick des anderen so beschäftigt habe, dass sie auf andere Menschen nicht geachtet hätten. Der Soldat gestand, dass ihn der Anblick des Invaliden mit einer Mischung aus Mitleid und Neid erfüllt habe, Mitleid wegen dessen Behinderung und Neid, weil der andere nicht mehr zurück an die Front musste. Und den Invaliden trieb ein ähnlicher Gefühlswirrwarr zwischen Mitleid und Wut umher. Beide hatten keinen Blick für andere. Personen vier und fünf beziehungsweise elf und zwölf waren eine Mutter mit ihrem Sohn. Dem elfjährigen Buben kam die Verspätung sehr gelegen, war er doch wie zahlreiche Buben in dem Alter sehr an Eisenbahnen interessiert und fragte seiner Mutter Löcher in den Bauch darüber, wie so ein Kopfbahnhof funktionierte. Der Bub hat deswegen auch nichts gesehen, während seine Mutter Ruth genau gemustert hatte und in ihrer Nähe eine ältere Frau gesehen zu haben glaubte. Verstehen Sie jetzt, warum ich von zwölf bis vierzehn Zeugen sprach? Wir haben übrigens weder eine junge noch eine ältere Frau gefunden, die sich dort aufgehalten hat. Wir haben sogar eine Suchanzeige in der Zeitung aufgegeben, aber ebenfalls ohne Erfolg.«

»Wie erklären Sie sich dann, dass die eine oder auch beide Frauen verschwunden sind?«

»Das ist leicht. Sie kennen unsern Bahnhof doch. Auf dem Gleis gegenüber, denn auf dem breiten Bahnsteig warten ja oft die Passagiere zweier Züge, stand bereits ein abfahrbereiter Zug, der fast gleichzeitig mit der Ankunft des anderen Zuges losgefahren ist. Vorher gab es ein lautes Abfahrtssignal und ganz vorne hat jemand laut geschrien. Unsere Zeugen waren deswegen alle abgelenkt und haben sich umgedreht und wollten wissen, woher der Schrei kam. Deswegen hat auch kein Mensch gesehen, wie Ruth Löwen sich hinunter auf das Gleis stürzte oder aber gestürzt wurde. Es war alles ein großes Durcheinander.«

»Müssen dann die Personen in den vorderen Waggons des anderen Zugs nicht etwas gesehen haben? Haben Sie da jemanden auftreiben können?«

»Ja, einige. Aber sie konnten uns nicht helfen. Weswegen hätten sie die Wartenden auf dem Bahnsteig zählen oder sie sich genau ansehen sollen? Sie saßen alle bereits oder waren damit beschäftigt, ihr Gepäck zu verstauen und ihre Mitreisenden zu mustern. Und dann gab es ja in dem ersten Waggon, von dem aus man am ehesten etwas hätte beobachten können, diesen lauten Schrei, der alle genauso abgelenkt hatte wie unsere sogenannten Zeugen auf gleicher Höhe. Ein durchdringender Schrei, aber so harmlos wie laut übrigens: Jemand hat einen Korb mit Äpfeln oben in die Gepäckablage gestellt und als ein anderer Reisender seine Tasche danebenstellte, ist der Korb heruntergefallen und die Äpfel kullerten auf den Boden. Da haben sich alle gebückt und sie wieder eingesammelt. Vielleicht auch versucht, einen für sich zu behalten. Und als sie fertig waren und endlich auf ihren Plätzen saßen, war das Unglück gegenüber schon geschehen und sie befanden sich in voller Fahrt.«

»Sie haben uns absichtlich nichts über den Tod Ruths erzählt?«, fragte Mascha. »Wissen Sie, ich bin Ärztin und habe vielleicht mehr Schreckliches gesehen als Sie, und Frau Sachtl ist eine bemerkenswert vernünftige Frau, die Dinge einzuordnen weiß und die man nicht schonen muss. Ruth war doch hoffentlich sofort tot?«

»Obwohl die Eisenbahn schon im Bremsvorgang begriffen sein muss, bevor die eigentliche Notbremsung stattfand?«, setzte Sophia fort.

»Ja. Daran bestand kein Zweifel. Die arme Ruth Löwen ist unmittelbar, bevor die Lokomotive angedampft kam, hinuntergefallen oder gestoßen worden, und die Lokomotive hat sie voll erfasst. Sie war vielleicht sogar sofort nach dem Sturz tot, denn ihr Kopf ist bereits beim Sturz auf die hintere der beiden Schienen aufgeprallt, zumindest hat unser Doktor das so rekonstruiert. Ich weiß ja nicht, ob Sie schon einmal mit Selbstmördern unter einer Eisenbahn konfrontiert waren, Fräulein Doktor, und von daher wissen, wie weit die normalerweise mitgeschleift und buchstäblich zerfetzt werden. Das war bei Ruth Löwen nicht der Fall. Zumindest nicht so schlimm.«

Sophia und Mascha, berührt von dem Fall, stellten noch zahlreiche Fragen, die Cronhart alle genau beantwortete. Nur ganz selten musste er die Akten aufschlagen: »Ich habe den Fall heute noch vor Augen, als sei es gestern gewesen. Das Schlimmste war es, der Familie mitzuteilen, dass die Tochter tot ist. Zwei Wochen, nachdem Doktor Löwen uns um Hilfe gebeten hatte. Auch das habe ich im Gedächtnis wie kaum eine andere derartige Mitteilung. Und ich hatte in meinen vielen Dienstjahren, das können Sie mir glauben, wirklich viele äußerst unangenehme Nachrichten zu überbringen. Der Doktor ist regelrecht zusammengebrochen. Buchstäblich, nicht metaphorisch. Metaphorisch natürlich auch. Er ist bis heute ein gebrochener Mann. Aber damals ist er einfach ohnmächtig geworden, auf seinem Stuhl im Praxisraum, denn dort haben wir es ihm gesagt. War vielleicht falsch, wir hätten ihn in die Wohnung bitten sollen und seine wartenden Patienten zum Verlassen der Praxis auffordern.«

»Nein«, sagte Sophia. »Hätten Sie das getan, wäre es wahrscheinlich noch viel furchtbarer geworden. Denn er hätte sofort gewusst, dass etwas Entsetzliches passiert sein musste. Und unter Umständen wäre ihm beim Warten auf Ihren Bericht etwas viel Schlimmeres zugestoßen als eine Ohnmacht.«

»Sicher haben Sie recht. Aber ich grüble oft darüber nach. Manchmal sehe ich ihn in meinen Träumen. Er schaut mich an, in seinen Augen nehme ich das langsame Begreifen des Schrecklichen wahr und dann die Unfähigkeit, damit umzugehen. Er reißt die Augen auf und fixiert mich und dann fällt sein Kopf mit einem dumpfen Hall auf die Platte seines Arbeitstisches. Seine Frau hat ihn irgendwie wiederbelebt, sie hat sehr umsichtig gehandelt. Natürlich war sie genauso entsetzt wie ihr Mann, aber sie blieb trotzdem ganz bei dem, was es zu tun galt: den Mann aus der Ohnmacht zurückzuholen, ihm schluckweise Wasser zum Trinken zu reichen, das Wartezimmer zu leeren, ihn in die Wohnung zu führen und auf das Sofa zu betten, ihm Tabletten zu geben, wahrscheinlich zum Beruhigen oder zum Einschlafen, sich mit uns zu unterhalten und uns alles zu erzählen, was sie über Ruths Fahrt zum Großvater wusste. Dass sie den Zug genommen hatte und nicht die Straßenbahn, wunderte sie zwar, aber nicht besonders. Der Weg zu ihrem Vaterhaus sei vom Oberräder Bahnhof aus weiter als von der Straßenbahnhaltestelle aus, meinte sie, aber dafür spare man erheblich an Fahrzeit. Und Ruth habe die Natur sehr geliebt und vielleicht wollte sie einen kleinen Spaziergang über die Äcker machen. Das Wetter sei für einen Novembertag erstaunlich mild gewesen.«

»Was hat sie sonst von Ruth erzählt?«

»Eigentlich nicht viel, sie meinte, ihre Stieftochter sei an diesem Tag wie meistens recht unbeschwert gewesen.«

»Sie müssen nicht unbedingt das Wort ›Stieftochter‹ so betonen«, sagte Sophia. »Ich habe auch eine Stiefmutter, seit drei Jahren erst, aber sie und ich, wir stehen uns sehr nahe.«

Mascha blickte sie verwundert an, denn solche Bekenntnisse waren Sophias Art eigentlich nicht. Sophia musste Ada sehr vermissen. Und natürlich ihren Vater und vielleicht auch die ganze sichere und behütete Welt ihrer Kindheit.

Cronhart schwieg kurz, als hätte er sich noch einmal in die damalige Situation zurückversetzt: »Wissen Sie, was mir jetzt erst auffällt? Sie hat nur über ihren Mann gesprochen. Ganz minuziös. In welcher Gemütsverfassung, in welcher Erregung er sich befand. Über ihre Gefühle hat sie nichts gesagt. Kein Wort. Ob das deswegen war, weil sie dachte, dass es ihr als ›Stiefmutter‹ nicht zukomme, denselben Schmerz zu empfinden wie der leibliche Vater? Ob sie wie so viele Menschen von diesem Stiefmutterirrglauben durchdrungen war, dass eine Stiefmutter keine Mutter sein könne? Und war vielleicht das, was ich für Kälte hielt, Trauer?«

Auch Mascha sinnierte: »Das wäre möglich. Ich glaube, dass wir da alle noch sehr altmodisch denken in unserer sich so modern gebenden Zeit. Frau Sachtls Stiefmutter zum Beispiel hat sogar mich, die Freundin ihrer Stieftochter, fast wie eine Tochter behandelt. Und im Frühjahr hat sie einen Pflegesohn aufgenommen, den sie und Sophias Vater inzwischen adoptiert haben. Und sie liebt dieses Kind so sehr!«

Sophia nickte: »Der Krieg hat so viele Kinder zu Waisen gemacht und so vielen Eltern ihre Kinder genommen. Und trotzdem gilt immer noch bei vielen das Blut als das, was Menschen zusammenhält und zu einer Familie macht, und nicht die Zuneigung, die Freundschaft, die Liebe.«

Kommissar Grossmann hatte fast die ganze Zeit geschwiegen. Jetzt setzte er sich gerade auf und sagte: »Mir ist jetzt ganz angst um Frau Rosalinde Geiger geworden. Wenn sie eine Puppe in einem Sarg bekommen hat, wie es damals Ruth Löwen geschehen ist, dann müssen wir in Betracht ziehen, dass das eine Drohung bedeutet. Und ich befürchte, dass wir unter Zeitnot stehen. Denn eines weiß ich nach meiner bisherigen Erfahrung: Jeder Täter gehorcht Mustern und Ritualen. Wenn zwischen dem Versenden der Puppe und dem Tod Ruths damals zwei Wochen lagen, dann müssen wir davon ausgehen, dass es dieses Mal einen ähnlichen Zeitrahmen geben wird. Die Puppe ist vor sechs Tagen in der Pension aufgetaucht, Fräulein Doktor Grünberg?«

Eine Stunde später saßen Sophia und Mascha immer noch in dem Zimmer des Kommissars. Inzwischen war die Dämmerung eingebrochen, die beiden jungen Frauen waren hungrig und durstig. Niemand hatte ihnen etwas angeboten, niemand hatte sich auch nur im Geringsten um ihre Bedürfnisse gekümmert. Cronhart und Grossmann fragten schnell und sachlich nach den Strukturen und dem Organisationsrahmen in der Pension, nach den einzelnen Bewohnerinnen und Bewohnern und natürlich vor allem nach Rosalinde Geiger und deren Gewohnheiten und Eigenschaften und ihrer Lebensgeschichte. Sie ließen kein Detail aus. Erst nachdem sie wirklich auch nicht die geringste Frage mehr hatten, sahen sie, dass Sophia und Mascha erschöpft waren. Sie wussten ja inzwischen auch, dass Mascha eine anstrengende Frühschicht im Krankenhaus hinter sich hatte und Sophia die gestrige lange Zugfahrt.

Cronhart entschuldigte sich bei den beiden jungen Frauen und fragte, ob man sie zu einem kleinen Abendessen einladen dürfte, um ihre Lebensgeister wieder wachzurufen und auch um Frau Sachtl noch etwas von Frankfurt zu zeigen. »Nach *Sachsehause* vielleicht«, überlegte er, wieder zu seinem sogenannten *Frankforderisch* greifend. »*Dribbdebach**. *Ebbelwoi un Ribbsche un Kardoffelbrei.* Wie wär's?«

Sophia blickte Mascha an und Mascha lachte zurück: »Du hast wieder nichts verstanden? Aber ich versichere dir, es würde dir alles schmecken. Apfelwein, Karree vom Schwein und Erdäpfelpüree. Was meinst du, Sophia? Sollen wir der freundlichen Einladung Folge leisten?«

Grossmann öffnete unentschlossen den Mund und schloss ihn wieder. Dann sagte er: »Ich muss mich in mehrfacher Hinsicht entschuldigen. Erstens, lieber Heinrich, müssten wir viel Glück haben, wenn wir ein Apfelweinlokal fänden, in dem wir das alles einfach so fänden wie früher. Du warst wohl lange nicht außer Haus essen, oder? Und was zweitens den Apfelwein betrifft, so darf man seit Kurzem keinen mehr keltern. Neues Gesetz für die Dauer des Kriegs. So dass die ganze Einladung zwar gut gemeint ist, aber den beiden jun-

* Dribbdebach (Frankfurterisch): jenseits des Bachs; vom Zentrum aus gesehen der Stadtteil Sachsenhausen, das auf dem anderen Ufer des Mains liegt. In Sachsenhausen befanden und befinden sich die meisten der Apfelweinlokale Frankfurts.

gen Damen fast nichts von dem beschert, was ihnen versprochen wurde. Die fröhliche Musik findet sich vielleicht trotz alledem irgendwo. Aber ohne Apfelweinseligkeit.«

Cronhart dachte nach: »Meine lieben jungen Damen. Ich muss zugeben, dass ich wirklich schon lange nicht mehr ausgegangen bin und deswegen unsere Chancen auf einen gemütlichen Abend in Sachsenhausen überschätzt habe. Also brauchen wir eine Alternative. Darf ich Sie zu mir nach Hause einladen? Dort hat es im Keller ziemlich sicher noch Apfelwein, und ganz sicher steht eine nahrhafte und sehr gesunde Gemüsesuppe auf dem Herd mit den besten Gemüsen aus meinem eigenen Garten, die ich noch im Keller lagere. Wenn ich Ihnen die anbieten dürfte? Ich bin ja bereits ein sehr alter Herr und könnte Ihr Vater, vielleicht sogar Großvater sein, so dass Ihr guter Ruf unter dieser Einladung nicht leiden dürfte. Wir könnten ein bisschen Musik hören und mein junger Freund könnte mit den Wiener Damen ein wenig tanzen, denn ich habe mir zu meiner Pensionierung einen unglaublichen Luxus geleistet und mir ein Grammophon gekauft. Und seitdem bin ich hinter billigen Schallplatten her und habe schon eine ganz nette Sammlung. Wie wäre das?«

Wieder blickte Sophia Mascha von der Seite an und sah die Freundin zufrieden lächeln: »Das wäre alles großartig. Wir kommen sehr gerne mit zu Ihnen.«

Grossmann druckste wieder herum: »Ich habe leider noch ein Drittens zu meinem Ersten und Zweiten von vorhin. Ich habe heute Abend einfach keine Zeit, so gerne ich auch Zeit hätte. Das heißt, ich hätte Zeit für einen schnellen Teller Suppe, aber dann müsste ich unverzüglich gehen. Keine Musik. Kein Tanz.«

Cronhart war erstaunt: »Was ist das denn jetzt Geheimnisvolles? Wenn du mit einem Freund verabredet bist, dann bring ihn doch einfach mit zu mir. Eine Freundin wirst du dir ja seit unserer letzten Begegnung vor zwei Wochen nicht angelacht haben. Und ins Theater gehst du erst am Sonntag wieder, das hast du mir auf dem Weg hierher erzählt. Da stellst du mich vor ein veritables kriminalistisches Rätsel.«

Sophia und Mascha wehrten ab. »Das muss doch der Kommissar nicht verraten, was er vorhat! Wir können es uns doch auch zu dritt gemütlich machen«, sagte Mascha, doch es klang nicht völlig überzeugt.

Grossmann kämpfte mit sich. Endlich sagte er: »Es ist wirklich ein Geheimnis. Aber kein schlimmes. Ich … ich muss zugeben, dass ich Gedichte schreibe. Und heute Abend lese ich ein paar von ihnen in einer kleinen Kneipe in der Altstadt vor. Und das weiß niemand hier von den Kollegen. Wäre doch auch peinlich, oder?«

»Hängt von den Gedichten ab«, sagte Cronhart ungerührt und nahm der Situation damit ihre Spannung. »Aber dann ist doch alles klar. Erst essen wir bei mir und dann begleiten wir dich zu deiner Lesung, wenn du nichts dagegen hast.«

Grossmann raufte sich wieder einmal intensiv die Haare, um dann zu versuchen, sie glattzustreichen. Schließlich sagte er: »Was sollte ich dagegen haben? Ich freue mich.« Aber seine Stimme klang nicht sehr fest und Sophia war sich nicht sicher, was er wirklich davon hielt, seine Gedichte vor seinem früheren Vorgesetzten und vor zwei fremden jungen Frauen lesen zu müssen.

DONNERSTAG, 22. NOVEMBER 1917, ZWEITER TAG IN FRANKFURT

Stella: Ja, die Tage! Die ersten Tage der Liebe! – Nein, du bist nicht zum Himmel zurückgekehrt, goldne Zeit! Du umgibst noch jedes Herz in den Momenten, da sich die Blüte der Liebe erschließt.
Madame Sommer, ihre Hände fassend: Wie groß! Wie lieb!
Stella: Ihr Angesicht glänzt wie das Angesicht eines Engels, Ihre Wangen färben sich!
Madame Sommer: Ach und mein Herz! Wie geht es auf! Wie schwillt's vor Ihnen!
Stella: Sie haben geliebt! O Gott sei Dank! Ein Geschöpf, das mich versteht! Das Mitleiden mit mir haben kann! Das nicht kalt zu meinen Schmerzen dreinblickt! – Wir können ja doch einmal nichts dafür, daß wir so sind! – Was hab ich nicht alles getan! Was nicht alles versucht! – Ja, was half's?

(Johann Wolfgang von Goethe: Stella. Ein Schauspiel für Liebende)

1

Ich zeichne viel. Immer auf kleine Zettel.

Zu Hause wurde an allem gespart, auch am Papier.

Deswegen habe ich als Kind jeden Papierfetzen genutzt, um das, was nicht gesagt werden sollte, zu zeichnen.

Gezeichnet durfte es auch nicht werden, das habe ich heimlich gemacht.

Auf Zeitungsränder, unbeschriftete Rückseiten von Briefen und Rechnungen, aufgeschnittene Briefcouverts, deren Innenseite man nutzen konnte, zerknüllt weggeworfene Manuskriptseiten der Arbeiten meines Vaters, die ich vor dem Feuer retten konnte.

Vater hat es bemerkt und er schenkte mir große weiße Blätter, die ich in kleinere zerschnitt, voller Freude, dass ich auf diese Weise einen Vorrat anlegen konnte.

Am nächsten Morgen saßen Sophia und Mascha schon früh im Salon.

Beide hingen schweigend ihren Gedanken nach und beugten ihre Gesichter über ihre gefüllten Tassen. Möglicherweise wollten sie in dem Dampf, der daraus hochstieg, ein bisschen Wärme finden, denn es war noch sehr kalt in dem Raum. Im Ofen knisterten laut einige Holzscheite, was verriet, dass Klementine das Feuer erst vor Kurzem entzündet hatte. Eventuell aber suchten Sophia und Mascha in den Tassen auch den Duft von Kaffee, der Heimat, der Zeit vor dem Krieg. Diese Sehnsucht aber konnte das Frühstücksgetränk der Pension Rosso nicht stillen. Vielleicht aber versetzten die trüben länglichen Dampfschwaden, die sie wie ein leichter Nebel einhüllten, sie zurück in das völlig verräucherte Beisl* in der Altstadt, das sie am Vorabend besucht hatten.

Dieser Abend hatte viele Überraschungen gebracht, für Sophia noch mehr als für Mascha. Denn sie war zum ersten Mal durch die enge Altstadt gelaufen und hatte die kleinen Häuschen, die sich wie Puppenhäuser zwischen dem Kaiserdom und dem Römerberg aneinanderreihten oder besser aneinanderlehnten, bewundert und sich an den Gässchen und kleinen Fachwerkhäuschen mit ihren malerischen Details gefreut. Cronhart hatte zwar immer wieder darauf hingewiesen, dass das Leben in diesen Häuschen so malerisch nicht sei, im Gegenteil, und Sophia glaubte ihm das auch. Insbesondere ein schrecklicher Geruch nach faulenden und verdorbenen Lebensmitteln, nach feuchten und schimmeligen Wänden, nach abgestandenem Wasser und nach nicht entsorgtem Abwasser, den gelegentliche Windstöße direkt auf Sophia zuzutreiben schienen, unterstützte seine Schilderungen der katastrophalen hygienischen Verhältnisse. Dennoch verfiel sie, sobald der Wind in eine andere Richtung drehte, dem Zauber des mittelalterlich anmutenden Straßenwirrwarrs und freute sich daran, wie belebt die Gässchen noch waren, wie laut und leidenschaftlich Frauen sich von einem Haus zum anderen hin Sätze entgegenschleuderten, von denen unten nur Wortfetzen zu verstehen waren, und wie sich Kinder nachrannten, miteinander spielten und stritten.

Auch das dunkle und verrauchte Hinterzimmer des Beisls, in das sie dann geführt wurden, ließ sie auf den ersten Blick erkennen, dass sie eine andere Gedichtpräsentation erleben würde als die ihr vertrauten Lesungen aus Wiener Salons. Keine Vorführung vor einem elitären Kreis, bestimmt auch

---

* Beisl (österr.): kleine Kneipe

keine feinsinnigen Texte mit vielen dunklen Metaphern und hintergründigen Symbolen, denen man lange nachsinnen musste. Das taten die vornehm gekleideten Damen und Herren der guten Gesellschaft Wiens gerne und ausführlich.

Hier wartete ein anderes Publikum auf andere Gedichte. Mascha und sie schienen in diesem Hinterzimmer, obwohl sie recht einfach gekleidet waren, aufzufallen. Die anderen Frauen und Mädchen musterten sie misstrauisch, als hätten sie hier nichts zu suchen. Auch die Männer schauten skeptisch. Was wollen diese *Damen* hier bei uns, hörte Sophia jemanden murmeln, als sie an ihm vorbeigingen. Erst als Grossmann zu einem älteren Mann auf dem Podium sagte: »Das ist in Ordnung, das sind gute Freundinnen«, löste sich die leise Anspannung und verschwand dann völlig, als sich Cronhart, der in seiner robusten Arbeitskleidung, die er immer noch von seiner vormittäglichen Gartentätigkeit her trug, gut in das Gastzimmer passte, ostentativ zwischen die beiden Frauen stellte, sie leicht am Oberarm ergriff und zu einem der Tische vor dem Podium führte, auf den Grossmann zeigte. Sophia, Mascha und Cronhart setzten sich nieder und beobachteten die Anwesenden. Ja, es waren vor allem Arbeiter und Arbeiterinnen, von denen etliche noch ihre Arbeitskleidung trugen. Viele der Männer waren älter und nicht mehr tauglich für den Kriegsdienst. Ein paar andere Männer und Frauen, manche in nachlässiger, manche in ärmlicher Kleidung, mischten sich unter die Arbeiter. Sophia hielt die Männer für Sozialdemokraten, denn einige trugen ein rotes Einstecktuch in der Jackentasche, Akademiker wahrscheinlich oder auch Künstler.

Nachdem alle Plätze um die Tische herum besetzt waren, schleppte der Wirt noch weitere Stühle herbei, die an die Wände gerückt wurden. Trotzdem standen immer noch viele Menschen in und hinter der Tür, so dass vom Podium aus darum gebeten wurde, noch dichter zusammenzurücken. Dann servierte der Wirt den Gästen an den Tischen noch die bestellten Getränke, wobei auf einige wenige Tische, darunter auch den Cronharts, ein grauer Keramikkrug mit blauem Muster sowie einige gerippte Gläser gestellt wurden. Dabei flüsterte er die Worte: »Für spezielle Gäste des Wirts, aus der eisernen Reserve.«

Endlich begann die Veranstaltung.

Ein älterer Mann mit schon leicht schütterem Haar stellte sich in die Mitte des Podiums und zog aus seiner Jackentasche den Text seiner Ansprache. Er musste sich das Papier ganz dicht vor Augen halten, behielt aber trotzdem die volle Aufmerksamkeit seines Publikums. Er schilderte knapp und eindringlich die Grauen des Krieges für die Kämpfenden, aber auch für die, die zu Hause auf sie warteten, viele von ihnen vergeblich. Er führte den ohnehin von seiner Botschaft überzeugten Zuhörern anschaulich vor Augen, dass der Krieg für keinen von ihnen von irgendeinem Nutzen, aber für fast jeden von erheblichem Schaden sei. Er forderte die sofortige Einstellung aller Kriegshandlungen und den Beginn der Friedensverhandlungen und bat alle Anwesenden, die pazifistische Idee, die vor dem Krieg in Frankfurt von so vielen Menschen enthusiastisch vertreten worden war, von hier aus wieder in die Welt zu tragen. Lauter Beifall zeigte, dass die Zuhörer ihm in allen Punkten zustimmten. Anschließend wurde Max Grossmann auf das Podium gebeten.

Anscheinend kannte man ihn hier, denn sein Auftrittsapplaus stand dem Abschlussapplaus für den Redner in nichts nach. Sophia blickte kurz zu Cronhart, der neben ihr nicht zum ersten Mal murmelte, dass er von nichts gewusst habe. Dann aber betrachtete sie den jungen Kommissar. Grossmann stellte sich hinter das Rednerpult, auf das er vier Zettel legte. Er blickte seine Zuhörer lange an und begann dann in das gespannte Schweigen hinein mit sehr leiser Stimme ein Gedicht vorzutragen. In einfachen Sätzen beschrieb da ein Frontsoldat, wie sich am frühen Morgen aus dem Nebel langsam die Konturen von Bäumen abzeichneten, die nur noch wenige Blätter trugen, wie diese Blätter im sich vor der aufgehenden Sonne auflösenden Nebel langsam Farben annahmen, rot leuchteten und wie sich dadurch Ruhe und Frieden in ihm ausbreiteten, bis laute Granateneinschläge ihn jäh wieder zurück in die Wirklichkeit zwangen. Dort musste er ein ganz anderes Rot aushalten. Das Rot des Bluts.

Nach dem Vortrag blieb es ein oder zwei Minuten still, so nachhaltig wirkten die Bilder des Gedichts auf die Männer und Frauen in dem kleinen Raum. Dann aber klatschten sie laut, fast frenetisch, Beifall und Grossmann verbeugte sich und sagte: »Jetzt muss ich euch gestehen, dass das Lesen vor Publikum sehr nervenaufreibend ist. Ich bin erleichtert, dass es ohne allzu viele Stotterer und Versprecher vor sich gegangen ist.« Im Publikum wurde freundlich gelacht, und Grossmann setzte hinzu: »Vielleicht, weil ich so viele von euch hier kenne, manche seit dem 1. Oktober vor einem Jahr.«*

Es kam zu heftigem Beifall. Niemand der Anwesenden ließ ihn aus den Augen, vor allem die Frauen nicht. Auch,

* Am 1. Oktober 1916 versammelten sich ca. 25.000 Menschen im Ostpark zu einer Friedensdemonstration. Die sozialdemokratischen Redner betonten, nur einen Verteidigungskrieg, keinen Eroberungskrieg unterstützt zu haben, und forderten eine Bereitschaft der Regierung für Friedensverhandlungen. Deren Ziel solle das Zusammenleben der Staaten in einer gerechten europäischen Friedensgemeinschaft sein. – Diese Massenversammlung gilt als Vorbote der Reichstagsresolution vom 19. Juli 1917, bei der sich das katholische Zentrum, Sozialdemokraten und Linksliberale informell für eine Resolution für Frieden und verstärkte parlamentarische Mitspracherechte zusammenschlossen. Am 30. September 1917 fand, wieder im Ostpark, eine zweite große Friedensversammlung statt, an der sich diesmal auch bürgerliche Parteien wie das Zentrum beteiligten.

wie Sophia durch einen kurzen Blick bemerkte, ihre Freundin nicht. Sophia selbst nahm jetzt, als der junge Kommissar, dessen professionelle Souveränität sie schon den ganzen Nachmittag über recht ansprechend fand, sich in einen leicht unbeholfen-schüchternen Dichter verwandelt hatte, plötzlich überdeutlich wahr, wie anziehend er doch war. Die Intensität dieses Reizes überraschte sie zuerst, erschreckte sie dann, wusste sie doch seit Langem, dass ihr da etwas abging, das andere Frauen und Männer wie selbstverständlich beherrschten. Sie konnte nämlich in der unterschwellig in jeder Gesellschaft mitschwingenden Ebene, in der sich ein heimliches, manchmal unbewusstes, manchmal bewusstes Spiel zwischen Männern und Frauen vollzog, mit Verführungsimpulsen und Zustimmungssignalen und Ablehnungsgesten, keine überzeugende Rolle einnehmen. Eigentlich kaum als Statistin mitwirken. Sie konzentrierte sich immer vollständig und ausschließlich auf die jeweiligen Gesprächsinhalte, dass sie in ihrem jeweiligen Gegenüber nur jemanden sah, dessen Beitrag weiterführend war oder eben auch nicht, nicht aber jemanden, der unabhängig von diesem Thema einfach ein Mensch, nein, korrigierte sie sich, ein Mann war oder eine Frau.

Natürlich wusste Sophia, dass es eine tiefsitzende Angst vor Enttäuschungen und Verrat war, die ihr das Mitspielen verbot. Außer Rudolf, dem sie während der kurzen Zeit ihrer Ehe vorbehaltlos vertraute, war es bislang nur einem Mann gelungen, ihre Barriere aus Vorsicht und Misstrauen zu durchbrechen. Und dieser Mann, ein englischer Architekt, Angehöriger eines Volks, mit dem man Krieg führte, war buchstäblich nur auf der heimlichen Durchreise in Wien. Und deswegen war ihrer leidenschaftlichen Begegnung von Anfang an ihr Ende beschieden. Wahrscheinlich hatte sie sich auch nur aus diesem Grund darauf einlassen können.

Und dieser junge Mann, der da nervös mit den Fingern durch seine Haare fuhr, der so schlank, schlaksig, hilflos fast auf dem Podium stand, löste ebenfalls kein Misstrauen in ihr aus. Und keinen Wunsch nach Distanz.

Leider schien er auf ihre Freundin dieselbe Wirkung auszuüben. Mascha nämlich schaute unverwandt auf Grossmann, und dann legte sie ergriffen ihre Hand aufs Herz, bevor sie wie alle anderen zu klatschen begann. Da erst bemerkte Sophia, dass sie von dem zweiten Gedicht Grossmanns nichts mitbekommen hatte, so sehr hatte ihr Nachdenken über den jungen Mann sie verwirrt. Oder genauer: der junge Mann selbst.

Grossmann griff gerade nach dem nächsten Papier, als sich die Tür öffnete und noch einige verspätete Besucher den Raum betraten. Das Publikum reagierte zunächst missmutig auf die Störung der Veranstaltung, die bereits alle in ihren Bann gezogen hatte, bis die ersten an der Tür stehenden Menschen die Eintretenden erkannten. »Rosalinde Geiger«, hörte Sophia jemanden flüstern, und Mascha stupste Sophia fest in die Seite. Die aber hatte sich bereits umgedreht und die Schauspielerin auf den ersten Blick erkannt, denn deren Ähnlichkeit mit der Totenpuppe auf der Fotografie war wirklich bestechend. Und Rosalinde Geiger gab, wie Sophia leicht amüsiert bemerkte, jedem Zeit und Gelegenheit, sie gründlich zu betrachten.

Denn sie betrat den Raum nicht einfach, sondern sie trat vielmehr in ihm auf. Und der ganze Raum wurde zu ihrer Bühne. Sie blieb in der Türöffnung stehen, wartete, bis die anfänglichen Unmutsbezeugungen des Publikums in einen geheimen Stolz, eine in der Stadt so bekannte Schauspielerin als Gast zu haben, übergegangen waren, hob dann grüßend wie eine Prinzessin die Hand und steuerte wirkungsvoll und langsam durch die Menschengruppe, die um die Tür herum stand und ihr bereitwillig Platz machte, auf den Tisch im Vordergrund zu, an dem sie Mascha erkannt hatte. Unter den wenigen Lampen, die von der Decke baumelten, schien sie ein wenig abzuwarten, bis diese ihrem rötlich-braunen Haar einen feuerroten Schimmer verliehen. Sie war schlicht in Rock und Bluse gekleidet wie Mascha und Sophia, aber die ockergelbe Farbe ihrer Bluse unterstrich fast aufreizend den Glanz ihrer Haare. Und ihr Rock war noch um eine Handbreit kürzer als der Maschas.

»Liebe Mascha, schön, dass Sie auch hier sind. Und Sie«, sie wandte sich Sophia zu, »sind bestimmt Maschas Wiener Freundin, die gestern Abend gekommen ist, wie ich gehört habe. Leider haben wir uns noch nicht kennen gelernt. Bei Ihrer Ankunft stand ich auf der Bühne und als ich heute aufstand, waren Sie schon mit Mascha unterwegs.«

Sophia lächelte ihr freundlich und offen zu. Cronhart stand galant auf und bot Rosalinde seinen Platz an, den sie zögernd annahm: »Danke, ich sollte Ihr höfliches Angebot eigentlich ablehnen, denn Sie scheinen müde zu sein, aber ich bin wirklich sehr erschöpft. Wir haben bis eben geprobt.«

Rosalindes Erscheinen war auch auf dem Podium nicht unbemerkt geblieben, und Sophia sah, wie fasziniert Grossmann von Rosalindes Auftritt war. Der ältere Redner bedankte sich bei der Schauspielerin mit herzlichen Worten dafür, dass sie die bescheidene pazifistische Versammlung mit ihrer Anwesenheit ehre und aufwerte, und lautes Klatschen, mit vereinzelten Bravo-Rufen durchmischt, bestätigte, dass alle seiner Ansicht waren. Cronhart nutzte die kleine Pause, um Sophia, Mascha und Rosalinde ein paar Schlucke aus dem Krug in die Gläser einzuschenken. Das Getränk hatte eine weinähnliche grüngelbe Farbe und Sophia ergriff eines der Gläser und hörte Cronhart sagen: »Vorsicht, Frau Sachtl. Sie kennen das nicht. Das ist unser *Ebbelwoi* und wenn man ihn nicht kennt, kommt er einem sehr sauer vor. Das Fräulein Doktor Grünberg hat unser Nationalgetränk ja bestimmt schon gekostet, da kann ich mir die Warnung sparen. Und Sie, Frau Geiger, stammen doch, wie ich einmal irgendwo gelesen habe, sowieso aus Frankfurt.« Rosalinde schüttelte den Kopf und ihre Haarspitzen leuchteten bei dieser Bewegung im Licht hell auf: »Nein, das ist leider nicht richtig, obwohl man es häufig hört. Aber es ist ja eine Ehre, dass man mich hier in der Stadt für ein *Frankforder Meedsche* hält.« Sophia konnte nicht ausmachen, ob ihr Dialekt genauso aufgesetzt und wenig authentisch war wie der Cronharts; in ihren Ohren unterschieden sich die Imitationen nicht von dem, was sie bislang unterwegs, zum Beispiel in der Straßenbahn oder auf dem kurzen Spaziergang über den Römerberg, an Frankfurter Dialekt gehört hatte. Und die Bewohner und Bewohnerinnen der Pension kamen sowieso aus allen Teilen Deutschlands und sprachen fast alle reines Hochdeutsch.

Rosalinde ergriff ihr Glas und nahm einen großen Schluck: »Wunderbar erfrischend. Vielen Dank für diese Einladung.« Sophia wollte es ihr gleichtun, aber Cronharts Vorahnung wurde bestätigt: Sie fand das Getränk sauer. Es erinnerte sie an Essig, Apfelessig. Mascha flüsterte ihr zu, dass man sich daran gewöhne und dass man es wohl irgendwann auch schätzen lerne. Zumindest gäbe es in Frankfurt viele Liebhaber dieses Getränks.

Inzwischen war an der Tür erneut ein Gemurmel entstanden, denn die nächsten beiden späten Gäste traten ein. Diese kannte Sophia schon: Zunächst kam Frau Schulmeister, die einigen Menschen im Raum zunickte, also auch Menschen aus pazifistischen Gruppen kannte, und hinter ihr betrat Selmar Marsel den Raum. Auch er war nicht fremd hier, und der Veranstaltungsleiter stellte ihn als »den großen Friedensdichter unserer

Zeit« vor. Frau Schulmeister führte ihn nach vorne zu Rosalinde, und das Publikum bemerkte, dass er sich mit seinen Krücken nicht sehr sicher bewegen konnte. Die Menschen rückten dichter zusammen, um ihn durchzulassen. Auch ein Opfer dieses unsäglichen Kriegs, mochten viele gedacht haben. Noch bevor er am Tisch Rosalindes angekommen war, stand Mascha auf, um ihrem Mitbewohner aus der Pension ihren Platz anzubieten. Er dankte ihr herzlich und auch Frau Schulmeister lächelte sie dankbar an. So saß Sophia jetzt mit zwei Berühmtheiten der Stadt, der gefeierten Schauspielerin und dem bewunderten Schriftsteller, zusammen an einem zentralen Tisch vor dem Podium und nippte erneut an dem sauren Getränk, dem dann auch Selmar Marsel zusprach. »Da fühlt man sich doch gleich zu Hause«, sagte er und blickte sich suchend nach Frau Schulmeister um, die er hinter sich an der Wand erblickte und der er sein Glas zum Trinken anbot, indem er es in ihre Richtung streckte.

Als nach der unerwarteten, aber sehr beeindruckenden Unterbrechung wieder Ruhe im Raum eingekehrt war, las Grossmann ein weiteres Gedicht vor, das sich von dem ersten, das eher mit Stimmungen an die Gefühle seiner Zuhörer appellierte, sehr unterschied. Sophia fielen jetzt vor allem die kühnen Bilder auf. Da war nichts so beschrieben, wie sie es üblicherweise wahrnahm, aber doch alles so, wie sie es schon einmal empfunden hatte. Wie das sein konnte, darüber wollte sie nachdenken, wenn der Abend zu Ende war und sie in ihrem Bett lag. Für dieses Gedicht erhielt Grossmann so viel Beifall wie für die ersten, auch von Rosalinde und ihrem Mann. Grossmann blickte auf und sein Blick suchte Rosalinde: »Sehr geehrte Frau Geiger, ich glaube, Sie würden mir und vor allem unserer Sache eine große Ehre erweisen, wenn Sie sich dazu entschließen könnten …« Er nahm das vierte Blatt Papier, das er vorbereitet hatte, in die Hand und hielt es ihr bittend entgegen.

Sophia bemerkte anerkennend, dass sich die Schauspielerin nicht zierte, sondern sofort aufstand und das Podium betrat. Während sich Grossmann an die Rückwand des Podiums zurückzog, stellte sich Rosalinde Geiger direkt unter den vom Plafond herunterbaumelnden einfachen Lampenschirm, so dass, wenn sie sich leicht bewegte, die Glühbirne auf ihren Haaren geradezu dramatisch rote Sprenkel aufflackern ließ. Bevor sie begann, hob sie ihre rechte Hand und legte sie langsam auf ihre Brust und überflog den Text. Dann begann sie ihn mit lauter Stimme vorzutragen. Der Beginn ähnelte einer der zahllosen Zeitungsnachrichten, die Sophia in den letzten Jahren oft, allzu oft, lesen musste, einem knappen und sachlichen Bericht eines Schlachtgeschehens. Schnörkellos. Ort. Fakten. Zahlen. Zunächst fast unmerklich wurde diese Darstellung allmählich immer stärker durchsetzt von Bildern sinnloser Zerstörung, Verwüstung, Tod. Je drastischer diese Eindrücke formuliert wurden, desto leiser wurde Rosalindes Stimme, bis sie fast flüsternd den letzten Vers vortrug: »Der Mond krächzt grün und löst sich auf in Leid.«

Den lauten Beifall nach dem Vortrag teilten sich Rosalinde und Grossmann. Danach stellte der Versammlungsleiter die Ziele eines neugegründeten pazifistischen Bundes vor, und eine kurze, aber intensive Diskussion setzte ein, in deren Verlauf auch Selmar Marsel eingriff und von seinen Kriegserfahrungen und seiner Leidensgeschichte berichtete. Natürlich informierte er auch über die bevorstehende Premiere seines ersten Theaterstücks, zu der er die anwesenden gleichgesinnten Männer und Frauen einlud.

Nach dem offiziellen Ende der Veranstaltung blieben die beiden Kriminalisten, die zwei Freundinnen sowie das Künstlerehepaar und Luise Schulmeister noch eine Zeitlang in der Hinterstube sitzen und feierten den Erfolg des jungen Lyrikers. Der Wirt gesellte sich zu ihnen und holte aus seinem geheimen zweiten Privatkeller noch den einen oder anderen Krug, »Bembel«*, wie er selbst ihn bezeichnete, und Sophia entdeckte, dass das »Steffsche«**, wieder ein neues Wort, das sie, endlich einmal authentisch, von dem Wirt selbst gelernt hatte, mit Mineralwasser gespritzt und als »Geschbritzde« getrunken, nicht nur durchaus genießbar war, sondern sogar von Glas zu Glas genießbarer wurde.

Wahrscheinlich hatte sie deswegen an diesem Morgen auch leichtes Kopfweh. Mascha vermutlich ebenso, denn sie war ungewöhnlich schweigsam. Fast abweisend.

Sophia fiel wieder ein, wie sie an diesem ungewöhnlichen Abend in Frankfurt während Grossmanns zweiter Rezitation über diese unausgesprochenen Schwingungen zwischen Männern und Frauen nachgedacht hatte, die sie fast körperlich wahrgenommen hatte, und sie dachte, dass wohl die meisten der anwesenden Frauen den unbeholfen und nervös dastehenden Grossmann gerne tröstend gestreichelt hätten, und dann vielleicht noch Selmar Marsel, der sichtlich nur unter Schmerzen auf dem harten Stuhl ausharren konnte.

Sie fragte sich, inwieweit Mascha bemerkt hatte, wie heftig es während des vermeintlich so ungezwungenen und fröhlichen Beisammenseins geknistert hatte. Frau Schulmeister wachte wie eine Krankenschwester darüber, ob Selmar es auch wirklich kommod*** hatte, und sie funkelte Rosalinde Geiger an, wenn diese etwas sagte oder wünschte oder vorschlug, was ihn anstrengen oder überfordern könnte. Diese wiede-

---

* Bembel (hess.) : eine dickbauchige Kanne aus Steingut, aus der Apfelwein ausgeschenkt wird
** Steffsche oder Stöffche (hess.): anderes Wort für Apfelwein
*** kommod (österr.): bequem, angenehm

rum reagierte trotz ihres immer freundlichen Lächelns leicht angespannt, wenn irgendeine dieser Bemerkungen auf Selmars Behinderung Bezug nahm.

Auch um Grossmann beobachtete Sophia kleine Irritationen zwischen den anwesenden Frauen. Hier zündelte Rosalinde Geiger manche Flamme selbst. Der junge Kommissar schien sie ungemein zu faszinieren und sie lobte seine Gedichte überschwänglich, was allerdings ihr Mann ebenso tat. »Besser als meine ersten lyrischen Versuche«, urteilte Selmar Marsel ehrlich und freundlich, »viel besser. Ich glaube, dass Sie ein Lyriker sind, während ich, wie ich inzwischen meine, eher ein Dramatiker bin. Ich bin sehr froh, dass mich ein Freund auf die heutige Veranstaltung aufmerksam gemacht hat und dass wir uns auf diese Weise kennen gelernt haben.« Grossmann freute sich über dies ungewohnte Lob, und er blickte fragend zu Cronhart, an dessen Meinung ihm viel zu liegen schien und die er aus dem beeindruckten Stolz des älteren Freundes erfreut lesen konnte. Dann schaute er zu Mascha und Sophia. Mascha saß ruhig da, sichtlich bewegt, ihre Augen schienen leicht zu schimmern. Grossmann sah diese Tränen, und dann schaute er zu Sophia, die ihre Verstörtheit, wie sie hoffte, besser im Griff hatte als ihre sonst so gefasste Freundin. Grossmann konnte den Blick kaum von den beiden Frauen abwenden. Rosalinde schien die stumme Verbindung zu stören, so dass sie aussprach, was Mascha bestimmt lieber unausgesprochen gelassen hätte: »So gerührt, dass Sie weinen müssen, Mascha? Ja, das ist so mit Gedichten. Sie können einen treffen wie ein Schlag, und man weiß nicht, warum. Wie haben Ihnen die Gedichte gefallen, Frau Sachtl?«

Irgendwann an diesem Abend, eigentlich war es schon Nacht, wurden die Gespräche sehr vertraut und Selmar Marsel erzählte ihnen voller Selbstkritik von seinem enthusiastischen Aufbruch in das große, heldenhafte Abenteuer, das ihm bevorzustehen schien, in den Krieg. Cronhart und der alte Wirt nickten; beide Männer erinnerten sich noch ganz genau daran. Der Wirt murrte: »Damals wär man am liebsde mit in de Kriech gezooche, abber merr gald als zu ald. Damals habbe merr uns geärschert, abber inzwische simmer froh, dass niemand uns g'wollt hat, im August vor drei Jahr‹.« Grossmann gab zu, dass er von der allgemeinen Euphorie ebenfalls angesteckt gewesen sei, aber wegen eines Herzfehlers nicht eingezogen wurde. Das habe er seinerzeit als große Demütigung empfunden.

Selmar Marsel offenbarte schonungslos aufrichtig, dass die Kriegswirklichkeit ihm nicht im Laufe von vielen Monaten, sondern eigentlich schon bei seinem ersten Fronteinsatz seinen Irrtum klar gemacht hatte, als er die ersten Toten sah, junge Männer wie er, von Granaten zerfetzt, die mit im Tod weit und grausig aufgerissenen Augen in den Himmel starrten. Als er sich über sie beugte, um zu überprüfen, ob nicht doch noch ein Fünkchen Leben in ihnen war, und seinen Finger an ihre Halsschlagader legte, blickten diese toten Augen ihn an, so schien ihm, und bis heute, wenn er nachts aufwachte, konnte es geschehen, dass er in diese Augen schaute und danach nicht wieder einschlafen konnte. Dabei war die Schrecklichkeit dieser ersten Erlebnisse im weiteren Kriegsverlauf noch um weitaus Entsetzlicheres übertroffen worden, aber er habe, wie er mit erstickender Stimme zu erklären versuchte, später fast wie eine Maschine gekämpft, gefühllos, seelenlos.

Das Folgende hatte er erzählt, als spräche er von einem Fremden.

Er wollte auch die Opfer wie eine Maschine wahrnehmen. Sonst müsse er wahnsinnig werden, dachte er. »Sei gefühllos! Ein leichtbewegtes Herz Ist ein elend Gut auf der wankenden Erde!«* Doch obwohl er sich diese Sätze Goethes gleichsam

---

* »Sei gefühllos …«: Zitat aus der dritten Ode von Goethes »Oden an den Freund«

wie ein Morgengebet jeden Tag beim Aufwachen als Motto für sein Denken, Fühlen und Handeln aufsagte, konnte er seine Vorsätze nicht immer durchhalten. Jeder der seltenen Briefe von zu Hause zeigte ihm, wie *leichtbewegt* sein Herz trotz aller Versuche, alle Gefühle zu unterdrücken, geblieben war. Es entstanden feste Freundschaften, nein, Kameradschaften, die nicht auf charakterlicher oder sozialer oder intellektueller oder bildungsmäßiger Parallelität oder auf spontaner Sympathie beruhten, wie das für Bindungen im Leben vor dem Krieg galt, sondern die aus den identischen Erfahrungen des Kämpfens und des Überlebens, des Schmerzes und der Verzweiflung erwuchsen. Und der Tod jedes dieser Kameraden habe sein Herz wieder aus der sich selbst verordneten Gefühllosigkeit gerissen, so stark, dass er fürchtete, dem normalen Leben später nicht mehr gewachsen zu sein. Deswegen fing er an, sein Theaterstück zu schreiben, fast als Therapie. Er hatte immer Papier in seinem Tornister und einen Bleistift. Und in den Wartestunden entstand sein Stück, geschrieben gegen das Warten, gegen den Tod. Und das half ihm beim Überleben.

Man könne sich nicht vorstellen, wie viel Langeweile es im Krieg gebe, berichtete er, Langeweile, lange Weile, Warten, ereignisloses Warten, Belauern, stundenlang, tagelang. Der Feind gegenüber wartete wie man selbst, agierte im gleichen Rhythmus, nach den gleichen Ritualen. Doppelgängerfeind. Gegenbildfeind. Spiegelbildfeind. Und dann von einer Sekunde zur anderen der Kampf. Angst in den Augen. Den eigenen und denen des Spiegelbildfreundes. Lärm, Explosionen, Staub, Feuer, Schmerz. Tod.

Als die Granate kam, die sein Bein wegriss, waren vier Szenen fertig. Natürlich war sein Tornister verloren, und mit dem Tornister sein Stück. Zunächst einmal. Doch dann, zwei Tage später, wurde ihm der Tornister von einem Kameraden ins Lazarett gebracht. Und da schrieb er einfach weiter. Als sei nichts passiert. Er wollte nicht an sein Bein denken und nicht an die toten Kameraden. Vor allem nicht an den einen Kameraden, der sein Leben gerettet hatte.

Luise Schulmeister wusste wohl aus vielen Erzählungen Selmar Marsels, wie traumatisch diese Erfahrung für ihn gewesen war, deshalb trat sie zu ihm und sprach leise auf ihn ein. Er reichte ihr die Hand und nickte. »Genug. Du hast recht. Wie kann ich das alles an einem so schönen Abend erzählen, an Max Grossmanns Abend noch dazu! Aber immerhin sieht man, dass ich es geschafft habe. Ich konnte dem alten Motto wieder folgen. Wollte ihm folgen. *Sei gefühllos!* Und erlebe hier eine unerwartete Freude. Meine Frau stellt doch tatsächlich mein Stück auf die Bühne. Danke, Liebste!«

Nach Selmars anschaulichen und eindringlichen Berichten über seine Kriegserfahrungen konnte Sophia es kaum erwarten, sein Theaterstück zu lesen. Trotz des vielen ungewohnten Alkohols und des langen Abends. Später, schon in ihrem Bett, fragte sie Mascha danach. Wie erwartet, besaß die Freundin ein Exemplar des Bühnenmanuskripts und Sophia blickte auf das Personenverzeichnis. Wirklich: nur Frauen, die mit ihren Rollen in Bezug auf Männer im Krieg bezeichnet wurden: die Mutter, die Großmutter, die Braut, die Frau, die Tochter, die Schwester, eine Freundin, die Witwe des Freundes. Sophia las die ersten Seiten des Typoskripts und war trotz ihrer Müdigkeit so gefesselt, dass sie das Buch erst weglegen konnte, als sie diese Szene zu Ende gelesen hatte.

Und auch jetzt war die Szene ihr noch völlig gegenwärtig, als hielte sie den Text noch in der Hand. Eine Ehefrau, deren Mann an der Front ist, erhält Besuch von der Witwe des besten Freundes ihres Mannes. Eine normale Situation nach diesen langen Kriegsjahren, für die sich sogar schon feste Konventionen herausgebildet hatten. Andeutungen statt klarer Worte. Floskeln statt Aufrichtigkeit. Ablenkung durch Konversation eben. Und genau so beginnt das Gespräch. Beide Frauen beherrschen die erforderlichen Regeln und versuchen, ihr Leid beziehungsweise ihre Angst zu unterdrücken oder wenigstens wie andere emotionale Befindlichkeiten zu behandeln, die man beherrschen kann, und über anderes zu sprechen, die Kinder, den Haushalt, dessen Führung ihnen in dieser *schwierigen Zeit*, wie sie den Krieg immer euphemistisch bezeichnen, viel Kraft abverlange. Das eine Kind sei brav, das andere etwas schwierig. Die eine arbeitet seit einiger Zeit in der Rüstungsindustrie. Die Arbeit sei zwar schwer und anstrengend, aber es sei auch befriedigend, etwas beitragen zu können. Die Kinder der anderen seien noch zu klein, als dass sie außerhalb des Hauses arbeiten gehen könne, und außerdem sei die Schwiegermutter krank. Doch sie gehe stundenweise ins Krankenhaus und pflege Verwundete. Sophia konnte sich gut vorstellen, dass die meisten Zuschauerinnen im Publikum sich in einer der beiden Frauen wiedererkennen könnten und dass für die anwesenden Männer die weibliche Sichtweise auf die *schwierigen Zeiten* äußerst interessant wäre, da ihre Mütter, Frauen und Töchter ihnen in ihren Briefen an die Front wohl nicht so viel über ihre Not und Belastung mitteilten.

Im Gespräch der beiden Frauen kommt es zu einer jähen Wendung, als es an der Haustür klopft. Dieses an sich banale Alltagsgeräusch lässt die Gefasstheit der Witwe aufbrechen. Sie beginnt, hemmungslos und gegen jede Konvention zu weinen, und gesteht, dass jedes Klopfen bedeuten könnte, dass jemand vor der Tür steht und die Nachricht bringt, dass ein Mann gefallen sei. Auch die andere Frau beginnt angespannt zu lauschen. Sie umarmen sich wie Schwestern oder Freundinnen und hören, wie draußen die Tür geöffnet und im Korridor gelacht wird. Ein harmloser Besuch für ein anderes Familienmitglied. Doch durch das unvermittelte Aufbrechen tief verborgener Gefühle sind die Frauen sich plötzlich sehr nahe, und leise, fast ungewollt und unbewusst, gestehen sie sich ihre geheimsten Ängste und Sehnsüchte, Ängste vor Einsamkeit, Versehrtheiten und Tod, Sehnsüchte nach Zusammensein, Zärtlichkeit, Vereinigung. Sie legen sexuelle Bedürfnisse offen, über die sie wahrscheinlich noch nie mit jemandem gesprochen haben. Dabei verwenden sie Wörter, von denen sie kaum wussten, dass sie sie kannten. Die beiden Frauen stehen eng umschlungen beieinander, küssen sich in der ungewohnt intimen Situation und Tränen fließen über ihre Wangen.

Dann ein erneutes Klopfen an der Wohnungstür, und wie auf ein geheimes Kommando hin trennen sie sich wieder voneinander, richten sich auf, trocknen ihre Tränen mit einem Taschentuch und lauschen. Wieder schlürfende Schritte draußen. Meine Schwiegermutter, flüstert die Ehefrau erklärend, und wie zuvor hört man nach dem Öffnen der Tür laute Begrüßungsformeln. Sie hat wohl heute ihr Kaffeekränzchen, vermutet die Witwe, und die Ehefrau nickt: Nicht einfach in diesen *schwierigen Zeiten*, etwas Kuchenähnliches, das auch noch lecker schmeckt, für ihr Kaffeekränzchen herzustellen. Und, *sei gefühllos!*, schon tauschen sie wieder Rezepte aus, wie man Kuchen ohne Eier oder Milch backen kann, und geben sich Küchentipps, wie man seine Familie trotz der angespannten Versorgungslage ernährt. Wie zu Beginn der Szene.

Sophia hatte das Buch danach ungern beiseitegelegt, denn eigentlich wollte sie unbedingt weiterlesen. Doch sie wusste, dass sie nach dem langen Abend in der dunklen und verrauchten Kneipe und dem reichlichen Genuss des ungewohnten alkoholischen Getränks am nächsten Morgen sowieso schrecklich müde sein würde, so dass sie vernünftig sein müsste, wenn sie ernsthaft dabei helfen wollte, das Geheimnis der Totenpuppe zu lösen.

Und da Sophia daran gewöhnt und inzwischen auch fest davon überzeugt war, dass es ungefährlicher war, der Vernunft zu gehorchen, als sich von anderen Impulsen leiten zu lassen, hatte sie das Licht gelöscht. Sie hörte die gleichmäßigen Atemzüge Maschas auf der Couch an der gegenüberliegenden Wand, ohne ausmachen zu können, ob ihre Freundin wirklich schlief oder ob sie wie sie selbst Müdigkeit und Schlaf vortäuschte, um mit ihren Gedanken allein bleiben zu können.

Sophia führte endlich ihre Tasse zum Mund. Der Kaffee dampfte schon längst nicht mehr. Aber Mascha umklammerte ihre Tasse immer noch. Sie steht mir so nahe, dachte Sophia, und ist mir doch so fremd geworden. An das schüchterne Mädchen aus kleinen Verhältnissen, das so mutig wie mühevoll aus ihrem orthodoxen ostjüdischen Elternhaus ausgebrochen war, erinnerte nichts mehr, so selbstständig und unabhängig war Mascha in den wenigen Monaten in Frankfurt geworden. Und modisch. Ihre dunklen Haare trug sie nicht mehr wie früher einfach hochgesteckt, sondern offen. Sie waren seltsam kurz geschnitten und reichten gerade einmal bis an ihre Schultern. Dabei verzichtete Mascha auf das Ondulieren der Haare und hatte sich auch keine der seit Neuestem so beliebten Dauerwellen legen lassen, sondern ließ ihr Haar so fallen, wie es war: dicht und glatt. Auch ihr Kleidungsstil war anders. Sah man sie früher meistens nur in einem dunklen langen Rock und einer weißen Bluse, im Herbst mit einer dazu passenden Jacke, so bevorzugte sie jetzt kürzere Röcke und insgesamt farbige Kleidung. Heute zum Beispiel trug sie einen braunen Rock und eine lindgrüne Bluse. Sophia kam sich neben der schönen und modischen Freundin altmodisch und unansehnlich vor. Für ihren Frankfurter Aufenthalt hatte sie wie die Mascha von früher nur einen grauen Rock und weiße Blusen bei sich, eigentlich, wenn sie es sich genauer überlegte, hatte sie sogar die altmodischsten ihrer Blusen eingepackt, die völlig hochgeschlossenen, die keinen Zentimeter Haut unbedeckt ließen. Und selbst den Rat ihrer Stiefmutter, sich bei schlichter Kleidung wenigstens durch ausgefallene Accessoires ein wenig Zauber zu verleihen, durch ein auffallendes Schmuckstück oder ein Tuch, hatte sie beim Packen nicht beachtet. Die Tücher, die Ada ihrem Mann für Sophia mitgegeben hatte, hatte sie gestern schon verschenkt. So würde sie damit leben müssen, dass jetzt ihre Freundin die Augen der männlichen Umgebung auf sich zog und nicht wie früher sie, die verwöhnte und verhätschelte Tochter aus der besten Gesellschaft.

Hätte sie die Nähe zwischen Mascha und sich wieder stärker gefühlt, wenn sie gestern Nacht, fast schon im Einschlafen, der Versuchung nachgegeben hätte, Mascha leise zu fragen, ob sie schliefe? Sie hatte sich dagegen entschieden, weil sie Angst davor hatte, sich in ihrer übernächtigten und überreizten Stimmung zu intimen Äußerungen hinreißen zu lassen wie die beiden Frauen in der Szene von Selmar Marsels Theaterstück.

Später in der Nacht war sie noch einmal aufgewacht, weil ihr furchtbar heiß war. Dabei war der kleine Ofen, der in Maschas Zimmer stand, längst erloschen. Sophia musste sich eingestehen, dass es sich um die Hitze einer diffusen sexuellen Erregung handeln musste, denn das nervöse Gesicht von Max Grossmann stand ihr so deutlich vor Augen, als blicke er sie direkt an. Danach begann Sophia zu frösteln. Sie stand frierend noch einmal auf und ging ins Badezimmer. Es war irgendwie seltsam dort, unheimlich fast. Warum, das vermochte sie nicht zu sagen. Ein paar Wasserflecken unter dem Lavour*, das war doch eigentlich normal. Aber auch die winzigen Härchen auf der weißen Porzellanoberfläche? Wenn ihr Mann sich rasiert hatte, sah es manchmal so bei ihnen im Badezimmer aus. Aber

* Lavour (österr.): Waschbecken

in dem zweiten Stock, in dem Maschas Zimmer sich befand, wohnte doch kein Mann. Zumindest hatte sie noch keinen gesehen. Sophia ging zurück ins Zimmer, holte ihren warmen Mantel aus dem Schrank und legte ihn auf ihr Bettzeug. Kurz bevor sie einschlief, kamen ihr noch einmal Grossmanns wirre und nicht zu bändigende Haare in den Sinn.

Endlich sah Mascha sie an: »Du hast nicht gut geschlafen in der Nacht? Ich übrigens auch nicht. Ich nehme an, der Apfelwein, den wir getrunken haben, ist schuld daran.«

»Auch«, sagte Sophia ehrlich, »aber genauso der ganze Abend. Die Lesung. Die Gespräche. Es hat mich so an früher erinnert. Wir haben früher so viel in unserem Haus diskutiert, erinnerst du dich? Vor dem Krieg. Als dann der Krieg anbrach, haben wir seltener Gäste gehabt. Jeder ist nur noch wie getrieben hinter dem hergerannt, was er für wichtig und notwendig hielt.«

»Das stimmt. Manchmal kommt es mir so vor, als sei die Zeit vor dem Krieg, von der wir so sehnsuchtsvoll reden, nicht erst drei Jahre her, sondern eine Ewigkeit.«

Sophia nickte, und Mascha fuhr fort: »Weißt du noch, wie wir uns alle in unterschiedlichen wohltätigen Organisationen fast zerrieben haben? Aber wir haben uns nicht mehr gefragt, warum.«

»Wir haben zugelassen, dass Wien zur Heimatfront geworden ist, und haben wie die Soldaten draußen an der Front einfach gehorsam mitgekämpft, gegen das Elend, den Hunger, die Trauer.«

»Und wir haben vergessen, wie leidenschaftlich wir einst Alternativen diskutiert hatten.«

»Gestern Abend habe ich erstmals wieder diese frühere Radikalität in mir gespürt. Und ich werde aufpassen, dass dieses Gefühl jetzt wach bleibt.«

»Und jetzt? Was machen wir jetzt mit dieser Einsicht?«

»Erst einmal klären wir die Sache mit der Totenpuppe. Und denken dabei, wie lebendig wir alle vor dem Krieg waren, bevor wir angefangen haben, nur zu funktionieren, und zwar so, wie wir funktionieren sollten. Als wir jung waren.«

»Du weißt schon, dass wir immer noch jung sind.«

»Wenn man dem Pass Glauben schenken will, dann schon.«

2

Meine Mutter liebte meinen Vater.

Für ihn setzte sie die strengen Regeln außer Kraft, die für andere galten. Er durfte so viel Papier verbrauchen, wie er wollte, wenn er an seinen Predigten oder seinem theologischen Werk arbeitete. Er unterlag keinen finanziellen Einschränkungen, wenn er dafür Bücher benötigte. Mehrmals im Jahr fuhr er deswegen in die nahe liegende Stadt. Dort wolle er sich mit einem Studienkollegen über theologische Probleme austauschen, ließ sie in der Gemeinde verbreiten. Doch sie wusste, dass er sich in Buchhandlungen nach Neuerscheinungen und in Antiquariaten nach vergriffenen Schätzen umschaute. Sie konnte sich allerdings auf seine Bescheidenheit verlassen.

Sophia hätte Rosalinde beinahe nicht wiedererkannt. Ihre Haare waren im Nacken zusammengesteckt, sie trug etwas Unförmiges, Graues, das ihre Figur nicht umschmeichelte, sondern einhüllte, sie war ungeschminkt, und ihre Augen wirkten kleiner, ihre Nase größer, ihr Teint war nicht so rein und matt wie am Vorabend. Sie war Rosalinde, das schon, aber eben nicht die richtige. Sie lachte, als sie Sophias forschenden Blick bemerkte.

»Guten Morgen, Sophia, du schaust ja aus, als kenntest du mich nicht«, grüßte sie amüsiert. Gestern, die Nacht war schon weit fortgeschritten, waren alle, die da so lange nach der Lesung noch ausgehalten hatten, zum Du übergegangen, was wahrscheinlich heute, wie Sophia befürchtete, ein wenig irritierend sein könnte, wenn der Kommissar käme, um Rosalinde und auch Luise zu befragen. Das hatte er nämlich vor, und Mascha und Sophia wussten es seit dem Abendessen bei

Heinrich Cronhart. Beim Abschied in der Nacht hatte er ihnen vor dem Römer noch zugerufen: »Bis morgen früh!« Rosalinde hatte sich bei Mascha und ihr eingehängt, so dass auch sie diese Ankündigung gehört hatte.

Deswegen wunderte sich Sophia nicht, als Rosalinde fragte: »Wisst ihr, warum Max uns heute besuchen will? Und woher kennt ihr ihn überhaupt?«

Mascha entgegnete geistesgegenwärtig und kurz, dass sie ihn über einen Wiener Freund kennen gelernt habe, und blickte dann etwas ratlos zu Sophia, die fortfuhr: »Er hat irgendetwas von einer Puppe gemurmelt. Aber verstanden habe ich das nicht. Und ehrlich, ich war nur noch müde. Der Qualm. Der Lärm. Der Apfelwein. Die Lesung. Die Diskussion. Ich habe gedacht, dass er irgendeine Metapher benutzt. Aber darüber nachgedacht habe ich nicht mehr.«

»Ach, die Puppe!«, lachte Rosalinde. »Irgendwer muss ihm davon erzählt haben. Vielleicht Selmar, der fand sie ja ein wenig makaber. Vielleicht hat er damit die Neugier des Dichters geweckt. Oder ob er sie gar ernst genommen hat wie du, Mascha? Und dienstlich kommt? Oh Gott, wie eklig ist dieses Getränk da«, jammerte sie.

»Welche Puppe?«, fragte Sophia.

Rosalinde stellte ihre Kaffeetasse zurück auf den Tisch: »Das kann dir Mascha erzählen, es gibt da eine Puppe von mir, wirklich ein gelungenes Abbild, aber verzeih, denn ich muss jetzt zurück in mein Zimmer und Selmar wecken. Und wie ich überhaupt ausschaue! Ob Max auch Heinrich mitbringen wird?«

»Die Puppe ist doch wirklich zum Fürchten!«, rief Mascha Rosalinde nach, die schon an der Tür stand. Sophia, die ja bislang die Puppe nur von der Fotografie her kannte, wunderte sich über Rosalindes fröhlichen Gleichmut. Sie selbst fand schon die abgelichtete Puppe schrecklich gruselig.

»Du bist eben kein Theatermensch, sondern Ärztin. Verkleidungen, Schminke, Masken, Puppen, wir leben damit«, rief Rosalinde, schon halb im Flur stehend, bevor sie mit einem lauten Knall die Tür zufallen ließ.

»Wieso wohnt sie eigentlich hier?«, fragte Sophia.

»Sie hat schon vor ihrer Heirat hier gewohnt. Schauspieler verdienen wenig, wenn sie nicht zu den ganz berühmten und prominenten gehören. Man kann, glaube ich, von dem Honorar nicht leben und nicht sterben. Und man wechselt so oft die Städte. Andere Theater. Tourneen. Viele haben gar keine Wohnung, sondern ziehen mit ihren Koffern von Pension zu Pension. Und hier bei den Rossos ist es wirklich sehr billig. An fremde Gäste, Touristen, konnten sie ihre abgewohnten Zimmer mit den zusammengestückelten Möbeln und den unzureichenden sanitären Einrichtungen schon vor dem Krieg kaum mehr vermieten. Deswegen ist aus ihrer Pension eine Art Künstlerwohnheim geworden und sie geben ihre Zimmer langfristig an Schauspieler und andere Theatermenschen, wie Rosalinde das genannt hat, ab.«

»Und wie passt du da hinein?«

»Das erzähle ich dir nachher, jetzt nutzen wir die Zeit, die wir alleine sind, besser für einen geheimen Kurzbericht. Rosalinde, das habe ich dir ja schon erzählt, ist wirklich nach ihrer Hochzeit ins schwiegermütterliche Haus gezogen, wo sie in das Judentum und überhaupt in das Bürgerliche und Schickliche eingewiesen werden sollte. Nur hat sie es dort einfach nicht lange ausgehalten und ist hierher zurückgezogen. Hier ist es ja auch amüsanter, wo man immer mit jemandem klatschen und tratschen kann oder diskutieren und streiten. Offiziell aber …«

Mascha verstummte, denn inzwischen war eine junge Frau eingetreten, die Sophia noch nicht kannte. Sie grüßte die beiden Freundinnen freundlich und sagte ganz unkompliziert zu Sophia: »Sie sind gewiss die Freundin unseres Fräulein Doktor. Ich bin Josephine Maly und derzeit hier in Frankfurt engagiert. Erst einmal für eine Spielzeit«, stellte sie sich vor und nahm am Nachbartisch Platz.

Höflich fragte sie Sophia nach ihren ersten Eindrücken von der Stadt und Sophia zählte brav auf, was sie schon alles gesehen hatte. Den Dom. Den Römer. Die Altstadt. Das Messegebäude. Den Main. Den Eisernen Steg. Und Josephine listete genauso wohlerzogen wie eine Tochter aus gutem Haus auf, was Sophia sich noch ansehen müsste. Das Städel. Das Theater. Den Zoo. Den Palmengarten. Die Zeil. Die Hauptwache.

»Aber ich kenne das alles auch noch nicht richtig«, sagte sie lachend und wechselte das Thema: »Ich habe übrigens die letzten Sätze Ihres Gesprächs gehört. Und ich kann nur bestätigen, dass Rosa völlig verzweifelt dort war.«

»Sie meinen Rosalinde?«, fragte Sophia nach.

»Ja. Ich kenne Rosalinde nämlich von der Zeit her, als sie noch Rosa hieß. Und Rosa hat es mir einmal erzählt. Ihre Schwiegermutter sei so streng gewesen und habe nur Interesse am guten Ton gehabt und am Benehmen und an ihrer Ordnung. Und sie hat da einfach nicht hineingepasst. Da sei sie wieder zurück in die Pension gezogen. Sie habe schließlich zu Beginn des Krieges endgültig ihr Korsett abgelegt, zumindest privat, weil das schon lange nicht mehr in ihre Welt gepasst habe, und in ein neues Korsett habe sie sich nicht mehr stecken lassen wollen, ein Korsett der Äußerlichkeiten und Verstellungen. Wie sie ihrer Schwiegermutter den Auszug begründet hat, weiß ich nicht. Der hat sie bestimmt eine andere Geschichte aufgetischt.«

»Sie kennen sie wohl gut«, meinte Sophia.

»Ja. Wir waren viele Jahre lang beste Freundinnen.«

Sophia reagierte nicht auf diese Bemerkung, hatte sie

doch den Eindruck, dass das Präteritum in diesem Satz sehr nach Kummer klang. Außerdem wusste sie aus Erfahrung, dass nichts die Menschen eher zum Erzählen brachte als ein Schweigen, das von einem freundlichen Blick begleitet wurde.

»Wir kennen uns seit der Schulzeit«, setzte Josephine fort. »Wir waren in der gleichen Klasse, wir wohnten in der gleichen Straße. Das war in einer kleinen hessischen Kurstadt. Wir hatten beide dasselbe Ziel: nämlich zum Theater zu gehen und eine große Schauspielerin zu werden. Als wir junge Mädchen waren, haben wir in unserer Freizeit miteinander Theater gespielt. Die Freizeit wurde leider immer knapper, je älter wir wurden, denn Rosa musste die Schule früh verlassen und arbeiten gehen. Außerdem den Haushalt führen, so gut sie es eben vermochte. Ihr Vater war ein kleiner Beamter, aber sein Einkommen reichte vorne und hinten nicht.«

»Ihre Mutter war gestorben?«, fragte Sophia anteilnehmend.

»Nein, aber sie hatte die Familie, als Rosa fast noch ein Kind war, verlassen. Deswegen ist ihr Vater mit Rosa ja auch in die kleine Wohnung in unserer Straße gezogen. Meiner Familie ging es nicht viel besser. Mein Vater war Geiger, er spielte in der Kurkapelle, dafür erhielt er einen Hungerlohn, außerdem gab er ein wenig Privatunterricht. Damit brachte er uns mühsam durch. Meine Mutter kränkelte, aber ich musste trotzdem nicht arbeiten gehen. Und mein Vater akzeptierte sogar meine künstlerischen Ambitionen und förderte sie. Nicht finanziell, das konnte er ja nicht, aber künstlerisch, vor allem musikalisch. Ich spiele nicht schlecht Klavier und Geige, und er hat mir, obwohl ich nur eine kleine Stimme habe, beibringen können, auch leidlich zu singen, was immer man mir zum Singen aufträgt. Natürlich nur Operetten; für die Oper reicht es nicht«, schränkte sie ein.

»Mir hat neulich aber jemand erzählt, es war Ihre Freundin Adrienne, dass Sie eine sehr gute Stimme hätten. Und die hat ja schließlich ein gutes Urteilsvermögen, meinen alle«, widersprach Mascha.

»Sagen Sie je etwas Unschönes über Ihre Freundin?«, gab Josephine zurück. »Selbst wenn ich krächzen würde wie eine Krähe, würde Adrienne sich freundlich über mich äußern. Nun, sei es, wie es wolle, eine der Bekannten meines Vaters hat mir ein wenig das Schauspielern beigebracht und mir geholfen, ein Engagement in einer kleinen süddeutschen Stadt zu erhalten. Dort habe ich mich dann ein bisschen hochgespielt, über die Zofen und Kammerfrauen hinauf zu immer wichtigeren Nebenrollen. Jeder ging davon aus, dass ich in der dritten Saison dort erstmalig eine Hauptrolle erhalten würde. Bevor es aber so weit war, ist Rosa bei uns aufgetaucht. Sie hat mir nicht erzählt, wie es dazu gekommen ist, aber sie ist offensichtlich von zu Hause ausgerissen und von einem der Honoratioren der Stadt angeschleppt worden. Gefördert, nennt man das. Sei es, wie es wolle. Es war schließlich Rosa, die in der folgenden Saison die erste Hauptrolle erhielt, und ich war wie immer in einer Nebenrolle eingesetzt und gab der Rosa die Stichworte. Ich habe dann das Theater gewechselt und wurde in einer größeren Stadt engagiert, das immerhin, aber es blieb bei Nebenrollen. Und jetzt haben Rosa und ich uns hier in Frankfurt wiedergetroffen, Rosa ist ja schon seit über drei Jahren hier, aber die Konstellation ist dieselbe wie damals in der Kleinstadt.«

»Bitter, nicht?«, sagte Sophia anteilnehmend.

»Schon. Nur ist meine Bitterkeit inzwischen verschwunden, ich habe mich mit meiner Situation abgefunden. Rosa und ich gehen wieder unbefangener miteinander um. Und das, was wir gerade proben, diese Privataufführung, das macht mir direkt Freude. Wir haben ein paarmal wieder zu zweit geprobt, improvisiert, ganz privat. Wie damals, als wir Schulmädchen waren. Sie spielt übrigens eine Ehefrau und ich eine Witwe.«

Sophia fiel sofort wieder ein, welche Intimitäten sich die Witwe und die Ehefrau in Selmar Marsels Theaterstück zuflüstern und wie diese vertraulichen Beichten sie in der letzten Nacht vom ersehnten Schlaf abgehalten hatten. Details dieser Szene wollte sie auch mit dieser offenen jungen Frau nicht erörtern. Bin ich spießig geworden?, dachte sie. Das ist mir alles so fremd, dieses ungenierte Sprechen über andere, über sich selbst, über alles. Ich habe gelernt, höfliche Konversation zu machen, also Indiskretionen zu vermeiden, Peinlichkeiten zu übergehen, Neugier zu unterdrücken. Das scheint mir zur zweiten Natur geworden zu sein.

Aber vielleicht war es gerade ihre zurückhaltende und diskrete Art, die andere manchmal dazu brachte, sich in ihrer Gegenwart weniger von Scham und Diskretion leiten zu lassen als sonst. Das war ein großer Vorteil bei Sophias früherer inoffizieller Tätigkeit als Ermittlerin. Vielleicht konnte sie ja auch hier damit etwas ausrichten, was half, Maschas Sorgen zu zerstreuen.

»Wie interessant«, sagte sie deswegen auch nur in einem freundlichen Ton, und wirklich offenbarte Josephine Maly noch weitere Einzelheiten.

»Sie denken vielleicht, ich hätte ihr nicht verziehen, dass ich gewissermaßen hinter ihr die zweite Geige spielen muss, aber das stimmt nicht. Nicht ganz wenigstens. Vielleicht, nein, bestimmt sogar bin ich begabter als sie, außerdem habe ich eine gewisse Ausbildung erhalten, und ich bin fleißiger. Aber sie hat etwas, das ich nicht habe. Sie zieht Menschen in ihren Bann, sobald sie die Bühne betritt. Ihr Gesicht wird schöner, ihre Haare leuchten stärker, ihre Bewegungen werden geschmeidiger, ihre Stimme je nach Rolle geheimnisvoller oder verführerischer … Und das ist bei mir wahrscheinlich nicht so. Insgesamt geht es wieder ganz harmonisch zu zwischen uns beiden. Natürlich ist sie nach all den Jahren nicht mehr meine beste Freundin, das ist inzwischen Adrienne, und sie, Rosa, sie braucht keine beste Freundin mehr. Sie hat sowieso lieber Freunde als Freundinnen, gute Freunde, beste Freunde. Und sie hat einen Mann.«

Inzwischen war auch eine etwas ältere Frau zum Frühstück gekommen und sie legte Josephine die Hand auf die Schulter: »Lass doch, Liebste, immer diese alten Geschichten.«

»Ich habe nichts Schlimmes erzählt, meine Gute. Bestimmt nicht! Auch nicht über dich!« Sophia wusste sofort, dass das Adrienne sein musste, Josephines Freundin, und die zweite der sogenannten älter*en* Frauen auf Maschas Personenverzeichnis, das sie immer noch in der Handtasche hatte und auf dem inzwischen die meisten Personen einen Haken erhalten hatten: die beiden Rossos und ihre Hausangestellte Klementine, Rosalinde Geiger und Selmar Marsel, Charlotte Stein und Victoria König, und jetzt noch Josephine Maly und Adrienne Strass. Und Luise Schulmeister natürlich, die man oft vergaß, weil sie unter diesen Theatermenschen, das Wort gefiel Sophia, unscheinbar und ruhig agierte.

Wie aufs Stichwort steckte Luise den Kopf zur Salontür herein und fragte: »Kommt heute niemand zur Arbeit? Bislang sitzt nur Victoria oben. Und die Schwestern.«

Mascha schaute Sophia an, die unmerklich nickte: »Wir kommen, Luise, wenn du etwas für uns zu tun hast.«

Luise war unschlüssig: »Natürlich gibt es Arbeit in Hülle und Fülle. Aber, Sophia, möchtest du nicht lieber ein wenig mit Mascha in der Stadt spazieren gehen, statt oben in dem zugigen Dachboden herumzuwerkeln? Das ist doch kein Urlaub, finde ich.«

Sophia erklärte Luise, dass sie nach ihrem anstrengenden Studium in den letzten Wochen das Hantieren mit realen

Gegenständen und Instrumenten als angenehme und gleichzeitig nützliche geistige Entspannung ansehe. Außerdem sei ihr gestern Abend erneut klar geworden, wie wichtig es sei, mit Gleichgesinnten für den Frieden zu kämpfen. Und da Selmars Theaterstück diesem Ziel diene, wolle sie es wenigstens in bescheidenem Maße unterstützen. »Du musst wissen, Luise, ich habe meinen Mann im Krieg verloren«, setzte sie hinzu.

Luise ging auf sie zu und umarmte sie: »Ich weiß. Du bist in derselben Situation wie ich.«

»Wie du.«

Sie stiegen wie am Vortag zur Dachstube hoch. Dort war der Tisch unter dem Giebel weggeschoben und hatte einem hohen, segelförmigen Gebilde aus dicker Pappe oder Pappmaché, da kannte Sophia sich nicht so aus, Platz gemacht. Victoria, Rachel und Esther strichen es grün an. »Schwierig«, sagte Rachel. »Das sollte eigentlich das Einfachste der Welt sein, etwas einfarbig anzumalen, und dann gibt es mal einen helleren Fleck und mal eine dunklere Stelle. Sehr kränkend für das Selbstwertgefühl. Aber es macht viel Spaß.« Luise lobte die beiden nach einem prüfenden Blick: »Das macht ihr sehr gut!« Als auch Esther über die kleinen Farbdifferenzen jammerte, sagte Victoria: »Das sieht man vom Publikum aus gar nicht. Wenn ihr wüsstet, mit welchen Flecken auf dem Kostüm ich schon aufgetreten bin!«

Luise gab den Mädchen den Rat, immer wieder mal ein paar Meter weg von der Stellwand zu gehen und von dort aus zu schauen, ob die Farbe klar wirke. Dann wandte sie sich an Sophia: »Du kennst die beiden ja schon. Victoria auch? Sie war früher Balletttänzerin, das sieht man ihr noch an, so schmal und zierlich, wie sie ist. Dabei ist sie stark und hat Muskeln, das kannst du dir kaum vorstellen! Das kommt ihr jetzt zugute, denn sie muss nun wie alle anderen, die Diven natürlich ausgenommen, im Theater auch hinter der Bühne arbeiten. Seit so viele der Bühnenbildner und Bühnenarbeiter an der Front sind, muss einfach jeder, genauer gesagt, jede, mit Hand anlegen. Manchmal ist das halbe Ballettcorps mit dem Kulissenaufbau beschäftigt.«

»Aber das hier ist etwas anderes«, sagte Victoria. »Im Theater murren wir schon manchmal, wenn wir Kulissen schleppen und aufbauen müssen, aber hier tun wir es freiwillig. Und wir wissen, warum. Denn Selmars Theaterstück ist wirklich etwas Besonderes. Es muss die Leute aufrütteln! Muss!«

»Kennen Sie Herrn Marsel gut?«, fragte Sophia.

Victoria antwortete, dass sie den Dichter schon vor dem Krieg, als seine ersten Gedichte erschienen, bei einer Lesung kennen gelernt habe. Sie sei schon damals von seinem Talent sehr beeindruckt gewesen.

»Ich war damals auch für eine Saison hier«, ertönte es von der Tür her. Adrienne Strass war inzwischen hochgekommen und sagte: »Vielleicht haben wir ja auch eine kleine Affäre gehabt und genossen? Oje, habe ich Sie schockiert?«

Sophia lachte: »Ich muss ja fürchterlich spießig ausschau'n, wenn Sie das meinen!«

»Nein, nicht spießig«, antwortete Victoria ganz locker, »aber halt ein bisschen …«

»Ein bisserl was?«

»Ein bisserl«, imitierte Victoria die amüsierte Sophia, »ein bisserl vornehm, ein bisserl gut erzogen, ein bisserl … verheiratet?«

Luise Schulmeister schaltete sich ein: »Victoria, lass doch, es ist nicht alles so lustig im Leben, wie du denkst, mit kleinen Affären und Liebeleien. Frau Sachtl hat ihren Mann verloren.«

Victoria erschrak: »Das tut mir leid, Frau Sachtl. Ich wollte doch nur amüsant sein und ein wenig lustig. Ich denke oft, dass man die schwierigen Zeiten nur überlebt, wenn man ihnen auch ein bisschen Spaß abtrotzt.«

Sophia antwortete: »Ich will hier in Frankfurt auch meinen Spaß haben mit meiner Freundin Mascha und mit Ihnen allen hier, aber ich will auch ein wenig helfen bei diesem Projekt, denn es ist sinnvoll. Und ich bewundere, wie alle hier ihre Freizeit opfern.«

»Das ist kein Opfer«, meinte Josephine, die inzwischen auch zu ihnen gestoßen war. »Denn unsere Freizeit ist nicht mehr das, was sie früher war. Früher sind wir abends, nachts, nach dem Theater ausgegangen, haben getanzt, gegessen, gelacht, getrunken. Inzwischen bleibt nachts vieles dunkel, keine Reklame, keine Schaufensterbeleuchtung, sogar die elektrischen Bogenlampen werden nach oben abgeblendet. Das ist seit den Bombardements* so. Und zu essen und trinken gibt es für unsereins schon lange nichts Gutes oder Erschwingliches mehr. Da ist es fast lustiger, wenn wir hier zusammen in der Pension herumsitzen und uns wenigstens warm und sicher fühlen. Holz haben die Rossos übrigens noch viel.«

Victoria unterbrach sie, wieder scherzend: »Vor einiger Zeit hat der Arzt unserem Pensionswirt beziehungsweise unserem Gastgeber, wie er selbst sich nennt, mit dem zielsicheren Hinweis, dass das auch seinem Lungenvolumen und somit seiner Stimme nütze, mehr körperliche Betätigung verordnet. Da hat der Tenor beschlossen, Holz zu hacken. Er hat, als er noch klein war, seinen Großvater in Italien einmal beim Holzhacken beobachtet. Der stand da in der Sonne und seine Muskeln glänzten. Warum das so war, weiß ich natürlich nicht. Auch nicht, ob es überhaupt so war. Auf jeden Fall hat Ronaldo von da an das Mannsein, das Männlichsein immer mit der Vorstellung eines holzhackenden Mannes mit einem muskulösen nackten Oberkörper verbunden. Und weil hinter dem

---

* Frankfurt wurde am 16. März 1917 erstmals bombardiert, dann wieder ab August 1917. Am 12. August fielen Bomben auf die Günthersburgallee und die Luisenstraße im Ostend, wodurch vier Menschen starben und etliche verletzt wurden.

Haus ein riesiger Schuppen ist, hat er angefangen, jeden Tag, bei Wind und Wetter, zehn Minuten Holz zu hacken und es danach in diesem Schuppen penibelst zu stapeln und zu schichten. Dabei hat er immer laut seine Tonleitern geübt. Mit nacktem Oberkörper natürlich, und von den Zimmern aus, die nach hinten hinausgehen, konnte man ihn dabei beobachten.«

»Wenn man das wollte«, lachte Josephine.

»Das wollte man schon«, deutete Adrienne an.

»Wieso *konnte* und *wollte*?«, fragte Sophia. »Tut er es nicht mehr?«

»Heutzutage ist doch alles knapp. Ich glaube, Holz ist auch rationiert. Wie Lebensmittel und alles andere. Sogar Seife, stellen Sie sich vor! Aber vielleicht fühlt sich Herr Rosso auch einfach wieder gesund. Auf jeden Fall ist genug Holz im Schuppen, für den ganzen Winter, hat Klementine erzählt. Die hat übrigens besonders oft die Fenster zum Hof geputzt, wenn sie es da unten trällern hörte.«

»Und der nächste Winter wird wieder ein Friedenswinter sein«, sagte Luise.

»Für uns Österreicher bestimmt«, sagte Mascha, »wahrscheinlich auch für die Deutschen.«

»Warum sehen nur wir das? Und unsere Herren Regenten und ihre Herren Minister und Generäle nicht?«

Sophia fragte sich, ob sie sich jetzt wieder auf ein Gespräch wie das in der letzten Nacht einlassen sollte. Führten inzwischen alle Gespräche hier in Frankfurt unweigerlich zu diesem Thema? War das in allen beteiligten Ländern so?

Sie musste sich eingestehen, dass sie in den letzten Monaten unvorstellbar und unverzeihbar abgekapselt von der Welt gelebt hatte. In einer fantasievollen, bunten, heilen Kinderwelt, mit ihrem Sohn, in einer begrifflich klaren und nie verwirrenden und bedrängenden theoretischen Welt an der Universität. Sophia, die Mutter, Sophia, die Juristin. Nie Sophia, die Bürgerin. Die Frau. Die Freundin. Nicht einmal Sophia, der Mensch. Sogar als Maschas Hilferuf in Form ihres Briefs gekommen war, hatte sie nicht emotional reagiert, sondern so, wie alle, ihr Vater eingeschlossen, es von ihr erwarteten: zuverlässig, verantwortlich. Dass sie nach Frankfurt fahren würde, stand außer Zweifel. Aber ob sie es wollte, was das für sie bedeutete, ob sie sich freute, das war kein Thema.

»Was sollen wir nun tun?«, fragte Mascha. »Wir sollten jetzt anfangen. Denn später will ich meiner Freundin zeigen, wo ich arbeite.« Sophia wusste, dass ihre Freundin so ungeduldig war, weil sie auf den Kommissar wartete.

»Das jüdische Krankenhaus am Röderbergweg!«, sagte Victoria begeistert. »Frau Sachtl, ich sage Ihnen, der Weg dahin wird Ihnen gefallen. Es ist so schön dort, im Sommer ist alles grün. Die Luft ist so gut! Sie werden staunen! Es gibt keinen schöneren Stadtteil hier als das Ostend.«

3

Mutters Liebe zu unserem Vater zeigte sich in wortlosem Dulden seiner Vorlieben.

Ihre Liebe zu anderen äußerte sich in umfassender Kontrolle.

Nicht nur uns Kinder kontrollierte sie, sondern auch die gesamte Gemeinde meines Vaters.

Natürlich half sie, wo immer sie konnte. Das gehörte zu ihren Aufgaben, und denen entzog sie sich nie. Sie besuchte Kranke und Alte. Armen brachte sie Essen. Jungen Hausfrauen erteilte sie Ratschläge für die Haushaltsführung und für die Kindererziehung. Auf Fehlverhalten einzelner Gemeindemitglieder reagierte sie mit Strenge und Unnachgiebigkeit.

Man achtete und fürchtete sie.

Vater liebte man.

Aber der Weg zu Vater führte nur über sie.

Wie von ferne ertönte eine laute Männerstimme: »Wo sind alle meine schönen *ragazze e signore**? Hier sind zwei Herren, die nach allen hier fragen.«

Die Frauen verließen den Dachboden, nur die beiden Mädchen pinselten auf Luises Bitte hin weiter an den segelähnlichen Gegenständen, und schritten nacheinander die Stiege hinunter. Dabei vernahmen sie ihren Pensionswirt, der laut und wie ein Revolutionär »Va, pensiero, sull'ali dorate«** intonierte, bis alle im Salon versammelt waren. Dann musterte er sie eindringlich und stellte seinen Gästen die »Herren Ver-

---

* Ragazze e signore (ital.): Mädchen und Damen
** Va, pensiero …(ital.): Flieg, Gedanke, auf goldenen Schwingen; Gefangenenchor aus Verdis »Nabucco«

treter der Staatsmacht«, nämlich Kommissar Grossmann und Cronhart, vor. Dabei blickte er alle eindringlich und vielsagend an, erhob erneut die Stimme und sang flüsternd: »Sprecht leise! Haltet euch zurück! Wir sind belauscht mit Ohr und Blick!«* Anschließend nahm er Platz.

Sophia blickte sich im Salon um. Rosalinde war noch nicht wieder erschienen. Die anderen Anwesenden kannte sie fast alle. Nur eine dritte ältere Frau hatte sie noch nie gesehen; auf Maschas Liste gab es nur zwei. Außerdem saßen zwei Männer grimmig herum, wahrscheinlich die »zwei Musiker«, die Mascha namenlos, gewissermaßen als Statisten, ans Ende ihrer Liste gesetzt hatte. Doch zu einem Ständchen schienen sie nicht aufspielen zu wollen.

Der Kommissar sah, wie sie fand, noch ein wenig zerrütteter aus als am Vortag. Sie wahrscheinlich auch. Er hatte ja schließlich neben einem neuen Fall und dem reichlichen Genuss von Apfelwein noch etwas ganz Besonderes erlebt: seine erste öffentliche Lesung. Sophia konnte sich sehr gut in ihn hineinversetzen, war doch ihr engster Jugendfreund ein Dichter gewesen. Mit ihm hatte sie damals in jener unwirklich gewordenen Vorkriegswelt alle Aufregungen einer beginnenden literarischen Karriere durchlebt. Obwohl, fragte sie sich, lässt es sich vergleichen? Dieser vernünftige und erwachsene Mann dort kämpft nicht um Karriere und Ruhm, sondern nur um seine Gedichte. Um jedes Wort. Seine Gedichte sind kurz und dicht, lassen viele Leerstellen, die man beim Zuhören selbst ausfüllen muss. Man vergisst sie nicht. Einige Verse, die ich gestern gehört hatte, haben sich fest in mir eingeprägt. Außerdem kämpft Max mit seinen Gedichten, zumindest mit denen, die ich kenne, auch gegen den Krieg. Er will unser Mitmachen und Erdulden aufbrechen, die es den Regierenden so

* Gefangenenchor aus Beethovens »Fidelio«

leicht machen, einfach alles weiterlaufen zu lassen. Auch den Krieg. Ob Max wohl auch andere Gedichte schreibt? Liebesgedichte? Sie bemerkte, dass auch Max sie musterte, und es war ihr unangenehm. Aber vielleicht betrachtete er auch Mascha, die direkt hinter ihr stand. Das wäre ihr lieber, schließlich wollte sie ihrer besten Freundin nicht ins Gehege kommen. Noch dazu während eines lediglich dreitägigen Aufenthalts. Denn dass Mascha ihn auch interessiert anschaute, war schon gestern nicht zu übersehen. Ihren guten Vorsätzen zum Trotz blickte sie noch einmal auf ihn, wie abschließend, doch gerade in diesem Moment erwiderte er ihren Blick, und in seinen Augen sah sie nichts Abschließendes. Eher erkannte sie ratlose und unschlüssige Verwirrung.

Dann fuhr er mit den abgespreizten Fingern seiner linken Hand durch sein Haar, diese Geste kannte sie schon, und sie erschien ihr so liebenswert wie nutzlos. Sein wirres Haar ordnete sie nicht, eventuell aber half sie ihm beim Ordnen geistiger Verwirrungen, denn unmittelbar danach erhob er die Stimme, und Sophia wunderte sich, wie leise seine Worte waren und trotzdem wirksam. »Nehmen Sie bitte alle Platz!«, bat er nämlich, und sofort setzten sich alle, Sophia und Mascha eingeschlossen, auf ihre Stühle. Vor manchen stand noch das benutzte Frühstücksgeschirr, und Luise, wie immer die, die von allen über das schnellste Reaktionsvermögen und die größte Umsicht zu verfügen schien, lief hinaus und kam mit Frau Rosso und Klementine im Geleit zurück, und schnell räumten die Frauen auf, wischten die Krümel von den Decken und stellten Gläser und Karaffen mit Wasser vor die zahlreichen Personen, die den Raum füllten. Schließlich nahmen sie bei Ronaldo Rosso Platz. Auch Cronhart hatte sich hingesetzt, nur der Kommissar stand noch und wollte gerade mit seiner Ansage anfangen, als sich die Tür erneut öffnete und Selmar Marsel den Raum betrat. Er wirkte müde und übernächtigt wie der Kommissar und schien sehr erstaunt, als er ihn erblickte: »Das sieht ja nach einer erneuten Lesung aus, mein lieber Max!«, begrüßte er den neuen Freund. »Ich freue mich, dich zu sehen!«

»Nein«, widersprach Grossmann, »heute sehen wir uns dienstlich. Ich bin in meiner Eigenschaft als Kommissar hier.«

»Und weswegen?«

»Wegen der Sache mit der Puppe«, antwortete Grossmann kurz.

»Welcher Puppe?«

»Der Puppe im Sarg.«

»Haben wir gestern Nacht darüber gesprochen? Ach, muss ich viel getrunken haben. Kann mich gar nicht daran erinnern. Aber was kümmert dich denn diese schreckliche Puppe?«

Marsel, der an diesem Morgen selbst mit seinen Krücken nur schwer stehen zu können schien, setzte sich zu Cronhart und wartete auf Grossmanns Antwort. In diesem Augenblick ging die Tür abermals auf und Rosalinde erschien. Wie gestern, dachte Sophia, Rosalinde tritt wieder einmal auf. Als wäre dieser Raum hier in seiner ganzen Schäbigkeit ihre Bühne. In der Tür bleibt sie stehen. Das gehört wohl dazu, Verzögerungen, um die Aufmerksamkeit zu steigern. Ich weiß nicht, wie sie das schafft, aber ihr Haar leuchtet wie gestern Abend. Gut, da durchsuchen einige morgendliche Sonnenstrahlen durch die nach Osten gerichteten Fenster den Salon, aber es ist doch unmöglich, dass Rosalinde immer und überall weiß, wo es eine kleine Lichtquelle, ob künstlich oder natürlich, gibt, die ihr Haar zum Strahlen bringen kann. Aber vielleicht ist ihr nach so vielen Jahren der Schauspielerei die Suche nach dem perfekt beleuchteten Standort so zur Gewohnheit geworden, dass sie automatisch erfasst, wo sie sich am besten zur Geltung bringen kann? Umgezogen hat sie sich inzwischen auch. Was hat sie da an? Ein vornehmes graues Kleid, an dessen Kragen eine Granatbrosche glänzt. Sophia unterdrückte ein Lächeln, als sie sich daran erinnerte, dass ihre Großmutter derartige Kleider am späten Vormittag zur Besuchszeit trug und sie sie dementsprechend auch Vormittagskleider nannte, aber das war lange vor dem Krieg gewesen. Wieso nun ausgerechnet Rosalinde, die aus kleinen Verhältnissen stammte und sich bewusst gegen ein bürgerliches Leben entschieden hatte, derartige Kleiderordnungen kannte und befolgte, wusste Sophia nicht. Sie sah, dass alle Rosalinde überrascht ansahen, nur Selmar Marsel beachtete sie kaum, außer dass er nach einem kurzen Blick auf sie etwas hilflos mit den Schultern zuckte, dann aber freundlich sagte: »Rosalinde, komm, setz dich zu mir und Heinrich, es findet irgendeine Form von polizeilicher Untersuchung statt, aber wir haben noch nicht damit angefangen. Wo wolltest du eigentlich hin, so wie du angezogen bist?«

Rosalinde bewegte sich langsam von der Tür zu ihrem Mann und Cronhart. Sie nickte zuerst dem pensionierten Beamten zu, Sophia kam dabei der Ausdruck »gnädig zunicken« in den Sinn, und funkelte dann voller Überraschung Grossmann an, der immer noch zwischen der Tür und diesem Tisch stand und versuchte, die Angelegenheit ein wenig zu beschleunigen. Doch damit scheiterte er, zumindest vorerst, denn Rosalinde wandte sich an ihn: »Du hier, lieber Max! In unserer bescheidenen Unterkunft! Was führt dich zu mir?«

Sophia beobachtete Rosalindes Inszenierung eines Vormittagsauftritts mit einer etwas spöttischen Bewunderung. Natürlich hatte Rosalinde Grossmann schon längst gesehen, wahrscheinlich sogar am Fenster sein Kommen abgewartet, sich aufgebrezelt, wie man in Wien sagen würde; »She was dressed to kill«, fiel ihr eine merkwürdige englische Formulierung ein, die sie einmal jemanden sagen hörte. Wen wollte man, so in Schale geworfen, töten? Und warum töten? Verführen doch wohl eher. Dazu passte auch die Anrede »lieber Max«, die den anderen Anwesenden eine engere Beziehung vorgaukelte als eine, die gerade erst aus einer Rezitation oder auch einem Glas zu viel am Vorabend entstanden war. Und dieses Duzen! Sophia dachte, dass das doch bestimmt auch Grossmann und Mascha irritieren müsste. Wenn die dabei waren, irgendeine Beziehung, eine Freundschaft oder eine Liebelei, aufzubauen, dann störte dieses vorschnelle *Du* bestimmt die aufregenden Rituale des allmählichen Aufbrechens der Fremdheit. Und die »bescheidene Unterkunft« klang wie eine Szenenbeschreibung in einem naturalistischen Schauspiel. Wahrscheinlich war Grossmanns eigenes Zimmer nicht viel unbescheidener als die Pensionszimmer bei den Rossos, falls Beamte seines Dienstgrads nicht erheblich mehr verdienten als ihre Kollegen in Wien, wovon sie aber nicht ausging. Vor allem auch nicht, weil sie ja am Vorabend Cronharts Wohnung gesehen hatte, ein Zimmer und eine Küche, über die er sich aber sehr zufrieden äußerte, weil sie sogar eine kleine Speisekammer aufwies, in der er allerlei Vorräte lagern konnte. Sophia hätte es eher einen großen, eingebauten Speisezimmerschrank genannt, nachdem sie einen Blick hineingeworfen hatte. Die vielen Einmachgläser, die, ordentlich beschriftet, nebeneinander auf Brettern standen und davon zeugten, dass Cronhart für harte Zeiten vorgesorgt hatte, hatten sie allerdings beeindruckt. Sophia begann darüber nachzusinnen, ob wohl Cronhart seinem ehemaligen Kollegen, falls die Ernährungssituation in Deutschland im bevorstehenden Winter noch angespannter werden würde als im letzten, etwas von seinem Einmachreichtum abgeben würde. »Die Grille und die Ameise« fiel ihr ein. Nur dass Max Grossmann im Sommer nicht fröhlich gezirpt hatte. Aber sich der Kunst hingegeben. Schon wieder schweife ich ab, dachte sie. Ich muss mich wieder auf das Geschehen im Raum konzentrieren.

Und das war recht komisch. Denn dass Grossmann nicht gekommen war, um mit Rosalinde anzubandeln, sondern um mit allen Pensionsbewohnern zu sprechen, war so offensichtlich, dass alle Rosalindes Formulierungen inadäquat fanden. Im Theater galt so etwas als sicherer Lacher. Sophia vermutete, dass auch ihre kluge Freundin die Komik dieses Auftritts durchschaute, und sie wagte einen kurzen Blick auf Mascha. Diese schien sich erwartungsgemäß sehr zu amüsieren, was sie allerdings aufgrund ihrer Erziehung nicht zeigen wollte. Dann sah sie zu Grossmann. Sie befürchtete, in seinem Gesicht hingebungsvolles Interesse an der schönen Sprecherin wahrnehmen zu müssen, doch tatsächlich las sie dort eher eine leise Ungeduld. Vielleicht war dieser Max Grossmann also doch ein Mann, der sich von den simplen äußerlichen Reizen zwar ablenken, aber nicht verführen ließ, sondern den komplexeren Reiz komplizierter Persönlichkeiten wie der Maschas bevorzugte.

Gerade setzte er erneut an: »Meine Damen und Herren, ich bin wegen eines Kriminalfalles zu Ihnen gekommen. Streng genommen ist das, was ich jetzt den ›Fall‹ genannt habe, noch kein Fall, aber ich befürchte, es könnte einer werden. Und das möchte ich verhindern. Und dazu benötige ich Ihre Hilfe.«

»Und worum geht es bei diesem Fall genau?«, fragte die Sophia noch unbekannte Frau streng.

»Um einen geplanten Mord«, sagte Grossmann ernst.

Jetzt galt ihm die ungebrochene Aufmerksamkeit. Alle schwiegen wie erstarrt und fixierten ihn. Angespannt warteten sie darauf, dass er fortfuhr. Mord. An wem? An einem von ihnen gar? Wer hatte einen Feind, der ihn so hasste, dass er einen Mord plante? Sophia blickte in die Runde. Wahrscheinlich ließ gerade jede der Frauen ihr eigenes Leben Revue passieren, vergegenwärtigte sich alle Lieblosigkeiten, alle kleinen und größeren Gemeinheiten, alle Lügen, Verleumdungen, Wortbrüche, Treuebrüche, gebrochenen Liebesschwüre. Kleine Diebstähle vielleicht, Racheakte. Eine Reihe geringfügiger oder auch schwerwiegenderer Verfehlungen, begangen aus Leidenschaft, Eifersucht, Konkurrenzkampf, Armut, Not, Gier, Lebensgier … Sie wusste nicht, ob sie wirklich glücklich darüber sein sollte, dass ihr selbst da kaum etwas einfiele. Die brave, gut erzogene, kluge und vernünftige, leidenschaftsarme junge Frau aus guter Familie, sicher lebend, privilegiert. Selbst im Krieg.

Grossmann schwieg immer noch. Die Stille lastete schwer im Raum. Wie Sophia musterte er die anwesenden Frauen und Männer ganz genau.

Schließlich brach die ältere Frau das Schweigen: »Dann sagen Sie uns doch endlich, wer ermordet werden soll! Und warum!«

»Und was hat das mit der Puppe zu tun?«, setzte Marsel hinzu.

Alle starrten Grossmann an.

»Die Puppe im Sarg – das ist die Ankündigung eines Mordes«, sagte er endlich. Eine spürbare Entspannung setzte ein; alle machten es sich wieder bequem, begannen zu tuscheln, manche zeigten sich amüsiert.

Wieder war es die unbekannte ältere Frau, die die Initiative ergriff: »Da sind Sie auf dem Holzweg, Herr Kommissar. Was ist schon eine Puppe? Eine Puppe, die ein Abbild ist? Fast so gut wie eine Fotografie, das muss ich zugeben. Irgendjemand hat sie hergebracht. Vielleicht sogar, um Rosalinde ein wenig zu ärgern, das mag ja sein. Aber eine Puppe – das ist für uns im Theater ein Requisit. Wir sind keine kleinen Kinder mehr, die glauben, dass Puppen leben.«

»Oder sterben«, fügte Josephine übertrieben dramatisch hinzu, so dass alle lachten.

»Außerdem hatte ich schon einmal eine Puppe«, lachte Rosalinde. »Eine Rosalinde-Puppe. Eine Braut.«

Grossmann hatte Mühe, die Aufmerksamkeit wieder auf sich zu lenken: »Vor einem Jahr hat schon einmal eine junge Frau in Frankfurt eine Totenpuppe zugeschickt bekommen. Und diese junge Frau … ist jetzt tot.«

Diese zwei Sätze genügten, um die Anwesenden zu erschrecken und wieder zum konzentrierten Zuhören zu bringen. Alle, auch Rosalinde Geiger, verfolgten seinen Bericht über den Totenpuppenfall, der sich vor einem knappen Jahr zugetragen hatte und bei dem es eine Tote gegeben hatte, obwohl vielleicht kein Mord vorlag, wie er zugab.

»Was hat das mit uns zu tun? Ich habe noch nie von diesen Leuten gehört. Kennt überhaupt jemand diesen Doktor Löwen oder seine Frau oder seine Tochter?«, riss die ältere Frau, die offensichtlich von allen als Wortführerin akzeptiert wurde, die Initiative an sich, nachdem er zu Ende gekommen war.

Viele hoben die Hand. Selmar Marsel erzählte, dass Doktor Löwen sein Kinderarzt gewesen sei und dass er natürlich auch Ruth, die einige Jahre jünger war als er, gekannt habe und von ihrem tragischen Unfall wusste, nur von den Umständen sei ihm nichts bekannt geworden. Heinrich Cronhart bestätigte, dass es damals gelungen sei, die Presse herauszuhalten.

Rosalinde fügte hinzu, dass Selmar sie einmal zu Doktor Löwen gebracht habe, als sie vor einer wichtigen Premiere stand und heiser wurde. Das sei schon kurz vor dem Krieg gewesen, Bis heute aber lasse sie sich in solchen Fällen von ihm behandeln, er sei absolut vertrauenswürdig und kompetent und als langjähriger Arzt ihres Mannes fast so etwas wie ihr Hausarzt. Er sei auch mit ihrem verstorbenen Schwiegervater gut befreundet gewesen. Victoria König und Charlotte Stein gaben ebenfalls an, Doktor Löwen gelegentlich aufgesucht zu haben, obwohl er ja eigentlich Kinderarzt sei. Aber er sei immer so väterlich, so tröstlich gewesen und habe einem alle

Sorgen genommen. Dann sang Friedhilde Rosso das laute Loblied des Doktor Löwen, in das ihr Mann wortreich einstimmte. Sophia beobachtete, dass sich alle im Raum während der ausschweifenden Arien musterten, als dächten sie alle darüber nach, wem das alles zuzutrauen wäre: das Basteln der Puppe und vielleicht sogar ein tödlicher Schubs. Dabei müsste ihnen schnell klar werden, dass wahrscheinlich fast jeder von ihnen ein Püppchen hätte herstellen können, denn sie alle hatten in der Kriegszeit im Theater gelernt, vieles mit ihren Händen zu tun, das ihnen früher niemand zugetraut oder abverlangt hätte. Die Frauen waren sowieso schon vorher auf anderen Gebieten erfahren, denn etliche von ihnen hatten sich schon immer nur mit Nebentätigkeiten über Wasser halten können. Manchmal gab es einen wohlhabenden Freund, einen sogenannten Mäzen, zumindest konnte man ihn zur Beruhigung des eigenen Gewissens so nennen, wenn man sich wirklich nicht einreden konnte, ihn zu lieben. Der erleichterte einem dann eine kurze Affäre lang das Leben. Dabei konnte man sich richtig schlecht fühlen, wie eine Ware, die nicht allzu lange hält. Eine Tafel Schokolade, wenn man Pech hatte, eine Flasche Cognac im besten Fall. Oder schlimmstenfalls eine Tageszeitung. Eine Wochenzeitschrift, wenn man Glück hatte. Eine Ehefrau war dem gegenüber eine Gesamtausgabe von Goethes Werken, die man sein Leben lang behielt. Nach kurzfristigen Affären musste man dann zurück ins kalte Wasser. Etwas unterrichten zum Beispiel, wenn man noch etwas anderes konnte als ein bisschen schauspielern oder singen. Manche, die Bürgerstöchter, die von zu Hause ausgerissen waren, konnten umfassendere Lehrangebote machen, Fremdsprachen oder Klavierunterricht. Andere gingen in Kaffeehäusern bedienen, zumindest in Wien war es so, weil man dort auch immer wieder jemanden kennen lernen konnte. Vielleicht bedienten sie in Frankfurt eher in diesen Apfelweinschänken, das wusste Sophia nicht. Aber sie war sicher, dass die eine oder andere auch gelegentlich als Hauschneiderin aushalf, denn mit Nadel und Faden umgehen konnten sie ja eigentlich alle. Das hatten die meisten schon zu Hause beigebracht bekommen und in der Schule. Und sie mussten alle lernen, sich mit minimalen finanziellen Mitteln optimal zu präsentieren. Dazu gehörte eine gute, mindestens eine auffallende oder etwas eigenwillige Kleidung. Josephine konnte gut zeichnen, das hatte Mascha ihr erzählt, sie bemalte vor dem Krieg stundenweise in einer kleinen Porzellanmanufaktur Muster auf Kaffeegeschirr. Das konnte noch irgendeine der Frauen, aber Sophia erinnerte sich nicht mehr, wer das war. Adrienne müsste dem Kommissar besonders verdächtig erscheinen, hatte sie doch für einen Spielzeugmacher Puppenkleider genäht und kleinere Reparaturen ausgeführt. Aber das war alles vor dem Krieg. Denn inzwischen, auch das wusste sie von Mascha, bevorzugten die jungen Sängerinnen und Schauspielerinnen eine Arbeit in der Markthalle in der Fahrgasse, wenngleich die Nächte dadurch für sie sehr kurz wurden. Aber selbst in Kriegszeiten sprang dort immer mal wieder etwas für einen heraus und man konnte vermutlich manchmal etwas *fladern**. Eigentlich traute Sophia es keiner der anwesenden Frauen zu, Rosalinde die Puppe geschickt zu haben, aber fast jeder, sie hergestellt zu haben. Denn täuschende Ähnlichkeiten durch dicke Schminkschichten und Perücken vorzutäuschen, dürfte jeder, der im Theater auf oder hinter der Bühne arbeitete, beherrschen. Zumindest so, dass es für ein erstes Erschrecken reichte. Sophia bemerkte, dass sie wieder einiges verpasst hatte. Merkwürdig, dieses häufige Abgelenktsein. Das war untypisch für sie. Offenbar hatten sich inzwischen alle Anwesenden bei Grossmann und Cronhart vorgestellt. Der älteren Dame schienen sie weiterhin zu gestatten, sie gewissermaßen zu vertreten. So führte sie das

* fladern (österr.): klauen, entwenden

Kommando: »Für mich«, sagte sie fest, »besteht keine Parallelität. Ein kleines Püppchen auf der einen Seite und dieses lebensgroße Doppelbild unserer Rosalinde auf der anderen. Die im Übrigen gerade die Uraufführung eines Stücks vorbereitet, in dem es ums Sterben und Trauern geht. Unsere Rosalinde-Puppe halte ich eher für einen anonymen Inszenierungstipp. Aber trotzdem: Wir müssen uns den Anordnungen des Kommissars fügen und uns ausfragen lassen. Ich schlage vor«, sagte sie sehr bestimmt, »dass der Herr Kommissar und sein Kollege hier im Salon bleiben und wir anderen dann eine nach der anderen zu ihm gehen und seine Fragen beantworten. Bis man dran ist, kann man seinen Arbeiten nachgehen, dann verlieren wir nicht zu viel Zeit. Ich möchte heute zuerst die Szene mit Rosalinde und Josephine einstudieren, deswegen sollte der Kommissar zuerst mit den beiden sprechen, dann können sie den Rest des Vormittags ungestört proben. Danach planen wir neu. Die Proben sind wie immer im dritten Stock rechts. Passt Ihnen das so, meine Herren?«

Grossmann dachte kurz nach: »Gegen diese Reihenfolge spricht nichts. Nur einen Einwand sollten Sie gelten lassen«, fügte er leicht amüsiert hinzu, »mein Kollege und ich, wir möchten zuerst die Puppe sehen, über die wir schon so viel gesprochen haben. Wo finden wir die?«

»Im vierten Stock, erstes Zimmer links. Dort befindet sich eine ungenützte Kammer, wo wir sie abgestellt haben. Zuerst war sie in meinem Zimmer, da proben wir auch, aber sie hat die Damen doch zu sehr abgelenkt, wieso auch immer.«

»Darf ich mitgehen?«, fragte Sophia. »Alle bis auf mich scheinen die Puppe bereits gesehen zu haben.«

Max Grossmann schaute Heinrich Cronhart unschlüssig an, und als der nach kurzem Grübeln nickte, sagte er: »Warum nicht?«

Sophia hatte viel von der Puppe gehört.

Sie hatte die Fotografie der Puppe gesehen.

Sie war auf deren weißes, leichenweißes Gesicht gefasst.

Sie wusste auch um die große Ähnlichkeit der Puppe mit Rosalinde.

Aber das, was ihr da aus der Truhe, das Wort »Sarg« wollte sie selbst in ihren Gedanken nicht anwenden, entgegenblickte, war, wie sie im ersten Moment dachte, wirklich Rosalinde. Dabei wusste sie, dass es Rosalinde nicht sein konnte. Denn die war unten im Salon geblieben, während sie mit dem Kommissar und Heinrich Cronhart die Treppe hinauf in den vierten Stock gestiegen war. Hinter ihnen bewegten sich die anderen Frauen hinauf, die an ihnen vorbei zurück auf den Dachboden wollten. Überholt hatte sie niemand.

Deswegen konnte es Rosalinde nicht sein, diese leichenblasse Frau mit dem roten Haar, die da stand und sie anschaute. Denn das Behältnis, das sie barg, stand an die Wand gelehnt, und erinnerte, als Grossmann es geöffnet hatte, eher an einen Schrank als an einen Sarg. Die Decke über den Füßen der Puppe war heruntergeglitten. Die Puppe selbst musste irgendwie an der Rückwand befestigt sein. Sophia sah, dass sie rote Stiefel trug, die das Rot ihrer Haare aufgriffen, aber zu dem Sommerkleid nicht zu passen schienen. Vielleicht hatte diese Person dort, diese Rosalinde, irgendeinen Schabernack vor. Halt, das war ja keine Person, keine Rosalinde, sondern einfach eine leblose Puppe. *Ein Automat! Ein Automaaaat!** Nein, auch kein Automat wie Hoffmanns mechanische Puppe. Aber woraus bestand sie? Sophia näherte sich mit leichtem Unwillen der Puppe und berührte sie. Sie war vollständig bekleidet, selbst über die Hände waren leichte Sommerhandschuhe gezogen.

* E.T.A. Hoffmanns Puppe Olimpia aus der Novelle »Der Sandmann«; wichtige Figur in der Oper »Hoffmanns Erzählungen« von Jacques Offenbach. »Ein Automat! Ein Automat!« ist die Arie, in der aufgedeckt wird, dass die tanzende Olimpia ein Automat ist.

Sophia fragte vorsichtig: »Darf ich?« und zog, nachdem Grossmann seine Zustimmung signalisiert hatte, der Puppe einen Handschuh aus und schob dann die Ärmel des Kleides nach oben. Ja, das war schlicht und einfach eine Schaufensterpuppe. Das Gesicht war aus Wachs, also handelte es sich um kein billiges Modell. Doch man konnte klar erkennen, dass mit kundiger Hand an dem Wachsmodell gearbeitet worden war. Denn die Ähnlichkeit mit Rosalinde war keine Täuschung. Jemand hatte an dem ursprünglich bestimmt exakt symmetrischen und harmonischen Schaufensterpuppengesicht hier etwas kalten Wachs abgeschabt, dort etwas warmen Wachs hinzugefügt. Rosalindes Nasenrücken war etwas kantiger, als es das Schaufensterpuppenmodell vermutlich vorsah, und auch ihre Lippen waren breiter und ähnelten nicht dem, was man gemeinhin »kirschförmiges Mündchen« nannte und für diese Puppen wählte. Mündchen, Näschen, Öhrchen, schon an Puppen für Kinder war alles klein und winzig. Püppchenhaft. Aber auch die großen Schaufensterpuppen hatten Mündchen, Näschen und Öhrchen. Rosalinde hingegen war keine Puppe, und so war denn auch ihr Abbild durch die Puppe nicht püppchenhaft.

»Ich verstehe nicht«, sagte Sophia, die vor starkem Grauen in leichten Dialekt verfiel, »warum sie sich da nicht voller Angst an dich oder irgendjemanden von der Polizei gewandt hat. Ich tät' mich fürchten, wenn ich mich so sehn tät'.«

»Das verstehe ich gut«, antwortete Grossmann. »Ich werde dem nachgehen. Vielleicht …?«

»Ja?«

»Vielleicht könntest du mir ein wenig helfen? Du bist hier einerseits Gast, also eine Fremde, andererseits aber als Freundin einer vertrauten Mitbewohnerin auch jemand, der dazugehört – vielleicht erzählt man dir da eher etwas als mir. Du müsstest nur diesen zauberhaften Satz sprechen.«

»Welchen zauberhaften Satz?«

»Ich tät' mich fürchten, wenn ich mich so seh'n tät'«, antwortete er mit einer leichten Überbetonung der dialektalen Anklänge, mit dem sie diesen Satz ausgesprochen hatte.

Sophia lachte, aber ihr Lachen dauerte nur kurz. Auch die beiden Herren waren schnell wieder ernst, sie hatten gesehen, was sie sehen wollten, und verließen die Kammer.

Sophia verabschiedete sich einstweilen von ihren Begleitern: »Ich gehe nach oben, ich helfe wieder.«

»Und sprechen bitte bei allem, was Sie tun, mit denen, mit denen Sie es tun.«

»Ich nenne das Konversation machen«, sagte Sophia, den Kommissar im Dunkeln über ihre Gesprächsabsichten lassend, denn das, was er ihr da formal antrug, war sowieso das, was sie vorhatte.

Die Tür zum Dachboden stand offen und Sophia hörte die Frauen oben sprechen. Nein, das war kein normales Gespräch, das war ein richtiger Streit, so dass sie den Boden lieber nicht betrat. Lauschen?, fragte sie sich. Tue ich nicht. Sollte ich jetzt aber. Sie erkannte Victorias schreiende Stimme: »Hör auf, immer mit deiner Affäre mit Rosalindes Mann anzugeben, Adrienne.«

»Damals war er noch nicht verheiratet. Das war lange vor dem Krieg und hatte weder für ihn noch für dich irgendwelche Bedeutung.«

»Das weißt du so genau?«

»Wärst du sonst damals weg aus Frankfurt?«

»Ich hatte ein besseres Engagement bekommen.«

»Wenn du ihn wirklich geliebt hättest, Vicki, wärst du niemals wegen eines besseren Engagements weg!«

»Was weißt denn du! Vielleicht bin ich gerade wegen ihm weg. Woher willst du wissen, was das damals mit mir gemacht hat?«

»Wovon sprichst du nur? Wenn ich wegen jeder Affäre das

Theater gewechselt hätte, dann hätte ich besser in einem Zirkuswagen gelebt.«

»Dann hättest du es weitergebracht als mit deinem Zimmerchen hier. Du bist nur verärgert, weil er seinerzeit auf deine Schwärmerei für ihn nicht eingegangen ist.«

»Woher willst du das wissen?«

»Du alte Schlampe!«

Sophia erschrak, wie stark der Streit eskalierte, als sie Luises ruhige Stimme vernahm: »Victoria, sei bitte still. Dir wird es nachher wieder schrecklich leidtun, dass du dich so hast gehen lassen.«

»Das denkst du nur. Du willst alle Menschen gut sehen. Sind sie aber nicht, Luise. Du bist da eine Ausnahme.«

»Ausgerechnet ich«, sagte Luise leise.

Ihre Ruhe schien Adrienne und Victoria beruhigt zu haben, denn es war kein Wort mehr zu verstehen, Sophia hörte nur ein ganz leises Murmeln. Sie stieg die Treppe weiter hinauf und sah durch die geöffnete Dachbodentür die drei Frauen, Luise arbeitete an irgendetwas, und Adrienne und Victoria umarmten sich gerade. Dabei strömten ihnen Tränen die Wangen hinunter. Glücklicherweise schienen die Mädchen inzwischen weggegangen zu sein.

Sophia scheute sich, die Frauen zu stören, so stieg sie wieder hinab. Zwischen dem dritten und dem vierten Stock begegnete ihr ein alter Mann. Er schaute verstört fast durch sie hindurch, doch sie sprach ihn trotzdem an: »Wir kennen uns noch gar nicht. Ich bin Sophia Sachtl, und ich bin hier zu Besuch bei meiner Freundin Mascha Grünberg.«

Er nickte ohne jedes Anzeichen von Neugierde oder auch nur den Versuch einer Erwiderung. Trotzdem fügte Sophia, wie sie fand, ein wenig aufdringlich, hinzu: »Und Sie sind auch an dem großen Projekt beteiligt?«

Er schüttelte den Kopf.

»Aber Sie gehen doch bestimmt hinauf, um zu schauen, was die Frauen oben machen.«

Wieder gab er keinerlei Antwort, weder mit Worten noch mit Zeichen.

Sophia und der alte Mann standen nur noch zwei Stufen voneinander entfernt und Sophia überlegte, wie sie am besten an ihm vorbeikäme, denn er hielt sich mit der rechten Hand am Geländer fest und ging trotzdem eher links von der Mitte langsam und bedächtig hinauf, immer zuerst den linken Fuß auf die nächste Stufe stellend und dann den rechten nachziehend. Arthrose, dachte Sophia, oder Rheuma oder Rückenschmerzen. Oder vielleicht auch ein schwaches Herz, und er muss sich beim Stiegensteigen Zeit nehmen. Sie beschloss, einfach ganz links stehen zu bleiben und den Mann an sich vorbeizuwinken, bevor sie ihren Weg nach unten fortsetzte.

Da schien er sich ihrer fürsorglichen Höflichkeit bewusst zu werden und sie zum ersten Mal anzusehen: »Ich möchte die Puppe sehen«, sagte er, »von der da unten im Salon gesprochen worden ist. Ich stand im kleinen Korridor und die Tür war etwas geöffnet. Im Salon war eine richtige Versammlung und man hat über eine Puppe geredet. Ich möchte sie sehen.«

Sophia wies den Weg: »Sie sind fast da, nur noch ein paar Stufen, und dann links die erste Tür.«

»Haben Sie sie sich angesehen?«

»Ja.«

»Und wie ist sie gearbeitet?«

»Sehr kunstvoll, finde ich.«

»Dann ist sie es wahrscheinlich nicht.«

Der alte Mann schleppte sich mit diesen rätselhaften Worten weiter nach oben. Sophia stieg weiter abwärts, aber sie wusste nicht recht, ob es richtig war, den alten Mann alleine in das Zimmer gehen zu lassen. Sie hoffte, dass es wenigstens kein Fremder war, sondern jemand aus der Pension. Da käme nur Valentin Schäfer infrage.

Zurück im Salon, wo nur noch drei Frauen saßen und warteten, Josephine auf ihre Befragung, die ältere Dame auf Rosalinde und Mascha auf sie, ergriff Sophia ihr Wasserglas, das immer noch unabgeräumt auf seinem Platz stand, und ging damit zur Kaffeekanne auf dem mittleren Tisch. Sie schenkte sich einen Schluck ein und nippte daran. Nein, kalt war das Getränk nicht besser als warm. Josephine und die ältere Frau wirkten ungeduldig, doch Sophia ging davon aus, dass das Gespräch zwischen Rosalinde und Grossmann recht lange dauern könnte. Da streckte auch schon Heinrich Cronhart den Kopf zur Tür herein und fragte, ob es hier irgendwo Kaffee für ihn und seinen Kollegen gäbe, woraufhin die ältere Frau mit dem Finger zum Mitteltisch wies, nicht ohne ihm streng zu sagen, dass er sich überlegen solle, ob er den Muckefuck wirklich trinken wolle. Zum Wach- und Munterwerden sei der leider koffeinfreie Getreidesaft nicht geeignet, und das sei es doch, wie sie nach einem wissenden Blick auf sein von der langen Nacht müdes und erschöpftes Gesicht beziehungsreich sagte, was er und sein Kollege jetzt eigentlich brauchten.

Heinrich schenkte trotz der Warnung zwei Tassen Kaffee ein, und zu Sophias Überraschung stand die Frau auf, um ihm die Tür zu öffnen. Diese unerwartete Freundlichkeit veranlasste Heinrich zu der Mitteilung, dass es nicht nötig sei, hier unten zu warten, die Damen könnten in ihre Zimmer oder in andere Räume gehen, man werde sie schon finden, wenn man mit ihnen sprechen wolle. Danach sah er zu Sophia und schlug ihr vor, dass sie auch ein wenig in der Stadt spazieren gehen könne. Wenn er es richtig verstanden habe, habe sie ja mit den Ereignissen hier in Frankfurt überhaupt nichts zu tun und sei nur zu Besuch hier und kenne die Stadt noch gar nicht. Sophia, durch ihre bisherigen Beteiligungen an Ermittlungen gut geschult, sagte fast ein wenig schelmisch: »Und wenn das meine perfekte Tarnung wäre? So zu tun, als sei ich hier fremd? Vorzugeben, ich sei noch nie in dieser Stadt gewesen? Hätte noch nie den hiesigen *Ebbelwoi* verkostet? Und Kontakt zur hiesigen Gendarmerie gehabt?«

»Lass des mei Risiko sein«, verfiel Cronhart in sein angelerntes Frankfurterisch, was sie inzwischen schon als Signal dafür deuten konnte, dass er sich amüsierte, und verließ den Raum wieder.

Fast wäre er dabei mit dem anderen älteren Herrn zusammengestoßen, der gerade von seinem Ausflug in den vierten Stock zurückkam. Seine bisherige Zurückhaltung schien ihm auf den vielen Stiegen hinauf und wieder herunter abhandengekommen zu sein, denn die Wörter sprudelten nur so aus ihm heraus. »Sie ist es doch«, wiederholte er ein um das andere Mal, ohne dass sich den Frauen oder Cronhart erschloss, von wem er sprach. »Sie ist es!«

Cronhart und die Frauen blickten sich ratlos an, bis die ältere von ihnen das Wort ergriff und ihn beruhigte: »So sag uns doch, Valentin, wovon du überhaupt sprichst. Als du vorhin hier hereingeschaut hast, hast du gemurmelt, dass sie es nicht sein könne, und jetzt sagst du immer wieder, dass sie es doch sei. Aber wer? Wen hast du denn gesucht? Hier im Haus fehlt doch niemand!«

»Aber bei mir im Keller!«, ließ er sich auf ein Gespräch ein.

»Damit meint er den Theaterfundus«, flüsterte Mascha Sophia zu, während die ältere Dame ihn zu beruhigen versuchte. »Das ist Valentin Schäfer, erinnerst du dich an den Namen? Wir haben bisher wenig über ihn gesprochen. Er ist der Herr über alles, was im Theater so aufgehoben wird: Kostüme, Möbel, Lampen, Geschirr, Vasen, Requisiten aller Art, Bühnenbildelemente, einfach alles. Gerade jetzt, im Krieg, hängt es von Menschen wie Valentin ab, wie opulent es auf der Bühne noch zugehen kann. Er kennt jedes Stück in seinen vielen Kellerräumen und findet es auf Anhieb. Also scheint ihm dort etwas zu fehlen.«

»Ich habe sie zwei Tage lang gesucht und nicht gefunden. Deswegen bin ich krank geworden.«

»Ja, und ich habe Sie für einige Tage krankgeschrieben«, sagte Mascha freundlich und erklärte den anderen: »Herr Schäfer bekam in der letzten Woche heftige Kopfschmerzen. Und Fieber. Ich habe ihn untersucht, mit Medikamenten versorgt und jeden Tag nach ihm geschaut. Klementine hat sich um ihn gekümmert. Aber gestern war es schon wieder besser und er war wieder im Theater.«

»Ich habe mich die letzten Tage schon gewundert, wo du dich versteckt hast, Valentin. Aber wir wissen ja alle, dass du manchmal einfach deine Ruhe haben willst.«

»Gestern war ich auch nicht hier im Salon, sondern bin gleich nach dem Aufwachen ins Theater gegangen und habe weitergesucht.«

»Du hast so lange nach etwas gesucht, Valentin? Das muss in das neue Bühnenalmanach geschrieben werden, so ein außergewöhnliches Ereignis!«, scherzte Josephine freundlich.

»Kein Grund zum Spaßmachen. Ernstes Problem.«

»Dann erzähl es uns doch!«

»Ich gehe lieber zur Polizei. Hätte ich schon letzte Woche tun sollen.«

»Die ist schon da. Hast du das vorhin nicht mitbekommen? Sie sprechen gerade mit Rosalinde. Irgendwann müssen sie ja zu Ende kommen, und dann gehst du zu den beiden Herren. Aufgeregt wie du bist, werden sie verstehen, dass wir die vorgesehene Abfolge abändern.«

Er reagierte nicht und schien wieder in sein früheres Schweigen zu verfallen. Sophia wollte das Gespräch in Gang halten und riet ihm erneut, ihnen doch zu erzählen, worum es sich handle, und wenn sie sein Problem dann akut und relevant fänden, würde sie sich persönlich darum bemühen, notfalls die Einvernahme mit Rosalinde zu unterbrechen, um die Polizei zu informieren.

Nach erneuter längerer Pause richtete er sich auf und sagte mit einem formvollendeten Diener: »Gestatten Sie, gnädige Frau, Valentin Schäfer. Verzeihen Sie, dass ich so ungehobelt mit Ihnen umgegangen bin und mich nicht einmal vorgestellt habe.«

Sophia reagierte freundlich: »Die Umstände sind auch zu schwierig, als dass man sich immer an die Etikette halten könnte. Und überhaupt, Herr Schäfer, ist es nicht irgendwie absurd, jetzt, wo draußen und drinnen in unserm Land alles zusammenbricht, kein anderes Problem zu haben als das, dass die Etikette aufrechterhalten wird?«

Valentin Schäfer setzte sich und knöpfte den obersten Knopf seines Hemdes auf und sagte nicht ohne eine Spur Humor: »Dann werden Sie mir diesen Verstoß gegen die Etikette auch verzeihen? Aber bei so vielen Stufen nach oben gerät man in meinem Alter schon einmal ein wenig aus der Puste.«

Sophia antwortete tröstlich: »Das kann einem sogar schon in meinem Alter passieren. Und Sie waren ja außerdem ausgesprochen aufgeregt, erregt sogar.«

»Ja«, brach es aus ihm heraus, »weil sie weg war.«

»Aber wer denn? Sagen Sie es uns doch endlich.«

»Meine Rosalinde!«

»*Ihre* Rosalinde? Sprechen Sie von Rosalinde Geiger? Aber die sitzt doch vergnügt und munter, das hoffe ich zumindest, bei Kommissar Grossmann.«

»Die meine ich doch nicht. Ich meine ihre Puppe.«

»Die Puppe, die wie Rosalinde aussieht? Aber die ist nicht weg. Die haben Sie doch eben erst oben liegen sehen.«

»Aber das ist meine. Indirekt meine. Eigentlich gehört sie dem Theater.«

»Das Theater hat eine Puppe, die Rosalinde darstellt? Aber wieso denn das?«

»Das müssen Sie doch noch wissen!«, wandte er sich an die anderen anwesenden Frauen. »Obwohl man bei euch Aktricen ja nie weiß, wann ihr gerade da wart und wann nicht. Saison an einer anderen Bühne. Gastvertrag. Heimliche Schwangerschaften und Geburten. Versuch einer Rückkehr ins bürgerliche Leben. Heirat. Ich kenne auch welche, die eine Saison ganz woanders verbracht haben.« Er kreuzte beziehungsreich seine Finger, so dass sie ein Gitter ergaben. Die angesprochenen Frauen sahen sich verwirrt an.

»Oje«, wandte er sich an Sophia, »Sie müssen mich entschuldigen. Wenn ich mich aufrege, dann verstumme ich entweder oder ich rede, ohne aufzuhören. Sehen Sie mir das bitte nach.« Die anderen Frauen fixierend, fuhr er fort: »Ich weiß alles über euch. Ich bin nämlich«, erklärte er der ratlosen Sophia, »müssen Sie wissen, überall und nirgends im Theater, wie unsichtbar, so dass auch keiner nach mir schaut oder sich vor mir in Acht nimmt. Mit geheimen Gesprächen, meine ich. An mich sind alle so gewöhnt wie an den Bühnenvorhang oder den Souffleurkasten. Wenn ihr auf der Bühne steht und streitet, schaut ihr auch nicht, ob sich hinter dem Vorhang oder in dem Souffleurkasten jemand versteckt, der von eurem Streit besser nichts weiß. Wahrscheinlich seht ihr den Vorhang oder den Kasten gar nicht mehr. Genauso wenig wie mich. Und außerdem erfahre ich viel, wenn die Sachen nach der Vorstellung zurück in die Requisitenkammer kommen. Manchmal sind die Taschentücher der jungen Liebenden ganz trocken, manchmal sind sie nassgeweint. Wie neulich bei der Probe zu Goethe, wo sich die beiden Damen in den Armen hielten, die sich in Zukunft einen Geliebten teilen wollten*. Beide haben geweint und geschluchzt zum Steinerweichen. Aber eine hat ganz echt geweint, ihr Taschentuch konnte man auswringen. Die andere hat gelernte Tränen herausgedrückt. Das sind dann nicht so viele! Und die beiden, die sich bei der Probe in den Armen lagen, waren sich nicht so grasgrün wie die beiden Damen im Stück.«

Sophia lächelte über die Einschätzungen des alten Theaterschatzbewahrers.

Valentin Schäfer bemerkte das und erklärte ihr: »Das ist das zweite Merkmal alter Männer außer ihrem schweren Keuchen beim Treppensteigen, sie neigen dazu, vom Hundertsten ins Tausendste zu kommen, wenn sie etwas erzählen. Deswegen rennen auch meistens alle Jungen weg, wenn man nur den Mund aufmacht. Aber ich hatte ja eine, eine Junge, bei der konnte ich mich den ganzen Tag lang mit allen Abschweifungen und Ausschmückungen aussprechen und sogar wenn ich vom Tausendsten ins Zehntausendste gekommen bin, hat sie keine Miene verzogen.«

»Ihre Puppe Rosalinde«, sagte Sophia.

»Ja. Sie stand in dem hellsten meiner Kellerräume, dem, der fast noch als Souterrainzimmer gelten kann, mit einem winzigen Fenster. Und sehr abgelegen. So etwas wie mein Privatraum. Dort bin ich, wenn ich meine Ruhe haben will. Und den Raum schließ ich ab, meistens jedenfalls. Manchmal vergesse ich es. Aber dahin verirrt sich sowieso sehr selten jemand, denn

---

* Johann Wolfgang von Goethe: »Stella«. – Der unstete Fernando kehrt nach langer Abwesenheit zurück zu Stella, seiner Geliebten. Zufällig halten sich dort auch Cäcilie, seine Gattin, und ihre Tochter auf, die er vor vielen Jahren verlassen hat. Zwischen Stella und Cäcilie hat sich eine enge emotionale Bindung entwickelt. – Das Schauspiel hat zwei Ausgänge, einen tragischen, in dem es nach dem Wiedererkennen zum tragischen Schluss kommt (Selbstmord von Stella und Fernando) und einen empfindsamen, in dem Fernando mit Stella und seiner früheren Familie zusammenlebt. – Dieser aus moralischen Gründen zu Goethes Zeiten kritisierte Schluss wurde in der Spielzeit 1917/18 in Frankfurt gezeigt.

man weiß im Theater, dass der Valentin sich ärgert, wenn er bei seinen Pausen gestört wird. Dort hatte ich sie an die Wand gelehnt, denn von alleine konnte sie nicht stehen. Daneben steht ein winziger Sekretär, Biedermeierstil, den wir oft auf der Bühne brauchen, ich glaube, er hat schon dreizehn verschiedene Stücke auf dem Buckel, aber das steht ja immer im Text: ›Der Prinz hinter seinem Sekretär‹ oder ›Der Richter hinter seinem Sekretär, in seinen Papieren wühlend‹ und so weiter, aber jetzt bin ich schon wieder beim Hundertfünfzigsten, mindestens, also da steht der Schreibtisch, den ich natürlich mit einem Tuch abdecke, und darauf stelle ich dann mein Vesper, und davor steht ein ganz bequemer Sessel, der ist für die Bühne schon fast zu verschlissen, obwohl, mit einer Decke drauf geht es noch in realistischen Schauspielen über den Untergang des Bürgertums, deswegen ist er noch da. Aber ich würde ihn sowieso nie weggeben, denn man sitzt auf ihm so bequem, als läge man im Bett. Und ich sitze da auf dem Sessel und esse mein Vesper, in aller Ruhe, und immer wenn ich gerade nicht abbeiße oder kaue oder schlucke, erzähle ich Rosalinde alles, was so passiert ist. Manchmal auch beim Kauen, obwohl ich ja weiß, dass man mit vollem Mund nicht spricht, aber sie nimmt es mit der Etikette so wenig genau wie Sie, gnädige Frau. Und meine Rosalinde kann ja nicht weglaufen, weil sie ja nicht einmal alleine stehen kann. Also keine Olimpia. Aber ich bin ja auch nicht so verrückt wie der Hoffmann.«

»Und seit wann ist Ihre Rosalinde fort?«

»Seit sieben Tagen. Aber ich habe es nicht gemeldet. Ich dachte, dass jemand mich ärgern oder narren wollte, jemand, der mich einmal ertappt hat, wie ich mit meiner Rosalinde geplaudert habe, sie irgendwo im Theater versteckt hat. Ich habe dann angefangen, jeden Winkel zu durchsuchen. Beinahe wie besessen. Anselmus und Olimpia, Valentin und Rosalinde. Verfolgungswahn. Hat mich krank gemacht. Verrückt, sage ich

Ihnen. Ich habe nicht mehr gegessen und getrunken und mich so einsam gefühlt wie nie zuvor in meinem Leben. Dann wurde ich krank. Habe mein Zimmer nicht mehr verlassen, deswegen habe ich auch nicht mitbekommen, dass hier im Haus eine Puppe aufgetaucht ist, eine Rosalinde-Puppe. Aber als ich vorhin zufällig gehört habe, dass oben eine Puppe mit einem ganz feinen Puppengesicht sei, die sähe wie eine Doppelgängerin von Rosalinde Geiger aus, dachte ich, es sei eine andere, eine neue Puppe. Denn meine Rosalinde sah zwar von Weitem aus wie Rosalinde, die auffallenden Haare, das schmale, ebenmäßige Gesicht, aber je näher man kam, desto deutlicher bemerkte man die Unterschiede. Theaterarbeit halt; alles muss perfekt aussehen, aber nur scheinen, nicht sein, und der Maßstab für die Perfektion sind die Zuschauer in den ersten Reihen des Parketts und in den Logen. Und für die sähe meine Rosalinde wunderbar, schön und täuschend echt aus. Und für mich auch, denn ich sehe ziemlich schlecht und beim Vespern und Unterhalten mit Rosalinde setze ich schließlich keine Brille auf.«

»Wie haben Sie dann da oben bemerkt, dass es doch die Ihre ist?«, fragte Sophia.

»Erstens deswegen«, er zog eine Brille aus seiner Jackentasche, »und zweitens durch eine genaue Untersuchung. Am Gesicht hat ein Könner nachgearbeitet. Oder eine Könnerin. Feinste Wachsarbeit. Man meint fast das Blut durch die feine Haut durchfließen zu sehen. Nein, was red ich. In Leichen fließt kein Blut mehr.«

»In Puppen aber auch nicht. Und woher wissen Sie dann so genau, dass es trotz dieser feinen Arbeit Ihre Rosalinde war?«

»Der Körper wurde belassen, wie er war, eine Schaufensterpuppe eben. Und da gab es bei meiner Rosalinde die eine oder andere Schramme, die hatte sie schon, als sie zu mir gebracht worden ist.«

»Ich erinnere mich, dass ich einmal eine Puppe gesehen habe, als ich bei Ihnen geklopft habe«, sagte Josephine.

»Das macht Sie hochverdächtig des Diebstahls«, antwortete Valentin Schäfer, und man konnte nicht erkennen, ob er scherzte oder es ernst meinte.

Sophia dachte nach. Die Mitteilungen von Valentin Schäfer waren für Grossmann bestimmt äußerst relevant und vielleicht sollte er unverzüglich informiert werden, aber andererseits konnte es sein, dass er in seinem Gespräch mit Rosalinde gerade an einem Punkt war, an dem eine Störung die gesamte Gesprächsstrategie zunichtemachen könnte. Sollte sie Grossmann stören oder nicht? Aber andererseits hatte sie Valentin Schäfer nur mit der Zusicherung eines sofortigen Gesprächs mit dem Kommissar zum Sprechen gebracht. Wie voreilig war ich da, dachte sie, und wie unbedacht eigentlich.

Doch bevor sie zu einem Entschluss kam, betrat Rosalinde den Raum. Das heißt, natürlich blieb sie erst einmal in der Türöffnung stehen, bis alle aufblickten, und kam dann herein. Weinend und gerührt. Zumindest ausreichend gerührt für die Zuschauer in den ersten Reihen, dachte Sophia etwas boshaft. Denn obwohl sie wusste, dass man das Weinen lernen konnte, was ja auch Valentin Schäfer bestätigt hatte, und dass das irgendwie mit dem Wachrufen eigener Gefühle zusammenhing, wirkten Rosalindes Tränen nicht echt.

Hinter ihr stand Heinrich Cronhart und lächelte ihr freundlich zu: »Immer noch hier?« Sophia teilte ihm mit, dass sie durch die Erzählung eines Pensionsgastes, sie wies auf Valentin Schäfer und stellte ihn vor, aufgehalten worden sei und dass der Kommissar ihrer Meinung nach sofort mit Herrn Schäfer sprechen müsse, denn er habe wichtige Informationen.

»Wegen der Puppe«, fragte Cronhart, »der ersten Rosalinde-Puppe? Das wissen wir bereits, das hat uns Rosalinde erzählt. Und ich wollte Herrn Schäfer gerade deswegen suchen. Aber ich danke dir.«

Wieder dieses Du, dachte Sophia. Gerade erst in Frankfurt

angekommen, duzte sie schon so viele Menschen. In Zürich noch niemanden. Sie tat sich generell ein wenig schwer damit, aber jetzt, bei der Ermittlung, fand sie es besonders unangebracht, weil es Distanzen durchbrach. Ein Kommissar, der sein Gegenüber duzte. Vielleicht von potenziell Verdächtigen geduzt wurde. Aber daran hatte in der vorigen Nacht keiner gedacht, als alle so froh, so ausgelassen waren und sich am liebsten mit der ganzen Welt verbrüdert hätten, als sie die versteckten sauren Apfelschätze des Wirts, eines Gesinnungsgenossen, tranken, als gäbe es sie im Überfluss, als sie allmählich alles vergaßen, die Arbeit, das Studium, die Sorgen, die Einsamkeit, die Puppe, den Krieg, bis sie sich so nahe waren alle, als hätten sie sich ihr Leben lang gekannt, was unweigerlich zu einem Du führte. »Genossen wir alle«, sagte der Wirt und sang dann: »Uns aus dem Elend zu erlösen können wir nur selber tun!«* Sophia dachte an ihren Vater, der keine Probleme damit hatte, sich mit Menschen, vor allem mit seinen Gesinnungsgenossen, zu duzen, und hier in der Pension und wahrscheinlich im ganzen Ensemble des Theaters schien auch jeder jeden zu duzen. Sie fragte sich, warum sie nicht einfach mitmachen konnte. Früher, so dachte sie, war ich nicht so, da war ich mutiger, direkter, habe vorbehaltloser gefühlt, vertraut, geliebt. Vielleicht gab es zu viele Tote in meinem Leben. Und alle haben etwas mitgenommen von mir, von meiner Offenheit, meiner Spontaneität, meiner Zärtlichkeit. Aber auch von meiner Naivität und Sentimentalität. Auch von meiner Liebesfähigkeit?

Seit dem Tod ihres Mannes orientierte sie sich vorwiegend an Vernunft und Pflichtbewusstsein. Manchmal fürchtete Sophia, dass sie sich sogar als Mutter vor allem von ihrem Pflichtbewusstsein leiten ließ. Sogar das Wort »Pflichtgefühl«

---

* Uns aus dem Elend zu erlösen ...: Verse aus dem deutschen Text der »Internationalen« in der Fassung von Emil Luckhardt (1910)

vermied sie, sie bevorzugte das Wort »Pflichtbewusstsein«. Es kam ihr vor, als habe sie sich von ihrem eigenen Leben verabschiedet. Hoffentlich war es kein Abschied für immer, dachte sie, sondern nur ein Rückzug, eine Zeit, in der ich lerne, wieder leidlich zu funktionieren, als Studentin, als Mutter, manchmal als Tochter. Und hier in Frankfurt als Freundin. Verdrängung, würde mein verehrter Professor Sigmund Freud dazu sagen. Hätte ich mir doch von ihm helfen lassen sollen? Aber ich wollte ja keine Therapie, ich wollte auf meine Weise zurechtkommen. Gut, meine Seele hat eine Wunde, die sehr langsam heilt. Aber sie heilt.

Vielleicht, so überlegte sie, sollte sie das Wort »Verdrängung« in Zukunft meiden. Sich mehr von den Theatermenschen abschauen und von einer Theaterpause sprechen. Nein, einer Lebenspause.

»Was ist, Sophia?«, flüsterte Mascha ihrer völlig in Gedanken versunkenen Freundin zu.

»Ach, nichts«, antwortete Sophia und fügte plötzlich hinzu: »Mascha, du weißt, dass du meine beste Freundin bist. Und dass ich dir vertraue.«

»Tust du das?«

»Ja.«

»Dann auf eine sehr spezielle Art.«

»Mag sein.«

»Darf ich mich ein wenig zu euch setzen?«, unterbrach Rosalinde ihr fast schon einträchtiges Schweigen.

»Ich sage euch, dienstlich ist unser Dichter ganz anders als privat. Streng, konsequent und unpersönlich. Als hätte er mich nie gesehen, nie mit mir getrunken und gelacht, nie mit mir geflirtet.«

»Hat er das denn?«, fragte Sophia wider besseres Wissen.

»Nein«, gab Rosalinde sofort bereitwillig zu, »eigentlich hat er mit uns allen geflirtet. Es könnte sein, dass ich dazu neige, immer alles auf mich zu beziehen. Das sagt mir Selmar oft.«

»So schlimm ist es nicht«, sagte Mascha freundlich. »Ich habe viel darüber nachgedacht, seit ich hier in dieser seltsamen Theaterpension lebe. Wahrscheinlich wird man einfach ein anderer Mensch, wenn man abends auf der Bühne steht, beleuchtet, unter sich einen dunklen Saal. Man weiß, dass er voller Menschen ist, die nichts anderes tun, als einen anzusehen. Viele haben einen Operngucker in der Hand, mit dem sie sich das Gesicht des Schauspielers oder der Schauspielerin ganz zu sich in die Nähe holen, durch ein winziges Drehen oder eine kleine Verschiebung können sie Details fokussieren, als sei die Person ihr Besitz, und wenn man eine Pause macht ...«

»... zum Beispiel in einer Türöffnung stehen bleibt«, unterbrach Sophia ihre Freundin. Rosalinde lachte: »Das hast du gemerkt? Ich übe das im Alltag!«

Mascha fuhr fort: »Wenn du also eine Pause machst, dann zwingst du alle, auch zu pausieren, mit dir, und wenn du leise sprichst, dann recken sie dir alle die Hälse entgegen, ganz aufmerksam, damit sie keines deiner Worte überhören. Und sie schweigen, damit nur du zu hören bist. Dann hast du Macht über sie, oder? Und sie zahlen viel Geld dafür, dich zu sehen, und sie ziehen sich dir zu Ehren festlich an. Vielleicht musst du dich deswegen manchmal so fühlen, als drehe sich immer alles nur um dich. Denn das tut es, oder?«

»So in der Art mag es sein«, erwiderte Rosalinde offen. »Vielleicht verdreht das im Laufe der Zeit die eigene Perspektive. Die Zeit, die man auf der Bühne verbringt, fängt an, mehr zu bedeuten als die Zeit, die man nicht auf der Bühne verbringt.«

»Das ist so?«, fragte Mascha nach. »Das Spielen wird wichtiger als das Leben, die Rolle wichtiger als du?« Und Sophia schob noch eine Frage nach: »Du hast ja selbst gesagt, dass du auch im Alltag übst, spielst, inszenierst. Die Nummer mit der Türöffnung wird ja nicht die einzige sein.«

Rosalinde nickte und wurde dann sehr nachdenklich, als Sophia meinte, dass Selmar ihr mit seiner Äußerung nur den Rat geben wollte, die Frau und die Schauspielerin auseinanderzuhalten.

»Ich weiß nicht so richtig, ob ein Mann, mein Mann, das überhaupt selbst auseinanderhalten kann: die Frau und die Schauspielerin. Ich weiß auch nicht, ob ein Mann weiß, wen er liebt und wen er heiratet: die Frau oder die Schauspielerin. Aber wer weiß überhaupt, wen er heiratet?«

»Ich habe es gewusst«, hörte Sophia sich leise sagen.

Und Rosalinde strich ihr so sanft und freundschaftlich über das Haar, dass Sophia Rudolfs Bild schnell wieder verdrängen konnte. Zumindest für die Zeit der Lebenspause.

Nur: Wer hatte sie da gestreichelt? Die Frau oder die Schauspielerin?

Rosalinde schien Sophias Unsicherheit zu spüren. Scheinbar völlig zusammenhanglos stellte sie fest: »Es sind nicht alle so, wie sie zu sein scheinen. Zum Beispiel Josephine. Sie war einmal meine beste Freundin. Als wir junge Mädchen waren. Jetzt hasst sie mich. Sie beneidet mich um meinen Erfolg. Sie beneidet mich um meine Rollen. Sie beneidet mich um Selmar. Aber sie spielt immer noch meine beste Freundin. Soll ich dir etwas sagen, Sophia? Sie ist eine genauso gute Schauspielerin wie ich. Nur bin ich auf der Bühne besser und sie im Leben.«

Sophia dachte nach. Warum sagte Rosalinde das? Ihr kam Josephine aufrichtig vor. Aber war sie das auch? Wie viele Rollen standen zwischen der Bühne und dem Leben?

»Und Victoria?«, fragte sie. »Ich weiß nicht, wen sie liebt«, sagte Rosalinde rätselhaft und erhob sich. »Ich gehe mich jetzt noch ein wenig ausruhen bis zur Probe.«

»Und du?«, fragte Mascha die Freundin.

»Ein kleiner Spaziergang wäre wirklich schön jetzt. Möchtest du mir zeigen, wo du arbeitest?«

Natürlich verstand Mascha sofort, dass Sophia sie für ein Weilchen aus dem Haus locken wollte, um einige neue Fragen zu den Bewohnern und Bewohnerinnen zu stellen. Doch sie freute sich auch auf einen kleinen Spaziergang mit ihrer Freundin. Sie hoffte, dass die frische Luft ihr guttun würde. Denn ihr Kopf schmerzte immer noch.

Unterwegs konnte Sophia wie schon am Vortag ihren Blick nicht von den Häuserfronten abwenden. Fast in jedem Haus war im Parterre ein kleiner Laden, die Waren in den Schaufenstern waren ansprechend dekoriert, obwohl sie wegen des Krieges teilweise armselig wirkten.

Zuerst fragte sie Mascha nach der älteren und überaus selbstsicheren Dame, deren Namen sie nicht im Personenverzeichnis des realen Lebens, wie sie Maschas Karteikarte inzwischen nannte, gefunden hatte.

»Die ältere Dame heißt Wilhelmine Koscinski. Wir wissen privat nichts über sie, gar nichts. Sie ist seit ungefähr drei Jahren hier in Frankfurt Souffleuse und sie scheint das so ausgezeichnet zu machen, dass alle Schauspieler ein bisserl ängstlicher auf die Bühne treten, wenn ein anderer in dem Kasten sitzt, den sie untereinander scherzhaft *Willis Käst'sche*, in diesem zischlautreichen Frankfurter Dialekt, nennen, aber davon weiß Frau Koscinski nichts. Sie wohnt nicht dauerhaft in der Pension, deswegen steht sie nicht auf meinem Zettel, aber seit sie die Regie der ›Frauen im Krieg‹ übernommen, hat sie vorübergehend eine Kammer gemietet und auch ein paarmal hier übernachtet.«

»Wohnt sie denn so weit weg?«

»Eigentlich nicht. Sie wohnt im Westend, aber unsere Ostendpension ist sehr nahe zur Innenstadt, das hast du gestern ja gesehen, und die Verkehrsverbindungen sind sehr gut. Sogar zu Fuß könnte man das in einer halben Stunde schaffen. Zumal wenn man so energisch ausschreitet wie Frau Koscinski.«

»Wieso hat sie eigentlich so eine Autorität im Haus? Als Souffleuse?«

»Vergiss nicht, dass sie hier als Regisseur fungiert. Oder sagt man in diesem Fall ›Regisseuse‹? Nein, das Wort gibt es nicht.«

»Die Sache ja auch nicht, glaube ich. Zumindest kenne ich aus Wien keinen Fall, in dem eine Frau Regie geführt hat. Du meinst, diese Funktion verleiht ihr ihre Position?«

»Ja. Ich glaube, dass man am Theater der Person, die Regie führt, nicht widerspricht.«

»Wie ihr jungen Ärzte euren Primaren nicht widersprecht, oder?«

»Nein. Obwohl wir schon manchmal auf einen treffen, der uns in einen richtigen Diskurs inklusive Widerspruch und Gegenargument einbindet. Hier zum Beispiel habe ich so einen Primarius, man sagt hier übrigens Chefarzt. Ich lerne ungeheuer viel von ihm. Ohne die geringste Angst, mich zu irren oder zu blamieren.«

»Du bist doch bestimmt in der gynäkologischen Abteilung? Da wirst du dich eh selten irren.«

»Wir fungieren inzwischen als Kriegslazarett, Sophia. Das heißt auch, dass wir natürlich viele Verwundete, auch Schwerverwundete, behandeln. Das ist alles ganz neu für mich und ich lerne wieder einmal dazu. Inzwischen habe ich sogar erste chirurgische Erfahrungen gemacht.«

»Erzähl davon!«

»Sehr gerne! Ich hoffe, du hast viel Zeit dafür mitgebracht.«

Sophia war klar, was Mascha meinte. Natürlich hatten sie keine Zeit, sich all das zu erzählen, was in ihrem Leben wirklich wichtig war: Arbeit, Studium, Privatleben.

»Ich weiß nicht einmal, ob du überhaupt eines hast.«

»Wovon sprichst du, meine Liebe?«

»Von deinem Privatleben. Irgendeinem G'spusi*. Ich jedenfalls hab keins.«

»Das ist ja interessant, diese offene Mitteilung. Weißt du noch, wie zurückhaltend wir früher immer waren?«

»Natürlich. Sogar als wir miteinander in meinem kleinen Haus in der Josefstadt gewohnt haben, haben wir alles ausgeklammert, was zu intim sein könnte.«

»Das lag an dir, du warst seit Rudolfs Tod so verschlossen. Aber wir wussten trotzdem viel voneinander. Ich wusste zum Beispiel von deiner Affäre mit dem Engländer.«

»Und ich wusste, dass du es wusstest.«

»Ich habe mich sehr verändert, glaube ich. Mehr als du, habe ich den Eindruck. Das hängt mit den Theatermenschen zusammen. Sie verhalten sich offener zueinander – und gegeneinander – als wir. Das hat auf mich abgefärbt. Sie verstecken ihre Gefühle einfach nicht so. Das brauchen sie für ihren Beruf.«

»Weswegen?«

»Frau Koscinski hat mir neulich erzählt, sie habe das in Russland bei Stanislawski** gelernt und gebe es so weiter: Wenn man beispielsweise auf der Bühne Tränen vergießen muss, dann müsse man sich einfach in eine Situation zurückversetzen, in der man selbst sehr heftig geweint und geschluchzt hat, und dann muss man dieses Gefühl wieder hervorkramen, sich sozusagen hineinversetzen. Und wieder weinen wie damals. Das kann man lernen. Die Zuschauer sehen ja nur die Tränen und die echte Traurigkeit, aber sie sehen nicht, was sie verursacht hat. Wenn sie darüber nachdenken, dann meinen sie, es sei das übergroße Schauspieltalent.«

---

* G'spusi (österr.): Liebschaft

** Konstantin S. Stanislawski (1863-1938), einer der einflussreichsten russischen Regisseure und Schauspiellehrer seiner Zeit, der für das Erlernen der Schauspielkunst ein detailliertes Konzept entwickelte

»Wie gibt sie es weiter? Weint sie den Schauspielern in ihrem Souffleurkasten etwas vor?«

Mascha lachte: »Nein, aber sie unterrichtet. Sie fragt ab. Hält Leseproben ab. Sie macht Sprechtraining und Bewegungsübungen. Übrigens ist Rosalinde ihre wichtigste und lernbegierigste Schülerin. Nur: Russisch kann Frau Koscinski nicht. Ich habe einmal zum Spaß mit ihr ein paar russische Worte gewechselt, zu wechseln versucht vielmehr, aber sie hat mich nur angeschaut und mich dann etwas unwirsch gefragt, ob ich glaube, dass sie eine Polin sei, nur weil sie einen polnisch klingenden Namen habe. Ich habe die Sache dann nicht weiterverfolgt. Aber ich frage mich schon, in welcher Sprache Stanislawski in Moskau ihr dann das Weinen beigebracht haben soll …«

Eine von Sophias Fähigkeiten war es, viele verschiedene Gesprächsfäden gleichzeitig zu verfolgen, wenn andere eine Unterhaltung schon längst als chaotisch aufgegeben hätten. Mascha wunderte sich deswegen nicht, als Sophia sie nach diesem Exkurs zwar darin bestärkte, dass sie vielleicht wirklich von der extrovertierten Art der Theaterleute angesteckt worden sei, sie aber dann nach dem anderen Grund fragte, den sie angedeutet hätte.

Mascha antwortete sehr nachdenklich: »Den hätte ich als Ärztin schon früher stärker berücksichtigen müssen. Und als Wienerin sowieso, ausgebildet in der Stadt Sigmund Freuds. Schwere Erlebnisse und verdrängte Erfahrungen sollen, um es einmal ganz simpel auszudrücken, nicht nur unterdrückt werden, sonst wird man irgendwann krank. Immer. Bei meinen Patienten und Patientinnen ist mir das irgendwie bewusst gewesen, aber ich dachte, für mich gelte das nicht. Und das war dumm und stolz von mir. Ich wäre leichter über den Liebesverrat hinweggekommen, wenn ich mit dir darüber gesprochen hätte. Und du leichter über dein Leid wegen Rudolfs Tod. Das ist so. Das weißt du.«

Sophia schwieg.

»Ob wir das jetzt noch ändern können, nachdem wir in unserer Freundschaft einen bestimmten Standard entwickelt haben, taktvoll, dezent, diskret zu sein, weiß ich nicht.«

Sophia antwortete wieder nicht, sondern dachte nach.

Sie waren inzwischen ein gutes Stück gelaufen und die winterlich kalte Luft hatte sie erfrischt.

»Es geht mir schon viel besser jetzt«, sagte sie.

»Ist das so?«

Sophia genoss den Spaziergang trotz der schwierigen Unterhaltung. Nach den modernen Prachtbauten des 20. Jahrhunderts, die sie am gestrigen Nachmittag begeistert hatten, und den mittelalterlichen Winkeln, die sie gestern Abend durchstreift hatte, ging sie jetzt durch ein sehr schönes und architektonisch einheitliches Wohnviertel mit vielen Geschäften, das insgesamt erst in den letzten sechzig oder siebzig Jahren entstanden sein konnte. Sehr deutlich zeigte sich an den Auslagen der Geschäfte und natürlich auch an den Menschen, die unterwegs waren, dass manche Straßen vorwiegend von jüdischen Bürgern bewohnt waren.

»Das muss dich doch alles sehr stark an zu Hause erinnern«, sagte Sophia.

»Ja«, stimmte Mascha zu. »Aber das Frankfurter Ostend ist letztlich noch viel stärker jüdisch geprägt als bei uns die Leopoldstadt. Bei uns leben viel mehr Menschen anderer Nationalitäten und Religionen, denk an die vielen Tschechen zum Beispiel.«

»Und das ist hier anders?«

»Ja, schon. Hier wohnen vor allem Deutsche, und zwar jüdische und christliche. Und die Fremden hier sind fast alle Ostjuden. Hier, schau mal in die Hinterhöfe.«

»Ja, ich sehe, was du meinst. Ganz viele Laubhütten auf den Balkonen.«

»Und die Geschäfte. Fast immer ein Hinweis auf koscheres Essen oder Gebrauchsgegenstände für Juden. Eine jüdische Schule, Synagogen, jüdische Internate, Betsäle, Restaurants, Friseure, Schneider, was immer man braucht. Und ich arbeite in einem jüdischen Krankenhaus.«

»Das würde deinen Eltern gefallen.«

»Ja, bestimmt. Aber dort wurden nie nur Juden behandelt, viele nichtjüdische Bürger haben unser Krankenhaus in der Gagernstraße denen in der Innenstadt vorgezogen.«

»Schau mal, die Straße hier heißt Habsburger Allee. Weißt du, warum? Und schön ist sie mit diesen hohen Bäumen, die die Straße säumen.«

»Ja, die Habsburger haben besonders viele Kaiser gestellt, das zählt in einer sogenannten Kaiserstadt. Kaiserkrönungsstadt. Pass auf, gleich kommen die Wittelsbacher an die Reihe. Ich werde meinen Eltern übrigens bald einen Brief schreiben, das wolltest du mir doch vorhin ans Herz legen.«

»Ja, aber diskret und taktvoll.«

Mascha lachte: »Nach dem Krieg sollen sie mich hier einmal besuchen.«

»Das klingt, als wolltest du hierbleiben.«

»Hierbleiben? Darüber habe ich noch gar nicht nachgedacht. Ich wollte ja Wien nur eine Zeitlang verlassen. Ich habe mir nie überlegt, wie lange ich wegbleiben möchte. Deswegen habe ich bis heute nach keiner Wohnung gesucht, nach irgendetwas Längerfristigem, sondern bin in die Pension gezogen wie eine Reisende. Aber, wenn du es schon ansprichst, ich fühle mich im Ostend wohl. Das Krankenhaus bietet mir eine gute berufliche Zukunft. Das Wissen, dass ich helfen kann, tut mir gut. Ich glaube, dass ich nur etwas herbeisehne: dass der Krieg endlich zu Ende geht. Die Menschen genug zu essen haben und Familien und Freunde zusammen sein können. Und wenn endlich Frieden herrscht, dann werde ich entscheiden, ob zurückgehe oder noch bleibe. Bis dahin leben wir doch alle so, als seien wir aus unserem Leben herausgefallen.«

»Das sehe ich auch so, Mascha, als wenn ich ein Automat wäre, eine Puppe ... Eine Sophia-Puppe. Eine Totenpuppe. Denkst du noch manchmal zurück an die Zeit vor dem Krieg? Wie lebendig wir uns gefühlt haben, wie neugierig auf das Leben, wie begierig darauf. Und wie sicher, dass alles wunderbar werden wird.«

»Genau so war es! Und ich war so glücklich an der Universität und dann im Krankenhaus. Meine Eltern auch. Ein armes Mädchen aus Galizien, das Ärztin in der Hauptstadt wird. Und jetzt? Wenn du wüsstest, wie oft wir hier im Krankenhaus Verwundete zusammenflicken müssen, schnell, notdürftig, unzureichend, und ich frage mich: Wofür sind sie alle so verletzt? Und wofür werden sie geheilt? Damit sie wieder in den Krieg können? Man darf nicht nachdenken. Nur funktionieren, wie du das genannt hast. Die anderen Ärzte funktionieren auch. Alle Menschen eigentlich. Welches Wort hast du benutzt? Automat? Ärztepuppen, Menschenpuppen. Mascha-Puppe, leben, das tun wir wieder nach dem Krieg.«

»Ich wusste gar nicht, dass du genauso denkst wie ich. Du warst so fröhlich.«

»Weil ich mich so gefreut habe, dass du kommst. Und jetzt habe ich drei Tage frei!«

»Ich glaube, da steckt noch etwas anderes dahinter«, widersprach Sophia vorsichtig.

»Meinst du?«

Sophia und Mascha kamen inzwischen an dem modernen Krankenhauskomplex, der von vielen Bäumen umgeben war, an. Mascha zeigte ihr stolz die einzelnen unterschiedlich großen Gebäude, die eine rechteckige Grünanlage umrahmten. Diese Grünfläche erhielt durch zwei Baumreihen eine

Art zweiten Rahmen. »Kannst du dir vorstellen, wie schön das hier war, als ich ankam und die alle noch grün waren?«, fragte Mascha. Die schlichten symmetrischen Gebäude wirkten nicht furchteinflößend oder beunruhigend wie Krankenhäuser, sondern zeigten einladende weiß gestrichene Fassaden im harmonischen Jugendstil, auf denen die Fenster in abwechslungsreichen Reihen ein interessantes Muster bildeten. Die schmückenden Gaubenfenster blickten wie freundliche Augen von den Dächern herunter.

Sophia fiel auf, wie liebenswürdig Mascha von allen gegrüßt wurde, von den Ärzten, den Schwestern und den Patienten.

»Du bist weiter in deinem Leben als ich«, sagte sie ehrlich. »Obwohl ich verheiratet war und Mutter bin, bin ich noch nicht so richtig im Leben angekommen wie du.«

»Ach, du Tschapperl*«, lachte Mascha und nahm ihre Freundin in den Arm.

Sophia stand ganz still da und fühlte sich gut.

---

* Tschapperl (österr.): ungeschicktes, bemitleidenswertes Kind

4

Im Theater habe ich eine Unterhaltung über Ibsens Theaterstück »Nora oder ein Puppenheim« gehört. Es stand dann nicht auf dem Spielplan der nächsten Saison. Das Wort »Puppenheim« aber ging mir nicht mehr aus dem Kopf.

Ich habe die Bühnenbildner und Schneiderinnen gebeten, ob ich kleine unbrauchbare Reste von Holz und Pappe und Tapeten und Stoff und anderen Materialien haben dürfte. In den nächsten Wochen habe ich ein Puppenhaus für mein Kind gebaut. Mit zwei Zimmern. Und drei Puppen, Vater, Mutter und ein Kind, hergestellt. Kleine Möbel für das Haus gebastelt. Kleider für die Puppen genäht.

Das sollte mein Weihnachtsgeschenk werden.

Für den Abend waren Sophia und Mascha mit Max Grossmann und Heinrich Cronhart in dessen Wohnung verabredet. Wieder saßen sie in der kleinen Küche. Heinrich Cronhart stand am Spültisch und schälte die gekochten Kartoffeln.

»Dieses Jahr ist die Ernte besser ausgefallen als im letzten. Vielleicht müssen wir in diesem Winter weniger hungern«, sagte er, dann schnitt er die Kartoffeln auf einem kleinen Holzbrett in dünne Scheiben. In einer großen Schüssel hatte er bereits aus ein paar klein geschnittenen Zwiebeln, Salz, Essig und einigen Tropfen Öl eine Salatsauce zubereitet. Immer wieder hob er vorsichtig die Kartoffelscheibchen unter die Sauce, damit sie nicht zerfielen. Dabei beobachtete er die Pfanne auf seinem Herd, in der Spiegeleier brutzelten.

»Woher du das immer alles nimmst, Heinrich«, staunte

Max Grossmann. »Obwohl – ich glaube, das will ich gar nicht wissen.«

»Nichts Kriminelles«, lachte Cronhart, »aber die meisten Menschen werden in Zeiten der Not sehr geschickt und raffiniert. Du bist anders, du begnügst dich mit dem, was man dir in der Kantine vorsetzt. Ich kenne noch den Speisenplan meiner letzten Dienstwoche im Winter: montags Steckrübenschnitzel, dienstags Steckrübensuppe, mittwochs Steckrübenbrei und so weiter und so fort. Du hast nie darüber gejammert. Mit deiner Karriere als Feinschmecker ist es von der Internatskost über die Mensaverpflegung bis zur Polizeikantine in Kriegszeiten systematisch abwärtsgegangen. Aber eigentlich ist Essen lustvoll.«

Sophia und Mascha nickten einträchtig und blickten übertrieben sehnsüchtig auf den Plafond und murmelten dabei abwechselnd Wörter, die sie wie Liebesschwüre erklingen ließen: »Kaiserschmarrn«, »Blunzengröstl«, »Topfenstrudel«, »Fiakergulasch«, »Backhendl«, »Zwetschgenröster*…«

Heinrich Cronhart unterbrach sie: »Das ist ja nicht zum Aushalten! Wie soll da mein Salat bestehen? Ich bin übrigens fest davon überzeugt, dass zwischen dem Leben und dem Verhungern der Verstand aktiviert wird. Oder hättest du je gedacht, Max, dass meine Vermieterin, die Witwe unseres hochgeachteten Oberstaatsanwalts …«

Grossmann unterbrach ihn: »… hochgefürchtet, meinst du eher …«

»Gut, seine Witwe eben, dass die sich seit dem Frühling hinten im Hof ein paar Hühner hält?«

»Die Frau Oberstaatsanwalt Doktor Müller hält sich Hühner?«

»Ja. Aber was daran noch erstaunlicher ist, sie scheint sie zu

* (österr.): Beispiele beliebter Wiener Alltagskost, wobei Sophia und Mascha abwechselnd an Herzhaftes und an Süßes denken

mögen. Ich höre sie oft morgens mit ihren großen Filzhausschuhen, wahrscheinlich sind es die des seligen Oberstaatsanwalts, über die Treppe hinuntertapsen und dann über den Korridor schlurfen und hinaus in den Hof. Und dann hält sie ihren Hühnern ihre geöffneten Hände mit ein paar undefinierbaren Küchenabfällen hin und piepst mit einer ganz zarten Stimme nach ihnen oder mit ihnen: ›Piep, piep, piep …‹«

Max Grossmann blickte gespielt streng zu ihm: »Und wie kommen die Eier vom Hof in deine Küche?«

Cronhart lachte: »Nicht schuldig! Im Gegenteil. Vor euch steht ein gnadenlos ausgebeuteter alter Mann. Du weißt, ich war einer der wenigen Menschen, mit denen der Selige manchmal mehr als ein Wort gesprochen hat, das zwar nicht direkt privat, aber immerhin nicht im strengen Sinne dienstlich war. Zwei- oder dreimal führten wir sogar so etwas Ähnliches wie ein Gespräch über das Wetter. Aber daheim schien er von mir als seinem Freund gesprochen zu haben. Deswegen hat sein Sohn, der zur Beerdigung seines Vaters aus Berlin kam, mich nach der Beerdigung auch eingeladen. Ein wunderbarer Mann übrigens, großzügig. warmherzig. Auch juristisch tätig, aber nicht anklagend, sondern verteidigend. Armenanwalt. Er hat mir angeboten, diese kleine Einliegerwohnung zu beziehen und als Gegenleistung ein wenig nach seiner Mutter zu sehen. Er müsse sonst möglicherweise seine Mutter zu sich nach Berlin holen oder hierher zurückkommen, sagte er, und beides wolle er nicht. Ich habe mir die Sache nicht lange überlegt. Meine alte Wohnung war kleiner und dunkler. Teuer noch dazu, und wie dürftig meine Rente ist, weißt du ja. Hier zahle ich kaum etwas und schaue nur manchmal, ob die Witwe noch lebt. Das war die Abmachung. Dachte ich zumindest.«

Es lagen zwar noch einige gekochte Kartoffeln auf dem Spültisch, aber Cronhart hatte seine Arbeit unterbrochen: »Ja, das dachte ich. Jetzt nicht mehr. Denn leider stellt die Witwe

Ansprüche an mich. Dabei weiß sie nichts von der Abmachung zwischen ihrem Sohn und mir. Sie leitet ihre Ansprüche von der vermeintlichen Freundschaft zwischen ihrem Mann und mir ab.«

»Was musst du denn alles tun?«, fragte Mascha erheitert.

»Alles. Auf dem Hof dort hinten, der war zugepflastert, habe ich die Pflastersteine wieder rausgestemmt. Eine schreckliche Arbeit. Jetzt ist dort wieder ein kleiner Garten. Ich dachte, sie kann dort ein bisschen Gemüse oder Salat anbauen, wenn der Krieg länger dauern sollte. Tat sie aber nicht. Stattdessen fing sie an, ein paar Blumen zu züchten. Das war eine Blütenpracht im Sommer, wunderbar. Unvernünftig, aber schön. Jetzt laufen ja immerhin die Hühner zwischen den Blumen herum. Denen habe ich einen kleinen Stall gebaut. Und ein paar Quadratmeter Rasen angelegt. Und ich hacke Holz für die Witwe. Ich repariere alles im Haus. Ich schaue, dass sie sich etwas kocht. Ich mag sie irgendwie, weil sie so freundlich mit ihren Hühnern spricht. Bemerkenswert auch, wie konsequent sie negiert, was um sie herum los ist, und die Wirklichkeit nicht gelten lässt. Vormittags spricht sie mit ihren Hühnern oder beschäftigt sich mit ihren Pflanzen. Im Sommer hat sie da natürlich mit Gießen und Harken und Unkrautherausziehen zu tun, aber im Winter steht sie einfach draußen herum und blickt sich um. Nachmittags liest sie, die große Bibliothek des Oberstaatsanwalts darf ich übrigens mitbenutzen, und abends hört sie Musik mit ihrem Grammophon. Ihr Mann hat ihr eine große Schallplattensammlung hinterlassen. In gewisser Weise haben wir dieselben Liebhabereien.«

»Du magst sie nicht irgendwie, sondern sehr?«

Cronhart hob die Schultern in die Höhe und blickte nach oben, als gäbe es am Küchenplafond eine Antwort. Endlich wandte er sich wieder seiner Arbeit zu und schnitt auch die letzten Kartoffeln in Scheiben, hob sie unter und stellte die

Salatschüssel in die Mitte des Tisches. Danach schob er die Spiegeleier auf eine ovale Platte und stellte sie daneben. Er wünschte allen einen guten Appetit und so nahmen die beiden Männer und die beiden Frauen wie gestern gemeinsam ihre Mahlzeit ein. Sophia lobte besonders den Erdäpfelsalat, wie sie die Mahlzeit zu Cronharts und Grossmanns Belustigung nannte. »Ganz anders als zu Hause«, sagte sie, »aber gut. Unsere Köchin gibt in jeden Salat Zucker hinein, müssen Sie wissen.«

Das wollten die beiden Männer kaum glauben.

Nach dem Essen setzten sich alle in Cronharts Wohnzimmer. Der Ofen war gut geheizt. Sophia und Mascha saßen auf Cronharts bequemem Sofa, während die Herren in großen Sesseln Platz genommen hatten. Heinrich servierte Tee. Von oben drang leise Musik zu ihnen herunter.

»Hört ihr?«, fragte Cronhart. »Ihr Abendkonzert beginnt immer mit Arien.«

Danach erst, gesättigt und erholt, berichteten sie sich, was ihnen bei ihren Ermittlungen, wie das Max Grossmann und Cronhart nannten, und ihren Gesprächen, wie Sophia und Mascha es formulierten, aufgefallen war.

Sophia fühlte sich wohl, als sei sie bei sehr guten Freunden oder in der Familie.

»Dir geht es gut, Sophia«, sprach Max es denn auch aus. »Magst du uns nicht erzählen, was diesen heiteren Ausdruck auf dein Gesicht gezaubert hat, das gestern am frühen Nachmittag noch so ernst und verschlossen gewirkt hat?«

Sophia fürchtete, dass Mascha durch dieses deutliche Interesse gekränkt oder verstimmt sein könnte, und wandte deswegen ihren Blick ab, ohne ihm eine Antwort zu geben.

Darüber wunderte sich Cronhart, dem noch nicht oft eine junge Dame von solch ausgesprochener Höflichkeit und perfekten und immer situationsangemessenen Umgangsformen untergekommen war. Ihre Abwendung wirkte deswegen wie ein Affront.

Auch Max Grossmann musste erst einmal schlucken, bevor er so, als sei nichts passiert, wieder das bisherige Thema anschlug: »In welcher Reihenfolge wollen wir uns über den Stand unserer Recherchen informieren? Zuerst die Damen und dann die Herrn? Oder sollen wir es umgekehrt halten?«

Mascha, ebenfalls verwundert über Sophias brüske Reaktion, antwortete: »Ich denke, ihr solltet beginnen, nicht wahr, Sophia? Ich bin richtig gespannt!«

Sophia nickte und schaute Grossmann, der eben einsetzen wollte, reumütig an: »Ich muss mich entschuldigen, Max, ich war eben sehr unhöflich zu dir. Ich habe mich einfach angenehm gefühlt, fast wie zu Hause, und da habe ich so großes Heimweh bekommen, dass ich fast geweint hätte. Und ein Weinkrampf wäre ja bestimmt noch entsetzlicher gewesen als ein stummes Abwenden, oder?«

Die beiden Männer waren erleichtert über diese Erklärung, nur Mascha schien ihr kein Wort zu glauben. Das sah Sophia ihrem Gesicht ganz deutlich an. Doch das Gespräch mit Mascha musste warten.

Dann fing Grossman erneut an: »Ich könnte es machen wie eine Theaterrezension. Denn was wir erlebt haben, war eine Theateraufführung, keine polizeiliche Befragung. Und wir waren dabei nur die Zuschauer und nicht einmal die Regisseure. Die Qualität der Aufführung war hoch, fast wie bei einer Premiere, dabei war es, um im Bild zu bleiben, ja erst die erste Probe. Und alles, jedes Detail der Aufführung, schien auf die Hauptfigur bezogen, auf Rosalinde Geiger. Rosalinde beherrschte während unseres gesamten Gesprächs die Bühne, und sie blieb dort präsent, selbst als sie, wie es in Theatertexten immer heißt, *abgetreten* war. Es war, als sei das gesamte Haus, diese merkwürdige Pension, nur für sie da und umkreise sie ununterbrochen. Dabei trat sie eigentlich sehr bescheiden auf.«

»Findest du?«, warf Cronhart ein.

»Ja. Sie war offen, freundlich, sie hat uns alles, was wir wissen wollten, erzählt, wie engen Freunden.«

»Und hat uns auf diese Weise in den Griff bekommen! Denn man fragt nicht so viel nach, wenn man meint, schon ungefragt alles mitgeteilt zu bekommen. Und man fühlt sich zufrieden: menschlich anerkannt wegen des entgegengebrachten Vertrauens und beruflich sehr effektiv.«

Mascha musste lachen: »Da hat sie uns etwas ganz anderes glauben lassen. Zu uns hat sie gesagt, du, Max, seist dienstlich *streng, konsequent und unpersönlich* – genau das waren ihre Worte.«

Max Grossmann trug es mit Humor: »Ach je, ich muss noch viel lernen. Ein Theaterdichter hat es leichter als ein Kommissar. Der formuliert alles selbst und weiß deswegen, was alle sagen und warum.«

Sophia gefiel es, dass Grossmann so ironisch über sich selbst sprechen konnte. Sie war außerdem davon überzeugt, dass der Kommissar, selbst wenn er vielleicht als Mann von Rosalindes Charme angetan gewesen sein mochte, ihr als Beamter nicht so auf den Leim gegangen war, wie er es hier darstellte. Das zeigte sich auch, als er fortfuhr: »Es scheint wirklich alles auf sie bezogen zu sein. Die meisten Personen in der Pension haben mit Rosalinde mehr zu tun als mit anderen. Da ist der alte Valentin Sänger, der mit ihr – eigentlich natürlich mit der Rosalinde-Puppe – sein Frühstück teilt, bildlich gesprochen, und ihr seine Geheimnisse erzählt. Eine einseitige Unterhaltung, das schon. Ihm sagt die Puppe aber bestimmt mehr zu als die wirkliche Rosalinde, die sich auch gelegentlich zu ihm in die Kellerräume verirren wird und Dinge von ihm heischt und dabei nicht diese ›stumme Schönheit‹* ist wie seine Rosalinde-Puppe. Oder Wilhelmine Koscinski. Die ist wie besessen von der Idee, aus Rosalinde die größte Schauspielerin der Gegenwart zu machen. Sie hat von Rosalinde gesprochen, als gehöre sie ihr. Vielleicht war ihre eigene Schauspielkarriere nicht ganz so aufsehenerregend wie erhofft und sie versucht es nun sozusagen zum zweiten Mal. Mit ihrem Geschöpf. Ihrer Rosalinde-Puppe. Das werde ich morgen von meinen Mitarbeitern überprüfen lassen, wie überhaupt alle ihre Angaben und die der andern natürlich auch. Mir kam ihre Fixierung auf Rosalinde Geiger so, wie soll ich sagen, obsessiv vor. Eine Geschichte vom Zauberer und seinem Lehrling**?«

»Darf ich etwas ergänzen?«, fragte Mascha. »Sophia weiß es schon. Wilhelmine Koscinski gibt ja vor, in Moskau die Schauspielerei erlernt zu haben. Sie kann jedoch kein Wort Russisch.«

»Und du kannst es?«, fragte Max Grossmann erstaunt.

»Ja. Und Polnisch kann ich und Jiddisch und Ruthenisch auch. Ich bin eine typische Vertreterin unseres Habsburgerreichs. Wenn wir einmal Zeit haben, dann zeige ich dir auf einem Atlas, wo ich herstamme.«

»Ich habe einen Globus im Schrank«, sagte Cronhart. »Soll ich ihn herausholen?«

»Haben wir Zeit für geografische Exkursionen?«, fragte Sophia, und alle schüttelten bedauernd den Kopf.

Max Grossmann fuhr mit seinem Bericht fort: »Dann gibt es Josephine, einmal Rosalindes beste Freundin. Glaubt ihr,

* »Die stumme Schönheit«: Ein wenig bekanntes Theaterstück von Elias Schlegel, einem Theaterdichter aus der Zeit der Aufklärung. In diesem Theaterstück erhält eine schöne junge Frau den Rat, stumm zu bleiben und an ihrer Stelle eine hinter ihr versteckte kluge Frau auf Fragen antworten und überhaupt die gesellschaftlich wünschenswerte geistreiche Konversation betreiben zu lassen.

** Anspielung auf Goethes Ballade »Der Zauberlehrling«

dass Josephine ohne Ressentiment hinnimmt, dass Rosalinde Karriere macht und sie nicht? Dass aus der Freundin im Leben die Zofe auf der Bühne geworden ist?«

»Das haben wir uns auch gefragt. Josephine findet sogar, dass sie eigentlich begabter sei als Rosalinde«, sagte Mascha.

»Aber auch, dass sie nicht deren Ausstrahlung habe«, milderte Sophia ab.

»Bei den anderen Frauen ist nicht so deutlich geworden, welche Beziehungen sie zu Rosalinde haben«, fuhr Grossmann fort, »aber der Ton, den sie angeschlagen haben, wenn sie von ihr gesprochen haben, hat uns schon verraten, dass es da noch Dinge gibt, die wir nicht herausgefunden haben. Noch nicht herausgefunden haben. Besonders Victoria König hat ziemlich aggressiv geklungen.«

»Darüber weiß ich etwas. Es gab eine kurze Affäre zwischen ihr und Rosalindes Mann. Sie war wohl schrecklich verliebt in ihn. Ist es vielleicht noch«, sagte Mascha.

»Adrienne auch«, ergänzte Sophia.

»Da haben wir ja gute Teammitglieder angeworben«, nickte Cronhart zufrieden. »Was wir aber unbedingt noch wissen müssen, Mascha, ist, ob die Puppe wirklich nur von jemandem ins Haus geschleust werden konnte, der dort wohnt. Denn die Haustür, das haben uns beide Rossos versichert, ist Tag und Nacht abgeschlossen.«

Mascha musste schmunzeln: »Das steht so in der Hausordnung, an die uns Friedhilde Rosso regelmäßig erinnert. Nämlich immer dann, wenn sie die Haustür offen vorfindet.«

»So oft?«

»Ja, man rennt schon mal schnell aus dem Haus, um etwas zu besorgen, und dann lässt man die Haustür offen, weil man denkt, man sei in ein paar Minuten wieder zurück. Und unsere Damen schließen schon auch manchmal nachts absichtlich auf, wenn sie noch einen späten Besuch erwarten oder wenn sie schon Besuch von jemandem haben, der dann die Nacht über bleibt und der im Morgengrauen unbemerkt das Haus verlassen soll. Solche Dinge eben. Aber insgesamt schauen die Rossos und Klementine schon, dass diese Ausnahmen sich nicht häufen. Und sie schimpfen, wenn sie jemanden überführen können.«

»Erinnert mich stark an mein Internat«, sagte Max Grossmann.

»Du warst im Internat?«, fragte Heinrich Cronhart interessiert. »Davon hast du nie erzählt.«

»Ja.«

Sophia schaute Max Grossmann an. Er erwiderte ihren Blick und erklärte: »Meine Mutter ist leider früh gestorben.«

»Wie meine. Ich konnte noch nicht einmal sprechen.«

»Ich war älter. Und mein Vater wusste nicht so recht, wie er mich alleine erziehen sollte. Deswegen das Internat. Gut gemeint von ihm. Aber schrecklich für mich. Besonders, weil ich ja immer diesen Hang zur Lyrik hatte. Schon als Junge, so mit vierzehn oder fünfzehn Jahren. Naturgedichte habe ich gelesen, stell dir das vor, sogar Liebesgedichte. Ich hatte gerade Goethe für mich entdeckt. Weiß du, wie peinlich das für einen Jungen im Internat ist? Ohne richtige Privatsphäre anders zu sein?«

»Ja. Ich habe einen Bruder, ein sehr sensibler Junge, der ist sogar in einem Waisenhaus aufgewachsen. Mein Adoptivbruder. Von dem habe ich allerhand gehört.«

»Ich war jedenfalls froh, als ich da durch war. Und dann durfte ich immer noch keine Gedichte schreiben, weil ich ja erst etwas werden sollte.«

»Wieder dein Vater?«

»Ja. Ich sollte wie er Jurist werden. Und ich war es gewohnt zu gehorchen. Wie die meisten hier. Dieses ganze Land ist gewohnt zu gehorchen. Jetzt sieht man, wozu das geführt hat.«

»Und hattest du gar kein Interesse an der Rechtswissenschaft?«

»Zu meiner größten Überraschung habe ich Interesse entwickelt. Aber danach bin ich kein Jurist geworden, sondern erst einmal zur Mordkommission gegangen.«

»Das hat mein Vater seinerzeit ganz genauso gemacht. Er wollte sich eine Pause vom Studium und der Interpretation von Gesetzen gönnen. Ins wirkliche Leben eintauchen.«

»Und ich konnte mir nicht vorstellen, mit meinem Vater in seiner Kanzlei zu arbeiten.«

»Weil es nicht mit, sondern unter ihm gewesen wäre?«

»Ja. Und weil es mir …, wie drückt man das bloß aus? Weil es mir fast peinlich war, mit meinem Vater zu sprechen. Ich kann mit Fremden sprechen und mit Freunden. Aber wie ich mit meinem Vater sprechen sollte, das wusste ich nicht. Weiß ich immer noch nicht. Weißt du das, wie man mit einem Vater sprechen soll?«

»Ich weiß nicht, wie man mit *einem* Vater sprechen soll, aber ich weiß ganz genau, wie es mit *meinem* Vater geht. Und noch etwas weiß ich: dass ich es kaum aushalte, selbst jetzt als erwachsene Frau, wenn ich längere Zeit nicht mit meinem Vater sprechen kann. Und wenn ich daran denke, verhalte ich mich wieder so desolat wie vorhin. Komisch, hier in Frankfurt habe ich immerzu Heimweh, in Zürich nicht. Aber wo geraten wir da hin? Wir sind ja nicht hier, um mich einer Psychoanalyse zu unterziehen.«

»Aber du sitzt doch schon auf der Couch. Magst du dich hinlegen?«

Sophia hoffte, dass sie nicht rot geworden war.

»Damit die Psychoanalyse besser klappt«, erklärte Grossmann.

Cronhart und Mascha hatten das ernsthafte Gespräch zwischen Sophia und dem Kommissar schweigend und verwundert verfolgt. Mascha konnte sich nicht erinnern, dass Sophia einem letztlich Fremden je so ausführlich private Dinge anvertraut hätte, als gäbe es keine Schranken zwischen ihr und ihm. Das fand sie wirklich sehr ungewöhnlich, gab es schließlich sogar zwischen Sophia und ihr gewisse Barrieren. Einmal hatte sie Sophia wegen ihrer Distanziertheit »Prinzessin im Elfenbeinturm« genannt. Die hatte daraufhin versucht, sich anders zu verhalten. Nicht besonders erfolgreich allerdings. Heute jedoch war ihr Verhalten wirklich verändert, denn noch nie hatte sie gehört, dass Sophia ihr Heimweh offenbart hatte oder ihre Sehnsucht nach dem Vater.

Cronhart hing ähnlichen Gedanken nach wie Mascha. Da erzählte der Mann, den er in Gedanken immer »mein junger Freund« nannte, der fremden jungen Dame aus vielleicht dubiosen Wiener Adelskreisen Dinge über sich, die nicht einmal er wusste. Und sein junger Freund schien darüber die Ermittlungen vollständig vergessen zu haben.

Deswegen führte er ganz unauffällig, wie er fand, zum Ausgangsthema zurück: »Könnt ihr uns bei dieser anderen Sache weiterhelfen? Ihr beide habt doch heute viel Zeit mit den Pensionsgästen verbracht.«

»Das stimmt«, sagte Mascha. »Wir waren nach dem Spaziergang fast den ganzen Tag mit den anderen zusammen. Wir haben Kulissen gestrichen, wir haben genäht, Perücken glatt gekämmt, Rollen abgehört, Dinge von einem Ort zum anderen geschleppt, kurz: richtig gearbeitet.«

»Sche' Urlaubsdaache, die ihr da miteinander erlebt«, sagte Cronhart in seinem freundlich-ironischen Ton, »und man hat fast das Gefühl dabei, ihr seid nicht das erste Mal gemeinsam bei Ermittlungen.«

»Mir ist noch etwas aufgefallen«, schaltete sich Sophia ein. »Selmars Jugend ist eigentlich ähnlich verlaufen wie deine. Er war nicht im Internat, das nicht, aber sein Weg zur Lyrik stieß in seiner Familie auf einen ähnlichen Widerstand wie deiner, und auch er hat den Umweg über ein Studium der Rechte machen müssen.«

»Habt ihr ihn eigentlich heute gesehen?«, wollte Cronhart noch wissen.

»Nach dem Frühstück? Nein, er scheint früh weggegangen zu sein und war dann den ganzen Tag nicht mehr da«, antwortete Mascha.

»Das stimmt nicht, ich habe ihn im Treppenhaus gesehen, als ich am späten Nachmittag noch einmal unten war und mir etwas zu trinken geholt habe«, widersprach Sophia.

»Aber Rosalinde ist doch irgendwann am frühen Nachmittag weggegangen und wollte seine Mutter besuchen, war das nicht so?«

»Da wird sie ihn aber zu Hause nicht angetroffen haben.«

»Weißt du, was er dann im Haus wollte, wo doch Rosalinde nicht da war?«

»Vielleicht haben sie sich einfach verpasst, er wollte sie abholen, aber sie war schon unterwegs.«

»Oder er hatte noch eine Idee zum Stück, etwas, das er mit Luise besprechen wollte.«

»Während seine Frau bei seiner Mutter saß? Wo die beiden sich doch nicht gut verstehen?«

»Sie verstehen sich nicht gut?«, fragte Cronhart. »Davon hat sie uns kein Wort gesagt. Im Gegenteil, sie war des Lobes voll für die Mutter ihres Gatten. Eine *jiddische Mamme*, hat sie uns erzählt, die nur für ihren Sohn lebt.«

»Und *mit* ihm!«, warf Mascha ein, die wusste, wovon sie sprach. »Haben Sie das bedacht?« Sophia bemerkte, dass Mascha das Duzen mit kaum bekannten Männern auch noch nicht ganz selbstverständlich war. So stieß sie Mascha in die Seite, woraufhin die lächelnd korrigierte: »Das habt ihr doch, oder?«

»Wie meinst du das«, fragte Max Grossmann, »das ›mit ihm‹?«

»Habt ihr das nicht herausgefunden? Dass Selmar Marsel bei seiner Mutter lebt und seine Frau in der Pension?«

Die beiden Männer blickten sich betreten an. »Nein, der Wohnort ist nicht zur Sprache gekommen; wir fanden es wohl zu selbstverständlich, dass ein Ehepaar zusammenlebt, und haben irgendwie angenommen, dass beide in der Pension ...«

Mascha erzählte ihnen die ganze Geschichte dieser Ehe.

Aber auch Sophia hatte im Laufe des Nachmittags mehr darüber erfahren, nichts wirklich Neues zwar, aber doch andere Akzente. Rosalinde hatte nämlich ganz gezielt ein Gespräch mit ihr gesucht. Sie wolle wegen des Theaterstücks die Gefühle einer jungen Witwe noch besser verstehen, hatte sie ihren Gesprächswunsch begründet und sich dafür entschuldigt, dass manche ihrer Fragen vielleicht indiskret seien. Aber Sophia war nach den beiden Tagen in der Pension Rosso schon an recht direkte Fragen gewöhnt. Und während Rosalinde vermeinte, Sophia auszufragen, hatte sie ihrerseits ihr kleines Fragenetz über die Schauspielerin ausgeworfen, so dass sie die stark an Fakten orientierte Darstellung Maschas um einige Befunde auf der emotionalen Ebene bereichern konnte.

Selmar Marsel hatte sich nach Rosalindes Bericht im Sommer 1914 so sehr in sie verliebt, dass er meinte, nicht länger ohne sie leben zu können. Keinen Tag länger. Rosalinde, stark angezogen von dem jungen, temperamentvollen, attraktiven und reichen Mann, erwiderte seine Leidenschaft und bald kam es zu einer heftigen Affäre. Doch über deren Fortgang machte sie sich im Unterschied zu Selmar keine Gedanken. Erst einmal wollte sie das Zusammensein genießen. Sie freute sich selbstverständlich auch darüber, dass sie dabei war, so etwas wie eine Dichtermuse zu werden. Das könnte neben ihrer Bühnenkarriere einen zweiten Grundstein für ihren späteren Ruhm legen. Dann wurde der Krieg erklärt und Selmar Marsel, der empfindsame Dichter, wollte schnell in den Krieg ziehen, davor aber wollte er Rosalinde heiraten. Beides, seine Kriegsteilnahme und seine Hochzeit, betrieb er mit der gleichen enthusiastischen Entschlossenheit. Trotz einiger Bedenken konnte sich Rosalinde gegen diesen Ansturm nicht durchsetzen. Sie wusste noch nicht, ob das, was sie mit Selmar verband, die Liebe zur Dichtung, die Begeisterung für das Schöne und die heftige körperliche Anziehungskraft und Leidenschaft, ewig oder wenigstens eine sehr lange Zeit andauern würde. Vielleicht, so erzählte sie sehr ehrlich, sei sie auch durch die extrem enthusiastisch aufgewühlte und aufgeladene Stimmung der Augusttage 1914 infiziert gewesen und habe deswegen auf alles exaltiert und übersteigert reagiert. Alles zwischen ihnen sei ihr damals so groß, so wunderbar, so einzigartig, so unauflöslich erschienen.

Und so hatten sie, obwohl sie sich noch nicht sehr gut kannten, eine große und ausgelassene Hochzeit gefeiert. Mit allen ihren Freunden vom Theater und von der Presse. Zu guter Letzt habe auch Selmars Mutter, die ursprünglich die Feier, die sie nicht billigte, mit einem verkniffenen Gesicht absaß, um Selmar nicht ganz zu verlieren, Freude gezeigt, als sie das Glück ihres Sohnes begriff, der nun durch die Vermählung mit einer schönen jungen Künstlerin und durch den Aufbruch in unbekannte Abenteuer sein Leben weiter in eine Richtung lenkte, die er für sein Leben plante. Zumindest glaubte Rosalinde das damals.

Nach einem tränenreichen Abschied am Bahnhof, wo er seine an diesem Tag wie mahnend schwarz gekleidete Mutter und seine ihm zu Ehren in prunkvolles und auffallendes Rot gehüllte Frau nebeneinander auf dem Perron stehen sah, als der Zug davonrollte, begann Selmars Mutter mit der Erziehung seiner Frau. Zunächst sollte die junge Frau natürlich bei ihr wohnen, und das war auch noch mit Selmar so abgesprochen worden. Und dass die Hirschfelds in der Schönen Aussicht lebten, mit Blick auf den Main und die Alte Brücke und hinüber nach Sachsenhausen und trotzdem mitten in der Stadt, war auch verlockend für Rosalinde. Einer ihrer Verehrer hatte ihr einmal erzählt, dass dieser einst vornehmste Teil der Stadt erst vor gut hundert Jahren entstanden sei und dass für die Bebauung das sumpfige Gebiet meterhoch aufgefüllt werden musste. In den schönen hohen klassizistischen Häusern wohnten früher nur reiche und angesehene Bürger. Der Philosoph Schopenhauer verbrachte dort mehr als fünfundzwanzig Lebensjahre.* Inzwischen war die Bedeutung des Fischerfeldviertels gesunken, doch Künstler und Wissenschaftler schätzten es immer noch, und Rosalinde fand ihr neues Zuhause, in dem es keine Geldsorgen gab, luxuriös und komfortabel.

Das war ja alles im August 1914, noch in den Theaterferien, aber zwei Wochen später begannen die Proben. Rosalinde wollte wie selbstverständlich ihr vorheriges Leben wieder aufnehmen. Selmars Mutter, und das hatte sie nicht mit Selmar abgesprochen, wollte ihr das verbieten. Darauf kam es zu einer großen Auseinandersetzung zwischen Selmars Mutter und seiner Frau, der noch zahlreiche weitere folgen sollten. In der ersten siegte Rosalinde, die sich kompromisslos weigerte, das Theater aufzugeben. In der zweiten siegte dann ihre Schwiegermutter. Die ging um Rosalindes Unterweisung im jüdischen Glauben. Das kam Rosalinde exotisch und spannend vor, so dass ihre Gegenwehr anfangs nicht so stark war wie später, als das Erlernen des Hebräischen doch viel Zeit beanspruchte, die ihr beim Rollenlernen abging, obwohl der Rabbi, der sie unterrichtete, überraschend locker war und ihr alles, was sie lernen sollte, auf amüsante Weise vermittelte. Für

---

* Arthur Schopenhauer wohnte seit 1834 in der Schönen Aussicht Nr. 17, später zog er in die Nr. 16 um, wo er 1860 starb.

das koschere Kochen hatte sich die Schwiegermutter selbst als Lehrerin bestimmt. Es machte Rosalinde keinerlei Freude, und Mascha musste sehr lachen, als Sophia davon erzählte. Sie selbst hatte schon in Wien lange nicht mehr koscher gegessen und sich nur noch bei den Sabbat-Besuchen bei ihren Eltern notgedrungen an die strengen Vorschriften ihres orthodoxen Elternhauses gehalten. Inzwischen, so weit weg von zu Hause und von allen väterlichen und mütterlichen Ermahnungen, waren die Erinnerungen an die Challa* der Mutter, die sie an jedem Freitagabend in Wien erwarteten genauso wie den herzhaften Tscholent** am nächsten Tag, so aufgeladen mit Sehnsucht oder Sentimentalität, wie sie diese diffusen Gefühle je nach Laune vor sich selbst bezeichnete, dass sie gelegentlich eines der zahlreichen koscheren Gasthäuser im Frankfurter Ostend aufsuchte, um die ihr von Kindheit an vertrauten Speisen zu essen. Nicht, weil sie ihr besonders gut schmeckten, sondern weil alles, was damit zusammenhing, sie zu sich selbst zurückführte, zu dem, was an ihrem Leben richtig war und was sie nicht verdrängen musste wie das, was sie wie einen Flüchtling aus der Stadt getrieben hatte.

»Halt«, unterbrach sie ihre Freundin, »entschuldige, ich war abgelenkt wie du vorhin, weil ich auch an mein früheres Leben denken musste. Unsere Wiederbegegnung lässt alles wieder wach werden in uns, nicht wahr, Sophia? Das Früher. Das Gestern. Wisst ihr, dass ich Jüdin bin?«

Die beiden Männer nickten.

»Der Name«, sagte der Kommissar.

»Ja«, sagte Mascha, »und meine Arbeitsstätte ist vielleicht auch ein Hinweis.«

---

* Challa (ostjüd.): geflochtenes Hefebrot zum Sabbat

** Tscholent (ostjüd.): Eintopfgericht, das schon am Freitag vor Sabbatbeginn für das Mittagsmahl am Samstag hergestellt wird; besteht meist aus Fleisch, Bohnen, Graupen und Kartoffeln, es gibt viele regionale Varianten.

»Wir haben dich gar nicht gefragt, in welchem Krankenhaus du arbeitest.«

»Im Israelitischen Krankenhaus. Das müsstest du doch eigentlich wissen, Max!«

Mascha sah den Kommissar an und errötete dabei leicht. Sophia nahm sich ganz fest vor, ihre Freundin beim Anbahnen der Beziehung zu Max Grossmann zu unterstützen. Vielleicht war ihrer Freundin noch gar nicht bewusst, was sich da entwickelte. Deswegen fragte sie: »War nicht gestern die Rede davon, dass ihr euch gestern nicht zum ersten Mal begegnet seid, Max? Ist dir inzwischen eingefallen, wo du sie schon einmal gesehen hast?«

»Leider nein.«

»Das spricht aber nicht sehr für mich«, zog Mascha das Ganze ins Lächerliche, und die beiden Herren reagierten darauf mit vielen Komplimenten.

»Ich verstehe Max nicht«, sagte Cronhart. »Hätte ich sein Glück einer früheren Bekanntschaft gehabt, dann wüsste ich noch davon.«

»Gib mir einfach noch einen Hinweis«, bat Max Grossmann, »obwohl es natürlich unverzeihlich ist, eine so schöne und kluge junge Frau wie dich gesehen und wieder vergessen zu haben.«

»Du hast eben einen Hinweis erhalten. Du hast ihn nur nicht erkannt.«

»In Zusammenhang mit deiner Arbeitsstelle?«

Mascha nickte.

Aber der Kommissar konnte sich nicht erinnern. »Vor etwa vier Wochen habe ich dort einen Freund besucht. War es bei dieser Gelegenheit?«

»Ja. Aber mehr Tipps gebe ich heute nicht, und jetzt muss ich unbedingt die Geschichte von Rosalinde und ihrer Schwiegermutter weiterhören. Die ist für mich besonders spannend. Komm, Sophia, erzähl weiter!«

»Gut. Ich glaube, dass der Hauptstreit um die Zubereitung von *gefilte Fisch*[*] entbrannte. Das alles ist irgendwann 1916 passiert, so genau weiß ich das nicht, aber die beiden waren sich schon spinnefeind. Rosalindes Karriere hatte gerade erst so richtig begonnen, das heißt, dass sie die ersten Hauptrollen bekam und natürlich sehr ausgelastet und angespannt war. Zwei Premieren in der kommenden Saison standen an, von denen abhängen konnte, ob sie zu den ganz großen Schauspielerinnen gehören würde oder nicht. Ihr wisst: ›Dem Mimen flicht die Nachwelt keine Kränze‹[**]. Das hat sie im Gespräch zitiert. Von dir wird einmal Gedrucktes bleiben, Max, und vielleicht wird man deine Gedichte noch in vielen Jahren oder Jahrzehnten lesen. Aber eine Schauspielerin weiß, dass sie ihre Zeit hat. Und diese Zeit nutzen muss, um, wenn schon nicht ihre Arbeit, so doch zumindest ihren Namen eine Zeitlang bekannt zu halten.«

»Das ändert sich gerade. Die schöne Frau Geiger sollte zum Film gehen! Dann wird sie vielleicht auch ewig in Konserven haltbar gemacht«, warf Cronhart ein, wobei er seinem Freund fest auf den Fuß trat. Dieser nämlich hatte, für jeden ersichtlich, nicht genau zugehört, wahrscheinlich vollzog er in Gedanken immer wieder minutiös seinen letzten Besuch im Krankenhaus nach und hoffte, dass dabei ein Bild auftauchen würde, Maschas Bild. »Wie in einem Film«, sagte er recht vage, auf eines der letzten Wörter, die er gehört hatte, Bezug nehmend.

Aber sehr erfolgreich war er mit seiner vorgegaukelten Konzentration nicht, denn alle, nicht nur Sophia, nahmen seinen

---

* Gefilte Fisch: Kaltes Gericht aus Fisch, vor allem aus Karpfen, aber auch aus Hecht. Das aus der Fischhaut gelöste und von den Gräten gelöste Fischfleisch wird faschiert, mit Zwiebeln, Eiern, Matzebrot, Salz und Zucker vermischt und in die Fischhaut zurückgelegt. In dieser Form wird es pochiert, dann gekühlt und, mit Roter Beete und Meerrettich garniert, serviert.

** »Dem Mimen flicht die Nachwelt keine Kränze«: Zitat aus dem Prolog zu Schillers »Wallenstein«

nach innen gerichteten Blick wahr. Als er Maschas Stimme hörte, fixierte er sie geradezu. Sie schob etwas in Sophias Erzählung ein: »Vor einigen Wochen wurde aus irgendeinem Grund das Frühstück in der Pension durch drei Bücklinge bereichert, die, in Fett schwimmend und golden glänzend, nebeneinander auf einer Platte lagen. Ein seltener Luxus, sagte Rosalinde damals zu mir, nur leider kann man seinen Tag doch nicht damit anfangen. Ich müsste den ganzen Tag daran denken, wie die Fischteile durch mich hindurchschwämmen und wie ich aus allen Poren nach ihnen röche. Dann müsste ich außerdem dauernd an meine Schwiegermutter denken. Ich weiß noch genau, wie witzig mir das vorgekommen war, dass der schönen Schauspielerin ausgerechnet beim Anblick von gesalzenen Heringen ihre Schwiegermutter einfiel. Doch weiter habe ich nicht gedacht. Hätte ich aber eigentlich müssen. Das hat mit den *gefilte Fisch* zu tun, nicht wahr, Sophia? Sie musste mit der alten Frau Hirschfeld Fische zerlegen. Schrecklich, kann ich euch versichern, wenn man keinen Spaß daran hat.«

»Ja, genauso war es. Rosalinde hat mir fast wie einen Witz erzählt, dass ihre Trennung von ihrer Schwiegermutter erfolgt sei, als diese ihr zeigte, wie sie einen wunderbaren frischen Fisch, eine absolute und seltene Delikatesse im Sommer 2016, auf die Rosalinde sich schrecklich gefreut hatte, aus seiner Haut schälte, ihn zerhackte, lieblos, fand Rosalinde, und das Gehackte mit allerlei Sachen wie Mehl oder Semmelbröseln und getrockneten Kräutern mischte, kurz, eine Art Fischbrei daraus machte, den sie dann zurück in die Haut steckte. Serviert wurde der dann in einer ekligen Sülze, wie Rosalinde erzählte. Und da habe sie rebelliert und gesagt, *gefilte Fisch* zuzubereiten, wolle sie nicht lernen. Nie. Nimmer. ›Nimmer und nimmermehr‹*. Und auch ihr Ehemann wolle so etwas bestimmt nicht auf dem Teller sehen, wenn er von der Front

---

* Gretchen in Goethes »Faust«

nach Hause käme, hat sie ihrer Schwiegermutter zugerufen. Und dann sei sie ausgezogen und habe *vorübergehend* wieder ein Zimmer in der Pension gemietet. Zumindest war das die offizielle Lesart. Denn eine Pension, allein dem Wort hafte etwas Vorübergehendes an, sei nichts auf die Dauer, und beide Frauen konnten ihr tiefes Zerwürfnis vor ihren Bekannten und ihrer Familie und dem Rabbi hinter vorgeschobenen Argumenten verbergen. Damit, dass Rosalindes Theaterarbeit wegen der vielen großen Rollen derzeit so anstrengend und erschöpfend sei, dass sie darüber hinaus seit Kurzem Unterricht bei Frau Koscinski nähme und es ihr einfach nicht zuzumuten sei, im Winter jede Nacht nach der Vorstellung durch die halbe Stadt nach Hause zu laufen. Was natürlich, wenn man die Verkehrsverbindungen in der Stadt kennt, nicht zutrifft, aber trotzdem glaubhaft klingt. Sie benutze das Zimmer in der Pension auch deswegen gelegentlich, weil sie da mehr Zeit zum Lernen habe als in dem geselligen Haus, in dem ihr Mann aufgewachsen sei. Und weil dort viele ihrer Kollegen und Kolleginnen wohnten, so dass man auch außerhalb des Theaters miteinander üben könne. Das berichteten sie so auch beide in ihren Briefen an die Front.«

»Wieso Selmar allerdings bei der Bemerkung seiner Frau, dass das Haus seiner Mutter so gesellig sei, dass man sich darin nicht auf die Theaterarbeit konzentrieren könne, nicht misstrauisch geworden ist, verstehe ich nicht«, murmelte Mascha.

So seien einige Monate vergangen, die beiden Frauen mieden sich, hielten aber den Schein familiärer Eintracht aufrecht.

Immer noch fixierte Max Grossmann Mascha, so kam es Sophia zumindest vor. Wie wohl Mascha mit den Augen eines Mannes aussah? Sie liebte Maschas Gesicht mit dem leicht bräunlichen Teint seit jeher, aber nichts mehr erinnerte an ihrer Freundin an das junge Mädchen aus der Leopoldstadt, das in seiner einfachen Kleidung, Bücher unter den Arm gepresst, die Haare im Nacken zusammengebunden oder unprätentiös hochgesteckt, zur Universität fuhr und später in das Allgemeine Krankenhaus. Diese junge und selbstbewusste Frau könnte direkt das Titelblatt eines Magazins zieren, dachte Sophia. So sieht man heutzutage als moderne Frau aus. Als Frau an der Heimatfront: schön, modisch, schick. Dabei ist man fleißig, umsichtig, vielseitig. Man kann die Arbeit der Männer, die im Krieg sind, verrichten, man lenkt Straßenbahnen, arbeitet als Ärztin im Krankenhaus.

Sophia blickte zum wiederholten Male in diesen beiden Tagen an sich herunter. Nein, dem neuen Frauenbild entsprach sie so gar nicht. Mascha erhob die Stimme und fragte sehr laut: »Und dann, Sophia?« Doch Sophia kam es vor, als sei niemand mehr richtig an Rosalindes Geschichte interessiert als Heinrich Cronhart. Der Kommissar und ihre Freundin schauten sie an, als wollten sie ihre Gesichtszüge auswendig lernen. Sophia antwortete nach kurzem Überlegen: »Dann kam, nachdem seit einiger Zeit Briefe von der Front ausgeblieben waren, ein offizielles Schreiben, in dem mitgeteilt wurde, dass Selmar vermisst sei, und wenig später ein zweites mit der beruhigenden Nachricht, er befände sich verwundet in einem Lazarett. Dass diese Nachricht dann doch nicht nur positiv war, stellte sich erst später heraus, als Rosalinde einen Brief erhielt, den eine Krankenschwester auf Selmars Bitte hin nach seinem Diktat geschrieben hatte und den sie auf irgendeinem geheimen Weg unzensiert versenden konnte. Jetzt erst erfuhren Selmars Mutter und seine Frau, dass er nicht nur von zahlreichen Granatensplittern an vielen Stellen verwundet, sondern von einem Einschlag im Bein sogar so gravierend verletzt worden war, dass dieses amputiert werden musste. Er werde heimkommen, sowie er annähernd so wiederhergestellt werden konnte, dass er reisefähig sei. Das aber könne noch dauern, doch er vermute, dass er baldmöglichst von dem Lazarett an der Front nach

Deutschland verlegt werde, wo man mehr für seine Rehabilitation tun könne. Sonst sei er äußerlich nicht entstellt, aber das letzte Gefecht habe seine Nerven so überfordert, dass er noch jetzt, wenn er wach sei, zittere und Angst habe. Deswegen werde wohl der physischen Rehabilitierung eine psychische folgen müssen. Diese klare Botschaft, die Mutter und Ehefrau schlagartig klarmachte, dass nicht Selmar, der Held, zurückkehren würde, sondern Selmar, das Opfer, brachte die beiden immerhin dazu, sich gegenseitig zu versprechen, ihr Zerwürfnis zunächst vor Selmar geheimzuhalten. Er solle selbstverständlich im mütterlichen Haus leben und sich erholen, weil die doch etwas chaotischen Bedingungen in der Pension dafür ungeeignet seien. Rosalinde solle helfen, den Schein zu wahren, indem sie einerseits häufiger als nur gelegentlich im Haus der Schwiegermutter übernachten und sich dort auch tagsüber manchmal aufhalten sollte. Übernachtungen in der Pension könnte sie mit ihrer Arbeitssituation begründen, wie sie es ja auch schon in ihren Briefen getan hatte. Andererseits könnte Selmar selbstverständlich die eine oder andere Nacht in der Pension schlafen, sowie er dazu körperlich in der Lage sei. Und damit er sich dort auch ausruhen könne, sollte Rosalinde ihm einen kleinen Raum dazu mieten.

Zu ihrer großen Erleichterung funktionierte das.

Die Mutter hatte vor der Rückkehr ihres Sohnes, auf die sie lange Zeit warten musste, mit den beiden Freunden ihres Vaters und mit dem Rabbi gesprochen. Alle hatten ihr immer wieder eindringlich erklärt, dass ihr Sohn verheiratet sei, dass also kein Kind, kein Junge zurückkehre, sondern ein Ehemann, dem die eigene Frau die wichtigste Person sei. Dahinter müsse sie zurücktreten, wolle sie den Sohn nicht für immer aus dem Haus treiben.

Und das tat sie denn seitdem auch.

Mascha lächelte und fragte: »Wen von den beiden Frauen haltet ihr für die bessere Schauspielerin, Selmars Mutter oder seine Frau?«

»Rosalinde natürlich«, antwortete Cronhart.

Doch Mascha zweifelte daran. Natürlich spielte Rosalinde die teilnahmsvolle, liebende Frau perfekt, und zwar anfangs jeden Morgen zwei bis drei Stunden lang. Länger hätte sie das wahrscheinlich auch nicht ertragen. Dann ging sie zu ihrer Arbeit, tagsüber in die Pension, dann ins Theater. Bald schlief sie wieder häufiger in der Pension, weil sie, wie sie sagte, so erschöpft war und durch eine späte Heimkehr nach dem Theater ihren schlafenden rekonvaleszenten Ehemann nicht wecken wollte. Zum Frühstück suchte sie ihn dann auf. Und Selmars Mutter bestätigte wie eine Komplizin jedes Wort ihrer Schwiegertochter und lobte Rosalinde und ihre Begabung und ihre Fürsorge in immer neuen blumigen Worten. Und das fiel ihr bestimmt nicht leicht.

Als hätte sie Maschas Gedanken gelesen, sagte Sophia: »Ich glaube, die alte Frau Hirschfeld.«

»Vielleicht«, sagte Mascha, »kann ich noch einen weiteren Beitrag zur Analyse der Situation leisten, leider ohne Beweis.« Allein ihre im Beruf erworbene Menschenkenntnis habe ihr das, was sie jetzt erzähle, eingegeben. Freilich habe sie Rosalinde und Selmar häufig zusammen gesehen und auch daraus ihre Schlüsse gezogen. Vor Selmars Rückkehr sei Rosalinde wie elektrifiziert gewesen, sie habe regelrecht gefunkelt vor Aufregung und Vorfreude. Und vor Angst. »Einmal«, berichtete Mascha, »ich wohnte damals noch nicht sehr lange in der Pension und war noch eine Außenseiterin, hat sie mich angesprochen und fast schüchtern gefragt, ob ich schon Patienten gehabt habe, die ihr Bein verloren hatten. Und die hatte ich tatsächlich hier in Frankfurt. Ich habe sogar einmal bei einer Beinamputation assistieren müssen. Aber das habe ich ihr natürlich nicht erzählt. Sie war schon ängstlich genug. Ich habe versucht, sie zu trösten, ohne genau zu wissen, welcher Aspekt ihr besondere Sorgen macht«, sagte Mascha.

»Ist das nicht bei allen Frauen gleich?«, fragte Max Grossmann. »Wollen nicht alle einfach wissen, wie schlimm das für ihre Männer ist? Wie viele Schmerzen sie haben? Und wie lange es dauern wird, bis sie sich mit ihren Krücken und später mit ihren Prothesen selbstständig bewegen können? Oder wann eine Weiterentwicklung der Prothesentechnik zu erwarten ist, so dass die Beweglichkeit der betreffenden Männer besser werden kann?«

»Das stimmt schon«, sagte Mascha, »zumindest ist das genau das, was man erwartet, was zum Beispiel einen Journalisten oder Kommissar interessieren würde, der sich allgemeine Informationen zum Thema verschaffen will. Aber in den Ehen geht es da um mehr. Um ganz anderes.«

Cronhart nickte: »Die Frauen machen sich Sorgen, ob ihre Männer wieder, ich weiß nicht, wie ich es sagen soll …«

»Den Geschlechtsverkehr vollziehen können?«, sagte Mascha sachlich.

»Ja.«

»Das stimmt, ist aber auch noch nicht alles. Wissen Sie, dadurch, dass Frauen ihre Männer zu Hause pflegen und sie unterstützen, ändert sich auch ihre Beziehung. Aus der Frau wird eine Krankenschwester, aus dem Mann ein Patient. Der gesamte Komplex der gegenseitigen Anziehung verändert sich, am stärksten für die Frau, denke ich. Viele scheuen sogar den Anblick des amputierten Beins, dessen Pflege ihnen häufig obliegt. Und dann schämen sie sich natürlich noch mehr darüber, dass sie so reagieren. Und können mit niemandem darüber sprechen. Die Frau an der Heimatfront ist für ihren Mann Gefährtin, Helferin, Heilerin, Frau, Mutter. Soll sie sein. Und wenn sie dann anders empfindet, fühlt sie sich schuldig.«

»Und du meinst, dass es Rosalinde so gegangen sein könnte?«, fragte Sophia.

»Das glaube ich, ja. Ich denke, dass sie sich bereits von Anfang an, seit sie die Nachricht vom Verlust seines Beines und seiner psychischen Krise erhalten hat, schämt, weil sie sich für egoistisch halten muss. Denn sie wird nicht nur daran gedacht haben, was das für ihren Mann bedeutet, sondern auch daran, was das für sie bedeutet. Meiner Meinung nach hat sie deswegen auch bald, nachdem er ihr sein Stück, das er im Lazarett fertig geschrieben hat, übersandt hat, den Plan für die Aufführung gefasst. Und dieses Projekt hat sie mit einer Entschlossenheit und Energie betrieben, die ihr kaum jemand zugetraut hätte. Sie hat die Terminierungen vorgenommen, die Spielorte aufgetrieben, Schauspielerinnen und Bühnenarbeiter und Techniker und einfach alle, die derzeit mit der Realisierung des Projekts beschäftigt sind, für die Mitarbeit gewonnen. ›Arbeit‹ ist wirklich das einzig richtige Wort für das, was sie geleistet hat. Das habe ich inzwischen verstanden, dass Theater kein Spiel ist, sondern ganz harte Arbeit. Und sie motiviert alle unermüdlich. Was sie macht, ist wirklich großartig, und ich bin sicher, dass es Selmars Heilung sehr befördern wird, wenn sein Stück erfolgreich uraufgeführt wird. Aber, wie gesagt, ich halte es auch für eine Ersatzhandlung.«

»Ersatzhandlung?«

»So würde unser Wiener Professor Freud das erklären. Ich als Laie meine, dass sie das Projekt angefangen hat, um ihre Liebe zu ihm zu beweisen, sich, ihm, anderen. Dass sie sich jetzt bis zur Erschöpfung dafür verausgabt. Dass sie das für ihren Mann tut, lindert ihre Gewissensbisse darüber, dass sie das, was sie eigentlich als seine Frau tun sollte, vielleicht nicht so gerne tut, eigentlich sogar gar nicht, weil sie ja Tag und Nacht für seinen Erfolg arbeitet.«

»Du meinst«, fragte Sophia, »dass sie ihn meidet? Das ist mir auch schon aufgefallen. Sie geht nicht darauf ein, wenn er von seinen Kriegserfahrungen erzählt, sondern lenkt das Gespräch auf das Stück. Und ja, ich habe gestern Abend kein einziges Mal beobachtet, dass sie ihn zärtlich angeblickt hätte oder gar berührt. Mich hat sie übrigens gefragt, ob mein Mann direkt an der Front gefallen sei oder erst im Lazarett oder nach dem Aufenthalt dort gestorben ist. Sie müsse es unbedingt wissen, drängte sie.« Sophia stockte und Mascha wusste, dass Rosalindes direkte Frage ihre Freundin, die nie vom Tod Rudolfs sprach, in eine schwierige Lage gebracht hatte.

»Ich habe ihr dann gesagt, was sie wissen wollte«, setzte Sophia fort, »dass mein Mann sofort tot war. Rosalinde hat zuerst komisch reagiert. Wie schlimm für ihn, aber wie gut für dich, das hat sie nämlich gesagt und dann hat sie unser Gespräch einfach ohne irgendeine Floskel beendet und ist aus dem Zimmer gerannt. Sie hat dabei, glaube ich, geweint. Zumindest haben sich ihre Schultern eng zusammengezogen, als unterdrücke sie einen großen Schmerz. Aber sie ist bald zurückgekommen, mit ein paar Pralinen auf einer kleinen silbernen Schale. Von einem Verehrer, hat sie erklärt, hat eine Praline aus dem Papier gewickelt und sie mir wie eine Mutter ihrem Kind zum Trost für irgendeinen Kummer in den Mund gesteckt. Es war eine sehr merkwürdige Situation, sehr seltsam. Zu intim. Eine Bühnenszene vielleicht. Aber sie hat es aufrichtig gemeint, da bin ich sicher.«

Mascha dachte nach: »Ich habe übrigens auch nie eine Zärtlichkeit zwischen ihr und Selmar beobachtet. Und sie ist nicht so diskret, dass sie das vermeidet, weil es gegen den guten Ton verstößt, oder?«

Max Grossmann wirkte plötzlich hellwach, als habe er eine wichtige Spur gefunden: »Aber er, Selmar, hat er seine Frau zärtlich angesehen? Oder berührt? Ich denke an gestern. Er hat sich doch kaum mit seiner wunderbaren Frau unterhalten, sondern mit uns, mit euch, oder?«

Sophia sah ihn an: »Nein, das heißt, später am Abend schon, aber bevor wir ein wenig Bekanntschaft geschlossen haben, auch mit uns nicht.«

Cronhart sprach aus, was allen plötzlich einfiel: »Sondern mit Luise Schulmeister.«

FREITAG, 23. NOVEMBER 1917, DRITTER TAG IN FRANKFURT

Gretchen am Spinnrocken allein

Meine Ruh ist hin,
Mein Herz ist schwer!
Ich finde sie nimmer
Und nimmermehr.

(Johann Wolfgang von Goethe: Faust)

1

Die schönen weissen Papierbögen, die mein Vater mir heimlich zusteckte, habe ich zweimal gefaltet, einmal der Länge und einmal der Breite nach. Dann habe ich aus einem Blatt vier Blätter geschnitten.

Ich zeichnete, was ich sah oder gesehen habe. Manchmal auch, was ich im Traum gesehen habe.

Vater hatte seine Freude daran.

Er gab mir eine kleine Pappschachtel, in die meine kleinen Blätter genau passten. Er stellte sie in seinen Bücherschrank und ich gab ihm meine kleinen Zeichnungen zum Verwahren. Das tat er gewissenhaft und notierte auf die Rückseite meiner kindlichen Kritzeleien das Datum ihrer Entstehung.

Das war unser Geheimnis.

Am nächsten Morgen ging Max Grossmann sehr zeitig aus dem Haus.

Er wollte so früh wie möglich Doktor Löwen aufsuchen, vorher aber musste er seine Mitarbeiter mit verschiedenen Aufgaben betrauen. Insbesondere galt es, zuverlässige Daten über alle beteiligten Personen herauszufinden. Eine Souffleuse, die in Moskau Schauspielunterricht genommen hatte, ohne die Sprache zu kennen. Eine Tänzerin, die es unter anderem Namen als Schauspielerin versuchte. Eine Schneiderin, die Bühnenbilder entwarf. Eine junge Schauspielerin, die plötzlich zum Stern des Theaterhimmels wurde. Eine andere, der der Aufstieg nicht gelingen wollte. Eine verlassene Geliebte, die es noch einmal wissen wollte. Ein alter Mann, der mit Puppen sprach. Ein berühmter Tenor, der eine mickrige kleine Künstlerpension betrieb. Eine junge jüdische Ärztin aus Wien, die dort mit dieser Bohème lebte. Eine junge adlige Dame aus Wien, die in Zürich studierte und in erstaunlich kurzer Zeit erstaunlich viele Tatsachen ans Licht gebracht hatte. Nein, sagte sich Grossmann, dem Lebensweg dieser beiden wollte er nicht nachgehen. Wenn er jemandem vertrauen könnte, dann ihnen. Immerhin waren sie es, die zur Polizei gegangen waren. Andererseits – er kannte sie nicht. Die Ärztin war modern und selbstsicher, die Studentin auf den ersten Blick unauffällig, auf den zweiten wunderschön und auf den dritten, wenn er ehrlich war, unwiderstehlich. Und er hatte mehr als drei Blicke auf sie geworfen.

War das nicht Grund genug, um wenigstens ein paar Informationen über die beiden jungen Damen einzuholen? Dass er nicht mehr neutral, objektiv sein konnte, wenn er sich in Sophias Gesicht vertiefte? Aus dem Reiz, den Mascha vorgestern kurz auf ihn ausgeübt hatte, war längst ein warmes, freundschaftliches Gefühl geworden und er fand Gefallen an ihren Scherzen um das Rätsel ihrer Erstbegegnung. Max Grossmann liebte Frauen, liebte sie sogar sehr, und auch Rosalinde Geiger hatte einen großen Eindruck auf ihn gemacht, als sie sein Gedicht so sensibel gelesen und seinem Publikum nahegebracht hatte. Allerdings hatte er ihren Anblick eher wie den eines Kunstwerks genossen und sich an ihrer Selbstdarstellung erfreut. Doch Sophia? Das war anders. Als risse sie ihn aus der Welt, ganz weit weg.

Also: Informationen über die beiden jungen Frauen einholen oder nicht? Er würde es spontan in seiner Amtsstube entscheiden. Ja? Nein? Eher nein.

Definitiv nein. Die neue Freundschaft sollte nicht mit einem Vertrauensbruch beginnen. Und was brachte eine Überprüfung schon? Gar eine schnelle telefonische in Wien und Zürich? Nur Passinformationen, wie er das bei sich immer nannte. Name. Vorname. Geburtsname. Geburtsjahr. Geburtstag. Geburtsort. Größe. Augenfarbe. Familienstand. Derzeitiger Wohnort. Wenn man mit seinem Telefonanruf auf kooperative und arbeitswillige Polizeibeamte traf, die in den Melderegistern der jeweiligen Städte recherchierten, könnten sich Hinweise auf andere Wohnorte in der Vergangenheit ergeben. Und war das Einholen solcher Informationen bereits als Vertrauensbruch zu bezeichnen? Definitiv nicht. Also doch überprüfen?

Wiederum: Wenn er schon diesen äußerlichen Fakten nicht traute, was waren dann all die anderen Informationen, die sie ihm gegeben hatten, wert? Natürlich war die ungewöhnliche Nähe zwischen ihnen bei seiner Lesung entstanden, als er völlig enthusiasmiert durch seinen Erfolg war, in einem Hochgefühl, das noch dadurch gesteigert wurde, dass so viele seiner Freunde und Gesinnungsgenossen es teilten. Er konnte Hoffnung schöpfen, dass auch von seiner kleinen Veranstaltung aus ein Nein gegen den Fortgang des Krieges, der immer verheerendere Vernichtungen mit sich brachte, zu hören war. Widerstand kam ihm an diesem Abend möglich und angesichts der entschlossenen Gesichter seines Publikums sogar aussichtsreich vor.

Er erinnerte sich an den Herbst vor vier Jahren. September 1913. Damals erschien ihm Frankfurt ein Zentrum des weltweiten Pazifismus zu sein, was es wohl in diesen Tagen auch war. An zwei aufeinanderfolgenden Tagen sprach Rosa Luxemburg zuerst in Fechenheim und dann in Bockenheim über die Gefahr eines Krieges. Er war an beiden Tagen anwesend und das Bild der kleinen, schmalen jungen Frau hatte sich ihm bis heute fest eingeprägt. Ihre warnenden Worte hatte er sich gemerkt. Und die Leidenschaft, die aus ihrem Gesicht sprach, war ansteckend. Sie drückte damals ihre Hoffnung, nein, ihre Überzeugung aus, dass im Falle eines Krieges deutsche Arbeiter nicht auf französische schießen würden und auch auf andere nicht.

Frankfurt war in den Jahren zuvor enorm gewachsen, aus dem nahen und ferneren Umland kamen Arbeiter hereingeströmt und suchten einen Arbeitsplatz in den Maschinen- und Chemiefabriken der Stadt. Die Arbeiterbewegung entwickelte sich rasch, und die Gewerkschaften und die Sozialdemokratie verzeichneten große Zuwächse. Dass die Ideen Rosa Luxemburgs deswegen im Vorkriegsfrankfurt begeistert aufgenommen wurden, war nicht erstaunlich. Er war sich schon damals sicher, dass eigentlich die Menschen überall das Gleiche wollten: einen sicheren Arbeitsplatz, der es ihnen ermöglichte, ein bisschen Glück in ihrem Leben zu finden, eine kleine Wohnung, eine Familie, Frieden. Deswegen ließ auch er sich damals von der Hoffnung anstecken, dass Solidarität zwischen diesen Menschen sich gegen diffuse und dumpfe nationale Gemeinschaftskonstrukte durchsetzen würde.

Grossmann erinnerte sich noch gut an den Abend in der Basaltstraße. Schon Stunden vor dem Beginn der Veranstaltung fanden sich die Menschen zusammen und füllten dann dichtgedrängt den Parteisaal der Liederhalle*. Auch viele Bürgerliche waren im Saal. Zahlreiche Frauen hatten sich ebenfalls eingefunden, Mitglieder der Frauenbewegung. Sie alle hörten Rosas aufrüttelnden Satz: »Nein, auf unsere Brüder schießen wir nicht!« Max Grossmann hatte sich den Bericht aus der »Volksstimme«** bis heute aufgehoben. Der Herausgeber dieser Zeitung, der von Grossmann sehr geschätzte Wilhelm Zander, gerichtserfahren wie die meisten seiner Redakteure, hatte zu der Versammlung eingeladen. Aber die Vertreter der »Volksstimme« waren nicht die einzigen Journalisten, die an

* Liederhalle: ehemalige Gastwirtschaft namens »Zur Liederhalle«
** Volksstimme: auflagenstarke sozialdemokratische Zeitung in Frankfurt, die bis 1933 erschien

dem Abend anwesend waren, und auch diejenigen, die die bürgerliche Presse vertraten, schrieben während Rosas Ansprache eifrig mit. Und ausgerechnet deren Mitschriften wurden später in den Händen der Frankfurter Staatsanwaltschaft zu den entscheidenden Waffen gegen Rosa Luxemburg.

Er dachte daran zurück, wie Rosa Luxemburg ein paar Monate später, das war schon im Vorfrühling 1914 gewesen, vor der Strafkammer aufgrund dieser Rede wegen Aufforderung zum Ungehorsam gegen Gesetze und gegen Anordnungen der Obrigkeit zu Gefängnis verurteilt wurde.

Rosa Luxemburgs Überzeugung hatte sich damals, so glaubte er, auch auf viele andere übertragen, von denen manche inzwischen vielleicht, nein, bestimmt schon ihr Leben im Kampf gegen die französischen Klassenbrüder, ja, solche Worte verwendete man damals, lassen mussten. Wenn Grossmann jetzt zurückblickte, war es letztlich diese Veranstaltung, die sein vorher vages Gefühl, dass ein Krieg kein adäquates Mittel zur Lösung von Konflikten war, zur festen Überzeugung gewandelt hatte. Vorher interessierte ihn Politik nicht besonders oder aber er schaute wegen seines persönlichen Zwiespalts meistens nach innen. Dieser Zwiespalt lähmte ihn lange Zeit. Bis jetzt, wie er wusste. Er dachte nicht oft daran. Doch jetzt horchte er wieder einmal in sich hinein und erkannte, dass sich etwas verändert hatte. Er fühlte sich eigentlich inzwischen wohl in seiner Haut.

Da war er schon beinahe am Polizeigebäude angekommen. Die ganze Wegstrecke, die er sonst für ruhiges Nachdenken über berufliche Probleme oder auch das Vorformulieren spontaner lyrischer Eindrücke nutzte, hatte er ausgerechnet heute mit Rückblicken und Innensichten verschwendet. Verschwendet? Wo er sich so gut fühlte? Und woher kam das? War es der Einfluss Sophia Sachtls? Sie hatte in den letzten Tagen immer wieder irgendeinen Schalter in seinem Inneren gefunden und gedrückt, der ihn dazu brachte, verdrängte oder zumindest verdrängt geglaubte biografische Fetzen zusammenzusuchen und zusammenzunähen, wenn man das so sagen konnte.

Aber ob er nun Mascha und Sophia überprüfen lassen sollte oder nicht, hatte er immer noch nicht entschieden. Etwas verärgert über sich selbst, riss er sich aus seinen Gedanken und stellte sich entschlossen der Außenwelt, die sich aber nicht mit der erwarteten, dem Barock nachempfundenen Fassade präsentierte, sondern ihn mit gotischen Erkern und Fenstern irritierte. Gegenüber erblickte er das Goethe-Gymnasium, das dem Stil eines vornehmen Renaissancebaus nachempfunden war. Er war also schon an seiner Dienststelle vorbeigegangen und stand vor der Matthäuskirche, die nur ein paar Jahre vorher gebaut worden war. Praktische Stadtplanung, dachte er. Weltlicher und geistiger und pädagogischer Schutz nebeneinander. Aber auch der Blick ganz nach oben auf die Turmspitze gab ihm keine Entscheidungshilfe. Weder wusste er, ob er Sophia und Mascha überprüfen lassen sollte, noch, ob er sie noch direkter und gezielter in die Ermittlungen einbeziehen sollte als bisher, wo sie einfach nur erzählt hatten, was sie so aufgeschnappt oder sich zusammengereimt hatten. Aber: War das so? Teilten sie wirklich nur irgendwelche zufälligen Beobachtungen mit? Waren ihre Ausführungen dafür nicht zu gegliedert und ergebnisorientiert?

Er ging rasch zurück und betrat das Polizeipräsidium. Die Treppe eilte er regelrecht hinauf. In seinem Bereich traf er nur einen seiner Mitarbeiter, ausgerechnet den ältesten und mürrischsten von allen, der seine letzten Jahre unter seinem jungen Vorgesetzten möglichst unbehelligt absitzen wollte. Und dem sollte er seine umfangreichen Recherchewünsche erklären und ihn damit beauftragen, seine Kollegen entsprechend zu informieren? Wo waren nur alle? Natürlich war es noch sehr früh am Morgen und sie wussten bisher nichts von dem aktuellen Fall. Vielleicht rechneten sie deswegen auch nicht so zeitig mit ihm und wollten es langsam angehen lassen.

Auf seine Anweisungen reagierte der Beamte so unfreundlich, wie er es erwartet hatte, und setzte ihm dann noch unaufgefordert, aber nachdringlich, auseinander, dass es durchaus manchmal erforderlich sei, wegen eines Verbrechers bei anderen Polizeidienststellen anzurufen oder etwas vor Ort zu recherchieren, aber den Lebensweg von bis dato unbescholtenen Bürgern oder die Karriere aufstrebender Schauspieler wegen eines vagen Verdachts zu überprüfen, das sei schon etwas anderes. Junge Schauspieler wechselten zu Beginn ihrer Theaterlaufbahn sowieso häufig ihre Aufenthaltsorte, und junge Aktricen verschwänden besonders oft. Das wisse er von einem leidgeprüften Nachbarn, dessen Tochter sich ebenfalls diesem unbürgerlichen Metier verschrieben habe. Hier eine Liaison, dort ein uneheliches Kind, Bühnenpausen. Da wäre es schwierig, alle Aufenthaltsorte herauszufinden.

Grossmann unterdrückte seinen Ärger. Vielleicht steckte ja hinter der latenten Aufsässigkeit des Mannes nur Mitgefühl mit einem Freund. Nur dass das Wort ›Aufenthaltsort‹ so, wie er es verwende, irgendwie anrüchig klänge, das sagte er dann doch. Als ihn erneut ein skeptischer Blick des älteren Beamten traf, erklärte er ihm, er suche eher Wohnorte, Lebensorte, Lieblingsorte. Sein Mitarbeiter schaute ihn an, als habe er seinen Verstand verloren. Angesichts dieses Blicks ging ihm durch den Kopf, ob vielleicht bekannt geworden sei, dass er Gedichte schreibe, und ob dann hier dasselbe Getuschel einsetzen würde wie damals im Internat. Ein Junge schreibt keine Gedichte. Ein Kommissar auch nicht.

Wer schreibt dann eigentlich Gedichte? Ich!, dachte er, sich daran erinnernd, wie sehr er noch vor einer Viertelstunde mit sich selbst im Reinen war.

Danach fragte er ungewöhnlich streng und unfreundlich, warum seine Mitarbeiter noch nicht zum Dienst erschienen waren. »Aber sie sind da«, antwortete sein Mitarbeiter, »alle.

Sie sind nur in die Kantine gegangen, wo sie die Köpfe über etwas zusammenstecken, das der Herr Kommissar nicht sehen sollte.«

Das war natürlich völlig unangebracht. Grossmann konnte dem jedoch nicht auf den Grund gehen, weil sonst Cronhart zu lange auf ihn warten müsste. Aber abends würde er mit allen ein klares Wort sprechen. In seiner Verärgerung setzte er Sophia und Mascha auf die Bearbeitungsliste.

In diesem Moment kamen drei der anderen Beamten, die er eigentlich erwartet hatte, ins Zimmer gestürzt: »Hier, haben Sie schon gesehen, Herr Kommissar?« Sie fuchtelten mit einer Zeitung vor seinem Gesicht herum. »Die ›Frankfurter Zeitung‹. Wir waren in der Kantine und haben alle zusammen gelesen. Weil der Schmidt hier so griesgrämig war!«

»Was?«, fragte Grossmann kurz angebunden.

»Wegen vorgestern Abend.«

»Vorgestern Abend?«

»Aber Herr Kommissar! Jetzt verstelle Se sich doch net.«

»Ein Bericht über Ihre Lesung ist da drin. Vom Mittwochabend.«

»Dess hätte Se uns saache müsse, wir wern gern dabei geweese!«

»Wir sind sehr stolz auf Sie.«

»Was für en' berühmte Vorgesetzte mir da habbe!«

In ihrer Begeisterung sprachen sie alle durcheinander, Hochdeutsch, Frankfurterisch. Aber alle sehr beeindruckt.

Sie überreichtem ihrem überraschten Kommissar ihre Zeitung wie eine Trophäe. Er steckte sie ein, so, als interessiere er sich gar nicht dafür. Ob wohl im Lokalteil oder gar im Feuilleton über ihn berichtet wurde?

Im Fortgehen hörte er seine Männer weiter aufgeregt miteinander sprechen: »Ich kauf mer noch e Zeitung.«

»Ich aach! So ebbes muss man doch aufheebe!«

»Habt ihr gesehen, wie überrascht der war?«

Doch die Stimme von Schmidt setzte dem ein Ende. »Ruhe jetzt!«, brüllte der nämlich. »Euer Dichter hat Befehle für euch hinterlassen!«

Danach eilte Grossmann ins Ostend. Die Zeitung schien in seiner Manteltasche zu brennen. Doch seine Angst war stärker als seine Neugier. Er konnte die Zeitung noch nicht aufschlagen. Was mochte da nur stehen?

Cronhart wusste das schon, denn er wedelte schon von Weitem mit einem Exemplar der Zeitung, als er ihn erblickte.

Sein Gesichtsausdruck zeigte einen gewissen Stolz. Weil er den Artikel entdeckt hatte? Weil sein junger Freund überhaupt in der Presse erwähnt wurde? Grossmann fühlte seinen Puls bis zum Hals hochschlagen. Oder hatte er gar eine gute Kritik erhalten? Zumindest keinen Verriss? Oder doch? Weil die meisten Menschen so kurz vor Winteranfang zwar aufrichtig von der Sehnsucht nach Frieden durchdrungen waren, aber der kriegskritische, sogar pazifistische Impetus seiner Gedichte doch zu naiv war? Immer noch las man in der gesamten bürgerlichen Presse Durchhalteparolen. Deutschland müsse weiterhin seine herausragende Position in Europa und der Welt nicht nur verteidigen, sondern sogar noch festigen. Würde er also lesen müssen, dass hier ein junger naiver Mann mit der Feder in der Hand vom Frieden träumte, statt ihn mit der Waffe in der Hand an der Front dauerhaft zu besiegeln? Genauso schlimm wäre es, wenn der Rezensent seine sprachlichen Bilder verrisse, die sich nicht immer gleich erschlossen. Selmar Marsel hatte ihm erzählt, dass seine ersten Gedichte großen Anfechtungen ausgesetzt gewesen waren. Einem kranken Hirn entsprungene Verse, solche Formulierungen musste er verkraften. Bald aber sei er zumindest von einem kleinen

Kreis sehr geschätzt worden. Nicht nur den Wortbildern der jungen expressionistischen Lyriker ergehe es so, sondern auch den Bildern expressionistischer Künstler. Selmar war seit Kurzem mit dem Maler Max Beckmann* bekannt, der sich nach seinem Zusammenbruch an der Front, wo er als Sanitäter tätig war, in Frankfurt niedergelassen hatte und dort einen Neuanfang suchte. Grossmann selbst, der in Frankfurt eher in politischen als in künstlerischen Kreisen verkehrte, hatte Selmar Marsel von den modernen und aufsehenerregenden Bühnenbildern Delavillas** erzählt, die dieser nach seinem langen Kriegseinsatz noch nicht kannte. Für Grossmann weckten sie nach dem Öffnen des Vorhangs alleine durch ihre ungewohnte Farbsprache andere Erwartungen an die bevorstehende Aufführung als die früheren konventionellen Bühnenbilder, die sich manchmal damit begnügten, einen Schauplatz darzustellen. Dabei fiel ihm ein, dass ja auch Mascha mit Delavilla gut bekannt sein musste, denn bei einem ihrer Gespräche hatte sie nebenbei erwähnt, dass dieser sie in der Pension eingeführt hatte. War sie also doch nicht die Außenseiterin im Künstlermilieu, als die er sie bislang gesehen hatte?

Grossmann zwang seine Gedanken wieder zu dem immer noch zeitungswedelnden Cronhart. Glücklicherweise dauerten diese Unkonzentriertheiten, bei denen er sich in den letzten Tagen so häufig ertappte, nur Bruchteile von Sekunden. Aber er war es trotzdem leid, seinen Gedanken ausgeliefert zu sein, ihnen nicht untersagen zu können, sich quasi assoziativ eigenständig und ohne von ihm dazu beauftragt worden zu sein, von dem wegzubewegen, was er eigentlich durchdenken wollte.

---

* Max Beckmann (1884 – 1950), expressionistischer Maler, ließ sich nach einem Nervenzusammenbruch im Ersten Weltkrieg in Frankfurt nieder

** Franz Karl Delavilla (1884 – 1967), Lehrer an der Kunstgewerbeschule in Frankfurt, dort ab 1917 auch als Bühnenbildner tätig

Cronhart kam ihm ein paar Schritte entgegen.

Max Grossmann begrüßte ihn freundlich, schloss aber ein Gespräch über die Zeitung durch eine knapp formulierte Lüge aus: »Kenne ich schon!«

»Ja? Dann sag schon, wie du es findest.«

»Lass uns später davon sprechen.«

»Du bist ein komischer Vogel, weißt du das?«

»Ja. Das bin ich wahrscheinlich. Aber der komische Vogel muss jetzt arbeiten. Danke übrigens, Heinrich, dass du mir und der Behörde deine Zeit und deine Erfahrung unentgeltlich zur Verfügung stellst.«

»Ich fand, ehrlich gesagt, die Unterbrechung meiner Arbeit in Novembergärten und Novemberhühnerhöfen sehr anregend. Du als begnadeter Dichter müsstest doch wissen, dass man zuweilen Anregungen von außen braucht! Würdest du mir übrigens erlauben, dass ich das Gespräch mit Doktor Löwen führe?«

Als Türklopfer an der Eingangstür zu Doktor Löwens Haus diente sinnigerweise ein großer und gut polierter Löwenkopf aus Messing, aus dessen Maul der Schlegel heraushing. Bevor sie klopfen konnten, kam eine Frau mit ihrem kleinen Mädchen auf dem Arm heraus. Die Kleine sah aus rotgeränderten Augen auf die beiden Herren und teilte ihnen mit leiser und heiserer Stimme mit: »Der Doktor Löwe ist für Kinder.« Max Grossmann bedankte sich für den Hinweis und erklärte dem kranken Kind: »Gelernt hat er aber zuerst für Erwachsene, dann hat er gemerkt, dass er lieber Kinder als Patienten hat. Ist er ein guter Doktor, was meinst du?«

»Ich weiß nicht, denn ich war ja jetzt bei ihm und habe trotzdem noch Halsschmerzen …« Ein heftiges Niesen verhinderte genauere Ausführungen. Als die beiden Herren das Haus betraten, drangen ihnen von innen ähnliche Erkältungsgeräusche entgegen. Da wurden Nasen geschnäuzt, da wurde gehustet, geniest, gejammert, geweint.

Cronhart, der sich noch gut an die Örtlichkeiten erinnerte, klopfte an die Tür zum Behandlungszimmer und ging hinein, Max Grossmann folgte ihm. Doktor Löwen hielt gerade sein Stethoskop an den Rücken eines halbwüchsigen Jungen und zischte, ohne sich umzudrehen, vernehmlich in Richtung Tür. Erst als er fertig war, schaute er nach, wer ihn gestört hatte. Als er Cronhart erkannte, wies er mit der Hand auf eine Tür und kümmerte sich dann wieder um seinen Patienten. Cronhart kannte den Raum, den sie jetzt betraten, das sogenannte Herrenzimmer. Die Wände waren mit überquellenden Bücherschränken und Regalen bedeckt, aber viele Bücher lagen einfach auf dem Boden. An der Wand, die sich der Tür gegenüber befand, stand vor einer großen Fenstertür, die zu einem schmalen Garten führte, ein Schreibtisch, dahinter ein bequemer Stuhl. Grossmann warf automatisch einen Blick auf die Bücher in den Regalen und die Bücherberge auf dem Boden und sah, dass der Doktor vielfältige Interessen hatte. Medizinische Fachliteratur, Romane jeder Art, auch Gedichtbände waren auszumachen.

Als der Arzt wenig später eintrat, bot er den Herren Platz vor seinem Schreibtisch an, musste dafür aber zunächst zwei Stühle leerräumen: »Ich habe leider nicht viel Zeit für Sie, meine Herren. Auf uns rollt eine erschreckende Erkältungswelle zu. Viel schlimmer als im letzten Jahr. Ich bin äußerst besorgt. Hoffentlich ereilt uns keine Grippeepidemie*, bei den hungergeschwächten Körpern mancher meiner Patienten wäre das die reinste Katastrophe. Und erst für die völlig überarbeiteten Mütter, die ja alles, was sie zu essen haben, ihren Kindern zustecken.

* Die befürchtete Grippeepidemie trat erst nach dem Winter mit einer ersten Welle im März 1918 ein; zwei weitere Wellen kamen ab Herbst des Jahres. Man schätzt, dass weltweit mehr als 50 Millionen Menschen dem Ausbruch der sogenannten »Spanischen Grippe« erlagen.

Aber deswegen sind Sie ja nicht zu mir gekommen. Obwohl ich durchaus auch Erwachsene behandle, wie Sie wissen.«

»Uns führt wirklich etwas anderes hierher«, stimmte Cronhart zu. »Aber zuerst möchte ich Ihnen meinen jungen Freund vorstellen, Kommissar Max Grossmann. ›Kollege‹ kann ich nicht mehr sagen, weil ich inzwischen in Pension bin.«

»Den Namen kenne ich. Warten Sie, habe ich nicht heute im Feuilleton gelesen, dass ein gewisser Max Grossmann vorgestern Abend Antikriegsgedichte vorgestellt hat? Und dass dieser Abend …, aber ich sollte besser zuerst fragen, ob Sie überhaupt dieser Max Grossmann sind.«

Cronhart nickte und Max Grossmann auch. Dann ergriff er das Wort: »Aber deswegen sind wir auch nicht gekommen. Vielmehr habe ich meinen früheren Vorgesetzten hinzugezogen, weil ich gerade an einer Sache arbeite, die mich an etwas erinnert, womit er letztes Jahr zu tun hatte …«

Er stockte. Doktor Löwen ermunterte ihn weiterzusprechen: »Sprechen Sie es ruhig aus. Sie meinen den Tod meiner Tochter.«

Cronhart sah den Mann voller Mitgefühl an. Er hatte ihn damals schon bewundert, weil er sein ganzes Leben seinen kleinen Patienten widmete. Die Kraft dafür zog er aus seiner Liebe zu seiner Tochter. Damals, als sie starb, dort vor den Hallen des Hauptbahnhofs, zerbrach ihr Vater beinahe. Kein tröstliches Wort, wie es ihm allenthalben entgegengebracht wurde, konnte ihm helfen. Die Arbeit in seiner Sprechstunde ließ er jedoch keinen Tag ruhen. Als könne er Cronharts Gedanken lesen, fügte der Arzt hinzu: »Im Nachhinein gesehen war es nicht nur *ihr* Tod. Sondern irgendwie auch der meine. Sie wissen so viel von mir. Sie haben damals meine Reaktion miterlebt, als Sie mir Ruths Tod mitteilen mussten. Da können Sie jetzt auch erfahren, wie es weiterging. Ich habe mich inzwischen von meiner Frau getrennt.«

»Ach? Ihrer treuen Helferin?«

»Ich konnte ihre Kompetenz nicht mehr ertragen. Ihre perfekte Krisenbewältigung. Sie organisierte Ruths Beerdigung mit derselben Übersicht, wie sie meine Praxis und unser Leben organisierte. Aber … ich sah sie nicht weinen.«

»Es weint nicht jeder«, sagte Cronhart, der schon viel im Leben gesehen und erfahren hatte. Aber das galt auch für den Doktor, deswegen murmelte er noch: »Das wissen Sie bestimmt selbst.«

»Ja. Ich habe oft Frauen gesehen, die nach dem Tod ihres Mannes tränenlos blieben. Wie versteinert. Sie funktionierten weiter wie Maschinen, Tag um Tag, Monat um Monat, Jahr um Jahr. Manche werden bis zu ihrem Tod so weiterfunktionieren. Aber so war es bei meiner Frau nicht. Sie war nicht versteinert. Sie stellte ihre Krisenfestigkeit unter Beweis. Wie sie es ein paar Wochen zuvor getan hatte, als in unserer Praxis ein kleines Kind starb. Ich war davon erschüttert, zermarterte mich mit Überlegungen, wie es dazu kommen konnte, ob es hätte verhindert werden können, wenn meine Frau anders reagiert hätte. Sie aber schien diese Überlegungen gar nicht erst anzustellen, verstehen Sie? Und dann kam diese schreckliche Puppe und ich bin tausend Tode vor Angst gestorben. Meine Frau hat diese Angst nicht mit mir geteilt. Sie hielt es für einen geschmacklosen Scherz. Es hat sie auch nicht ergriffen, Ruths Puppe da in diesem kleinen Sarg liegen zu sehen … Sie bewältigte das alles, wie sie dann später den Tod meiner lieben Ruth bewältigte. Ihr schwarzes Kleid war makellos, hatte keinerlei Falten, wie man sie sich holt, wenn man sich verzweifelt aufs Bett wirft. Sie trauerte vortrefflich und wurde allerorten bewundert. Die hat eine vorbildliche Haltung, munkelte man. Auf die Kondolenzbezeugungen reagierte sie höflich und freundlich, wie es sich gehört. Es war mir unheimlich.«

»Aber auch das ist bei manchen so«, warf Cronhart ein. »Jeder trauert auf seine Weise.«

»Aber sie hat nicht getrauert. Allenfalls mit mir, aber nicht um meine Tochter. Nicht um Ruth. Und dabei bin dann ich langsam versteinert. Wie die Frauen, von denen wir eben gesprochen haben. Ich funktionierte, funktioniere immer noch. Und ich werde funktionieren bis zu meinem Tod. Ich kämpfe für die, die noch leben, die leben wollen.«

»Und das wollen Sie nicht?«

»Das will ich nicht mehr. Ich habe meine Frau nach einiger Zeit gebeten, zurück zu ihrem Vater zu gehen. Formal bleiben wir verheiratet, aber wir werden nicht mehr zusammen leben. Und nicht mehr zusammen arbeiten.«

Cronhart dachte an die gut funktionierende Praxis, die er vor einem Jahr kennen gelernt hatte, in der niemand allzu lange warten musste, weil die Frau des Doktors alles im Griff hatte. Sie führte Vorgespräche, in denen sie, Cronhart erinnerte sich an eine Formulierung, die ihn irritiert hatte, die Spreu vom Weizen trennte, wobei für sie die Spreu die kaum Kranken und der Weizen die Schwerkranken waren. Sie kalkulierte die Dauer der einzelnen Behandlungen und hielt durch eine geschickte Reihenfolge die Wartezeiten kurz. Vieles erledigte sie selbst im Vorfeld, einzelne Messungen, wie zum Beispiel die Pulsfrequenz oder die Temperatur, so dass ihr Mann sich bereits auf verlässlichere Daten als die meist emotionalen und sorgenvollen Beschreibungen der Mütter verlassen konnte. Das machte die Behandlung zügiger. Des Öfteren gab sie selbst hilfreiche Ratschläge, manche von ihnen, aus ihrer reichen Erfahrung zuerst im Kinderhospital in der Theobaldstraße*, dann in der Praxis ihres Mannes gewonnen, machten manchmal sogar ein Gespräch mit dem

* Heutiger Name: Theobald-Christ-Straße nach dem Gründer des dortigen Kinderkrankenhauses (heute: Clementine-Kinderhospital)

Doktor überflüssig. In der Theobaldstraße hatte sie übrigens auch ihren Mann kennen gelernt, der dort häufig seine kleinen Patienten besuchte.

Im Vergleich zu damals kam die Praxis Cronhart jetzt chaotisch vor, denn die Patienten schienen nicht nur das Wartezimmer, sondern auch das Entree zu füllen, zu überfüllen. Und ob da überhaupt noch je eine Rechnung geschrieben wurde? Cronhart bezweifelte es. Dass Frau Löwen jeden Krankenbesuch nicht nur zuverlässig und genau in den Krankenakten festgehalten hatte, sondern auch in kurzer Zeit in Rechnung stellte, davon war er überzeugt.

»Wer hilft Ihnen denn eigentlich jetzt in der Praxis?«, fragte Cronhart.

»Da haben Sie das Problem genau getroffen«, sagte Doktor Löwen. »So entbehrlich sich meine Frau in meinem Leben erweist, so unentbehrlich ist sie bis heute in der Praxis. Die Praxis war übrigens zu Ruths Lebzeiten der einzige Streitpunkt zwischen uns, zumindest der einzige, der zur Sprache kam. Wir trugen ihn aus, wenn wir über Ruths Zukunft diskutierten. Sie haben Ruth ja leider nicht kennen lernen können, sie war ein begabtes junges Mädchen mit einer großen Liebe für ihre Mitmenschen. Sie wollte Ärztin werden und mit mir nach ihrem Studium in der Praxis arbeiten. Dereinst sollte sie sie dann von mir übernehmen. So denken Väter eben, in langen Ketten von Generationen. Vermutlich entwickelt sich die Gesellschaft so weiter. Meine Frau wollte, dass Ruth Krankenschwester wird wie sie. Sie sollte dann mir in der Praxis und ihr im Haus helfen, wie sie das ja auch schon tat. Ebenfalls eine Kette, werden Sie denken. Nur eine, die ausschließlich mir, und zwar mir ganz allein, dienen sollte. Denn Ruths Zukunft nach meinem Tod spielte in diesem Plan keine Rolle.«

»Ich verstehe, was Sie sagen wollen.«

»Es ist wahrscheinlich ungehörig, Ihnen diese ganzen Intimitäten anzuvertrauen. Wie einem Vertrauten, einem Freund. Verzeihen Sie mir.«

»Mir gefällt der Gedanke, Ihr Freund zu sein, werden zu können, meine ich. Das wäre eine Ehre für mich und kein Grund für Sie, sich zu entschuldigen.«

»Dann sollten wir diesen Gedanken weiterverfolgen. Vielleicht setzen wir uns einmal eines Abends zusammen?«

»Das wäre schön.«

Max Grossmann beobachtete genau und mit großer Anteilnahme die Annäherung zwischen den beiden älteren Männern. Beide führten ihr Leben alleine. Der eine, Cronhart, aus eigener Entscheidung, soweit er das wusste, der andere, der Doktor, aufgrund eines tragischen Schicksalsschlages. Wäre es besser, fragte er sich, wenn er sich unauffällig zurückzöge und Cronhart den Doktor über die neu aufgetauchte Puppe informierte?

Aber da wandte sich Doktor Löwen schon an ihn: »Herr Grossmann, jetzt haben wir noch gar nicht über die Angelegenheit gesprochen, derentwegen Sie mich heute aufgesucht haben. Ich freue mich übrigens, Ihre Bekanntschaft gemacht zu haben. Wenn Sie wieder einmal irgendwann und irgendwo Ihre Gedichte vortragen, wäre ich sehr geehrt, wenn Sie mir eine diesbezügliche Einladung zugehen ließen.«

»Natürlich tun wir das«, versprach Cronhart, »und dann gehen wir zusammen hin.«

Grossmann nickte und berichtete dann von der Puppe in der Pension. Der Arzt hörte aufmerksam zu. Danach schien er das Gehörte noch einmal gründlich zu überdenken, denn erst nach einer ganzen Weile sagte er: »Ich kann mir vorstellen, dass die beiden Ereignisse wirklich nicht zusammengehören. Ich gebe da Frau Hirschfeld recht.«

»Frau Hirschfeld? Weiß Rosalindes Schwiegermutter denn überhaupt von der Puppe?«

»Entschuldigung. Ich meine natürlich Rosalinde Geiger. Nur in meiner Karteikarte, da ist sie eben Rosa Hirschfeld. Ich versuche, Ihnen zu erklären, warum ich das so einschätze. Als wir die Puppe erhielten, die Puppe, die wie meine Tochter aussah und die im Sarg lag wie eine Tote, erschrak ich. Und Ruth erschrak ebenfalls. Und wir hatten Grund zu diesem Erschrecken. Denn es schien sich ja herauszukristallisieren, dass die Puppe eine Morddrohung bedeutete, obwohl Sie das nie abschließend feststellen konnten, Herr Cronhart. Die Puppe hingegen, die Rosalinde erhielt, ist eine Puppe aus dem Theatermilieu. Sie hat Ihnen ja bestimmt erzählt, dass sie zu ihrer Hochzeit schon einmal eine Puppe bekommen hat.«

»Ja, sie hat kurz davon gesprochen. Es war sogar dieselbe Puppe, wie wir inzwischen wissen.« »Das bestätigt mich. Die Hochzeitspuppe war lebensgroß. Sie sah ihr aus einiger Entfernung zum Verwechseln ähnlich und trug ebenfalls ein Hochzeitskleid. Ich war selbst dabei, meine ganze Familie war eingeladen, Ruth auch, und Rosalinde hat mit dieser Puppe wie mit einer Freundin gescherzt und gelacht. Und der junge Selmar Hirschfeld alias Marsel hat mal mit seiner Frau, mal mit der Puppe getanzt. Das heißt, getanzt hat er nur mit Rosalinde und die Puppe hat er dann wie verrückt im Kreis herumgeschwenkt, was sehr komisch aussah. Die Puppe hat aus einer bürgerlichen Hochzeit ein Theaterereignis, eine Komödienszene, gemacht. Wenn jetzt die Puppe anders gekleidet im Sarg auftaucht, dann könnte sich das doch dieses Mal auf ein anderes Spiel beziehen. Dieses gesamte Theaterelement fehlte bei meiner Tochter. Deswegen kann ich darin keine Übereinstimmung erkennen. Wo ist eigentlich damals die Puppe geblieben?«

»Sie ist sozusagen untergetaucht. Im Fundus des Theaters. Irgendein alter einsamer Mann mit einer starken Tendenz zum

Hoffmann'schen Wahnsinn hat sie zu seiner ›Lebensgefährtin‹ erkoren. Und jetzt ist sie in der Pension aufgetaucht, sehr perfektioniert, aber dennoch die von der Hochzeit, zumindest hat der alte Mann sie eindeutig identifiziert.«

»Wahrscheinlich ist diese Puppe nicht zum letzten Mal in Rosalindes Leben aufgetaucht, vielleicht kommt sie verkleidet immer wieder, wenn bei Rosalinde eine neue Lebensphase beginnt. Vielleicht erscheint sie irgendwann im Umstandskleid bei der schwangeren Frau Hirschfeld. So werden Theaterpuppen sie durch verschiedene Lebenssituationen begleiten. Ein verrücktes Volk, diese Theaterleute. Man wusste damals auch nicht, wer ihr die Puppe geschenkt hat. Vielleicht war es ein anonym gebliebener Freund, ein Bewunderer. Vielleicht war es sogar Selmar selbst, der die Hochzeitspuppe als Gag angefertigt hat, denn keiner hatte so viel Spaß an der zweiten Rosalinde wie er. Vielleicht hat er jemanden im Theater gehabt, der ihm geholfen hat, denn seine Mutter hat immer darüber geklagt, dass er zwei linke Hände hätte. Ja, so könnte es gewesen sein. Selmar hatte immer schon sehr ausgefallene Ideen, und die Leidenschaft für Rosalinde kann das noch gefördert haben. Und jetzt sagen Sie mir: Gibt es derzeit ein Ereignis in Rosalindes Leben oder eine Bühnenrolle, in deren Zusammenhang man an Tod denken könnte?«

Cronhart und Grossmann nickten. Sie wussten genug von dem Theaterprojekt des Ensembles Rosso, wie sie die Gruppe in ihren Gesprächen abkürzend nannten, um den Hinweis des Arztes ernst zu nehmen. Ein ganzes Theaterstück nur mit trauernden Frauen: Witwen, verwaisten Töchtern, weinenden Bräuten und verzweifelten Müttern. Sie sahen sich an. Die Idee, dass Selmar selbst etwas mit der Geschichte zu tun haben könnte, war ihnen noch nicht gekommen. Aber vielleicht hatte der erfahrene Arzt mit manchen seiner Überlegungen recht. Dafür sprach die Reaktion der Beteiligten, vor allem ihre mangelnde Irritation und Verunsicherung. Und die Tatsache, wie wenig die skurrile Zuneigung Valentin Schäfers zu seiner Rosalinde-Puppe sie erstaunte oder zum Lachen oder Fürchten brachte. Für sie war das einfach so, wie es war. Verkleidungen, Masken, Puppen. Vielleicht sahen sie ja am Abend, nachdem sie sich für ihren Bühnenauftritt angezogen und frisiert und geschminkt hatten und in den Spiegel schauten, auch nur eine Maske, eine Puppe.

Nur eine Tatsache ließ sich nicht wegschieben: Ruth war einige Wochen, nachdem ihr die Puppe geschickt worden war, tot.

Nach dem Gespräch mit dem Arzt trennten sich der Kommissar und sein ehemaliger Kollege. Cronhart wollte hinaus nach Oberrad und sich dort ein Bild vom neuen Leben der Frau Löwen machen, der Kommissar wollte Frau Hirschfeld, Rosalindes Schwiegermutter, aufsuchen. Er plante, die Zeugen der Causa Ruth Löwen noch einmal zu befragen und sie mit Beschreibungen junger und älterer Frauen zu konfrontieren, die im Rosalinde-Fall auftauchten. Wenn es sie überhaupt gab, damals auf dem Gleis. Die junge Frau. Oder die ältere Frau. Oder beide. Oder keine.

»Wer könnte die Frau, wer könnten die Frauen gewesen sein, Heinrich?«

»Das weiß ich nicht. Ich zweifle inzwischen sogar selbst an einem Zusammenhang der beiden Fälle. Aber wir sollten die Befragung trotzdem wiederholen. Wir können den Zeugen Frau Löwen beschreiben und Frau Hirschfeld, die du ja nachher kennen lernen wirst, und dann gibt es noch drei weitere ältere Frauen aus dem Ensemble Rosso, nämlich Adrienne und Charlotte Stein, obwohl die beiden aufschreien würden, wenn sie hörten, dass wir sie zu den Älteren zählen, und Wilhelmine

Koscinski. Ja, und natürlich auch Friedhilde Rosso. Klementine nicht zu vergessen. Und was die jüngere Frau betrifft, so kämen ja einige aus Rosalindes Umkreis infrage. Mehr jedenfalls als seinerzeit bei Ruth. Rosalinde kennt tout le monde, oder zumindest halb Frankfurt. Ruth hingegen hat ein völlig behütetes und häusliches Leben geführt und ihre Freizeit am liebsten mit ihrem Vater verbracht. Als sie klein war, hat ihr Vater ihr unermüdlich vorgelesen. Als sie größer wurde und selbst lesen konnte, haben sie sich zusammen mit Sachbüchern beschäftigt. Sie hat sich immerzu lebhaft für etwas interessiert, hat er damals erzählt. Für Tiere, für fremde Länder, für Kunst, dann in den letzten Monaten für die Medizin. Das hat Vater und Tochter noch enger zusammengeschweißt, wenn das überhaupt möglich ist.«

»Aber sie muss auch Freundinnen gehabt haben. Vielleicht einen Freund. Sie war, zumindest wenn sie so aussah wie die Puppe, ein sehr hübsches Mädchen. Oder war zu verschlossen, schüchtern?«

»Überhaupt nicht. Ihr Vater hat immer wieder betont, wie menschenbezogen sie war, zum Beispiel im Umgang mit seinen Patienten. Und wie beliebt in der Schule. Wie häufig irgendwelche Schulfreundinnen sie morgens abgeholt hätten. Im Sommer, wenn sein Praxisfenster offen stand, habe er oft gehört, wie fröhlich sie sich mit diesen Mädchen unterhalten habe. Und nach der Schule war es dasselbe, sie scheint den Heimweg meistens mit einem richtigen Freundinnenkränzchen angetreten zu haben. Zu Hause scheint sie allerdings keine ihrer Freundinnen empfangen zu haben, es gab auch außerhalb der Schule keine gemeinsamen Unternehmungen mit den Freundinnen. Doktor Löwen warf sich damals vor, dass er die Erziehung seiner geliebten Tochter seiner Frau anvertraut und um des lieben Friedens willen nur gelegentlich dafür plädiert habe, dass Ruth ein wenig persönliche Freiheit erhalte. Aber seine Tochter und seine Frau hätten ihm immer unisono versichert, Ruth sei glücklich so, wie alles war, und er, also ihr Vater, sei sowieso ihr bester Freund, an den käme keine ihrer Schulfreundinnen heran. Die seien alle noch unreif und kaum an Wissenschaften interessiert. Das habe ihm irgendwie geschmeichelt und so sei er der Sache nicht weiter nachgegangen. Nur mit dem Medizinstudium, da sei er hart geblieben.«

»Warst du erstaunt, dass es zu der Trennung der Ehegatten gekommen ist?«

»Das war fast zu erwarten. Er hat sich schon vor Ruths Tod immer mit dem Gedanken gequält, dass das Mädchen zu streng und unfrei erzogen werde und dass ihr manche Freuden versagt blieben, auf die sie ein Recht hätte. Er warf sich vor, dass er seiner Frau grenzenloses Vertrauen entgegengebracht hatte und dass sein Vertrauen vielleicht eher einer berufsbedingten Erschöpfung, wenn nicht sogar seiner mangelnden Konfliktbereitschaft zugeschrieben werden musste als ehelicher Liebe. Dann hätte er sich eher verzeihen können, glaube ich. Als dann die Polizei auch einen Selbstmord nicht ausschloss, er aber einfach keine konkrete Ursache wusste, hat er immer wieder gegrübelt, seine Tochter sei vielleicht unglücklich gewesen, weil ihr all das Leichte, sofern es das in Kriegszeiten überhaupt gäbe, all das Leichte der Jugend, die Freude am Ausprobieren von Lebensmöglichkeiten, der Mut zum Experimentieren mit Träumen, aber auch Ängsten, untersagt war, weil sie so in den engen häuslichen Bereich eingebunden war.«

»Das kann ich mir gar nicht vorstellen, dass ein junges Mädchen heutzutage so lebt. Was meinst du, Heinrich? Kam sie wirklich nie zu spät nach Hause? War sie nie alleine in der Stadt unterwegs? Außer an diesem verhängnisvollen Tag? War sie nie mit einem jungen Mann spazieren? Überhaupt je verabredet? Hatte sie nicht doch Geheimnisse, von denen ihre

Mutter und ihr Vater nichts ahnten? Hatte sie nie einen jungen Mann geküsst? Der dann vielleicht in den Krieg gezogen war? Gibt es das wirklich: einen Menschen, der wirklich genau so ist, wie seine Umwelt ihn sieht? Beziehungsweise der genau so ist, wie er von seiner Umwelt gesehen werden möchte?«

»Du hast recht, Max. Ich fahre jetzt sofort wie geplant nach Oberrad und werde jedes Wort von Frau Löwen auf die Goldwaage legen. Und du gehst dir die Schwiegermutter unserer schönen Rosalinde anschauen. Und um vier Uhr sind wir ja mit den beiden jungen Damen verabredet. Vorher aber werden wir beide, das fürchte ich, leider auf richtige Hexen stoßen.«

2

Als ich dann schreiben konnte, fing ich an, manches aufzuschreiben. Was ich getan hatte und was ich gerne getan hätte.

Das war in unserem arbeitsamen, schweigsamen Haushalt so, als spräche ich mit jemandem.

Auch für diese Zettel erhielt ich eine Schachtel von Vater. Doch die ließ ich ihn nicht in seinen Bücherschrank stellen, sondern versteckte sie selbst.

Auch vor ihm.

Im Lauf der Zeit habe ich gemerkt, dass ich, wenn ich ganz klein schreibe, auf jedem Zettel ungefähr hundert Wörter unterbringen kann.

Wenn ich im Garten oder Haus helfen musste, formulierte ich im Kopf meine nächsten hundert Wörter. Genau hundert.

Was Cronhart dann aber wirklich in Oberrad über Frau Löwen erfuhr, waren Geschichten über eine Heilige.

Das begann schon an der Bahnstation, als er sich an die anderen Menschen wandte, die ausstiegen, und einen ersten Ball in die Runde warf: »Ich suche eine gewisse Frau Löwen. Sie soll hier in Oberrad leben.«

Die fünf ausgestiegenen Fahrgäste, zwei bäuerlich gekleidete Frauen und drei alte Männer, warfen sich erst einmal heimliche Blicke zu, die ihr Misstrauen gegenüber dem fremden Mann kaum verbargen. Cronhart konnte lesen, was diese Blicke ausdrücken sollten. Was will dieser Herr von uns? Sollen wir ihm eine Auskunft geben oder ihn besser seiner Wege gehen lassen? Soll er doch andere fragen!

Er versuchte, ihre Vorbehalte auszuräumen, indem er einen

akzeptablen Grund für seine Bitte anführte: »Ich will Frau Löwen nur eine Nachricht überbringen. Und sie …«, ihm fiel der Hinweis des Doktors über die Stärken seiner Frau ein, »um einen Rat bitten.«

Die Mienen der Zuhörer entspannten sich: »Wenn Sie einen Rat brauchen, dann sind Sie bei ihr richtig«, setzte ein Mann an, und eine Frau ergänzte: »Wir wisse hier gar nit mehr, wie mer früjer ohne sie aus'komme sinn.«

Cronhart antwortete nicht, sondern ermutigte die ihn schon viel zutraulicher umgebenden Oberräder durch einen offenen Blick zum Weitersprechen.

»Erst waren wir misstrauisch«, sagte einer der Männer, und Cronhart konnte sich das nach ihrer ersten Reaktion auf ihn gut vorstellen. »Eine Jiddische, verstehen Sie?«

»Dabei is' sie gar kei Jiddische, nur ihr Mann, der is en Judd.«

»Ja, stimmt. Eigentlich is' sie eine von uns, ihr Vadder is' Bauer hier.«

»Eher schon en Gärtner, gelle?«

»Und sie is' zurück, als ihr Vadder krank worn is'. Des macht nicht a jede. Jetzt geht's 'm besser, mer sieht 'n scho widder im Hirsche.«

»Im Hirschen?«, fragte Cronhart an dieser unverfänglichen Stelle nach, nur um sein weiterhin bestehendes Interesse nachdrücklich zu bestätigen. Denn er kannte den Hirsche von den damaligen Ermittlungen um den Tod von Ruth Löwen her. Er hatte ja selbstverständlich nicht nur Ruths unmittelbares Lebensumfeld geprüft, sondern auch ihre Oberräder Familie besucht, zu der sie angeblich gewollt hatte. Und gegessen hatte er damals auch einmal in der schlichten Gaststätte, wo man ihn trotz der kriegsbedingten Knappheit mit einer äußerst wohlschmeckenden Mahlzeit beglückt hatte, die zwar vorwiegend aus Steckrüben bestand, angereichert mit ein paar

Wurzeln und Kräutern, aber besser war als alles, was Cronhart später in diesem Winter außerhalb seiner eigenen Küche essen sollte. Es war erst der Beginn des Steckrübenwinters, aber es war schon bekannt, wie miserabel die Ernte war und dass die Steckrüben dem verheerenden andauernden Herbstregen am besten getrotzt hatten. Das Ambiente im Hirschen gefiel ihm auch, schlicht, bäuerlich, mit langen Bänken wie in den Sachsenhäuser Apfelweinlokalen, machte es doch aus allen Besuchern so etwas wie Bekannte und Freunde, die da an den langen Tischen schweigend, aber irgendwie im Wissen um das Gegenüber, ihre Suppe löffelten oder ihre gekochten oder gebratenen Rübenstückchen aufspießten.

»Der Hirsch, des is' unser Dorfkneip'. Da müsse Se hiigeje.«

Cronhart bedankte sich für den Rat und fragte, ob er da dann den Vater der Frau Löwen treffe.

Ein älterer Bauer antwortete ihm: »Nee, der wird zum Middaach von seiner Dochder versorscht. Mir habbe sache wolle, dass er da schon manchmal widder g'sehe worde is', so gut, wie der gepfleecht worde is'. Von der Jiddische. Also von seiner Dochter.«

»Die im übrische«, ergänzte eine Frau, »hier im Ort die best' Hebamm' is', die mer je g'habt habbe. Und sie hilft uns Fraue bei allem. Hält Vordräch. Kinnererziehung. Kinnerkrankheide, Kinnerernährung. Und net nur des, sie schwetzt net nur, sie hilft aach.«

Die beiden älteren Männer nickten: »Ja, wenn die Fraue, also bei dem«, er wies auf den anderen Mann, »sinn des die Schwiecherdöchter, also wenn da eine krank is', dann kommt die Frau Löwen helfen. Sie kocht, butzt, bringt ebbes vorbei. Oder sie nimmt die klaane Kinner mit zu sich, bis die Fraue sich widder allei helfe könne. Sie is' ja aach Krangeschwester und sie ersetzt uns hier oft den Doktor. Vor allem, wenn's um die Kinner geht. Mer sin froh, dass se da is'. Früher, vor ihrer Heirad mit dem Doktor, da hat se sich manchmal ufg'schbielt wie ebbes Besseres, dabei war ihr Vadder aach nur en Bauer wie mir, odder halt Gärtner, und des Berbelsche, des hat gelernt, schdudiert, so maan ich, na ja, uff Krangeschwester un Hebamm'. Aber jetzt, jetzt isse ganz anners. Hat viel g'lernt in Frankford. Und bei ihr'm Mann.«

Die junge Frau fügte noch hinzu, dass sie fürchte, dass die Frau Löwen bald wieder in die Stadt zu ihrem Mann wolle, jetzt, wo ihr Vater sich wieder so wohl fühle.

Von dem traurigen Schicksal der Stieftochter Frau Löwens war zum Erstaunen Heinrich Cronharts offensichtlich keine Rede. Es war ihm damals gut gelungen, die Causa Ruth Löwen vor der Presse herunterzuspielen, so dass bis auf eine kleine Nachricht über einen tragischen Unfalltod am Hauptbahnhof nichts bekannt wurde. Die Zeitungen waren damals mit aktuellen Kriegsnachrichten und Berichten über die schlechten Ernteerträge sowieso so überflutet, dass keiner sich für die kurze Mitteilung interessiert hatte.

Einer der Männer war plötzlich argwöhnisch geworden, dass der Fremde ein Abgesandter des Gatten der Frau Löwen sein könnte, der ihr auftragen sollte, zurückzukehren.

»Sie suche werklisch einen Rat bei der Frau Löwen? Sie habbe ihr net zufällig etwas zu bestelle?«, wurde Cronhart gefragt.

Er schüttelte entschieden den Kopf und verabschiedete sich: »Ich gehe dann jetzt einmal in Ihren Hirschen«, sagte er. »Vielleicht ist dort ihre Adresse bekannt.«

»Die könne mer Ihne aach gebbe«, sagte die junge Frau. »Net weit von da. Dort, in der Wasserhofgass'. Des roode Haus ganz obbe. Des hohe.«

Aber einer der Männer wandte mit einem Blick auf den Sonnenstand ein: »'s is ja bald Middaach. Vielleicht also doch besser erst in den Hirsche.«

Cronhart beschloss, den Hirsche zu verschieben, um zuerst ein Gespräch mit Frau Löwen zu führen, sollte sie denn zu Hause sein. Natürlich wusste er noch, wo ihr Vater wohnte. Auf dem Weg dachte er darüber nach, wie erstaunlich es doch immer wieder war, dass Menschen einem so viel erzählten, wenn man sich mit einem unklaren Ansinnen an sie wandte und dann schwieg.

Und da war sie. Frau Löwen öffnete auf sein Klopfen hin die Tür und erkannte ihn sofort: »Ach, Herr Kommissar, gibt es etwas Neues im Fall meiner unglücklichen Stieftochter?«

Er war etwas unschlüssig, wie er sich verhalten sollte, und druckste herum: »Nein, eigentlich nicht. Wir überprüfen alte Fälle routinemäßig immer einmal.« Sie betrachtete ihn erstaunlich offen: »Es gibt etwas, das Sie mir nicht erzählen wollen.«

Er schaute sie möglichst ausdruckslos an: »Das nicht direkt, Frau Löwen. Aber es gibt etwas, das uns ein wenig beunruhigt.«

»Gut«, sagte sie, »da werde ich nicht nachbohren. Sie wollen irgendetwas von mir wissen. Aus Gründen, die Sie nicht darlegen möchten. Und ich werde Ihnen einfach sagen, was Sie wissen wollen, vorausgesetzt, dass ich es weiß.«

Frau Löwen hatte sich verändert.

Die unfrohe, strenge Frau, die immer zu wissen schien, was es zu tun und zu sagen gab und was nicht, kam ihm jünger vor, aufgeschlossener, nicht mehr so bleich. Sie schien dem Leben offener gegenüberzustehen und mit sich im Reinen zu sein. Auch ihr Vater, der gerade aus einer Tür kam, wirkte verjüngt. »Sie sehen beide gut aus«, stellte Cronhart fest.

»Kein Wunder«, gab Frau Löwen Auskunft, »mein Vater hat sich ja jetzt monatelang zu Hause geschont, während ich den Sommer über draußen arbeiten musste. Wir wollten das Lügengebäude nicht zum Einsturz bringen, das mein Mann und ich errichtet haben. Sie kennen es bestimmt: Mein Vater ist krank und bedarf meiner Hilfe. Dadurch wurde mein Ruf gerettet. Keine Trennung, keine Scheidung. Nur mein töchterliches Pflichtbewusstsein hat meinen Mann und mich vorübergehend getrennt. Eigentlich seltsam, dass man sich in Zeiten wie den unsern, in denen so viele Menschen ihr Leben in Kämpfen opfern, deren Sinn sich ihnen nicht erschließt, um seinen sogenannten Ruf sorgt. Ich jedenfalls bin in dieser Zeit eine gute Gärtnerin geworden und mein Vater ein perfekter Handwerker. Er hat hier im Haus überall herumgekramt und herumgebaut. Sie müssten sich die Pracht in unserem neuen Gastzimmer anschauen!«

Ihr Vater lächelte: »Da haben wir auf einmal ein Gästezimmer! Wie die vornehme Leut'! Als hätten wir je Logierbesuch von Verwandten und Freunden. Wissen Sie, warum wir ein so hochmodernes Gästezimmer brauchen?«, wandte er sich an Cronhart.

Dieser schüttelte den Kopf, und der alte Mann sagte sichtlich zufrieden: »Weil meine Tochter, die doch eigentlich nur hier ist, um sich um ihren alten Vater zu kümmern, so etwas wie ein Kinderheim eingerichtet hat.«

Wie um seine Worte zu bestätigen, kamen aus dem sogenannten Gästezimmer zwei kleine Kinder herausgeeilt und wandten sich an ihre Gastgeber: »Wir haben aufgeräumt. Können wir jetzt zum Spielen hinausgehen?«

Diese nickten und die beiden Kleinen stürmten zur Hintertür hinaus.

»Sie werden dir fehlen, wenn sie uns morgen wieder verlassen, nicht wahr?«, fragte Frau Löwen, und ihr Vater widersprach nicht. »Aber du wirst sehen, bald kommen wieder andere kleine Gäste.«

Sie erklärte Cronhart die Idee ihres »Kinderheims«. Sie helfe den hiesigen Frauen, indem sie in Notfällen die Kinder betreue, wenn die Frauen selbst oder ihre Eltern oder Schwiegereltern krank seien oder andere unerwartete Krisen sie heimsuchten. »Die Kinder genießen den Aufenthalt hier wie Ferientage und viele kommen uns immer wieder besuchen«, sagte sie, und ihr Vater setzte hinzu: »Es geht hier inzwischen zu wie in einem Hotel, einem Kinderhotel.« Man konnte unschwer erkennen, wie froh beide über die Situation im Haus waren, obwohl zu ihrem innerfamiliären Spiel wohl auch gehörte, dass er darüber ein wenig granteln durfte. Von draußen drang das Lachen der beiden Kinder herein und Frau Löwens Vater murrte: »Mal schau'n, was die wieder anstellen, man kann sie ja keine Sekunde alleine lassen!«

Frau Löwen erwiderte, wie Cronhart fand, fast verschmitzt: »Da musst du wohl nachschauen gehen, Vater!«

Daraufhin verließ der alte Mann den Vorraum. Frau Löwen bat Cronhart mit einer Handbewegung in die Stube und bot ihm einen Platz an. Cronhart dachte noch über ihr Lächeln nach. Es war das erste Mal, dass er sie fröhlich sah. Natürlich musste er dabei bedenken, dass er sie im Zusammenhang mit dem Tod ihrer Stieftochter kennen gelernt hatte. Weinen hatte er sie allerdings damals auch nicht sehen. Da hatte Doktor Löwen recht. Er nahm damals überhaupt kein Gefühl an ihr wahr außer einer grimmigen Entschlossenheit, den klaren Ablauf im Hause aufrechtzuerhalten, der nach dem Tod ihrer Tochter zwar neu geregelt werden musste, dabei aber keinerlei qualitative Einbußen erleiden durfte. Zumindest keine solchen, die ihren Mann betrafen. Das hatte ihm am Morgen Doktor Löwen so bestätigt. Ruths Pflichten hatte sie sofort mit übernommen. Ihr Mann musste weder in seiner Praxis noch im Haus unter Einschränkungen leiden. Dies geschah wahrscheinlich auf Kosten ihrer eigenen Kräfte. Vielleicht gab sie sich nur so gefasst, weil sie fürchtete, dass ihr gesamtes psychisches System zusammenbräche, wenn sie der geringsten emotionalen Regung nachgäbe. Dass das oft ein Problem vermeintlich starker Menschen war, wusste Cronhart nach so vielen Berufsjahren so gut wie jeder Arzt. Ihnen wurde in Krisenzeiten immer noch mehr aufgebürdet, aber keiner dankte es ihnen mit Zuwendungen. Eher begegnete man ihnen mit wachsender Distanz, weil man ihre Stärke mit Gefühlskälte verwechselte. So mag es auch Frau Löwen dort gegangen sein, dachte Cronhart.

Wenig später verabschiedete er sich. Im Hinausgehen hörte er noch, wie Frau Löwen freundlich die beiden Kinder und ihren Vater zum Essen hereinrief.

Leichten Schrittes ging er die von kleinen, meist einstöckigen Häusern gerahmte Gasse hoch und wandte sich dann nach rechts, um durch das Dorf zu schlendern und zum Hirschen zu gelangen. Beim Betreten schien auf den ersten Blick alles so zu sein wie beim letzten Mal, doch bald schon bemerkte er, dass die Stimmung gedrückter war. Es war ruhiger im Gastzimmer. Aber das war ja allenthalben zu spüren, mit jedem Monat, den der Krieg andauerte, wuchsen die Mutlosigkeit und Müdigkeit in der Bevölkerung. Seit seinem letzten Besuch hier war immerhin fast ein ganzes Kriegsjahr vergangen, die Menschen hatten also zwölf Monate Krieg mehr durchlitten. Wen konnte es wundern, dass sie nicht mehr so wie früher zusammensaßen? Vielleicht vermissten sie auch ihren Frühschoppen. Und wer wusste schon, woran sie dachten. Oder an wen. Vielleicht wollten sie einfach nicht alleine darauf warten, dass alles wieder so würde, wie es einmal war. So saßen sie einfach nur vor irgendwelchen Flüssigkeiten in den gewohnten gerippten Gläsern um die Tische herum, weil sie das immer so gemacht hatten und sich das vom Krieg nicht auch noch rauben lassen wollten.

Cronhart bestellte, da er nun schon einmal da war, das Tagesgericht, das sich als Kartoffel-Rüben-Auflauf herausstellte. Der war wirklich gut. Man hatte sich viel Mühe mit den Rüben gegeben und sie waren mit reichlich Kartoffeln durchmischt. Obwohl es ja bislang ausreichend Kartoffeln zu geben schien, pflegte man anscheinend im Hirschen doch eine sinnvolle Vorratshaltung und verschwendete nach der Erfahrung des letzten Jahres nicht gleich alle Kartoffeln. Wenige winzig geschnittene Gelbe-Rüben-Scheibchen gaben eine gewisse Süße, und kleine Apfelscheibchen, die sogar vor ihrem Weg in den Auflauf kurz geröstet worden waren, verliehen dem Gericht eine leichte saure Fruchtigkeit. Grüne Pünktchen ließen das Ganze auch vom Aussehen her reizvoll erscheinen. Was das war, konnte Cronhart trotz seiner gärtnerischen Erfahrung nicht herausfinden, er vermutete aber, dass es sich einfach um kleingeschnittene Blätter irgendwelcher Rüben handelte. Cronhart war sowieso der Ansicht, dass die absolute Ablehnung, die die Rüben bei seinen Landsleuten fanden, vor allem seit dem letzten Winter, wohl hauptsächlich der Tatsache zuzuschreiben war, dass man sie vor dem Krieg in erster Linie als Schweinefutter verwandt hatte. An ihrem Geschmack war, sah man die Sache einmal objektiv, eigentlich nichts auszusetzen. Vorausgesetzt natürlich, es gab zwischendurch auch einmal etwas anderes. Und das gab es nicht. Er war sich sicher, dass der Ausdruck »Streckrübenwinter« noch viele Generationen lang ein Synonym für das Leiden der Zivilbevölkerung während des Krieges bleiben würde.

Während er langsam seinen Teller leerte, fiel ihm auf, dass er eigentlich nichts über Frau Löwen herausgefunden hatte, als dass sie in Oberrad beliebt war. Im Ostend hingegen sprach man damals zwar sehr achtungsvoll, aber auch mit viel Distanz über sie. Was hatte er sonst erfahren? Dass sie zu ihrem

Vater eine entspannte Beziehung hatte. Dass die beiden gleichberechtigt miteinander umgingen. Dass sie ihre Hausbesuche mochte. Und dass sie lächeln konnte.

Aber deswegen war er nicht nach Oberrad gefahren.

Und so machte er sich nach dem Essen noch einmal auf den Weg und klopfte ein zweites Mal an diesem Tag an die Tür des schon vertrauten Hauses. ›Gärtner‹ stand dort an einem Namensschild aus Messing, den Mädchennamen von Frau Doktor Löwen hatte er vergessen, und jetzt erst verstand er, was die Leute immer damit gemeint hatten, dass der Bauer eigentlich ein Gärtner sei. Oder war es umgekehrt? Auf jeden Fall hatten sie damit gescherzt. Gärtners Bärbelsche, Barbara Löwen. Er hoffte, wieder das Bärbelsche hinter der Tür vorzufinden und nicht die Barbara. Hatte er nicht einmal gelesen, dass der Name »Barbara« eigentlich »die Fremde« bedeutete?

Frau Löwen schien nicht überrascht über seinen erneuten Besuch: »Ich habe Sie schon erwartet. Denn eigentlich haben wir ja nur über mich und gar nicht über den Tod der armen Ruth gesprochen. Darf ich Ihnen einen Kaffee anbieten? Na ja, zumindest so etwas Ähnliches.«

Sie bat ihn wieder in die Stube und bot ihm Platz an. Wenig später kam sie mit einer Kaffeekanne und zwei Gedecken wieder. Der Kaffee sah aus wie Kaffee, und er schmeckte, wie sie es angekündigt hatte, sehr ähnlich wie Kaffee.

»Es sind gemahlene Kaffeebohnen drin, eine Handvoll aus meinem eisernen Vorrat, dazu natürlich vor allem Zichorien und, hoffentlich finden Sie es nicht grauslich, sondern nur erfinderisch, ein paar gemahlene Kartoffel- und Apfelschalen, die ich vorher geröstet habe. Aber leider spielen die Kaffeebohnen quantitativ die geringste Rolle. Das war im Ostend besser; mein Mann hat immer wieder Lebensmittel und andere Zuwendungen statt Geld von seinen dankbaren Patienten erhalten, und da waren bis zuletzt auch immer wieder Schätze wie Kaffee dabei. Inzwischen bekomme ich sogar hier manchmal solche Gaben.«

Cronhart genoss auch den zweiten Schluck: »Das mit den Kartoffelschalen und Apfelschalen werde ich auch einmal probieren; leider werde ich auf die qualitative Aufwertung mit Kaffeebohnen verzichten müssen.«

Frau Löwen setzte sich zu ihm und blickte ihn erwartungsvoll an: »Was wollen Sie wissen?«

Cronhart überlegte: »Eigentlich zweierlei. Zum einen, wodurch Sie sich so verändert haben. Und zum anderen wollte ich noch einmal alles durchgehen, was Ihnen an Ihrer Stieftochter in deren letzten Lebenstagen aufgefallen ist.«

»Gut. Das Erste geht schnell. Ich habe hier ein Umfeld gefunden, wiedergefunden, nein, ich muss sagen, neu gestaltet, in dem ich nützlich sein kann. Vielen und unterschiedlichen Menschen.«

»Aber das waren Sie doch im Ostend auch?«

»Aber nicht den Menschen zuliebe. Sondern ihm zuliebe.«

»Ihrem Mann?«

»Ja. Richtig habe ich das erst nach der Trennung verstanden. Alles, was ich gemacht habe, war nur, damit er sein Leben bestmöglich und verlässlich organisiert führen konnte. Mich selbst habe ich darüber vergessen. Und – das Wichtigste fehlte all die Jahre lang.«

Cronhart blickte sie fragend an.

Barbara Löwen antwortete nicht direkt, aber nach kurzem Schweigen zitierte sie ein Gedicht:

»Mir ward die Liebe nicht –
Drum tön' ich wie die Geige,
Der man den Bogen bricht.

Mir ward die Liebe nicht –
Drum wühl' ich mich in Arbeit
Und leb' mich wund an Pflicht.«

»Kennen Sie diese Verse?« Cronhart musste verneinen. Frau Löwen erklärte ihm, dass die Autorin dieser Verse Bertha Pappenheim* sei. Natürlich kannte Cronhart diesen Namen als aufmerksamer Zeitungsleser. Vor einiger Zeit hatte er eine ausführliche Reportage über ein jüdisches Wohnheim in Neu-Isenburg gelesen, in dem Bertha Pappenheim junge Frauen unterbrachte, die durch Prostitution oder Mädchenhandel bedroht waren, sowie solche, die unehelich schwanger wurden. Soweit er sich erinnerte, fanden dort ungefähr hundert Mädchen und junge Frauen Zuflucht.

Barbara Löwen sagte: »Als ich diese Verse las, ist mir mein Schicksal plötzlich bewusst geworden. Ich habe alles nur getan, um ihn für mich zu gewinnen. Er hatte aber nur Achtung vor mir, Vertrauen zu mir …«

»Aber das ist sehr viel …«, murmelte Cronhart.

»Aber nicht genug. Deswegen hat mir der Schlussstrich unter einen Kampf, den ich nicht gewinnen konnte, gutgetan. Ich habe viel gelernt in seiner Praxis. Und wenn ich es jetzt anwende, so nicht, um irgendjemandes Liebe zu gewin-

---

* Bertha Pappenheim wurde vor allem bekannt als Anna O., Patientin Sigmund Freuds in einem seiner berühmtesten Fälle. – Bertha Pappenheim war Mitglied einer angesehenen Frankfurter Familie, die sich durch Wohltätigkeit, aber auch durch ein gezieltes Mäzenatentum für Kunst und Wissenschaft, großes Ansehen erworben hatte. Sie wurde in Wien geboren und übersiedelte mit knapp 30 Jahren nach Frankfurt, wo sie sich sozial engagierte. Sie spielte in der Frankfurter Frauenbewegung eine herausragende Rolle und wurde weit über die Grenzen Frankfurts hinaus bekannt. In ihrem jüdischen Umfeld wurde sie von dogmatischen Kreisen heftig angegriffen, von liberalen Kreisen hingegen bewundert. Sie war die Gründerin und Vorsitzende des Jüdischen Frauenbundes. Sie hatte zahlreiche Erziehungsheime gegründet, um die Ausbildung von Kindern und jungen jüdischen Frauen zu fördern.

nen, sondern einfach, um zu helfen. Und ich freue mich, dass ich helfen kann. Das hat dann auch mir geholfen. Es klingt hochtrabend, aber ich habe zu mir selbst gefunden. Und – ich habe eine Freundin gewonnen, Bertha. Sie berät mich in allem. Langfristig möchte ich das große Haus hier, das mein Großvater für eine riesige Familie und zahlreiche Nachkommen gebaut hat und in dem jetzt nur mein Vater und ich herumirren, als Waisenhaus nutzen. Im zweiten Stock könnte ich in zwei Sälen je ein halbes Dutzend Kinder unterbringen, und hier unten hat es genügend Platz für Gemeinschaftsräume. Bertha hat auch einmal ein Waisenhaus geführt und mir davon erzählt. Haben Sie davon gehört?«

Cronhart nickte.

Barbara Löwen fuhr fort: »Das ist mein Traum, Herr Kommissar. Ja, ich habe wieder einen Traum. Meinen eigenen Traum.«

Cronhart hörte aufmerksam zu. Er schien hier auf ein seltsames und seltenes Phänomen gestoßen zu sein, an dem der Professor Freud in Wien eine Freude gehabt hätte, die Befreiung eines Menschen von einer Leidenschaft, die ihn umzubringen drohte. Nicht körperlich, aber seelisch. Er traute sich kaum, das andere Thema, Ruths Tod, anzuschneiden, so nahe war ihm das Geständnis der Barbara Löwen, die er inzwischen bei sich Barbara Gärtner nannte, gegangen.

Doch sie erleichterte ihm seine Aufgabe: »Natürlich habe ich in den letzten Monaten auch oft an meine Stieftochter gedacht. Und erkannt, was ich falsch gemacht habe. Da war ein Kind, das bereit war, mir zu vertrauen, mich zu lieben wie eine Mutter. Doch ich habe das nicht angenommen. Ich habe zwar, wie man so sagt, ›mein Bestes‹ gegeben, aber mein Bestes war auch in diesem Fall, wie bei allem anderen, nur auf meinen Mann bezogen. Ihm wollte ich die beste Frau sein, nicht ihr die beste Mutter. Erst jetzt, hier, habe ich angefangen, aufrichtig um Ruth zu trauern, auch um alle versäumten Möglichkeiten. Ihre, aber auch meine, auch unsere. Ich hätte …«

Barbara Gärtner verstummte und Cronhart forderte sie nicht zum Weitersprechen auf. Er wusste, was sie sagen wollte, dass sie nämlich ihre Mutter hätte werden können, aber ihre Stiefmutter geblieben war. Dass sie aus der Stieftochter genau dasselbe Rädchen machen wollte, zu dem sie geworden war, ein Rädchen, das sich nur um Doktor Löwen drehte, den Mann, den Arzt, den Vater. Dass sie dadurch auch das Wunderbare in Ruth, ihre Träume, unterdrückt hatte.

Beide blieben einige Augenblicke lang stumm. Dann fragte Barbara Gärtner ihn, ob er eine zweite Tasse Kaffee wünsche. Cronhart nickte, und auch sie schenkte sich ein weiteres Mal ein. Fast behaglich schwiegen sie nun über ihrem schwarzen Getränk.

Cronhart blickte aus dem Fenster, hinter dem sich weite Felder oder eben Gärten erstreckten, die jetzt, im Spätherbst, Winter schon fast, eine trostlose dunkelbraune Ebene bildeten, aus der sich aber in wenigen Monaten winzige grüne Spießchen herausbohren würden. Barbara Gärtner folgte seinem Blick.

Unvermittelt setzte sie wieder an: »Sie war in den letzten Wochen vor ihrem Tod verändert. Nicht mehr so auf ihren Vater fixiert. Vielleicht war auch er entfernter von ihr. Es gab einen Todesfall in der Praxis, ein Kleinkind. Er litt sehr darunter, weil er meinte, dass er hätte mehr tun können. Oder ich. Ich hatte ein Fieber unterschätzt und dem Fall nicht die Priorität eingeräumt, die er sich gewünscht hätte. Ich habe die junge Frau gebeten zu warten. Mein Mann war seit dem Morgengrauen ununterbrochen auf den Beinen gewesen und sollte einen Teller Suppe auslöffeln. Ich hatte Angst, dass er zusammenbräche, wenn es mir nicht gelänge, ihm ein paar Minuten Ruhe zu verschaffen. Sie fing panisch an zu schreien, er kam heraus, konnte aber nichts mehr für das Kind tun. Er hat mich angesehen wie eine Mörderin. Ganz kalt war sein Blick. Jedenfalls war er weniger auf Ruth bezogen als sonst. Auch meine Eifersucht auf sie war deswegen vielleicht geringer. Ruth trödelte manchmal herum, wenn sie mit Aufträgen in die Stadt geschickt wurde. Ich dachte schon, sie habe sich irgendjemanden ›angelacht‹, wie man das wohl nennt. Aber das war es dann doch nicht, denn die Anzeichen dafür kenne ich. Dann kam diese furchtbare Puppe. Ruth war ganz durcheinander, aber mein Mann noch mehr. Und ich? Ich habe ihre Angst kaum wahrgenommen und seine wollte ich durch Argumente wegdiskutieren. Dadurch wurde unsere Entfremdung schon überdeutlich. Ruth hat sich bald wieder gefangen, er nicht. Aber Sie sind ja nicht so sehr an unseren Eheproblemen interessiert als vielmehr an den letzten Lebenstagen meiner Stieftochter. Da weiß ich nur noch, dass ich einmal, das war wenige Tage vor ihrem Tod, durch das Fenster des Behandlungszimmers gesehen habe, wie sie heimkam. Sie war in Begleitung einer jungen Frau. Die beiden unterhielten sich angeregt und lachten. Das war keine ihrer Schulfreundinnen. Die junge Frau wirkte ein paar Jahre älter als sie. Ich habe aber nicht nachgefragt, wer sie war, das Ganze schien mir nicht so bedeutsam.«

Cronhart fragte, ob Barbara Löwen die junge Frau beschreiben könnte. Doch das konnte sie nicht. Sie habe nur einen kurzen Blick auf sie geworfen, von ihrer gesamten Erscheinung her wirkte sie einfach erwachsener als ihre Stieftochter. Die junge Frau sei völlig unauffällig gewesen und sie würde sie nicht einmal wiedererkennen, wenn sie direkt vor ihr stünde. Sie sei außerdem durch irgendetwas in der Praxis abgelenkt gewesen. Die Bedeutung dieser Beobachtung sei ihr erst viel später, vor Kurzem eigentlich erst, klar geworden, als sie nämlich Bertha Pappenheim kennen gelernt und angefangen hatte, in ihr eine Freundin zu sehen. Sie sei mit Bertha die Zeil hinaufspaziert, den Anlass wisse sie nicht mehr, es ging um irgendeinen Amtsbesuch, und sie unterhielten sich beim Gehen, haben wohl auch gelacht, und da habe sie im Fenster einer Auslage wie in einem Spiegel ihr Bild zurückgeworfen gesehen: zwei Frauen im vertrauten und unverkrampften Gespräch. Freundinnen eben. Und da sei ihr das Bild von Ruth und der jungen Frau wieder eingefallen. Und sie hatte in diesem Augenblick so sehr gehofft, dass es Ruth damals gelungen sei, sich gegen die stiefmütterliche Strenge und die minutiös geregelten Abläufe des Haushalts und der Praxis ein wenig heimliche Freizeit herauszuschummeln, die sie in fröhlicher Gemeinsamkeit mit einer Freundin verbracht habe.

3

In meinem nächsten Brief an die Front habe ich von dem Puppenhaus berichtet und eine kleine Zeichnung davon in den Umschlag gelegt.

Auf der Zeichnung stand das Puppenhaus im Wald.

Die drei Puppen auf der Zeichnung hatten unsere Gesichter.

Aber ihre Kleidung war anders als unsere. Wir trugen alle Kleider wie die Märchenfiguren in alten Büchern. Und neben meinem Geliebten lag ein Kleiderbündel. Wenn man genau hinschaute, konnte man sehen, dass das eine Soldatenuniform war. Und daneben Waffen.

Das Gesicht des Geliebten habe ich drei Mal geküsst, bevor ich die Zeichnung in den Umschlag steckte.

Hoffentlich kommt mein Brief an.

Als Cronhart zwei Stunden später mit Grossmann, Sophia und Mascha im Café in der Hauptwache saß und von seinem Ausflug nach Oberrad erzählt hatte, kommentierte Sophia das Gehörte leicht amüsiert: »Da hast du also eine Hexe gesucht, draußen am Rand der Stadt, und eine Heilige gefunden.«

»Nein, so würde ich nicht sagen, aber eine beeindruckend moderne Frau, die ihr Leben selbst bestimmt.«

Sophia wandte sich an Max Grossmann: »Und du? Ich nehme an, dass du bei Selmars Mutter warst? Ich war eigentlich davon ausgegangen, dass ihr morgens Doktor Löwen aufsucht und dann mit den Müttern beziehungsweise Stiefmüttern sprecht.«

»Das haben wir auch genauso gemacht, Sophia. Nur nicht immer gemeinsam. Woher kennst du überhaupt unseren Plan? Haben wir gestern davon gesprochen?«

Sophia lachte: »Nur eine Frage der Logik, oder?«

Max Grossmann lachte zurück: »Weibliche Logik oder kriminalistische Logik?«

»Die Logik des gesunden Menschenverstands. Nachdem ihr gestern die Theatermenschen mit Fragen durchlöchert habt, musstet ihr ja heute die Bürger aufsuchen, um Beziehungen zwischen den Löwens und den Hirschfelds zu finden. Sag schon: Sind die beiden Familien gut miteinander bekannt? Ruth und Selmar kannten sich ja seit ihrer Kindheit. Welche Beziehung hatten sie zueinander? Bewunderte Ruth ihn? Dachte sie an ihn? Schrieb sie ihm? Frauen sind für junge Dichter sehr empfänglich, das wirst du auch bald erfahren. Und welche Beziehung hatte Ruth zu Selmars Frau Rosalinde? Junge Mädchen schwärmen doch so oft für Schauspielerinnen. Was hatte Frau Löwen mit der alten Frau Hirschfeld zu tun? Waren sie vielleicht gemeinsam in einem Frauenverein? Oder in einer Wohltätigkeitsorganisation? Einer Suppenküche? Es gibt so viele Möglichkeiten …«

Max warf Cronhart einen Blick zu und wandte sich anschließend an Mascha: »Mascha, sag, gibt es irgendetwas über deine Freundin, was du uns verheimlicht hast? Dass du Ärztin im Jüdischen Krankenhaus bist, glauben wir. Aber ist sie wirklich Studentin in Zürich? Oder möglicherweise eine Kollegin von uns? Gibt es das in Wien: weibliche Kommissare?«

»Bei uns wäre ich eher Inspektor«, lenkte Sophia ab.

Mascha lächelte übertrieben kokett wie eine schlechte Laienschauspielerin: »Warum glaubt ihr mir eher? Habt ihr mich überprüft?«

Grossmann spielte mit und warf ihr eine angedeutete Kusshand zu: »Dienstgeheimnis.« Sophia verstummte. Auch er wurde wieder ernst, als er, an Sophia gewandt, fortsetzte: »Wir haben es übrigens genauso gemacht, wie du es vermutest. Während Heinrich in Oberrad frische Luft geatmet und fast guten Kaffee getrunken hat, musste ich im Ostend einen dünnen

Tee zu mir nehmen und dabei endloses Lamentieren aushalten. Über alles. Über den Kaffee. Über die Politik. Den Krieg. Die dichterischen Verrenkungen ihres Sohns. Kaum über ihre Schwiegertochter, da klagte sie so abstrakt, dass ihr eine eventuelle Kritik nicht nachzuweisen wäre. Raffiniert, das ist sie. Aber auch keine Hexe. Und leider keine Frau, die selbst über ihr Leben bestimmt.«

»Und wer bestimmt dann über ihr Leben?«, fragte Sophia. »Sie ist verwitwet, sie ist gesellschaftlich angesehen, sie ist recht vermögend. Sie kann sich doch eigentlich alles nach eigenem Gusto einrichten.«

»Ja«, antwortete Mascha. »Wenn sie unabhängig denken könnte. Davon wiederum verstehe ich mehr als du.« Sie wandte sich zu den beiden Männern und sagte, auf Sophia deutend: »Auf sie trifft das alles auch zu: verwitwet, angesehen, vermögend. Aber sie stammt aus einem Elternhaus, in der das wichtigste Erziehungsziel geistige Unabhängigkeit war. Immer noch ist, denn sie hat jüngere Geschwister. Aber bei Sophia ist das ihrem Vater doch gut gelungen, oder?«

Natürlich verstand Sophia, was Mascha eher ihr als den beiden Männern da sagen wollte. Die Anpassungsleistungen, die man wegen der Meinung der Gesellschaft und aus Angst um seinen guten Ruf zu erbringen bereit war. Ob sie ihrem Vater je genug danken konnte, dass ihr solche Überlegungen immer zweitrangig bleiben konnten?

»Dabei war ich trotzdem immer so brav. Obwohl es niemand gefordert hat von mir.«

Mascha legte ihr kurz die Hand auf den Arm.

Anschließend berichteten die beiden jungen Frauen, womit sie den Tag verbracht hatten.

»Mit Schleppen«, erzählte Sophia. »Wir haben die Kulissen und die vielen Schachteln und Körbe und die Kostüme und überhaupt alles vom Dachboden hinunter ins Entree geschleppt und dort haben wir es in einen Leiterwagen gelegt. Den haben dann die beiden Musiker aus der Pension ins Philantropin* gezogen. Wilhelmine Koscinski und Luise Schulmeister sind mitgegangen, und sie haben zu viert entladen. Die beiden Frauen wollten sich die Spielfläche genauer ansehen und sich ein Gespür für den Raum verschaffen, die beiden Männer kamen zurück und wieder haben wir beim Aufladen geholfen. Dieses Mal haben Josephine und Rosalinde sie begleitet, und so hat sich das alles noch zwei- oder dreimal wiederholt.«

»Wieso ins Philantropin?«, fragte Grossmann interessiert. »Ich dachte, die Uraufführung fände in der Langen Straße statt? Im Saal des Kaufmännischen Vereins, hat Selmar erzählt. Oder war es im Löwenhof?«

»Ich glaube, in der Langen Straße«, antwortete Mascha. »Aber sie müssen ja vorher auf einer Bühne proben, das machen sie im Philantropin. In der Pension gab es ja bisher nur Sprechproben. Am Tag vor der Uraufführung soll im Philantropin eine öffentliche Generalprobe stattfinden, auch für die Presse zugänglich. Dann kommen die Uraufführung und zwei weitere Vorstellungen im Saal, zum Abschluss ist noch eine Volksaufführung geplant, die ist dann wieder im Philantropin. Das bedeutet also noch etliche Leiterwagentransporte.«

»Bei denen ich nicht mehr helfen kann«, sagte Sophia, »ich fahre ja morgen zurück. Schade, ich hätte das Stück gerne gesehen.«

»Aber ein bisserl was von den Proben kannst du miterleben, ab morgen früh.«

---

* Philantropin: eine der Schulen der ehemaligen israelitischen Gemeinde in Frankfurt; bestand von 1804 bis zur Schließung durch die Nationalsozialisten 1942; zeitweise lernten in dieser größten jüdischen Schule Deutschlands bis zu 1.000 Schüler; seit 1908 im Frankfurter Nordend in der Hebelstraße.

»Ich würde aber so gerne das ganze Stück sehen. Die Uraufführung wird bestimmt spannend. Und was ist eigentlich eine Volksvorstellung?«

»Eine gute Sache«, erklärte Max. »Eine billigere Aufführung, die jeder sich leisten kann.«

»Die gleichen Stücke wie im Theater?«

»Schon, aber mit einer sorgfältig überdachten Auswahl. Mehr Lustspiele als Tragödien, eher einmal eine Operette als eine Oper. Solche Stücke wie das von Max eher selten.«

»Gibt es viele Volksvorstellungen?«

»Ja, schon. Vor dem Krieg gab es das auch, nur seltener, aber es gab auch andere Bildungsangebote speziell fürs Volk, Volksvorträge zum Beispiel. Jetzt gibt es eine richtige Vorschrift fürs Theater, vier müssen sie, glaube ich, im Monat anbieten. Damit man auch einmal etwas Schönes oder Erhabenes oder Lustiges sieht und seine Sorgen vergisst.«

»Und wie passt der so häufig gespielte Goethe hinein, Max?«

»Zuerst: Das ist in Frankfurt wirklich nicht immer so, nur in dieser Saison, die, ungewöhnlich genug, unter einem Gesamtmotto steht: Jugend. Und Zeiß, der neue Direktor der Frankfurter Bühnen, will unter diesem Motto zum einen alle Jugendstücke Goethes zur Aufführung bringen, einige von ihnen sind so selten, dass selbst ihr beiden studierten Wiener Frauen sie nicht kennt.«

»Gegen mich hättest du da vielleicht ein leichtes Spiel«, lachte Mascha, »aber bei Sophia wäre ich mir nicht so sicher, sie kennt sie vermutlich alle.«

Sophia wehrte amüsiert ab: »Es wäre schon lustig, ein Versuch, ob wir sie alle zusammenbringen, aber haben wir nicht etwas anderes zu besprechen?«

Gespielt traurig ließ Max den Kopf hängen, um gleich danach Mascha zu fragen: »Ist deine Freundin immer so vernünftig?«

Mascha nickte.

Sophia überlegte: »Aber eine Frage muss ich vorher doch noch stellen.«

»Selbstverständlich.«

»Zum anderen?«

»Was meinst du?«

»Du hast gesagt: zum einen die Jugendstücke Goethes. Das bedeutet doch aber, dass es einen zweiten Schwerpunkt des Themas gibt.«

Wieder wandte Max sich an Mascha: »Und ist sie immer so logisch und strukturiert?«

»Immer«, lachte Mascha, »und deswegen beantworte lieber ihre Frage. Sie wird nicht lockerlassen.«

»Gerne. Ich spräche sowieso lieber mit euch über das Theater als über diese Totenpuppengeschichte. Also: Das andere – das sind die Stücke junger Gegenwartsautoren.«

Sophia war beeindruckt: »Das überzeugt mich. Es klingt so spannend. Ein Saisonthema, die Jugendstücke der Jungen und die eines Klassikers, eines Alten sozusagen. Das mit den Volksaufführungen muss ich mir auch merken. Ich werde mit meinem Vater darüber sprechen, den wird das interessieren!«

»Bestimmt«, stimmte Mascha zu und bat dann nicht zum ersten Mal: »Ein paar Tage nur noch, Sophia, häng bitte ein paar Tage dran!«

»Das geht nicht, meine liebste Mascha. Das weißt du. Und du arbeitest doch auch ab übermorgen wieder, da hättest du sowieso keine Zeit mehr für mich. Was wir tun konnten, haben wir getan. Wir haben beschlossen, Rosalindes Leichtigkeit in der Angelegenheit zu ignorieren, und sind zur Polizei gegangen, wir haben mit Max jemanden gefunden, der das Problem engagiert lösen wird, und ich bin jetzt schon neugierig auf einen Brief aus Frankfurt, in dem mir die Lösung mitgeteilt wird. Und Max hat in Heinrich einen Helfer, der ihm nützlicher ist, als wir das in unserem Dilettantismus je sein könnten.«

In sachlicherem Ton setzten die beiden Kriminalisten und die beiden Frauen das Gespräch fort.

Cronhart und Grossmann erzählten von ihrem Plan, die wenigen Zeugen, die da meinten, damals bei Ruths Tod auf dem Bahnsteig eine ältere respektive eine jüngere Frau gesehen zu haben, noch einmal aufsuchen.

Sophia fand den Plan aussichtsreich: »Manchmal hilft eine gewisse Zeitdistanz nicht nur beim Vergessen, sondern sogar umgekehrt beim Erinnern. Wichtige Einzelheiten kristallisieren sich deutlicher heraus als in großer zeitlicher Nähe. Das Vergessen scheint immer an unwichtigen Nebensächlichkeiten anzusetzen, dann andere zweitrangige Begleitphänomene auszulöschen, bis zum Schluss sozusagen nur noch der Kern einer Erinnerung übrig ist, kondensiert in wenige verdichtete Details.«

»Wie bei Kindheitserinnerungen«, warf Mascha ein.

»Ja, da bleibt einem von einem ganzen Lebensjahr manchmal nur ein Geruch, ein Geräusch, zum Beispiel ein Knistern oder die Klänge eines Musikinstruments, irgendein Detail wie ein Tapetenmuster oder ein schwarzer Fleck auf der Schnauze eines kleinen Hundes«, sagte Max Grossmann. »Vielleicht können wir ja darauf hoffen, dass auch unsere Zeugen und Zeuginnen aus dem Übermaß an akustischen, optischen und olfaktorischen Wahrnehmungen, denen sie damals ausgesetzt waren, nur wenige wichtige herausgefiltert haben. Damals ist in ihrer unmittelbaren Nähe ein Mensch gestorben, ein junges Mädchen, das sie vielleicht durch erhöhte Aufmerksamkeit hätten retten können. Vielleicht hat auch ein latentes Schuldgefühl sie damals verwirrt, und inzwischen sind manche Verzerrungen und Fixierungen ihrer damaligen Wahrnehmungen zurechtgerückt.«

Heinrich Cronhart nickte: »Hoffen wir es.«

»Was sollen wir heute Abend unternehmen? Wenn du morgen wieder abreist, Sophia, müsstest du noch etwas von unserer Stadt sehen. Sollen wir einen Stadtbummel machen? Oder vielleicht ins Theater gehen?«

Cronhart reagierte schnell: »Leider kann ich heute Abend nicht mitkommen, Max. Ich habe etwas zu tun, das ich nicht aufschieben möchte. Und ich muss jetzt schon aufbrechen.«

Nachdem sie sich verabschiedet hatten, lehnte Mascha Grossmanns Einladung ab: »Es tut mir leid, Max. Aber ich muss mich jetzt schon verabschieden und schnell ins Krankenhaus fahren.«

»In deinem Urlaub?«

»Weißt du, ein Krankenhaus ist ein Ort, an dem es kranke Menschen gibt, und das Interesse an manchen Menschen kennt keinen Urlaub.«

»Könntest du dann abends wieder in die Stadt kommen?«

»Eigentlich gerne, aber ich habe bereits eine Einladung für den Abend, der ich gerne folgen würde. Umso mehr, als sie auch für Sophia gilt. Wir sind bei Delavilla, dem Wiener Maler, zu einem Fest eingeladen. Du kennst ihn doch von seinen Bühnenbildern her, Max. Delavilla hat einige Theaterleute und auch Künstler bei sich zu Besuch.«

»Ja«, nickte Grossmann, »damit kann ich nicht konkurrieren.«

»Darum geht es doch gar nicht. Ich habe Delavilla schon zugesagt. Aber komm doch mit, Max! Die Einladung ist schon ein paar Tage alt. Delavilla hat, als ich erzählte, dass meine Freundin mich hoffentlich bald besuchen kommt, die Einladung ausgedehnt und gescherzt, dass ich nicht nur meine Freundin mitbringen könne, sondern auch meinen Freund, wenn ich das mag und einen habe. Dir wird es dort bestimmt gefallen, Max.«

»Und als was soll ich dort auftauchen? Als der Kommissar, der zwei junge Damen beschützt, die bislang auch ohne ihn gut durchs Leben gekommen sind? Oder als der Kommissar, der in einem Fall aus dem Umkreis der Frankfurter Bühne ermittelt und deswegen das Fest für seine Ermittlungen nutzen will?«

»Oder«, meinte Sophia, »als ein Dichter, als Künstler wie die anderen, als Max Grossmann?«

»Oder vielleicht«, schlug Mascha vor, »als Freund?«

Grossmann schwieg. Dann sah er auf: »Kennt eine von euch die Kritik über meine Lesung? Ich habe mich nicht getraut, die Zeitung aufzuschlagen, dabei brennt sie den ganzen Tag schon in meiner Manteltasche.«

»Dann steht dir noch eine große Freude bevor«, sagte Sophia.

Und Max Grossmann entschloss sich, mit Mascha und Sophia zu Delavillas Fest zu gehen.

Die Zeit zwischen dem Besuch des Cafés und dem Beginn des Fests verbrachte Sophia mit Max Grossmann in dessen Dienstzimmer, denn, so hatte Mascha ihr zugeflüstert, dann könne sie mit dem Kommissar gemeinsam die Recherche-Ergebnisse seiner Mitarbeiter erfahren, das sei bestimmt interessanter als noch einmal mit ihr ins Krankenhaus zu fahren, umso mehr, als es eh schon dunkel geworden sei.

So landete Sophia in dem ihr schon bekannten Dienstzimmer des Kommissars.

Kaum war er dort eingetroffen, gaben sich seine Mitarbeiter schon gegenseitig die Klinke in die Hand. Sophia hatte ihre Freude daran, dass seine Kollegen sehr emsig gewesen sein mussten, denn sie hatten alle viele Ergebnisse vorzuweisen. Minutiös hatten sie die Lebenswege der Beteiligten festgehalten, und Sophia fragte sich, wie sie an einem Tag so viel herausfinden konnten. Briefe? Nein, bei der Entfernung nicht. Telegramme an die Polizeibehörden der Städte, die die Beteiligten als Wohnorte angegeben hatten? Telefongespräche mit der Bitte um Amtshilfe? Dann hätten die dortigen Beamten direkt bei den Meldebehörden und in den Theatern dieser Städte nachgeforscht und ihre Ergebnisse wiederum telefonisch zurück nach Frankfurt gemeldet. Das bedeutete bei der Vielzahl der zu untersuchenden Lebensstationen der vielen Beteiligten einen riesigen Aufwand in vielen Amtsstuben in vielen Städten. Aber vielleicht kannte man ja auch den einen oder anderen Kollegen von ähnlichen Ermittlungen oder von der Ausbildung her. Auf jeden Fall war die Quantität der Ergebnisse beeindruckend.

Und die Qualität der Ergebnisse?

Sie schienen, und das war auf den ersten Blick enttäuschend, überwiegend das zu bestätigen, was die Bewohnerinnen und Bewohner der Pension Rosso berichtet hatten, nur die angegebenen Jahreszahlen stimmten nicht immer genau. Bei Josephine und Victoria waren längere Pausen zwischen zwei Engagements auszumachen, wovon die beiden jungen Frauen auch gesprochen hatten, bei Victoria sogar über ein Jahr. Dies aber sei, so wurde Grossmann von seinen umsichtigen Mitarbeitern informiert, absolut üblich, es sei eher erstaunlich, dass sie so wenige Lücken in den Lebensläufen festgestellt hätten. Denn junge Schauspielerinnen fänden durchaus nicht immer Anschlussengagements und müssten sich in den Pausen auf andere Weise durchs Leben schlagen. Der Kommissar wisse schon, sagten sie mit einem Seitenblick auf Sophia. Und der Kommissar wusste natürlich. Und ein Seitenblick auf Sophia sagte ihm, dass sie auch wusste.

Zwei Fälle allerdings stuften die Beamten als rätselhaft ein.

Das war zunächst Wilhelmine Koscinski. Sie war für die Saison 1914/15 nach Frankfurt gekommen und arbeitete seitdem dort als Souffleuse und gebe auch Schauspielunterricht. Vorher habe sie drei Jahre lang in München auf der Bühne gestanden und dann eine Saison lang in Leipzig. Nichts Großes, sondern einfach altersentsprechende Rollen: Mütter, Salondamen und so weiter. Über vorige Aufenthaltsorte hätten die Kollegen in München nichts herausbekommen, aber aufgegeben hätten sie noch nicht. Sie sei seinerzeit wie aus dem Nichts erschienen, keiner im Theater habe sie gekannt, keiner etwas über sie gewusst. Da sie außerdem sehr zurückhaltend lebte und keine näheren Bekanntschaften schloss, habe man bald das Interesse an ihr verloren. Ihre Leistungen auf der Bühne seien gut, aber nicht so herausragend gewesen, dass sie stärker in das Zentrum der Aufmerksamkeit hätte geraten können. Es habe sich allerdings im Verlauf ihres ersten Münchner Jahres schon herausgestellt, dass sie eine begnadete Schauspiellehrerin war. Diese Entdeckung geschah zufällig. Aus Gefälligkeit habe sie nämlich in der Kantine vor den eigentlichen Proben junge Schauspielerinnen und Schauspieler abgehört und dabei so exakte und wirkungsvolle Hinweise eben nicht nur zum Textlernen, sondern vor allem auch zum Textsprechen gegeben, dass sich bald alle darum gerissen hätten, von ihr »abgehört« zu werden. Aus dem Abgehörtwerden hat sich dann bald das Unterrichtetwerden ergeben. Obwohl sie relativ viel Geld für ihren Unterricht verlangte, hatte sie nie über einen Mangel an Schülern und Schülerinnen zu klagen. In ihrem zweiten Münchner Jahr zeigte sich dann, dass sich ihre Schülerinnen und Schüler binnen Kurzem auf der Bühne viel besser präsentierten und rascher reüssierten als die anderen. Seitens der Theaterleitung begann man im Verlauf des zweiten Jahres, ihr wenigstens teilweise die Sprechproben der neuen Stücke zu übertragen, und es wurde gemunkelt, dass die Theaterleitung erwöge, ihr in der nächsten Saison eine Regie anzuvertrauen, was eine Sensation gewesen wäre.

Warum sie München trotz einer so sicheren und aussichtsreichen, ja definitiv ausbaufähigen Position verließ, wusste niemand in München und konnte sich auch niemand erklären. Sie ging nach Leipzig, wo sie mit Rosalinde bekannt wurde, die dort ein kleines Engagement hatte. Rosalinde wurde dann für die nächste Saison, also 1913/14, nach Frankfurt verpflichtet und bekam ein Anschlussengagement für eine weitere Spielzeit. Seitdem blieb sie am Theater in Frankfurt. Ob das damit zusammenhing, dass sie noch kurz vor Ende der Saison Selmar Marsel kennen gelernt hatte oder ob vielleicht auch kein anderes Angebot vorgelegen habe, konnte nicht eindeutig ermittelt werden. Im August 1914 sei es dann wegen Marsels freiwilligem Einrücken in den Krieg zu der überstürzten Hochzeit des jungen Dichters und der jungen Schauspielerin gekommen. Aber das wusste Max Grossmann ja alles bereits.

Wilhelmine hatte ein Jahr nach Rosalinde ein Engagement als Schauspielerin in Frankfurt angeboten bekommen, allerdings zu wesentlich schlechteren Bedingungen als in Leipzig, geschweige denn in München. Als in Frankfurt dann die feste Souffleuse erkrankte, hatte sich Wilhelmine erfolgreich um diese Position beworben; die Gründe für diese Entscheidung verstanden weder ihre ehemaligen Münchner Kollegen und Kolleginnen noch die aus Leipzig. Inzwischen unterrichte sie auch wieder, sporadisch allerdings, nur Rosalinde Geiger erteile sie regelmäßigen Unterricht.

Der zweite rätselhafte Fall sei der des angeblich weltbekannten Tenors Rosso, des derzeitigen Pensionsinhabers. An keiner der großen Bühnen Deutschlands sei er im letzten Jahrzehnt als Ensemblemitglied verzeichnet gewesen, und ein junger opernbegeisterter Kommissar in München, ja, kunstbegeisterte Kriminalisten gebe es nicht nur in Frankfurt, murmelte der junge Mitarbeiter Grossmanns mit einem verschwörerischen Blick auf Sophia, also dieser Kommissar habe fast den ganzen Tag damit verbracht zu recherchieren, an welcher italienischen Oper Rosso seine Arien geschmettert habe, aber er habe kein einziges renommiertes Haus ausmachen können, an dem er gesungen hätte. Was das nun aber besage, wisse er nicht. Vielleicht sei Rosso einfach ein Schwindler, vielleicht sogar ein Heiratsschwindler, denn italienische Tenöre fänden doch wahrscheinlich leichter treue und nicht ganz mittellose und ergebene Ehefrauen als sonstige Italiener, oder? Wenn er denn überhaupt ein Italiener war. Oder ein Tenor.

Dann teilten die Beamten ihrem Vorgesetzten noch mit, dass er alles auf seinem Schreibtisch vorfände und dass noch weitere Ergebnisse ausstünden, die sie morgen erwarteten, nicht nur aus München. Ihnen sei, das solle er sich vielleicht einmal genau ansehen, aufgefallen, dass sich die Wege dieser Pensionsbewohnerinnen, denn eigentlich gehe es doch nur um die Frauen, schon mehrfach gekreuzt hatten, nicht nur privat wie bei Rosalinde und Josephine, sondern auch beruflich. So seien einige von ihnen bereits in der letzten Saison vor dem Krieg zufällig einmal in Frankfurt engagiert gewesen. Nicht nur Rosalinde, die ja seitdem im Frankfurter Ensemble geblieben sei, genau wie Charlotte, die ja noch viel länger als Rosalinde in Frankfurt auf der Bühne stehe, sondern auch Victoria, die dann sogar ein Folgeengagement abgelehnt hatte, und Adrienne.

Max Grossmann nickte seinen Mitarbeitern zufrieden zu, bedankte sich und entließ sie nach Hause, doch der jüngste unter ihnen, offensichtlich auch der eifrigste, folgte den anderen nicht hinaus, sondern blieb im Türrahmen stehen.

»Das ist aber noch nicht alles, Herr Kommissar!«, teilte er eifrig mit.

Übereifrig, fand Max Grossmann und verabschiedete ihn freundlich: »Der Rest hat dann doch wohl noch Zeit bis morgen früh, oder?«

Sophia bemerkte, wie zwei oder drei der anderen Männer den jungen Mann am Ärmel zupften und hinauszuziehen versuchten, doch der blieb geradezu halsstarrig in der Mitte der Türöffnung stehen. Dann ertönte eine laute Stimme hinter der Männergruppe, eine Stimme, die allen wohlbekannt zu sein schien, denn ohne sich auch nur umzudrehen, traten sie auseinander, um Platz zu machen. Sogar der junge Mann rückte etwas zur Seite.

»Nun, mein junger Dichter, haben Sie auch einmal den Weg zurück zu uns gefunden?«, dröhnte es.

Sophia wusste sofort, dass es sich um einen Vorgesetzten Grossmans handeln musste, da das Auftreten des Mannes sehr sicher war und das aller anderen unsicherer zu werden schien. Nur Grossmann blickte ihm unerschrocken in die Augen.

»Und Sie haben alle diese Männer mit einer Causa beschäftigt, von der ich kein Wort höre? Über die Sie mir auch keinerlei Akten vorgelegt haben? Und keinerlei sonstige Information gegeben haben?«

»Leider«, antwortete Grossmann. »Aber Sie werden morgen alles auf Ihrem Schreibtisch vorfinden, das verspreche ich. Es war nur so, dass die Angelegenheit sehr dringend erschien und jeder Aufschub die Bedrohung, in der eine Person schwebte, vergrößert hätte. Leider waren Sie ja gestern nicht im Amt, sondern auf einer wichtigen Konferenz, so dass ich einfach auf eigene Verantwortung gehandelt habe. Und dabei muss es, so leid es mir tut, für heute auch bleiben.«

»Dabei muss es bleiben?«

Sophia sah, wie die anderen Männer, die immer noch in einer Gruppe in dem geöffneten Türrahmen standen, zu erstarren schienen. Doch sie selbst befürchtete eigentlich nichts Schlimmes, denn dieser Vorgesetzte erinnerte sie an ihren Vater, wenn er im Umgang mit anderen meinte, streng sein zu müssen, obwohl ihm eigentlich nicht danach zumute war.

»Ja, leider.«

Der gut gekleidete Herr, der viel natürliche Autorität ausstrahlte, fragte mit, wie Sophia fand, trotz aller vermeintlichen Strenge leicht amüsiertem Ton: »Obwohl ich heute, das möchte ich noch erwähnen, Sklavendienste für Sie geleistet habe? Noch dazu Sklavendienste, deren Sinn ich nicht verstehe?«

»Sie meinen?«

»Es standen doch noch zwei Namen auf Ihrer Liste. Das wollte der junge Kollege hier anmerken, nehme ich an. Zwei Ausländerinnen, aber immerhin verbündete Ausländerinnen. Zwei junge Damen aus Wien, nicht wahr?«

Max Grossmann war diese Aussage sichtlich peinlich. Seine Haare schienen einen starken Stromschlag erhalten zu haben, denn sie standen noch stärker ab als zuvor. Zumindest kam das Sophia so vor. Er lenkte den Blick nicht in ihre Richtung.

Sie selbst war keinesfalls beleidigt. Bei ihrer kriminalistischen Erfahrung, die inzwischen auch durch eine differenziertere juristische Ausbildung verfeinert worden war, hätte sie es sehr ungewöhnlich, eigentlich sogar befremdlich gefunden, wenn der Frankfurter Kommissar dem charmanten Geplauder zweier hereingeschneiter Wiener Damen, die ihm völlig fremd waren, so getraut hätte, dass er auf jegliche Überprüfung verzichtet hätte.

Deswegen schaltete sie sich in das Gespräch ein: »Darf ich mich vorstellen? Ich bin nämlich eine dieser beiden jungen Damen. Ich bin Sophia Sachtl, Studentin aus Zürich. Und, Max«, wandte sie sich dem etwas niedergeschlagenen jungen Kommissar zu, »hättest du mich nicht überprüfen lassen, dann hätte ich das sehr unprofessionell gefunden. Es ist also alles gut …«, tröstete sie ihn noch, um sich dann an den älteren Herrn zu wenden: »Und Sie haben also nach mir geforscht? In Zürich oder in Wien?«

Dieser lachte: »In Wien. Ich habe meine Beziehungen spielen lassen. Vor Jahren habe ich bei einer Friedenskonferenz in Genf einmal einen ausgesprochen klugen und sympathischen Herrn kennen gelernt, der in Wien im Innenministerium arbeitet. Er ist eine Art graue Eminenz, sehr einflussreich, nicht nur in Wien.«

»Ich glaube, ich weiß, von wem Sie sprechen. Von einem gewissen Herrn Felix von Wiesinger.«

Weil Max Grossmann sich über die ausführliche Einleitung seines Vorgesetzten wunderte und immer noch nicht ganz überzeugt davon war, dass Sophia ihm wirklich nichts übel nahm, hätte er beinahe nicht wahrgenommen, dass die junge Frau neben ihm nicht nur lächelte, was sie bei aller Freundlichkeit eigentlich selten tat, sondern dass sie regelrecht auflachte. Er blickte sie an und sah, dass ihr kleine, runde Tränen die Wangen herabrollten. Erst als sie ihr Lachen etwas zurückgedrängt hatte, konnte sie wieder sprechen: »Und was«, wandte sie sich ganz locker an seinen Vorgesetzten, »hat Ihnen mein Vater über mich erzählt? Beziehungsweise meine Stiefmutter? Denn er selbst ist ja derzeit in Zürich bei seinem Enkelsohn.«

4

Die Nachrichten von der Front, die ich in den Zeitungen lese, beinhalten nichts von dem, was ich wissen will.

Ich habe schon seit drei Wochen keine Nachricht von der Front.

Ich wälze mich im Bett und finde keine Ruhe.

Das ist normal, höre ich andere Frauen sagen, deren Männer auch im Krieg sind. Die Situation ist zu kompliziert. Der Krieg scheint verloren zu sein. Da ist anderes wichtiger als der Briefverkehr der Soldaten mit ihren Ehefrauen.

Und sie fahren fort: Wir müssen hier alles am Laufen halten. Bis unsere Männer zurückkommen.

Wenn sie denn zurückkommen, denke ich. Und habe Angst.

Mascha holte Sophia und Max Grossmann pünktlich zu der verabredeten Zeit im Polizeipräsidium ab. Sie hatte sich umgezogen. Ihr Gesicht strahlte ihnen entgegen: »Wir werden einen schönen Abend haben!«

»Es sieht so aus, als hättest du bereits einen schönen Nachmittag gehabt, Mascha«, sagte Grossmann und bat noch um ein paar Minuten an seinem Schreibtisch.

»Wir warten unten, in der Eingangshalle«, schlug Mascha vor. »Dann stören wir dich nicht.«

Unten angekommen, sagte Sophia: »Dann lass uns diese Minuten nutzen. Ich habe nämlich noch einige Fragen.«

»So?«

»Ja. Heute zum Beispiel hatte ich bei einigen deiner Bemerkungen das Gefühl, dass du dem neuen Theaterwerk nicht ganz ohne Vorbehalte entgegentrittst. Stimmt das?«

»Ich bin Ärztin, Sophia. Ich versuche, Fakten zu ermitteln,

Diagnosen zu stellen, Therapien zu entwickeln. Auf einer logischen Ebene. Natürlich unterschätze ich dabei die Rolle der Emotionen und des Unterbewussten nicht. Keineswegs. Es ist eher, wie soll ich sagen, dieses Gefühle-Herausschreien, das ich nicht so mag. Im Leben nicht, auf der Bühne auch nicht. Nur im Krankensaal, da ist alles erlaubt. Ich habe ja auch nicht deine lebenslange Theatererfahrung, kein Weihnachtsmärchen, keine Kinderoper. Für mich war das eine fremde Welt, erst mit dir und deinen Eltern habe ich Zugang dazu gefunden. Aber seit ich hier in der Pension lebe, bin ich tagtäglich mit Theater konfrontiert. Und dem Rollenspielen im Alltag. Meine Zweifel an dem Stück sind wirklich gewachsen. Ich weiß nicht, ob das an mir liegt oder ob vielleicht das Stück selbst … nun, gewisse Mängel hat. Es wird immer furchtbar viel herausgeschrien. Oder unverständlich geflüstert.«

»Möglicherweise ist unser Theater zu Hause ein wenig … konservativ? Und unser Geschmack ebenfalls?«

»Das kann sein. Jedenfalls habe ich inzwischen viel dazugelernt. Auch durch meine Bekanntschaft mit Franz Karl Delavilla.«

»Ich bin neugierig auf ihn und sein Fest. Er hat ja viel gemacht bei uns in Wien, zum Beispiel Postkarten für die Wiener Werkstätten.«

»Das weiß ich. Aber er hat seinen Stil inzwischen völlig verändert. Auch seine Interessen. Hier zum Beispiel erregt er mit Bühnenbildern Aufsehen.«

»Unser Delavilla?«

»Ja, unser Delavilla. Er ist ja schon ewig weg von Wien. Er hat jahrelang in Hamburg gewohnt und gelehrt; jetzt unterrichtet er hier an der Kunstgewerbeschule. Er ist sehr nett und hat mir am Anfang viel geholfen.«

»Ich freue mich darauf, ihn kennen zu lernen. Wie bist du in seinen Kreis geraten? Und in die Pension Rosso? Und überhaupt: Wieso bist du eigentlich in Frankfurt gelandet?«

»Ich fange mit der letzten Frage an. Frankfurt. Das war wirklich ungeplant. Als ich damals, an diesem furchtbaren Frühlingstag, es hat gestürmt und geregnet, zum Bahnhof ging, hatte ich vage Vorstellungen vom Wien-Ostende-Express. Weg aus Wien, aus Österreich, aber mit Glanz und Gloria, mit Luxus und Dekadenz. Nur Schlaf- und Speisewagen, das hat mir einmal jemand erzählt. Ich wollte ein Billett bis Köln lösen, aber nicht unbedingt so weit fahren, sondern unterwegs spontan entscheiden, wo es mir gefallen könnte. Aber mir war das nicht bestimmt. Denn als ich am Schalter ein Billett kaufen wollte, erfuhr ich, dass der Zug seit dem Krieg eingestellt war. Ich habe trotzdem dieselbe Strecke gewählt, auf die Schnelle fiel mir nichts anderes ein. Schön und feudal war's nicht. Überfüllte Waggons, viel Schmutz, weinende Frauen, schreiende Kinder, Soldaten. Es war so dumm von mir: Es ist Krieg, ich stehe vor den Trümmern meines Lebens und ich träume wie ein kleines Mädel von einer abenteuerlichen und exquisiten und romantischen Zugfahrt.«

»Wenigstens hattest du noch Träume, Mascha. Aber sag' jetzt, wieso Frankfurt?«

»Da schlage ich jetzt drei Fliegen mit einer Klappe. Frankfurt. Die Pension. Und Delavilla. Den habe ich tatsächlich im Zug kennen gelernt. Er ist in Würzburg zugestiegen. Ich hatte kurz erwogen, mich dort niederzulassen, als ich vom Zugfenster aus das wunderschöne Schloss auf dem Hügel erblickte, aber dann dachte ich, ich warte noch, wie mir Frankfurt gefällt. Mir waren da noch aus der Schule zwei verlockende Stichwörter eingefallen, Goethe und Kaiserkrönungen …«

»Träume von Kultur, Geschichte. Ach, Mascha …«

Mascha lachte und fuhr fort: »Delavilla war übrigens mit einem Kollegen unterwegs, sie hatten irgendwo in Süddeutschland einen Termin wegen einer Buchillustration. Irgendwann habe ich ihrer Unterhaltung zugehört. Ich weiß, dass man fremde Gespräche nicht belauschen soll, aber die beiden Herren sprachen so laut und ungeniert, dass man gar nicht vermeiden konnte, ihnen zu folgen. Das haben bald alle im Abteil getan, einer sogar mit offenem Mund. Es war auch irgendwie komisch, rückblickend gesehen. Delavilla in seinem schönen Wienerisch, und sein Kollege im Frankfurter Dialekt. Delavilla also ganz leicht näselnd, der andere leicht zischelnd.«

»Und womit hat das Näseln und Zischeln der beiden Herren Künstler den Waggon unterhalten?«

»Bühnenbilder. Perspektiven und Farben. Ein fremdwortgespicktes Fachgespräch. Eine Veröffentlichung von Bühnenbildern und Figurinen, habe ich mir zusammengereimt. Und dann ist es zu einem Missverständnis gekommen. Dellavilla hat von irgendeiner Remasuri* gesprochen im Verlag und der andere hat ihn nicht verstanden, der Zug hat ja auch laut gerattert und gerumpelt, und er meinte, Delavilla hätte ihn auf eine Rasur angesprochen, und er wehrte sich vehement gegen diesen vermeintlichen Vorwurf und sagte, man solle sich doch vordringlich über das Durcheinander im Verlag kümmern, nicht um Defizite seiner Morgentoilette. Und Delavilla hat gelacht und ihm zugestimmt und ihm das Missverständnis erklärt, weil doch Remasuri nur ein anderes Wort für Pallawatsch** sei, und damit sei hoffentlich alles klar. Der andere meinte ein bisserl argwöhnisch, dass Dellavilla Wörter erfinde, denn er könne nicht glauben, dass kultivierte Österreicher Wörter benutzten, die klängen, als stammten sie aus einem Kinderbuch. Und da habe ich mich eingeschaltet und gesagt, dass ich auch aus Wien stamme und dass es diese beiden Wörter wirklich gäbe, aber noch viele andere, die man in Deutschland wohl auch eher in ein Kinderbuch verdammen würde, wie zum Beispiel ›Baba‹***, was mir gerade zufällig einfiel. Das

* Remasuri (österr.): Durcheinander

** Pallawatsch (österr.): Durcheinander

*** Baba (österr.): auf Wiedersehn

war meine erste Begegnung mit Delavilla. In dem Gespräch, das sich zwischen uns entspann, habe ich dann erzählt, dass ich mich in Frankfurt ansiedeln und dort arbeiten wolle, als sei das fester Bestandteil eines Lebensplans. Delavilla war es auch, der mir dann von der Pension Rosso erzählt hat. Es sei dort sehr preiswert und immer voller interessanter Menschen. Ich nahm noch am gleichen Tag ein Zimmer bei den Rossos. Zuerst dachte ich, für ein paar Tage, bis ich etwas Eigenes finde, aber dann hat es mir ganz gut gefallen dort, man fand immer jemanden zum Plaudern, wenn man sich einsam fühlte. Es kostet wirklich wenig, denn das Ehepaar Rosso hat festgestellt, dass in Kriegszeiten die längerfristige Zimmerbelegung ein sicheres Einkommen garantiert, vor Zwangseinweisungen schützt und auch davor, sich mit anspruchsvollen Gästen herumschlagen zu müssen. Der Kontakt zum Theater und zur Oper tat dem Tenor gut, und es gab Freikarten zuhauf. Die lange ansässigen Gäste räumten irgendwann auch ihre Zimmer selbst auf und nahmen es insgesamt nicht so genau, was die Ordnung und Sauberkeit des Hauses betraf. Niemand beschwerte sich, wenn der Tenor laut sang, wann immer ihm der Sinn danach stand. Dafür wurden auch ihnen alle Freiheiten zugestanden. Und so bin ich geblieben. Ich fand, dass das fremde Milieu eine faszinierende Erfahrung ist.«

»Waren denn die Rossos gleich bereit, dich aufzunehmen? Jemanden mit einem ganz anderen Metier?«

»Ja, Delavilla hatte mir eine Empfehlung mitgegeben. Friedhilde ist übrigens recht raffiniert. Sie sah gleich, wie vorteilhaft ein Arzt im Haus ist. Und die Rossos konsultieren mich wirklich regelmäßig bei allen kleinen und größeren Beschwerden. Nur an die goldene Kehle und die Stimmbänder Ronaldos lassen sie mich nicht heran.«

Sophia musste lachen.

5

Das Theater besteht nur aus Worten.

Worte, die auf der Bühne gesprochen werden und die einen manchmal auch beim zehnten Zuhören zum Lachen bringen oder die Tränen in die Augen schießen lassen. Geschluchzte, geflüsterte, gehauchte, herausgebrüllte Worte. Das sind die erfundenen Worte. Die Worte der Dichter.

Worte, die während der Vorstellungen hinter der Bühne gesprochen werden. Das aufgeregte Tuscheln der Seitenmeister und Bühnenarbeiter oder das Flüstern der wartenden Schauspieler und Schauspielerinnen.

Das Gewirr von Worten bei Proben, wenn die geballte Kreativität aller Beteiligten sich entlädt und Dutzende von Ideen gleichzeitig ausgetauscht, diskutiert, verteidigt und verworfen werden.

Die Worte der Akteure.

In dem Augenblick, in dem Sophia die Wohnung oder das Atelier Delavillas betreten hatte, das konnte Sophia in dem quadratischen Entree im zweiten Stock des Bürgerhauses, wo jeder Zentimeter der Wände mit Bildern bedeckt war, noch nicht ausmachen, nahm sie sich vor, sich das Bild von Mascha genau so, wie sie da im Türrahmen stand, für immer einzuprägen. Mascha lachte und zog alle Blicke auf sich, eine fröhliche, auf aparte Weise schöne, moderne Frau. Ihre vollen dunklen Haare fielen bis knapp auf ihre Schultern herunter und umrahmten in einem leichten Bogen ihr Gesicht und ihr Kinn. Ihr recht kurzes grünes, leichtes Wollkleid umspielte locker ihren Körper. Sie stellte Sophia als »meine älteste Freundin«

vor, was von den Herren, die um sie herumstanden, belustigt aufgenommen wurde: »Haben Sie auch Ihre jüngste Freundin mitgebracht?« Mascha reagierte schnell: »Das ist unter Frauen ausschließlich ein Qualitätskriterium, kein Hinweis auf die Quantität der Lebensjahre. Wie das unter Männern ist, weiß ich natürlich nicht. Aber der Herr hier, Max Grossmann, ist mein jüngster Freund. Ich kenne ihn nämlich erst seit drei Tagen. Er ist ein wunderbarer Lyriker.«

Jetzt richteten sich die interessierten Blicke von Delavillas Gästen auch auf Grossmann, der bestimmt später in viele Gespräche verwickelt werden würde. Sophia konnte trotz Maschas amüsanter Vorstellung weniger Aufmerksamkeit auf sich lenken. Das wunderte sie nicht, erschien sie doch wieder einmal in ihrem schrecklichen langen grauen Rock, mit dem man zwar überall richtig, aber eben nirgends gut angezogen war, ein wenig wie eine Ehefrau, die keine fremden Blicke mehr auf sich ziehen musste, oder wie eine Gouvernante, die keine fremden Blicke auf sich ziehen durfte. Oder eine Witwe, die keine Freude mehr hatte an Festen und an Feiern. Woher die anderen ihre unzerstörbare Gier auf Feiern und Feste hernahmen, auch die Menschen hier, die doch unter dem Krieg entsetzlich zu leiden hatten, wusste sie nicht.

Aber sie wusste auch nicht, warum sie ihr abging.

Im Laufe des Abends entdeckte sie in der Menschenmenge, die sich in einer Art Salon zusammendrängte, einige vertraute Gesichter. Selmar Marsel war da, mit ihm Luise Schulmeister. Sie hörte, wie er Luise einem seiner Freunde als »eine seiner liebsten Kolleginnen bei der Theaterarbeit« vorstellte. Delavilla, ein circa dreißigjähriger gutaussehender Mann, der das zufällig hörte, setzte hinzu, dass er dasselbe sagen könnte, denn Frau Schulmeister sei von einer unglaublichen Zuverlässigkeit und einem herausragenden Ideenreichtum.

Zu Sophias Überraschung war auch der Vorgesetzte von

Max Grossmann eingeladen, der Vizepräsident des Polizeipräsidenten, wie sie jetzt erfuhr. Er war wieder sehr freundlich und stellte sich formvollendet vor: »Bitte nur Herr Hattinger, keine weiteren Amtsbezeichnungen.« Sie freute sich, ihn zu sehen. Er schien ähnlich wie ihr Vater keinem sozialen Kreis fest anzugehören. Ein hoher Beamter der Polizeibehörde war im allgemeinen Bewusstsein ein eher strenger und konservativer Mann, den man nicht unbedingt bei einem Atelierfest erwartet hätte. Als sie ihm das sagte, antwortete er, dass er selbst genauso einen Vorgesetzten habe, wie man ihn sich landläufig vorstellte, einen veritablen Rittergutsbesitzer*. Er versuche da ein wenig auszugleichen.

Sophia und Mascha wurden von Delavilla herumgereicht und mit den anderen Gästen bekanntgemacht. Sophia fand die Atmosphäre sehr anregend. Natürlich stellten die bildenden Künstler die größte Gruppe, aber auch zahlreiche Theaterleute waren vertreten, unter diesen schien ein Regisseur namens Gustav Hartung Delavilla besonders nahezustehen. Max Grossmann wich anfangs nicht von Sophias Seite und flüsterte ihr manche Informationen über die Gäste ins Ohr. Wie zu erwarten war, wurde in diesem Kreis das Frankfurter Feuilleton gelesen, so dass Grossmann zu einem gesuchten Gesprächspartner wurde. »Zwei Dichter heute bei Delavillas Fest«, sagte Hartung. »Soweit ich weiß, werden uns heute einige neue Gemälde und einige neue Bühnenentwürfe präsentiert. Vielleicht bekommen wir im Laufe des Abends auch etwas vorgelesen?«

Delavillas Frau Margarete, eine große, schmale Frau in einem auffallend gemusterten Kleid, trat zu Sophia: »Da ent-

---

* Karl Franz Benjamin Rieß von Scheurnschloß, 1911–1918 Polizeipräsident in Frankfurt; am Ende des Ersten Weltkrieges weigerte er sich, mit dem Arbeiter- und Soldatenrat zusammenzuarbeiten, und wurde von bewaffneten Revolutionären im Präsidium verhaftet, nach der Revolution wurde er nicht wieder in sein Amt eingesetzt.

steht ja wieder ein Wiener Kreis, hier in Frankfurt? Mein Mann kennt das Fräulein Doktor Grünberg, seit sie hier ist. Ihre älteste Freundin, nicht wahr?«, nahm sie den Scherz auf. »Und nun sind Sie noch dazugekommen. In Hamburg, das hat Ihnen wahrscheinlich noch niemand erzählt, dass mein Mann in Hamburg gearbeitet hat, da gab es einen richtigen Wiener Künstlerkreis. Wir haben alle miteinander sehr freundschaftlich und familiär verkehrt, vielleicht kennen Sie ja einen unserer Freunde dort? Obwohl, das ist immer so unsinnig, dass man meint, nur weil zwei Menschen aus derselben Stadt stammen, müssten sie sich kennen. Dabei ist Wien fast eine Zweimillionenstadt, oder? In Hamburg waren es Karl Otto Czeschka und Anton Kling, Letzterer übrigens ist sogar mit meiner Schwester verheiratet, da sind also die Bande besonders eng gewesen. Nur künstlerisch …«

»Ja?«, fragte Sophia höflich. Sie kannte Czeschka und Kling dem Namen nach. Sie alle waren in Wien als junge Künstler wohl bekannter gewesen als jetzt in Hamburg oder Frankfurt, wo sie als Lehrer tätig waren. Sophia liebte die Gemälde und Grafiken dieser Künstler, ihre Postkarten, ihre Möbelentwürfe und auch die Qualität ihrer Schmuck- und Stoffentwürfe, für die ihr ihre Stiefmutter die Augen geöffnet hatte. Im Hintergrund hörte sie, wie die Gäste leidenschaftlich den Ausgang des Krieges diskutierten. Wo immer sie hinhorchte, hörte sie dieselben Fragen: Wie lange noch? Wozu das Leid fortsetzen? Was können wir, die Künstler, dagegen tun? Und was wird dann sein?

Gedankenversunken, während sie immer noch auf eine Antwort Margarete Delavillas wartete, hing ihr Blick an einer silbernen Brosche mit einer emaillierten Innenfläche, die an deren Kleid prangte. Die Gastgeberin bemerkte Sophias Interesse und sagte, das ursprüngliche Thema überraschend wieder aufgreifend: »Die Brosche ist nach einem Entwurf meines Mannes gemacht worden. Aber schon vor ein paar Jahren. Heute arbeitet er anders. Hier, ohne die vertrauten Kollegen und Freunde, hat er sich neuen Themen und Formen zugewandt. Auch die immer wachsende Arbeit für das Theater hat seiner Kunstauffassung so viele neue Fassetten hinzugefügt, dass von dem Wiener Jugendstilkünstler kaum mehr etwas übrig geblieben ist.«

»Aber geblieben ist doch das bisher Geschaffene«, sagte Sophia, wie zum Beweis auf die Brosche deutend. »Und ich denke sowieso, dass auch die Kunst einem ständigen Wandel unterworfen werden muss wie die Zeit selbst. ›Der Zeit ihre Kunst‹*. Die Zeit verändert aber nicht nur die Kunst, sondern natürlich auch die Künstler. Jeden Menschen.«

»Sie auch?«, fragte Margarete Delavilla, und trotz der Direktheit der Frage sprach aus ihr echtes Interesse und keine Neugier.

»Mich vor allem, meine ich manchmal. Als der Krieg begann, war ich ein naives, zukunftsfrohes Mädchen, und jetzt, gut drei Jahre später, bin ich Witwe, Mutter, Studentin, lebe weit weg von meiner Familie und meinen Freunden in Zürich. Und meine Naivität habe ich längst verloren.«

»Hoffentlich aber nicht völlig Ihre Zukunftsfreude«, sagte Margarete Delavilla teilnahmsvoll.

Sophia sah Mascha kommen und freute sich über die Fröhlichkeit der Freundin: »Ich glaube, sie kehrt gerade langsam zurück«, erwiderte Sophia und ergriff Mascha bei der Hand. »Erinnerst du dich an das letzte Fest, das wir gemeinsam feierten?«, fragte sie.

»Ja. Es war im Frühjahr dieses Jahres. Du hast deinen Eltern mitgeteilt, dass du nach Zürich wolltest, um dort dein Studium zum Abschluss zu bringen.«

»Ja, und bei demselben Fest hast du verkündet, dass auch du Wien verlassen wolltest.«

---

* »Der Zeit ihre Kunst, der Kunst ihre Freiheit« (Ludwig Hevesi), Wahlspruch auf dem 1897/98 errichteten Wiener Secessionsgebäude

»Ja, mit unbekanntem Ziel.«

»Und? Hast du dein Ziel gefunden?«

Mascha errötete, sagte aber nichts.

Margarete Delavilla betrachtete die beiden Freundinnen, dann seufzte sie auf und sagte zusammenhanglos, wie es schien: »Ich vermisse meine Schwester so sehr.«

Die Gäste bewegten sich frei in dem salonähnlichen Raum, aus dem fast alle Möbel entfernt worden waren, es fanden sich immer wieder neue Gesprächsgruppen zusammen. Zu trinken gab es eine prickelnde Bowle, in der, das konnte Sophia schmecken, kein Sekt und kein Champagner perlte, sondern Sodawasser, das eine Mischung aus Fruchtstückchen, Säften und wohl auch der einen oder anderen Flasche Weißwein zum Schäumen brachte.

An einer Wand stand ein länglicher Tisch, auf dem eine Art Buffet aufgebaut war. Natürlich war es auch den kreativen Delavillas nicht gelungen, dem kriegsbedingten Lebensmittelmangel und den Begrenzungen durch die Lebensmittelkarten zu trotzen, aber die künstlerische Ausrichtung des Gastgeberpaars und vielleicht auch die Theatererfahrungen Delavillas hatten dazu geführt, dass das Buffet zumindest schön aussah. Die sorgfältig aufeinandergestapelten halben Brotscheiben waren nach einem klaren Farbkonzept präsentiert, denn es gab eine Platte mit weißem, eine mit gelbem und eine mit grünem Aufstrich, und auch die beiden Rübensuppen, die etwa eine Stunde nach dem Eintreffen Maschas und Sophias in dampfenden Terrinen auf den Tisch gestellt wurden, bestachen durch die Intensität ihrer Farben. Die eine bestand aus gelben Rüben, die andere aus Steckrüben. Beide Suppen waren fein püriert, in der gelben Suppe schwammen grüne Blättchen aus dem Wurzelgrün und in der weißen Suppe dunkelbraun angeröstete Brotwürfelchen. In den feinen Porzellantellern sahen die Suppen wie kostbare Speisen aus und sie wurden allseits mit viel Appetit und rasch verzehrt.

Auch die belegten Brote fanden schnelle Abnahme und als alles aufgegessen war, trug Delavilla erneut eine Riesenschale Bowle herein und öffnete dann die Tür zum anschließenden Raum, einem Atelier. Hinter einer großen Fensterfront an der der Tür gegenüberliegenden Wand zeigte sich ein fast gespenstisch dunkler Nachthimmel, auf dem nur ein paar unruhige Lichtfleckchen in der Ferne davon kündeten, dass dort draußen eine große Stadt ruhte.

Vor der gesamten Fensterfront standen schräg einige Grafiken und Ölgemälde, die noch stark nach Farbe rochen. Sophia kannte diese Art Bilder nicht. Die Verwendung der Farben irritierte: starke, ungemischte Farben, die, wie ihr schien, auf den ersten Blick nicht unbedingt zu den dargestellten Motiven passten. Links lehnte ein mindestens zwei Meter hohes Ölgemälde, das zwei Frauenakte in der Natur zeigte. Die Haare der beiden Frauen kamen ihr blau vor und ihre Körper schienen grün zu leuchten. Doch je länger Sophia das Bild betrachtete, desto klarer wurde ihr, dass die eigentliche Beunruhigung weniger von den Farben ausging, sondern von der ungewöhnlichen Wahl der Perspektive, die sogar innerhalb des Bildes etliche Male zu wechseln schien. Ja, das war es. Es wurde ihr noch deutlicher bei einem großen Holzschnitt, dessen Motiv sie sofort erkannte: Er zeigte nämlich den Eisernen Steg, die Fußgängerbrücke mit eigenwilliger Stahlkonstruktion auf zwei Brückenpfeilern, die vom Römerberg aus über den Main führte. Zwei Abende zuvor hatte sie selbst davorgestanden. Auch hier konnte Sophia keine eindeutige Perspektive ausmachen, und die Größenverhältnisse beispielsweise zwischen den Laternen im Vordergrund und den Häusern im Hintergrund am gegenüberliegenden Ufer waren nicht stimmig. Der Dom wirkte sehr niedrig und breit, gedrungen.

Und über allem schwebte ein riesiger halber Mond. Erstaunlicherweise war trotzdem alles genau zu erkennen und jedes auf den ersten Blick befremdliche Detail war einem Detail aus der Wirklichkeit ganz genau zuzuordnen, und alles wirkte auf Sophia genauso, wie sie es neulich empfunden hatte. Sie blickte sich um, um zu sehen, ob Mascha oder Max Grossmann in ihrer Nähe waren, weil sie mit jemandem darüber sprechen wollte. Ja, Max tauchte dort in der Tür auf. Die letzte halbe Stunde hatte er, wie Sophia beobachtet hatte, mit seinem Vorgesetzten verbracht. Vermutlich hatte er ihn über den ganzen Fall aufgeklärt.

Delavilla ergriff das Wort und stellte den Gästen die präsentierten Bilder vor. Ja, das Bild mit den nackten Frauen war sein letztes, erst vor wenigen Tagen fertiggestelltes Werk, und das Brückenbild habe Max Beckmann beigesteuert, der auch anwesend sei. Delavilla deutete auf einen schmalen großen Mann, der krank wirkte und den Sophia bislang kaum hatte ein Wort mit jemandem wechseln sehen. Delavilla bat, sich auch die Bühnenbilder und Skizzen zu Bühnenbildern, die er an der Seitenwand angebracht hatte, genau anzusehen. Er sei sehr dankbar für die enge künstlerische Zusammenarbeit mit dem Theater, die sich hier für ihn ergeben hätte. Gustav Hartung nickte: »Und wir sind glücklich, Herrn Delavilla gefunden zu haben. Denn wir haben für diese Spielzeit große Pläne, fast zu viele Vorhaben, fürchte ich angesichts der Fülle dessen, was noch vor uns liegt, aber konzeptionell ist unsere Saison wohl einzigartig.« Er verstummte wieder, aber Delavilla ermutigte ihn, diese Konzeption kurz vorzustellen. Sophia war froh, dass Max Grossmann ihr das Wesentliche schon erzählt hatte, so dass sie Hartungs knappe Aussagen gut einordnen und in Verbindung zu den präsentierten Werken bringen konnte. »Jugend«, sagte Hartung. »Ein einziger thematischer Schwerpunkt, aber zwei Ebenen: Unsere jungen

Dramatiker sollten hier auf unserer Bühne ein Forum für ihre Werke finden«, er deutete an die Wand, »dort zum Beispiel hängen Delavillas Bühnenskizzen zu Kornfelds ›Verführung‹, einem wahrlich verstörenden Stück, und wir spielen außerdem Sternheim, Unruh und andere, in der Oper Schreker. Und die zweite Ebene: der junge Goethe, unser Goethe. Zeiß, unser neuer Intendant, er lässt sich übrigens für heute entschuldigen, er wäre so gerne gekommen, hatte aber einen Termin mit dem Bürgermeister, Zeiß also möchte in dieser Spielzeit alle Stücke des jungen Goethe auf die Bühne bringen, und mit der ›Iphigenie‹* haben wir mit Delavillas Unterstützung recht erfolgreich angefangen. Ein Höhepunkt soll nächstes Jahr der ›Urfaust‹** werden, denn es wird sich ja bekanntlich um die Uraufführung handeln. Und Delavilla hat mir versprochen, heute allererste Skizzen dazu zu zeigen. Deswegen müssen Sie mich jetzt entschuldigen.«

Hartung eilte zur Wand, an der einige Farbskizzen hingen, die Sophia genau betrachtete. Plötzlich stand Max Grossmann neben ihr, der sich inzwischen ebenfalls an die Wand durchgekämpft hatte: »Schauen Sie«, wies er sie auf ein Blatt hin, »was für eine kühne Idee!« Delavilla schien hauptsächlich mit mehrreihigen Vorhängen in unterschiedlichen Farben und unterschiedlicher Beleuchtung vor und zwischen einer Vorder- und einer Hinterbühne arbeiten zu wollen. Und er wies auf das erste von vier nur postkartengroßen Blättern. Faust

* Goethes »Iphigenie« bildete am 15. September 1917 den Auftakt des Goethe-Zyklus in Frankfurt; das Bühnenbild Delavillas zeigt einen sehr stilisierten antiken Tempel sowie einen ebenfalls stilisierten Zypressenhain; die eigentliche Saisoneröffnung war die Aufführung von Goethes »Egmont«, die aber wegen umfangreicher Baumaßnahmen, insbesondere auch technischen Neuerungen, noch nicht im Theatergebäude stattfinden konnte.

** Goethes »Urfaust« konnte am 8. Mai 1918 in Frankfurt uraufgeführt werden; das Stück galt bis dahin wegen der zahlreichen Szenenwechsel als nicht aufführbar.

saß hier auf der erhöhten Hinterbühne, sein Kopf von einem blauen Scheinwerfer fokussiert. »Ich muss Mascha suchen«, sagte Max Grossmann, und der Moment der Nähe zwischen ihnen war verflogen.

Sophia versuchte, sich auf die anderen Blätter zu konzentrieren, doch ihre Gedanken kreisten um Max. Die Rezension hatte er immer noch nicht gelesen. Sophia musste unwillkürlich an ihren kleinen Sohn denken, der sich immer scheute, seine Dose, in die sie ihm morgens ein Brot für seinen vormittäglichen Spaziergang mit seiner Kinderfrau legte, auf dem Spielplatz im Park zu öffnen, weil er sich vor der Enttäuschung fürchtete, dort lediglich ein simples Brot mit Margarineaufstrich zu finden und nicht zusätzlich eine Apfelscheibe, ein Schokoladenbröckchen, ein paar Rosinen oder ein Käsestückchen. Lieber blieb er hungrig, wie seine Kinderfrau berichtete. Deswegen hatte sie ein spielerisches Ritual entwickelt: Sie hob selbst vorsichtig den Dosendeckel an, lugte hinein und blickte dann auf ihren Schützling, dem sie durch ein Lächeln signalisierte, ob der Doseninhalt ihm Freude machen würde oder nicht. Dann schloss sie die Dose wieder und Karl ergriff sie und machte den Deckel einen winzigen Spalt breit auf. Sein Gesicht, so erzählte es die Kinderfrau Sophia, strahlte danach jedes Mal erleichtert, denn natürlich vergaß Sophia die kleine Beigabe nie. Doch auch die Gewissheit vieler Tage und Wochen machte ihren Sohn nicht so grenzenlos zuversichtlich, dass er nicht das tiefe Gefühl erfassen konnte, das sich hinter dem sachlich und schnörkellos formulierten Wahlspruch seiner Mutter verbarg: »Sicherheit ist nirgends«*. Ihr kleiner Karl war jedoch ein wenig mutiger als Max, der seine »Dose«, also die Zeitung, noch immer zusammengefaltet in

* »Sicherheit ist nirgends«: Zitat Arthur Schnitzlers, eines der bedeutendsten Wiener Dramatiker der Zeit, der Sophia in einer entscheidenden Phase ihres Lebens begleitet hat

seiner Manteltasche stecken hatte, obwohl er schon von vielen Seiten vernommen hatte, dass darin mehr als ein trockenes Brot lag, um im Bild zu bleiben. Vielleicht, dachte Sophia, war es Mascha vorbehalten, die Wunderdose zu öffnen. Ihm seine Rezension vorzulesen. Es ist so schön für Mascha, dachte sie, dass sie in Max einen Mann kennen gelernt hat, der klug und zuverlässig, kreativ und unkonventionell ist, der sie nicht einschränken wird, sondern sie im Gegenteil in ihren Vorstellungen auch dann bestärken würde, wenn sie sehr eigenwillig und verquer wären. Und der, wie es Sophia immer wieder bewusst wurde, so überaus anziehend war …

Da kamen die beiden, Max und Mascha, schon gemeinsam auf sie zu. Lächeln, Sophia!, befahl sie sich, freu dich mit deiner Freundin!

»Schau, Sopherl«, sagte Mascha liebevoll und legte ihre Hand um Sophias Schulter, »da wollte unser Herr Kommissar zuerst gar nicht mit uns kommen, und jetzt hat er mich regelrecht gesucht, um sich in aller Form dafür zu bedanken, dass er quasi dazu verdonnert wurde, uns zu begleiten. So sehr genießt er Delavillas Fest.«

»Ja, ich genieße die Gespräche mit den vielen Menschen, die ich kennen lernen durfte, und vor allem genieße ich die Gegenwart meiner beiden Begleiterinnen.« Sein Blick wandte sich Sophia zu, die sich abwandte und auf ein Frauenporträt starrte. Gelbes Gesicht. Blaues Kleid. Rote Haare. Darauf ein winziger grüner Hut, fast nur eine Feder. Eine ebenfalls grüne Uhr als Brosche an ihrem Kleid.

Auch Selmar und Luise näherten sich dem Gemälde, wie Sophia aus dem Augenwinkel heraus wahrnahm. Die roten Haarwellen, die aus dem Kopf der dargestellten Frau direkt herauszufließen schienen, beeindruckten die beiden genauso wie sie, vor allem Luise, die wie erstarrt vor der dynamischen Flut zu verharren schien. Doch dann verkrampfte sich Luises Körper, und sie schrie so laut, dass alle Anwesenden zusammenfuhren: »Wo ist Rosalinde?«

Selmar legte den Arm um sie, um sie zu beruhigen, doch sie wiederholte voller Angst, eigentlich sogar schon voller Panik: »Wo ist Rosalinde?«

6

Alles, was im Theater passiert, wird in Worte verpackt. Riesige Wortmengen für kleine Ereignisse. Genauso große, wenn gar nichts passiert ist. Solange man zum Beispiel auf die Besetzungsliste wartet. Dann Jubel, Enttäuschung, Neid. Vorwürfe, Unterstellungen, Mutmaßungen. Intrigen werden gesponnen oder vermutet. Nervöse und vorsichtige Wortwechsel vor den Proben. Sorge vor Versagen, davor, an die Wand gespielt zu werden. Warnungen und Drohungen. Manchmal entwickeln sich beim Warten oder bei den Proben Liebe oder Feindschaft quasi aus dem Nichts, aus Langeweile oder Anspannung oder Erschöpfung, und werden raffiniert und kunstreich auf die Spitze hoch dramatisiert bis zur Tragödie. Mit Worten natürlich.

Und dann brach Luise zusammen. Selmar reagierte instinktiv und wollte sie in seinen Armen auffangen, so dass sie nicht zu Boden fiel. Sophia stockte der Atem, denn das Unterfangen konnte nur scheitern, denn Selmar musste natürlich seine Krücke fallen lassen, ohne die er keinen Schritt alleine tun konnte. Wirklich konnte er seinen eigenen Sturz nicht ganz verhindern, doch kurz vor seinem Aufprall auf den Boden, immer noch die ohnmächtige Luise im Arm, konnten Max Grossmann und der wie ein Blitz herbeigesprungene Hattinger ihn auffangen. Grossmann hielt Luise in den Armen und Hattinger half Selmar Marsel dabei, sich an die Wand zu lehnen, und reichte ihm seine Krücke.

»Wohin mit ihr?«, fragte Max Grossmann die herbeigeeilte Margarete Delavilla, die vage zur Ateliertür deutete. Grossmann folgte Margarete, die einen Gang durch die Menge bahnte und ihn zurück durch den Salon und das Entree in ein kleines Wohnzimmer oder Arbeitszimmer steuerte, an dessen einer Wand ein bequemes Sofa stand. Max Grossmann legte Luise vorsichtig darauf nieder und blickte hilflos zu Margarete, als er hinter sich eine entschlossene Stimme hörte: »Bitte alle beiseitetreten!«

Es war Mascha, die mit großer Autorität die Verantwortung für die ohnmächtige Frau übernahm.

»Sie sind ja Ärztin«, sagte Margarete Delavilla erleichtert, und auch die anderen Menschen, die der kleinen Prozession gefolgt waren, atmeten auf.

Mascha schrie der ohnmächtigen Frau »Luise, aufwachen!« ins Ohr, immer wieder. Sie war dabei mindestens so laut wie Luise selbst vor einigen Minuten, und dann gab sie ihr eine nicht gerade sanfte Ohrfeige auf die Wange. Endlich erwachte Luise aus ihrer Bewusstlosigkeit und blickte erstaunt um sich: »Wo bin ich? Und wo ist Selmar? Und wo …?« Sie begann zu zittern, aber Mascha rief erneut sehr laut ihren Namen, so dass Luise bei Sinnen blieb und, jetzt ruhiger als vorhin, aber genauso verzweifelt, ihre Frage vollendete: »Und wo ist Rosalinde?«

Ob es die roten Haare der porträtierten Frau waren, die Luise an Rosalinde erinnerten, oder ob der Anblick der grünen Uhr ihr bewusst werden ließ, dass Rosalinde schon längst hätte bei den Delavillas eintreffen müssen, vermochte Luise später nicht zu sagen. Sie konnte eigentlich überhaupt nichts sagen; ihr Schreien, ihre Panik und ihre Ohnmacht waren der sonst so gefassten, gewissenhaft und loyal ihren Verpflichtungen nachgehenden Frau peinlich. »Erst war heute alles so schön«, erzählte sie später, als sie sich etwas erholt hatte und mit Selmar, Mascha und Sophia alleine in dem kleinen Raum war.

Max und Hattinger hatten sich zurückgezogen, um den Vorfall sozusagen unter dienstlichen Gesichtspunkten zu erörtern.

»Fast wie ich es einmal vor ein paar Jahren erlebt habe, als ich auf einem Künstlerball war«, begann Luise, »ich war eher ein junges Mädchen als eine junge Frau, ich hatte mich gerade verliebt, und um mich herum hat alles geglänzt und geglitzert, nicht wörtlich natürlich, aber ich habe es so wahrgenommen, funkelnd, perlend. Es war lange vor dem Krieg, es gab Sekt, vielleicht sogar Champagner, den Unterschied kannte ich damals noch gar nicht, und alle Frauen waren prächtig gekleidet und trugen auffallenden Schmuck. Inzwischen denke ich, dass es gar kein echter Schmuck war. Und es gab Musik und Tanz, und alle waren fröhlich und ausgelassen. Und mein Leben lag vor mir wie ein langes, fröhliches Fest, in dem es weiterhin flimmern und flirren wird. Und Komplimente gab es. Und Tanz. Und Leichtigkeit, schwerelose Leichtigkeit. Heute, natürlich war das anders, aber eben doch auch fröhlich. Eine erwachsene Fröhlichkeit. Trotz seines amputierten Beins konnte Selmar sich einbringen, man hörte ihm zu, ihm wurden Achtung und Anerkennung entgegengebracht, und es wurden Gespräche geführt, die mir viel Stoff zum Nachdenken gaben, Kunst, Politik. Der Krieg. Ich will diesen Krieg nicht mehr. Aber ich will auch keine Rache. Rachegedanken lassen Konflikte neu entflammen. Rache ist Kampf. Wird Kampf.«

Sophia war etwas ratlos über Luises Zusammenfassung der Gespräche des Abends. Ja, es wurde viel über Kunst gesprochen, auch über das Theater, darüber, ob man Theaterprogramme speziell auf Kriegszeiten hin konzipieren sollte, indem man entweder bewusst Stücke zum Thema Krieg auf die Bühne brachte oder aber umgekehrt der allgemeinen Trostlosigkeit und Depression mit Stücken begegnete, die positiv auf die Stimmung einwirkten. Gut, es wurde auch viel über den Krieg gesprochen wie wahrscheinlich überall an diesem Abend, und zwar nicht nur in Frankfurt. Vielleicht heute bei den Delavillas doch noch mehr als anderswo, waren doch auch zwei Dichter anwesend, die sich mit dem Krieg auseinandersetzten, und wurde gerade die Uraufführung von »Frauen im Krieg« vorbereitet, auf die alle Anwesenden gespannt waren. Aber Rache? Nein, über Rache hatte sie niemanden sprechen hören. Sophia nahm sich vor, später Selmar zu fragen, was oder wer in der Runde Luise so ängstlich, so panisch gemacht haben könnte.

Auf jeden Fall schienen sowohl Luise als auch Selmar vergessen zu haben, auf die Zeit zu achten, und erst vor dem Gemälde der Frau mit dem roten Haar hatte Luise sich plötzlich Sorgen um Rosalinde gemacht. Denn die wollte eigentlich gegen neun Uhr nachkommen und inzwischen war es beinahe halb zehn.

»Aber was sollte ihr denn deiner Ansicht nach passiert sein?«, fragte Sophia beruhigend. »Sie wird irgendwo aufgehalten worden sein, meinst du nicht?«

»Sie wirkt aber chaotischer, als sie ist«, sagte Luise. »Sie ist für eine Künstlerin ungemein akkurat, gewissenhaft und pünktlich.«

»Das ist wahr«, stimmte Selmar zu, aber trotzdem immer noch unbesorgt im Vergleich zu Luise. »Als ich sie kennen lernte, da hielt ich sie für furchtbar unzuverlässig und unorganisiert und auch unpünktlich. Eine typische Künstlerin eben.«

»Wie man sich in deiner Familie eine Künstlerin vorstellt«, korrigierte Luise ihn.

»Ja. Aber dann habe ich einmal etwas beobachtet. Es war kurz vor dem Krieg und wir waren im Café Schneider in der Kaiserstraße verabredet, ich war wie üblich pünktlich und sie eben zu spät, aber das Wetter war so wunderschön, dass ich nicht im Café auf sie warten wollte, sondern draußen ein wenig die Straße auf und ab schlenderte. Und da sehe ich durch das Auslagenfenster in einem Geschäft die roten Haare meiner Schönen. Ich versteckte mich neugierig, Rosalinde kam heraus, blickte auf die Uhr und betrat einen anderen Laden. Ich ging dann doch zurück ins Café und wartete. Zehn Minuten später kam sie, scheinbar völlig außer Atem, erzählte eine dramatische Geschichte über den Grund ihrer Verspätung, irgendein Straßenbahndurcheinander, bat mich, ihr nicht böse zu sein, aber Künstler seien eben manchmal etwas durcheinander und eine große Last für ordentliche Leute. Ich habe damals nichts dazu gesagt, weil ich ja so verliebt war, dass ich einfach alles an ihr reizvoll fand, besonders ihre Selbstinszenierungen. Später habe ich sie ja besser kennen gelernt. Wenn man verheiratet ist, stellt sich bald ein gewisser Grad an Ehrlichkeit ein, schon weil dieses permanente Inszenieren oder, wenn man es unfreundlich formulieren will, Flunkern und Lügen auf Dauer doch anstrengend wird. Und bei meiner Rückkehr aus dem Krieg haben wir einige Sachen vereinbart, zum Beispiel auch Pünktlichkeit im Umgang miteinander. Es ist mir peinlich, aber seit der letzten Schlacht, bei der so viele meiner Kameraden ihr Leben verloren haben, auch Luises Mann«, er strich ihr fast zärtlich über die Haare, »und ich, man kann fast sagen, *nur* mein Bein, bin ich voller Angst, dass irgendjemandem irgendetwas passieren kann. Immer und überall.«

»Sicherheit ist nirgends«, murmelte Sophia und Selmar nickte, bevor er fortfuhr: »Und Rosalinde hat es verstanden und mir Pünktlichkeit versprochen und sich auch bis heute daran gehalten. Natürlich besteht sie im Umgang mit anderen darauf, die Künstlerin zu sein, zu spielen, sage ich einmal, also ein bewusstes Gegenbild zur Spießbürgerin aufzubauen, launenhaft zu sein, spontan, unpünktlich, etwas kokett und so weiter. Aber das tut sie nicht, wenn wir verabredet sind und ich irgendwo auf sie warte. Und sie hat gesagt, dass sie um neun Uhr da sein wird.«

»Ja«, bestätigte Luise. »Sie hat gesagt, *um* neun, und nicht *gegen* neun. Wie konnten wir das nur vergessen!«

»Macht euch bitte keine Vorwürfe! Wisst ihr eigentlich, wo Rosalinde hinwollte?«, fragte Sophia.

Max Grossmann, der inzwischen mit seinem Vorgesetzten und seltsamerweise auch mit dem Theaterregisseur wieder eingetreten war, bekräftigte: »Das wüssten wir auch gerne.«

»Sie ging um sechs Uhr weg. Sie sagte, sie müsse ins Theater.«

»Und was hat sie gespielt? Es kann keine Hauptrolle gewesen sein, sondern ein Stück, in dem sie nur im Ersten Akt auftritt. Sonst hätte sie sich nicht so früh hier ankündigen können«, interessierte sich der theaterfanatische Kommissar. »Aber wir haben ja genug Fachleute hier! Herr Hartung, verraten Sie uns, was heute gespielt wird? Selmars Frau wollte nach ihrem Theaterauftritt zu uns stoßen.«

»Da liegt ein Irrtum vor. Heute hat unsere bezaubernde Rosalinde frei.«

»Aber sie hat doch gesagt, dass sie ins Theater müsse!«, wandte Selmar Marsel ein.

»Das kann doch trotzdem sein«, antwortete der Regisseur. »Sie kann sich mit jemandem dort verabredet haben, sie kann mit jemandem eine Probe vereinbart haben oder sie wollte etwas besprechen. Es gibt so viele Möglichkeiten. Nur etwas ist gewiss: Einen Bühnenauftritt hatte sie nicht.« Als er das bestürzte Gesicht von Rosalindes Ehemann sah, fügte er noch hinzu: »Es gibt bei uns die seltsamsten Sachen. Manchmal kommt ein Schauspieler oder eine Schauspielerin, um sich ein Stück anzusehen, in dem er oder sie gerne eine Rolle gespielt hätte, aber nicht erhalten hat. Das tun eigentlich viele. Heimlich. Sie schleichen sich im Dunkeln zu den Stehplätzen und stehlen sich wieder weg, bevor der Vorhang fällt. Da bleiben sie unbemerkt.«

»Das sind alles Möglichkeiten«, gab Luise zu. »Sie hat wirklich nicht direkt gesagt, dass sie auftritt, sondern nur, dass sie ins Theater geht. Aber trotzdem: Wo ist sie dann jetzt?«

Wieder begann Luise zu zittern, und Selmar, der das ebenfalls sah, beschloss, Luise nach Hause zu bringen: »Du regst dich zu sehr auf, meine Liebe«, sagte er. »Wir fahren jetzt nach Hause und warten zusammen auf Rosalinde.«

»Aber die Puppe«, sagte Luise. »Vergiss die Puppe nicht. Wenn ihr doch etwas passiert sein sollte?«

Daran hatte Max Grossmann schon vorher voller Sorge gedacht. Deswegen nahm er die Sache in die Hand: »Wir machen es anders. Wozu habt ihr heute einen Kommissar bei euch? Und eine Ärztin? Du, Selmar, gehst mit Luise nach Hause. Sicherheitshalber soll Mascha mit euch gehen und bei Luise bleiben, die ja immerhin ohnmächtig war. Sophia kommt mit euch. Sie soll mit den anderen Pensionsgästen sprechen. Denn vielleicht war ja jemand von ihnen heute im Theater und kann etwas über Rosalindes Pläne erzählen. Oder weiß sonst irgendetwas. Und ich gehe sofort ins Theater und untersuche, ob Rosalinde dort gesehen worden ist. Wann. Von wem. Mit wem. Danach komme ich zu euch in die Pension Rosso.«

»Ich komme mit Ihnen und unterstütze Sie«, schaltete sich sein Vorgesetzter ein.

»Ich auch«, sagte Hartung kurz. »Ich kann Ihnen im Theater bestimmt viele Wege abnehmen und Zeit sparen helfen.«

»Und jetzt beeilen wir uns alle!«, rief Hattinger noch, bevor er, schon im Weggehen, Delavilla noch zurief: »Wenn Frau Geiger hier auftauchen sollte, dann benachrichtigen Sie uns sofort im Theater. Und in der Pension Rosso. Sie wissen, wo das ist? Sie haben eine Telefonnummer?«

Luise schien von dem kurzen Gespräch nach ihrer Ohnmacht erschöpft zu sein. Schon in Selmars Wagen, den Sophia kutschierte, war sie eingeschlafen. In ihrem karg eingerichteten Zimmer, in dem sich außer einem Kasten, einem Bett, einem kleinen Tisch mit einem Stuhl davor, einer Kommode mit drei Schubladen und einem Waschtisch kein Möbelstück befand, legte sie sich sofort hin und blieb unbeweglich und wie erstarrt liegen. Kein Teppich auf dem Boden, dachte Sophia, kein Bild, keine Fotografie an der Wand, nichts auf dem Tisch, keine Tischdecke, keine Vase, kein Geschirr, kein Buch. Das Zimmer sah aus wie eine Bühne in irgendeinem naturalistischen Proletarierdrama, in dem die erforderlichen Requisiten noch nicht aufgestellt oder hingelegt oder aufgehängt waren. Nur hierher, das wusste Sophia, hierher würde nichts gebracht werden. Luise wohnte in einem vollständig unpersönlichen Raum, in dem, wenn sie ihn verließe, nichts, aber auch gar nichts darauf hinwiese, dass hier eine begabte, kreative junge Frau gelebt hätte. Mascha holte den Stuhl, trug ihn neben das Bett und bat Selmar, dort Platz zu nehmen. Sie selbst setzte sich an den Bettrand, fühlte Luises Puls und prüfte mit der Hand auf Luises Stirn ihre Temperatur. Luise schien inzwischen mit offenen Augen zu schlafen. »Eine Art erneuter Schock«, murmelte Mascha leise, »doch wovon dieses Mal hervorgerufen? Wir waren doch die ganze Zeit mit ihr zusammen. Sie war nur einen Moment ohne uns im Bad.« Sie entschied, wie Grossmann ihr aufgetragen hatte, mit Selmar an Luises Bett zu wachen. Deswegen wollte sie sich von unten im Salon ein Sitzmöbel holen. Unterwegs warf sie beunruhigt einen Blick in das Badezimmer. Dort sah alles völlig normal aus, bis auf einen kleinen Stoffberg in einer Ecke. Keine Kleidungsstücke, die zum Waschen beiseitegelegt und dann vergessen worden waren, nein, einfach kleinere und größere Stoffteile, Fetzen. In einem kleinen grünen Stoffviereck vermeinte sie den Rest des Stoffes zu erkennen, aus dem sie sich mit Hilfe der anderen Frauen in der Pension ihr grünes Kleid genäht hatte, das fast ein wenig zu kurz geraten war, weil die Stoffbahn, die ihr zur Verfügung stand, zu mehr nicht gereicht hatte. Und ein Streifen eines dünnen geblümten Sommerstoffs kam ihr vage bekannt vor. Woher, daran konnte sie sich nicht erinnern. Was Luise daran allerdings irritiert haben könnte, erschloss sich ihr nicht. Trotzdem beschloss sie, dass auch Sophia einen Blick darauf werfen sollte, und ging hinunter in den Salon.

Dort fand sie Sophia schon im Gespräch mit Victoria, Josephine und Charlotte. Sie schien den drei Frauen gerade mitgeteilt zu haben, dass Rosalinde nicht pünktlich zu ihrer Verabredung mit ihrem Mann erschienen war. Doch die drei Frauen reagierten gleichmütig und in keiner Weise beunruhigt.

»Ich weiß ja nicht, wie das in Wien ist«, sagte Josephine gerade, »aber bei uns in Frankfurt kommt es durchaus einmal vor, dass sich jemand ein wenig verspätet.«

»Vielleicht ist das in Wien und in Frankfurt insgesamt gar nicht so verschieden«, ergänzte Victoria, »ich denke, dass der Unterschied eher in der Gesellschaftsschicht liegt, zu der man gehört. Bei den vornehmen Adligen in Wien ist eine verspätete Heimkehr vielleicht ein größerer Verstoß gegen das comme il faut als bei uns Künstlern.«

Mascha hörte den leisen Stich, der gegen Sophias unleugbare Herkunft aus sogenanntem »gutem Haus« gerichtet war, wusste aber, dass genau die dort erworbenen Verhaltensweisen es Sophia leicht machen würden, damit umzugehen. Das sich anbahnende Gespräch wollte sie nicht stören und ergriff nur schweigend einen Stuhl. Im Weggehen hörte sie leicht amüsiert, wie ihre Freundin im wohlerzogenen Ton einer vornehmen Wiener Dame völlig affektfrei und nichtssagend antwortete: »Das mag so sein.«

Sie wusste aber auch, dass Victoria ihr Sticheln so schnell nicht aufgeben würde. Tatsächlich hörte sie sie noch sagen: »Und da regt man sich dann bei Fürsts und Grafs und Barons gleich fürchterlich auf, wenn eine junge Frau mal eine halbe Stunde Spaß außerhalb der ihr von ihrer Familie dafür zugebilligten Zeiten sucht!«

Im Hinaufsteigen überlegte Mascha noch, was Sophia wohl darauf antworten würde. Wahrscheinlich in der Art der letzten Antwort: »Ich fürchte, das trifft zu«, vielleicht auch etwas lockerer: »Wenn aber die Mädels in diesen Familien vielleicht raffinierter beim Herausschwindeln von halben Stunden sind?«

Tatsächlich aber sagte Sophia: »Bei mir war das nicht so. Ich durfte eigentlich immer tun, was ich tun wollte. Mir meine ›halben Stunden nehmen, wann ich wollte. Mein Vater war da ganz unaufgeregt, und das, was die sogenannte feine Gesellschaft sagte, interessierte ihn nicht. Interessiert ihn bis heute nicht. Nur einmal dauerte ihm eine meiner ›halben Stunden‹ zu lange. Aber da sah er mich in Lebensgefahr, ich verbrachte nämlich eine ganze Nacht in der Gesellschaft eines Mörders. Die Aufregung meines Vaters in dieser Nacht hatte nichts damit zu tun, dass ich mich nicht comme il faut verhalten hatte. Sondern nur mit Angst um mich, nur mit Liebe. Und vielleicht hat gerade jetzt jemand Angst um Rosalinde und nicht nur spießbürgerliche Verachtung gegenüber Pünktlichkeit.«

Josephine und Victoria nickten etwas kleinlaut. Sophia aber fügte noch hinzu: »Es gibt, glaube ich, in jeder Schicht engstirnige und großzügige Menschen. Und wissen Sie, wo ich das besonders gut gelernt habe? In den bequemen Stühlen in unserer Theaterloge. Wie spannend fand ich manche Verhaltensweisen auf der Bühne, die das wirkliche Leben wohl verwehrt hätte, oder? Gräfin Orsina*. Lady Milford**. Und viele

* Gräfin Orsina: unabhängige Frauengestalt aus Lessings »Emilia Galotti«
** Lady Milford: ähnliche Figur aus Schillers »Kabale und Liebe«

andere, bei deren Lebensentscheidungen es nicht um *halbe Stunden* ging.«

»Gräfin, Lady«, antwortete Victoria, schon wieder leicht aggressiv.

»Gut. Ich hätte auch kleinbürgerliche Mädchen anführen können. Aber ich nehme an, Sie wissen da schon berufsmäßig mehr als ich. Es geht nicht um halbe Stunden bei Gretchens Entscheidung, ihrer Liebe zu Faust gegen alle Normen nachzugeben, auch nicht bei Klärchen. Wurde nicht gerade ›Egmont‹ in Frankfurt gespielt? Kleinbürgerliche Mädchen, beide. Die nichts tun als bedingungslos lieben. Mit allen tragischen Folgen.«

»Entschuldigung«, sagte Victoria. »Ich weiß auch nicht, was in mich gefahren ist. Es ist dieses permanente ›Rosalinde hier‹ und ›Rosalinde dort‹. Als gehe es in diesem ganzen Haus und im Theater und in der Stadt nur noch um Rosalinde. Und als seien wir inzwischen auch im Leben nur noch ihre Statisten. Das gilt doch ganz besonders für dich, Josephine.«

Charlotte nickte, aber Josephine widersprach: »Ich weiß, dass ihr immer alle denkt, dass ich Rosalinde wahrscheinlich nicht ausstehen kann. Aber das stimmt so nicht. Ich weiß so viel von ihr, aus ihrer Jugend, so dass sie mir immer nahesteht, gefühlsmäßig, auch wenn ich sie einmal gar nicht leiden kann.«

Alle lachten, und Sophia sagte: »Das kann ich schon verstehen. Ich habe den jungen Mann, von dem ich vorhin erzählt habe, auch geliebt. Und dann gehasst. Aber ich fürchte, so richtig gleichgültig ist er mir bis heute nicht geworden. Wird er wohl auch nie.«

»Er ist bestimmt im Gefängnis, so dass Sie ihn wenigstens nicht mehr sehen müssen«, sagte Victoria.

»Er ist tot«, sagte Sophia und die anderen Frauen erkannten an ihrem Ton, dass dieser Gesprächsfaden nicht aufgegriffen werden durfte. Sophia sah zu ihrer Überraschung Tränen in Victorias und Josephines Gesicht.

»Der, den ich geliebt habe, der hat sich davongemacht«, gestand Victoria. »Nein, nicht einmal davongemacht, sondern sich einfach nur einer anderen zugewandt. Und sich nie wieder nach mir erkundigt. Er hat auch nie erfahren, welche bleibende Erinnerung er mir hinterlassen hat. Als wir uns später wiederbegegnet sind, hat er mich behandelt wie eine alte Freundin.«

»Ein Kind?«

»Ja. Das Kind kann nicht bei mir leben. Es ist bei einer Pflegefamilie. Und der muss ich jedes Geldstück, das ich erübrigen kann, überlassen. Und manches, das ich eigentlich nicht erübrigen kann. Deswegen komme ich auch mit der Schauspielerei nicht so recht weiter. Ich gelte als faul, glaube ich, komme oft zu spät zu Proben und warte täglich darauf, dass sie mich rausschmeißen. Aber ich habe einfach viele kleine Arbeitsstellen nebenbei. Das Tanzen musste ich sowieso aufgeben, da muss man so regelmäßig trainieren, dass man zu wenig Zeit zum Dazuverdienen hat. Wahrscheinlich muss ich die Schauspielerei auch bald bleiben lassen und mir irgendeine andere Arbeit suchen. Vielleicht in der Rüstungsindustrie, wie Klementine das vorhat. Arbeit gibt es ja genug. Vielleicht kann ich dann mein Kind zu mir holen. Nach dem Krieg.«

Victoria weinte: »Verstehen Sie, Frau Sachtl, da ist man manchmal neidisch, wenn anderen alles so in den Schoß fällt wie unserer Rosalinde. Schönheit. Ein Mann. Aus reicher Familie. Eine Schauspiellehrerin, die sie umsonst unterrichtet. Regisseure, die sie lieben.«

»So stimmt das nicht ganz, Victoria«, widersprach Josephine. »Schön bist du auch. Und die Rosalinde ist an einen Mann gebunden, der, ja, so sagt man wohl, ein Krüppel ist. So hart das auch klingt. Er wird nie wieder fröhlich neben ihr einherschreiten können. Er kann sie nicht mehr auf seinen Händen tragen. Und, das weiß ich von früher, Rosalinde ist keine Florence Nightingale. Wenn sie sich als Kind beim Laufen das Knie aufgeschlagen hat, hat sie geweint und fand sich hässlich und ist am Leben verzweifelt. Sie mag nun einmal nur das Schöne, das Unversehrte, das Vollkommene. Ich weiß nicht, wie sie damit zurechtkommt, ihr Leben lang neben sich im Bett diesen abgemagerten und traurigen Mann liegen zu wissen. Sie hat, das muss jeder zugeben, sehr viel für ihn getan, mit diesem Theaterprojekt, das sie ihm zuliebe ins Leben gerufen hat. Und um ihre Schauspiellehrerin beneide ich sie auch nicht. Denn der Unterricht muss qualvoll sein. Hart, eine Tortur. Ich bin einmal hineingeplatzt, als Rosalinde ihrer Lehrerin tränenüberströmt gesagt hat, dass sie nie mit ihr zufrieden sei und dass sie das nicht mehr lange aushalten könne.«

»Gut. Sie hat sehr viel für ihn getan. Aber warum? Aus Liebe?«, schaltete sich Charlotte ein.

»Das denke ich schon«, meinte Josephine.

»Und wenn nicht aus Liebe? Wenn aus schlechtem Gewissen?«, fragte Victoria.

»Warum soll sie ein schlechtes Gewissen haben?«

»Weil sie ihn nicht mehr liebt?«, antwortete Victoria.

Josephine zuckte mit der Schulter: »Und warum halst sie sich dann das alles auf?«

»Das habe ich doch eben gesagt. Weil sie ihn nicht mehr liebt.«

»Wenn ich einen Mann nicht mehr liebe, arbeite ich doch nicht freiwillig vierundzwanzig Stunden für ihn.«

»Rosalinde ist da anders. Sie hat ein Bild von sich. Sie hat schon in der Theatergruppe in der Schule nur die guten und edlen Frauen gespielt, hat sie mir einmal erzählt. Aber das müsstest du eigentlich besser wissen als sie, weil du ja damals ihre Freundin warst. Hast du eigentlich ihre Mutter gekannt? Die ist doch abgehauen, als unsere Rosalinde noch ein kleines

Mädchen war. Die war die Schurkin. Und das wollte Rosa nie werden, die Schurkin.«

»Ach, komm, das glaube ich alles nicht«, widersprach Charlotte. »Ich habe einmal gehört, dass unsere schöne Rosalinde Geiger, als sie noch Rosa Gerber hieß, es weder mit der Liebe noch mit der Treue so genau genommen hat. Dass sie manche ihrer früheren Engagements eher ihrem, ja, ich sag einmal, Entgegenkommen als ihrem Talent zu verdanken hatte. Und wer weiß, wen sie jetzt umgarnt, wo ihr die Sache mit ihrer Ehe über den Kopf gewachsen ist.«

»Du meinst …?«

»Ja, das meine ich.«

»Ich glaube das nicht.«

»Denkst du, dass sie deswegen ein schlechtes Gewissen hat und dieses Projekt macht?«

»Sie kann sich dadurch aber auch in vieler Hinsicht auszeichnen. Als Muse. Als Schauspielerin. Und in der Rolle der Witwe ist sie grandios. Teilweise macht sie für Wilhelmine die Regieassistenz. Und das tut sie auch gut. Sie ist die vorbildliche Ehefrau. Wenn es ihr gelingt, Selmar Marsel als großen expressionistischen Dramatiker zu etablieren, ihn berühmt zu machen, so steigt auch ihr eigener Stern.«

»So ist sie nicht …«, wiederholte Josephine.

Aber Victoria war an etwas anderem interessiert: »Hast du eine Ahnung, um wen es sich handelt?«

»Bei ihrem neuen Galan?«

»Ja.«

»Das weiß ich nicht. Noch nicht. Aber ich kriege es heraus.«

Sophia hatte weitgehend geschwiegen, weil der kleine Disput zwischen den drei Frauen sehr aufschlussreich war. Trotzdem unterbrach sie ihn jetzt, denn im Augenblick war es wichtiger, Rosalinde unversehrt wiederzufinden, als Motive für das, was sie getan oder nicht getan hatte, oder das, was andere ihr angetan hatten oder auch nicht, zu eruieren. Erst Gewissheit über Rosalindes Schicksal gewinnen, dachte sie und sagte: »Ich habe mich vorhin wahrscheinlich falsch oder missverständlich ausgedrückt. Es geht nicht um eine banale Verspätung Rosalindes, denn, das haben sowohl ihr Mann als auch Frau Schulmeister versichert, sie hatte zugesagt, dass sie pünktlich bei einer Feier erscheinen würde, auf die sie sich auch gefreut hatte und bei der auch der bedeutendste Regisseur des Theaters und andere Berühmtheiten der Stadt wie Künstler, Politiker und Journalisten anwesend sein würden.«

»Ach, das ist etwas anderes«, meinte Victoria. »So etwas würde sie sich nie entgehen lassen. Das fördert doch auch die Karriere. Ich wollte, mich würde man einmal zu so einer Feier«, sie dehnte das Wort sehnsüchtig, »einladen.«

»Lass das jetzt, Vicki«, sagte Charlotte fest. »Wie lange wurde auf sie gewartet?«

»Fast eine Stunde. Jetzt sucht der Kommissar im Theater nach ihr. Wir sollten auch überlegen, wo sie sein könnte.«

»Natürlich«, stimmte Victoria zu. »Wir tragen alles zusammen. Sie sind ja am frühen Nachmittag weggegangen, Frau Sachtl, aber wir anderen hatten alle Probe. Es waren alle da, oder?«

Charlotte antwortete: »Ja. Rosalinde und wir, und natürlich die Mädchen, Rachel und Esther. Und Luise und Wilhelmine. Und Adrienne. Wo ist die eigentlich? Und wir mussten eine erste Probe auf der fremden Bühne absolvieren. Die Segel, so nennen wir diese farbigen großen Stellwände unter uns, waren aufgestellt. Wir mussten lernen, uns so zu bewegen, als seien sie nicht da. Als störten sie unsere Bewegungen nicht. Sie sollen eher eine Stimmung symbolisieren in ihrer Farbe oder in der Art, wie sie jeweils beieinander stehen, ein Gefühl der Enge oder eben auch der Freiheit. Es war eine aufregende Probe, fand ich. Luise hat uns das wunderbar erklärt. Und dann die ersten Proben mit Text. Die Koscinski war sehr, sehr streng, aber die Probe war effektiv. Nach drei Stunden etwa hat Rosalinde gesagt, dass sie gehen müsse. Hat sie euch gesagt, wohin?«

Victoria schüttelte den Kopf.

Aber Josephine war sich sicher, dass Rosalinde ins Theater wollte: »Ich habe mich noch gefragt, wieso. Denn wir haben alle von heute an eine Woche Urlaub. Das ist schon Wochen im Voraus geplant gewesen, wegen unseres Stücks eben. Zwei Tage Probe, dann die öffentliche Generalprobe, dann die beiden Aufführungen im Saal in der Lange Straße, ein Tag Pause und dann noch die Volksaufführung. Die Theaterleitung war so loyal mit uns, Frau Sachtl, das war großartig. Vielleicht erwägt man, die Aufführung zu übernehmen? Ich dachte, vielleicht hat Rosalinde etwas zu besprechen oder will von einem der Regisseure einen Rat.«

»Oder, aber ich soll ja jetzt nicht mehr klatschen, sie hat mit jemandem ein Rendezvous«, flüsterte Victoria.

»Lass das doch«, sagte Charlotte, »jetzt gibt es offenbar wirklich ein Problem. Meint ihr, die Puppe da oben ist doch ein böses Omen?«

»Ich habe noch eine Idee, warum sie ins Theater wollte«, sagte Josephine. »Sie war doch sehr angespannt, müde, oder?«

Die anderen nickten. Josephine sagte: »Darf ich mit Ihnen alleine sprechen, Frau Sachtl?«

Victoria und Charlotte schienen keinen Einwand zu haben: »Wir haben uns wohl wirklich nicht sehr kollegial verhalten. Aber später, Fine, später erzählst du uns davon, oder?«

Josephine gab keine Antwort, sondern begleitete Sophia in Maschas Zimmer. »Früher, in der Schule«, begann sie, »da hat Rosa, wenn sie durcheinander war oder wütend oder verletzt, immer versucht, heimlich in die Aula zu kommen. Sie hat die

Türen fest geschlossen, ist auf die Bühne gegangen, hat sich dort in die Mitte gestellt und laut geschrien. Schreien gäbe ihr Kraft, hat sie einmal erklärt, ihre laute Stimme zeige ihr, dass sie alles könne, was sie wolle. Aber dass sie auf der Bühne schreit, hat sie nie angesprochen. Das weiß ich, weil ich mich einmal unbemerkt hinter ihr in die Aula geschlichen und mich hinter der letzten Stuhlreihe auf den Boden gekauert habe, so dass sie mich nicht sah. Es war unbeschreiblich. Sie hat sich die Seele aus dem Leib gebrüllt. Ich habe fast Angst vor ihr bekommen und habe mich heimlich rausgestohlen. Fast rausgekrochen, damit sie mich nur nicht sah. Das war irgendwie ein, heute würde ich sagen: ein zu intimer Moment. Damals wusste ich kein Wort dafür, aber ich verstand, dass niemand dabei sein durfte. Auch ich nicht, ihre beste Freundin.«

»Fällt Ihnen sonst etwas ein? Haben Sie irgendeine Idee, wo sie sein könnte? Was sie von dem Fest abgehalten haben könnte?«

»Sie erzählt mir eigentlich nichts mehr. Wir kommen wieder miteinander aus, das schon, aber nahe Momente gibt es zwischen uns keine mehr.«

»Aber Sie waren doch beste Freundinnen. So wie Mascha und ich. Und wenn Mascha etwas hätte, einen Kummer, so hätte ich immer irgendeine Ahnung, was das sein könnte, auch wenn sie mir nichts davon erzählen würde.«

»Gut, das trifft auf mich ein bisschen zu; so kam ich ja auf die Idee mit dem Schreien. Aber auf Rosi, so habe ich sie früher immer genannt, also auf Rosa nicht. Ich glaube nicht, dass sie irgendeine Ahnung von meinen jetzigen Sorgen hat.«

»Da wäre ich mir gar nicht so sicher. Vielleicht will sie nur nichts zu sich durchdringen lassen, weil sie eh schon zu viel hat, das sie berührt.«

Josephine dachte über das nach, was Sophia gesagt hatte. Dann schien sie sich entschlossen zu haben, ihre Ahnungen oder auch Spekulationen, vielleicht aber auch Reflexe unbewussten Wissens, offenzulegen.

Sie erzählte Sophia, dass sie es für möglich hielt, dass Rosalinde jemanden getroffen habe und dass niemand von diesem Treffen wissen dürfe. Es handele sich dabei aber ihrer Ansicht nach um keine private Begegnung, wie die anderen vermuteten, also um kein Rendezvous, sondern um etwas Berufliches. Vielleicht ein Engagement an eine andere Bühne. Weit weg von Frankfurt. Denn sie wisse, dass Rosalinde sich nicht so einfach von Frankfurt lösen könne. Man könne schließlich seinen Ehemann nicht verlassen, vor allem dann nicht, wenn er Soldat gewesen sei, und noch weniger dann, wenn er dabei sein Bein verloren habe und damit die unwiderstehliche Aura von Kraft, Stärke und Männlichkeit, die ihn so anziehend für Frauen gemacht hatte. Man könne eine Schwiegermutter nicht verlassen mit dem Gefühl, auf ewig verflucht zu sein. Man könne seine Schauspiellehrerin nicht verlassen, die in den letzten drei Jahren aus einer unbedeutenden, hübschen Nebendarstellerin eine bedeutende, schöne Hauptdarstellerin gemacht hatte. Denn sie hatte aus Rosi geradezu eine Schönheit gemacht, sie hat ihr ihr inzwischen einmaliges Auftreten beigebracht, ihr ihr heutiges Aussehen verpasst, das heißt ihre Frisur, ihre Art, sich zu schminken, ihren Kleidungsstil, sie hat ihr gezeigt, wie sie sich zu bewegen habe, kurz: Sie hat aus Rosi Rosalinde gemacht. Eigentlich könne man auch eine Bühne nicht verlassen, die einem so viele Möglichkeiten zur Entwicklung gebe, und eine Stadt auch nicht, in der sie inzwischen bekannt, in kunstinteressierten bürgerlichen Kreisen geradezu berühmt geworden sei.

Trotzdem, sagte Josephine nachdenklich, sei ihr manchmal in den Sinn gekommen, dass Rosi das alles nicht mehr aushalten könne. Weil sie eben Rosalinde nicht sei, sondern spiele. Deswegen habe sie auch gedacht, dass ihre ehemalige

Freundin sich auf der Bühne vor dem leeren Zuschauerraum ihre Ungewissheit und Verzweiflung aus der Seele geschrien habe. Denn zur neuen Rosalinde gehöre auch Selbstbewusstsein und, das habe sie ja bereits angesprochen, ein *edler Charakter*. Und immerzu mit einem edlen Charakter zu leben, sei viel schwieriger, als auch mal gemein sein zu dürfen oder egoistisch zu sein oder einmal einfach ein wenig Spaß zu haben. Zu lachen, zu tanzen, zu trinken. Diese Freuden lerne man automatisch zu Beginn einer jeden Schauspielerinnenkarriere kennen. Man könne, und das sei Frau Sachtl ja inzwischen bewusst geworden, von der Gage allein nicht leben. Und so sage auch sie nicht nein, wenn jemand sie zu einem Abendessen einlade oder auch nur zu einem Glas Champagner. Und irgendwann sage sie dann auch zu etwas anderem nicht mehr nein, und wenn man sich erst einmal an die kleinen Freuden des Lebens gewöhnt habe, dann werde es immer schwieriger, sich selbstständig durchs Leben zu schlagen. Bei Rosi sei das anfangs sicher auch so gewesen, bis sie dann ihr neues Bild entwickelt hatte. «Edel sei der Mensch, hilfreich und gut«*, das habe sie so oft bei der Koscinski aufsagen müssen, dass sie sich in all den schönen Wörtern und Kleidern und Bewegungen verloren habe.

»Sie glauben also«, fragte Sophia, »das Rosalinde aus Frankfurt nicht weggehen, sondern nur fliehen kann?«

»Ja, wie damals von zu Hause. Ohne zuvor mit ihrem Vater darüber zu sprechen. Oder mit mir. Ich selbst bin zwar zwei Jahre später auch von zu Hause weggegangen, aber eine Flucht, nein, eine Flucht war das nicht. Und das sind meine Ahnungen und Spekulationen: Sie trifft vielleicht einen Agenten. Einen Theaterintendanten aus einer anderen Stadt. Irgendeine unwichtige Verabredung hätte sie auf keinen Fall an dem Abend eines so bedeutenden Festes getroffen. Vielleicht trifft

* Aus Goethes Gedicht »Das Göttliche«

sie sogar einen Filmregisseur, denn vor einiger Zeit, das war, bevor Selmar zurückkam, hat Rosalinde sehr von einer Filmschauspielerin geschwärmt und davon, dass an Bühnen solche großen Karrieren gar nicht möglich seien. Lil Dagover oder so; sie hat einen Film mit ihr gesehen und hat tagelang von nichts anderem gesprochen.«

»Meinen Sie denn, dass sie Frankfurt schon verlassen haben könnte?«, fragte Sophia.

»Nein, das auf keinen Fall!«

Josephine war sich sicher, dass Rosalinde sich den Triumph, den ihr die Uraufführung von Selmars Theaterstück als Schauspielerin, Regieassistentin, Gattin bringen würde, auf keinen Fall entgehen lassen würde. »Aber«, so stellte sie abschließend fest, »sie wird nicht mehr allzu lange hier bleiben.«

»Etwas ist mir noch unklar«, sagte Sophia, »weswegen kann sie sich dann so verspätet haben?«

»Das frage ich mich auch. Denn das passt nicht zu ihr. Weder zu Rosi noch zu Rosa noch zu Rosalinde. Da muss etwas passiert sein.«

»Vielleicht war sie von irgendeinem Angebot so überwältigt, dass sie erst einmal zur Ruhe kommen musste? Oder halten Sie es für ausgeschlossen, dass jemand mit einer Nachricht von ihrer Familie gekommen ist? Eine Krankheit des Vaters? Ein Todesfall? Irgendetwas, das sie dazu veranlasst hätte, lieber nicht zu einem Fest zu gehen, sondern irgendwo alleine zu sein? Vielleicht im Haus ihrer Schwiegermutter? Oder in der Wohnung ihrer Schauspiellehrerin? Oder in irgendeinem Frankfurter Hotel?«

»Nein. So etwas hätte sie nicht von einem Fest abgehalten. Sie lebt jetzt schon seit über fünf Jahren ohne jeden Kontakt zu ihrer Familie. Meine Eltern und ich schreiben uns regelmäßig und wenn irgendetwas mit Rosis Vater passiert wäre, wüsste ich es. Neuigkeiten in ihrer Straße nehmen einen großen Raum in ihren Briefen ein. Daran hat auch der Krieg nichts geändert. Und ich mag das gerne. Deswegen weiß ich auch, dass Rosalindes Vater wieder geheiratet hat und dass seine zweite Frau ›ganz reizend‹ ist, zumindest sagen das meine Eltern. Die erste haben wir ja nicht gekannt, das war, bevor Herr Gerber in unsere Straße gezogen ist.«

7

Ich, die Ruhige, Wortarme, fiel richtig auf im Theater. Positiv. Anscheinend hielt man meine Schweigsamkeit für Verschwiegenheit, Loyalität und Stärke. Ich bekomme immer mehr Aufgaben zugewiesen, inzwischen auch immer häufiger solche außerhalb der Schneiderei. »Kommen Sie schnell auf die Bühne. Können Sie uns eine Skizze machen, wie es aussähe, wenn hier auf der Bühne neben diesem Tisch ein Schaukelstuhl stünde?« »Kommen Sie schnell zum Bühnenbildner und Gewandmeister. Es gibt Alternativen zum ursprünglichen Entwurf.« Und dann stecken sie am Kostüm auf der Schneiderpuppe mit vielen Stecknadeln einiges um und ich zeichne alle Varianten. Dann gehen sie mit den Skizzen zum Regisseur.

Josephine und Sophia hörten, wie unten die Haustür laut zugeschlagen wurde, und gingen nachschauen. Auch Friedhilde Rosso hatte das Geräusch wahrgenommen und tauchte wenig später auf, in einen riesigen Morgenrock gehüllt, wahrscheinlich hatte sie im Dunklen den ihres Gatten erwischt, und mit einem Öllämpchen in der Hand. »Was ist das für ein Lärm?«, schrie sie. »Hier wollen alle schlafen.«

Sophia vernahm die Stimme Max Grossmanns, der sich höflich entschuldigte: »Wir suchen eine Ihrer Mieterinnen. Frau Rosalinde Geiger. Sie ist verschwunden und wir machen uns große Sorgen. Darf ich übrigens vorstellen, das ist mein Vorgesetzter, Herr Hattinger, Vizepräsident des Polizeipräsidiums, und das ist der berühmte Regisseur Gustav Hartung.«

Friedhilde Rosso raffte den samtigen Morgenmantel vor der Brust zusammen, strich entschlossen über ihre Haare und sagte, als handle es sich um eine gesellschaftliche Veranstaltung: »Sehr erfreut. Wenn Sie mir bitte folgen würden!«

Sie schaltete das elektrische Licht an. Und dann setzte sich die Menschengruppe wie ein kleiner Demonstrationszug in Gang; angeführt von Friedhilde Rosso, die unnötigerweise weiterhin ihre kleine Öllampe wie eine Fahne in die Höhe streckte, gefolgt von den beiden Ermittlern und dem Regisseur. Ihnen schlossen sich Sophia und Josephine an. Friedhilde führte sie zunächst in den Salon, wo immer noch Victoria und Charlotte saßen und sich unterhielten. Natürlich reihten sich auch diese beiden Frauen am Ende des Zugs ein, der inzwischen eher einer Polonaise ähnelte. Es ging zuerst in die Küche, dann warfen Grossmann und Hattinger einen Blick in den Abstellraum und den Baderaum sowie in das kleine Schlafzimmer der Rossos. Anschließend öffnete Friedhilde die Tür zur sogenannten Bibliothek. Dort lag der Tenor auf einer breiten Couch und er schnarchte friedlich und herzlich unmusikalisch. Friedhilde Rosso berührte ihn sanft und lächelte, als er erwachte: »Ach, bist du beim Lesen und Studieren eingeschlafen, aber jetzt gehst du besser in unser bequemes Bett. Da liegst du gemütlicher.« Rosso rieb sich die Augen und entdeckte die Menschengruppe hinter seiner Frau, die ihm schnell zutuschelte, was das zu bedeuten hatte. Dann erhob er sich, und als die Menschenschlange sich wieder in Gang setzte, legte er sich mitnichten schlafen, sondern reihte sich hinter seiner Gattin ein und trällerte: »Dove sei amato bene …*«

Im ersten, zweiten und dritten Stock befanden sich die Zimmer der Pensionsgäste. Auch hier ging Friedhilde systematisch vor. Sie drückte nach kurzem und lautem Anklopfen an einer Tür, ohne ein eventuelles »Herein bitte!« abzuwarten oder irgendwie sonst herauszufinden, ob jemand im

* Dove sei, amato bene? (ital.): Wo bist du, Geliebter?; Arie aus Händels Oper »Rodelinda«

Zimmer war oder nicht, mit dem linken Ellbogen eine Türklinke nach der anderen herunter, und schob, da sie ja ihre rechte Hand immer noch nicht von der Öllampe befreit hatte, dann die Tür auf und drückte den Lichtschalter, wobei sie ein höfliches »Entschuldigen Sie bitte« herausbrachte. »Leider muss die Polizei Ihr Zimmer durchsuchen«, setzte sie noch hinzu, bevor sie wieder zur Tür hinausging und Grossmann und Hattinger mit einer höflichen Geste zum Eintreten aufforderte. Immer noch hielt sie an der Attitude einer höflichen Gastgeberin fest, obwohl die Situation zunehmend grotesker wurde, da manche der Bewohner und Bewohnerinnen, zum Beispiel Josephine und Victoria, im ersten Stock schon mitten in der Schlange standen, während unsanft geweckte Gäste, so die beiden Musiker aus dem dritten und vierten Zimmer, sich schnell irgendwelche Kleidungsstücke überwarfen und sich am Ende der schon sehr langen Schlange einreihten.

»Die anderen Zimmer hier sind nicht vermietet?«, fragte Max Grossmann.

Friedhilde Rosso verneinte. Sophia ergriff die Gelegenheit, ihr die Öllampe abzunehmen und auf einen kleinen wackligen Tisch zu stellen, der wie in jedem Stock im Vorraum stand, und die Prozession ging weiter. Frau Rosso öffnete die Türen zum Badezimmer und zu zwei Kammern, in denen allerlei Gebrauchsgegenstände, wie sie sagte, aufbewahrt wurden. Die reinsten Rumpelkammern, dachte Sophia. Sie sah, dass der Kommissar und Hattinger diese beiden Räume besonders genau in Augenschein nahmen, tiefere Schränke öffneten, sich vor einer mit Kartons beladenen Couch niederknieten und mit einem alten Regenschirm, dessen Stoff so zerfetzt war, dass er nicht einmal mehr gegen einen leichten Nieselregen von Nutzen sein könnte, unter dem Möbelstück herumstocherten. Auch ein hoher Kleiderberg in einer Ecke erfuhr dieselbe Behandlung.

Danach begab man sich in den zweiten Stock. Sophia bemerkte, dass die groteske Situation mit der immer länger gewordenen Menschenschlange, die sich die Treppe hinauffädelte, sie trotz aller Sorge amüsierte, und, wie sie von der Seite sah, auch Max Grossmann, seinen Vorgesetzten und den Regisseur, der sich fast zu einer ernsten Miene zwingen musste. Sophia würde sich nicht wundern, diese Choreographie einmal in einer Gesellschaftskomödie, bei der Hartung die Regie führte, wiederzuentdecken. Dankbar nahm sie die psychische Entlastung durch diese komischen Elemente wahr. Auch dass Grossmann den Regenschirm mit in das Stiegenhaus genommen hatte, fand sie skurril. Eigentlich glaubte sie nicht daran, dass Rosalinde sich im Haus befand, da ihr die Ideen Josephines wesentlich mehr einleuchteten als die Vorstellung, Rosalinde habe sich irgendwo in diesem Haus, in dem es so wenig Privatsphäre gab, versteckt oder sei gar versteckt worden.

Im zweiten Stock wohnten Mascha und Luise Schulmeister. Sophia schlich sich deswegen mit einem lauten »Psst!« und dem Zeigefinger vor den Lippen zu Friedhilde Rosso und flüsterte: »Hier ruht Frau Schulmeister, die einen Zusammenbruch erlitten hat. Wir sollten nicht stören, denn wenn Frau Geiger in diesem Zimmer wäre, hätte ich sie vorhin gesehen und zu dieser ganzen Aktion wäre es nicht gekommen! Übrigens ist Fräulein Doktor Grünberg bei ihr und versorgt sie medizinisch; Herr Marsel befindet sich ebenfalls dort. Seine Frau ist also todsicher nicht im Raum.«

Sie erschrak über ihre unbedachte Formulierung. Warum ist todsicher sicherer als sicher?

Natürlich war auch in Maschas Zimmer keine Rosalinde untergekrochen, genauso wenig befand sie sich im dritten Zimmer dieses Stockwerks, das vorübergehend von der Koscinski bewohnt wurde und das sie verlassen und dunkel antrafen. Vermutlich übernachtete sie wieder in ihrer eigenen Wohnung. Inzwischen war ja auch alles Erforderliche zum Philantropin transportiert worden, wo auch die Proben durchgeführt wurden. Die Pension war wieder von einem Theater zu einem Wohnhaus geworden.

Auch das vierte Zimmer in diesem Stock, Adriennes Raum, war leer.

»So«, sagte Friedhilde Rosso, »auch in dieser Etage gibt es ein Badezimmer«, sie öffnete einladend die Tür, damit jeder hineinsehen konnte, »und zwei Kammern wie im ersten Stock. Im dritten Stock wohnt Frau Geiger; ein kleines Zimmer, eigentlich eine Kammer, hat sie vorübergehend dazugemietet, falls ihr Mann einmal in der Pension übernachten will oder sich einfach hier ausruhen möchte. Und Herr Schäfer wohnt dort. Die übrigen Zimmer werden ebenfalls zur Lagerung von Gebrauchsgegenständen genutzt. Wollen wir hinaufgehen?«

Max Grossmann nickte, so dass sich alle, angeführt von Friedhilde, weiter hinaufschlängelten. Wieder Rumpelkammern, dachte Sophia, bei dem Wort »Gebrauchsgegenstände« an die chaotischen Kabinetts im ersten Stock erinnert. Und ihre Befürchtungen trafen zu. Grossmann sah denn auch völlig entgeistert in die vollgestopften Zimmer dieses Stockwerks und sagte zu Friedhilde Rosso: »Was um alles in der Welt lagert da alles? Um welche, wie sagen Sie, Gebrauchsgegenstände handelt es sich?«

»Na ja, diese Kammern sind von meiner Mutter so hinterlassen worden, wie man sie jetzt sieht, Familienbesitz, Bett- und Tischwäsche, Geschirr, Kleidung und so weiter. Das konnte ich doch nach ihrem Tod nicht einfach wegwerfen. Aber Sie sehen, hier ist niemand, aber öffnen Sie ruhig jeden Schrank, wenn Sie möchten.«

Grossmann und Hattinger taten das, danach widmeten sie sich, noch penibler, Rosalindes Zimmer und ihrer kleinen

Kammer, weil sie hofften, irgendeine Spur zu Rosalindes Aufenthaltsort zu finden. Besonders genau gingen sie den nicht besonders hohen Papierstapel auf einer Kommode durch, vermuteten sie doch, dort ein Billett, einen Brief, eine Postkarte, ein kleines Zettelchen mit einem Termin, eine Visitenkarte, irgendetwas zu finden, das ihnen einen Hinweis geben könnte. Vergebens. Was Sophia dabei erstaunte, war die offensichtliche Ordnungsliebe der jungen Schauspielerin. Da lag nichts herum, hing nichts über einer Stuhllehne, lag nichts auf dem Sofa oder dem Bett. Den letzten Raum in diesem Stockwerk bewohnte Herr Schäfer. Der hatte von dem Treiben im Stiegenhaus und im Vorraum nichts mitbekommen oder er ignorierte es bewusst. Auf das Klopfen des Kommissars hin öffnete er die Tür und sah die Menschenmenge, die sich schlangenförmig die Treppen hinunter ausdehnte. Er blickte sie alle desorientiert an, kam dann heraus und stellte sich wortlos an das Ende der Schlange, als habe das jemand von ihm verlangt. Auch in seinem Zimmer war Rosalinde nicht.

Grossmann wies nach oben und Friedhilde erklärte bereitwillig: »Das sind die Zimmer unter dem Dach, sozusagen der vierte Stock, aber die Räume sind kaum schräg, da das Dach sehr gerade aufgestellt ist. Die Gaubenfenster sind hoch und breit und die Räume deswegen recht hell. Öfen haben wir da keine aufgestellt, so dass die Räume nicht vermietet werden können, nur zwei der Zimmer bieten wir gelegentlich im Sommer sehr günstig an. In einem dieser Räume waren Sie ja gestern schon, Herr Kommissar. Ich habe der Theatergruppe erlaubt, sie kostenlos zu nutzen. Die übrigen Räume dort oben sind vermietet. Fast umsonst. Zwei winzige Kammern an Charlotte Stein. Man hilft ja, wo man kann.« Sophia schaute zu Max Grossmann und bemerkte nicht zum ersten Mal an diesem Tag, dass sie häufig, so auch gerade eben, etwas sehr Ähnliches dachten, dass nämlich die Rossos die Wörter

»helfen« oder »großzügig sein« oder »jemandem einen Gefallen erweisen« gern verwendeten, ihren Inhalt aber nicht kannten. Sie machten aus jedem Quadratmeter ihres großen Hauses Geld. »Sie müssen wissen, dass Frau Stein zuvor jahrelang nicht eben ärmlich in einer eigenen Wohnung gelebt hat, die sie aufgeben musste. Aber deswegen musste sie sich ja nicht von ihrem gesamten Besitz trennen, oder? Und da habe ich mich ihrer angenommen. Aber auch anderen tue ich gerne einen Gefallen. Zwei weitere Gaubenfensterzimmer sind an Frau Schulmeister vermietet, die auch eine Wohnung gehabt hat, bevor sie Witwe wurde und hierherzog. Auch sie wollte sich seinerzeit nicht von ihrem Besitz trennen, aber mit ihren Erinnerungsstücken zu leben, war ihr zu schmerzhaft. Sie verbringt viel Zeit hier oben, unheimlich, sage ich Ihnen. In dem Zimmer, in dem sie jetzt liegt, unten im zweiten Stock, da schläft sie nur. Was sie in diesen beiden Dachkammern immer macht, weiß ich nicht, will ich auch nicht wissen. Es geht mich auch nichts an, oder? Ich werfe ja die Sachen meiner Eltern auch nicht weg, obwohl die Kleidung der beiden altmodisch ist und ich manchmal fürchte, dass die Motten ins Haus fliegen, aber irgendwie …«

»Sentimental ist sie eben, meine liebe Friedhilde«, fügte ihr Gatte an. »Ich hätte das ganze Zeug längst entsorgt. Aber wir haben ja Platz genug.«

Grossmann und Hattinger begannen mit den Kammern Charlottes, die diese ihnen bereitwillig aufschloss. Sie waren beide ordentlich mit Regalen und Schränken versehen und auch vollgeräumt, ähnelten aber eher einem gut sortierten Kaufladen als einer Rumpelkammer. Doch auch hier verbarg sich niemand. Dann öffnete Friedhilde Luises Zimmer. Sophia stellte sich Luise Schulmeister vor, lange in den leicht schrägen Kammern sitzend und … Ja, was tat sie da? Nachdenken? Trauern? Lesen vielleicht? Denn in einer der Kammern stand ein prall gefüllter Bücherkasten. Alle anderen Schränke waren geschlossen, aber es waren sehr schmale Möbel, so dass Grossmann sie gar nicht erst durchsuchte, weil sich in ihnen kein Mensch verbergen konnte. Nur in eine riesige Truhe schaute er, aber darin lagen nur verschiedene Bretter und Pappdeckel und andere Materialien, die Luise wohl für das Theaterprojekt benötigt hatte. Darüber hing ein sehr aufgeräumtes Regal, in dem viele Holzwerkzeuge sowie Malutensilien übersichtlich aufbewahrt wurden. »Ihr Mann war offensichtlich Handwerker? Maler? Schreiner?«, fragte Grossmann.

»Nein, nein«, schaltete Hartung sich ein. »Wir sprechen von Ernst Schlerk. Einem begnadeten Holzbildhauer. Hat schon ausgestellt. Er war Luises Partner, verheiratet waren sie nicht. Ernst verdiente sich vor dem Krieg bei uns im Theater seinen Lebensunterhalt. Eingestellt war er als Schreiner, aber fungiert hat er wie ein künstlerischer Leiter. Er hätte jederzeit eine sehr gute Position bei uns erhalten, aber er wollte sich nur für eine begrenzte Stundenzahl verpflichten. Er war sehr vielseitig. Er konnte alles. Von der Front aus hat er vor einem guten Jahr an die Theaterleitung geschrieben und gebeten, seine Freundin einzustellen. Sie könne alles, was er könne. Wir haben gerade jemanden gebraucht, ob es in der Schneiderei war oder bei den Bühnenarbeitern, weiß ich nicht mehr, und haben Ernst gerne den Gefallen getan. Luise hat sich rasch so unentbehrlich gemacht, wie er es vor dem Krieg war. Sie macht inzwischen alles, was anfällt. Sie ist sehr geschickt mit Holz und sie näht schnell und gut. Mit kriegsbedingten Mangelsituationen geht sie kreativer um als viele von der Leitung. Sie hat viel Fantasie. Trotzdem ist es mit ihr anders als mit ihm. Er war jedermanns Kumpel. Sie wird eher, wie soll ich sagen, eher respektiert als gemocht. Ach ja, überall machen die Frauen inzwischen die Arbeit ihrer Männer. Wo das noch alles hinführen wird …«

»Was war denn ihr eigentlicher Beruf?«, fragte Max Grossmann, aber Hartung konnte sich nicht mehr genau erinnern. Auch Victoria fiel es nicht ein, aber sie wusste, dass Luise einmal in einer Kunstgewerbeklasse war. Und Miniaturen gemalt hat. Porträts. »Ach ja, und einmal hat sie wie Josephine Porzellan bemalt. Aber anders als Josephine, die das immer gleiche vorgegebene Muster auftragen musste, hat sie Muster selbst entworfen. Sie mochte diese Arbeit, hat sie mir erzählt.«

»Aber wohl nicht dauerhaft«, sagte Max Grossmann trocken, »sonst wäre sie noch dort.«

Josephine widersprach: »Nein, was denken Sie denn. Luise hat in einer winzigen Manufaktur gearbeitet, sehr kostbare Erzeugnisse, die ist schon im zweiten Kriegsjahr bankrottgegangen. Und ich habe in Meißen Porzellan bemalt, aber nur stundenweise neben dem Theater.«

»Ach so, ich dachte, Sie hätten irgendwo zusammen gearbeitet. Ein Missverständnis. Uns fehlen jetzt nur noch die kleinen Räume, die die Pension im Sommer vergrößern und die zum Proben genutzt worden sind, und natürlich die Giebelkammer.«

Er wandte sich entschlossen an die Pensionswirte und die Pensionsgäste: »Ich glaube, es gibt nichts mehr zu sehen und zu hören hier droben unter dem Dach oder drunten im Keller. Vielleicht wäre es das Beste, wenn Sie sich jetzt alle in Ihre Zimmer zurückzögen. Ich wünsche Ihnen eine gute Nacht und entschuldige mich für die späte Störung. Und Herr Hartung, Sie haben uns auch so viel Zeit geopfert; ich bin Ihnen so dankbar! Aber ich denke, dass auch Sie jetzt Ihre wohlverdiente Nachtruhe antreten können. Nur Frau Rosso, Herr Rosso, bitte noch auf ein Wort.«

»Ich denke, ich verabschiede mich auch«, sagte Hattinger. »Herr Hartung und ich können dann noch ein Stückchen zusammen gehen. Ich will nur noch mit Ihnen einen kurzen

Blick in die beiden Kammern werfen. Warten Sie unten auf mich, Herr Hartung?«

Langsam und etwas enttäuscht darüber, wie wenig spektakulär dieses nächtliche Abenteuer verlaufen war, trotteten die Pensionsgäste die Treppen hinunter und verschwanden im jeweiligen Stockwerk in ihren Zimmern. Die Schweigsamkeit, mit der sie dies taten, zeigte, dass sie inzwischen doch müde waren.

Sophia und Hartung folgten ihnen langsam.

Sophia überlegte, wie sie es anstellen sollte, noch mit Max Grossmann zu sprechen, ohne dass die anderen denken könnten, sie nehme sich eine Sonderrolle heraus, als sie ihn von oben herunterrufen hörte: »Sophia, bitte, könntest du kurz im Salon warten? Es ist wegen der Kranken«, fügte er wie erklärend hinzu.

Etwa eine Viertelstunde später erschien er im Salon. In aller Eile berichtete Sophia ihm, welche Theorien die drei Mitbewohnerinnen zu Rosalindes Verschwinden entwickelt hatten. Dann wollte sie wissen, was er denn mit den Rossos zu besprechen gehabt hätte.

»Kannst du es dir nicht denken?«

»Doch, vielleicht. Genau genommen hätte ich an deiner Stelle sogar bei zwei Sachen Redebedarf.«

»Es waren auch zwei«, amüsierte er sich.

»Klementines Zimmer, nicht wahr? Irgendwo muss sie doch schlafen.«

»Ja, das war die erste.«

»Dann war die zweite die Frage, wie die beiden Kammern in der zweiten Etage genutzt werden. Denn an denen sind wir sehr gekonnt vorbeigeführt worden. Ich habe erst im dritten Stock gemerkt, dass Frau Rosso uns da die Türen nicht geöffnet hat. Hoffentlich keine Kammer von Ritter Blaubart?«

Max Grossmann bedauerte, dass er das Ratespiel mit Sophia nicht fortsetzen konnte, aber seine Pflichten erlaubten ihm nur, ihr schnell das Wichtigste mitteilen.

Das Erste war, dass Klementine in einer der beiden verschlossenen Kammern lebte.

Mit der aber seien die Rossos am Morgen in einen heftigen Streit geraten. Klementine wollte ein Arbeitsangebot in der Rüstungsindustrie annehmen. Dort wurden Arbeiterinnen nicht nur mit guten Löhnen und geregelten Arbeitszeiten angeworben, sondern es lockten auch Wohnungen und höhere Lebensmittelrationen. Die Rossos wollten ihr diese »Dummheit«, wie sie es nannten, schlichtweg verbieten, aber Klementine habe wie eine Gewerkschaftlerin reagiert, eine Sozialdemokratin, wenn nicht sogar eine Kommunistin, so hätten zumindest Friedhilde Rossos empörte Worte gelautet, sie habe von Ausbeutung gesprochen und das Haus verlassen. Ihr Zimmer habe sie abgeschlossen, um ihren Besitz abzusichern, und den Schlüssel und den Ersatzschlüssel zu ihrem Zimmer habe sie mitgenommen. Das aber sei Frau Rosso peinlich gewesen, nicht mehr Herr im eigenen Haus zu sein, und das vor all ihren Gästen, dass sie an dem Zimmer vorbeigegangen sei. Unauffällig, wie sie dachte. Klementine habe sich seitdem noch nicht gemeldet.

»Und das zweite Zimmer, Blaubarts Kammer?«, lachte Sophia, die Klementine und ihrer flammenden Ansprache innerlich hohes Lob zollte.

»Tut nichts zur Sache«, lachte Max Grossmann und wechselte überdeutlich das Thema. »Hoffentlich geht es unserer Patientin inzwischen besser. Aber Mascha wird schon dafür gesorgt haben. Komm, gehen wir hinauf.«

Er klopfte ganz sacht, fast lautlos, an die Tür und trotzdem schien man ihn gehört zu haben, denn Mascha öffnete. »Luise schläft jetzt«, flüsterte sie. »Ihr Puls ist wieder ruhig und gleichmäßig, ich denke, dass keine weitere Beobachtung mehr erforderlich ist.« Max Grossmann winkte Selmar Marsel heraus.

»Wir sollten uns unterhalten«, sagte er zu ihm.

Doch Selmar widersprach: »Ich kann Luise jetzt nicht alleine lassen.«

»Doch, das kannst du. Sei völlig unbesorgt«, widersprach Mascha.

Sophia verstand nicht, warum Selmar an der gesundheitlichen Krise Luises interessierter zu sein schien als an dem Verschwinden seiner Frau. Max schien ihr Unverständnis zu teilen, und er sagte so sachlich wie möglich: »Wenn Mascha als Ärztin das so einschätzt, sollten wir ihr vertrauen. Und für dich gibt es doch im Moment nichts, was wichtiger wäre, als dass wir deine Frau finden, oder?«

»Natürlich«, stammelte Selmar, »natürlich.«

»Also gehen wir«, bestimmte der Kommissar.

Doch kaum hatten sie im Salon Platz genommen, da klopfte es erneut an der Haustür. Max Grossmann rannte hin, um rasch zu öffnen. Er fürchtete eine neue Menschenansammlung. Wer war das? Adrienne? Oder die Koscinski? Oder wollte Klementine ihre Sachen holen? Oder kam gar die vermisste Rosalinde selbst?

Vor der Haustür standen zu seiner Überraschung die beiden Herren, die erst vor einer Viertelstunde das Haus verlassen hatten, sein Vorgesetzter und der Theaterregisseur.

»Ich hoffe, dass wir niemanden aufgescheucht haben«, sagte Hattinger leise, »aber uns ist etwas sehr Wichtiges aufgefallen.«

Grossmann winkte die beiden Herren die Treppe hinauf in Maschas Zimmer. Dabei bedeutete er ihnen, leise zu sein.

Im Zimmer erst bemerkte er, wie erregt die beiden Männer waren.

»Was ist passiert?«

»Das wissen wir so wenig wie Sie«, antwortete Hattinger. »Aber hören Sie erst einmal zu. Wir sind zusammen weggefahren, ich wollte ihn mit heimfahren lassen, wo er doch wegen uns das schöne Fest verlassen hatte, um zu helfen. Und da haben wir noch einmal unsere Eindrücke ausgetauscht. Ich habe Herrn Hartung erzählt, dass ich die Puppe, die in der Kammer in ihrem Holzsarg liegt beziehungsweise steht, doch sehr befremdlich und makaber fände.«

»Und ich habe zuerst gar nicht gewusst, wovon er spricht und warum er andauernd über Särge und andere makabre Theaterrequisiten extemporiert, es klang alles wie eine psychologische oder berufsethische Erörterung«, unterbrach ihn der Regisseur.

Hattinger erklärte: »Ich wollte wissen, ob Theaterleute, die ständig mit Maskierungen und Illusionen umgehen, unerschrockener auf dergleichen reagieren, also sozusagen immun gegen derartige Verstörungen wie Leichenpuppen sind. Vielleicht wie Ärzte. Bis heute bin ich erstaunt, wie gefühllos unsere Mediziner ihren Leichen begegnen. Zu meinem Beruf gehören ja leider auch Leichen, die von Selbstmördern, Ermordeten, Totgeschlagenen, Totgeschossenen, Verunglückten …«

»Nicht schon wieder, bitte«, unterbrach Hartung Grossmanns Vorgesetzten.

»Ich meine doch nur, dass ich schon viele habe sehen müssen. Aber ehrlich gesagt, mich trifft das bis heute. Und die Puppe oben hat mich fast umgehauen.«

Max Grossmann wartete etwas ungeduldig darauf, worauf sein Vorgesetzter hinauswollte.

»Ich habe also sozusagen philosophiert, als Herr Hartung plötzlich wie elektrifiziert zusammengezuckt ist und gefragt hat, welche Puppe ich überhaupt meine. Ob ich an eine konkrete Puppe denke. Und als ich ihm erzählte, dass ich von der Rosalinde-Puppe in ihrem dünnen Sommerkleidchen spreche, die im vierten Stock an der Wand stehe, in ihrem schrankähnlichen Sarg befestigt, da wollte er wissen, wie viele Rosalinde-Puppen es insgesamt gäbe. Ich verstand gar nicht, was er immerzu fragte, entschuldigen Sie, Herr Hartung, bis mir klar wurde, dass er ja von dieser Puppengeschichte gar nichts wissen konnte. Ich habe ihm alles erklärt, und danach hat er völlig die Fassung verloren.«

»Weil ich doch heute, als wir Rosalinde Geiger im Theater gesucht haben, durch das ganze Gebäude geeilt bin, so wie Sie heute in der Pension, Tür auf, Tür zu, treppauf, treppab. Überall haben wir einen schnellen Blick hineingeworfen. Und als Sie und Herr Grossmann durch die Garderoben gerannt sind, habe ich in einem unserer Requisitenräume, in der kleinen Kammer, in der Schäfer sich meistens aufhält, die Rosalinde-Puppe gesehen, die dort immer am Tisch sitzt.«

»Und ich habe ihm gesagt, dass die doch in der Pension stehe. Nur irgendwie zur Leiche umgearbeitet. Und er müsse sich geirrt haben. Verrückte Geschichte …«

»Aber ich bin ganz sicher, dass ich die Puppe dort gesehen habe. Nicht genau, ich habe ja nur einen Blick in den schlecht beleuchteten Raum geworfen, aber sie war da. Und zum ersten Mal hat es mich ein bisschen gegruselt, das habe ich Herrn Hattinger auch gestanden, das Abbild zu sehen, während wir das Original, also die wirkliche Rosalinde, gesucht haben.«

»Beinahe sind wir in Streit geraten«, übernahm Hattinger das Gespräch wieder. »Denn ich hatte die Puppe ja gerade erst oben in der Pension gesehen und mich sogar, wie ich ja erzählt habe, ein bisschen vor ihr gefürchtet. Das habe ich ihm pausenlos versichert. Aber er war sich genauso sicher, dass er sie gesehen hatte. Und dann, wir haben beide gerade nach Luft geschnappt für die nächste Wiederholung, haben wir uns angeschaut. Nur angeschaut. Und dann sind wir, ohne ein weiteres Wort zu wechseln, hierher zurückgefahren. Zu Ihnen.«

»Ja. Ich will diese Leichenpuppe sehen und dann will ich wieder ins Theater und Valentins Gefährtin anschauen, wobei ich … nun, wobei ich denke, dass Sie mitkommen sollten, Herr Kommissar.«

»Weil …?«, fragte Max Grossmann erschrocken, und Hattinger antwortete: »Ja, weil …«

Während Hattinger mit Hartung noch einmal die Stiegen hinaufkletterte, informierte Max Grossmann Sophia und Mascha und rannte dann hinunter zu Selmar. Sophia und Mascha wussten sofort, was die Beobachtung des Theaterregisseurs bedeutete. Denn wenn die Puppe noch hier im Haus war, und das war sie, dann konnte die Figur in Valentins Zimmer nur … Rosalinde selbst sein? Eine stumme, bewegungslose Rosalinde. Denn freiwillig hätte sie sich bestimmt nicht an den Tisch gesetzt.

Sophia und Mascha sahen sich voller Angst an und blickten mit großer Anteilnahme zu Selmar. Der schien weniger beeindruckt zu sein und murmelte nur: »Typisch! Nicht nur Rosalinde macht Ärger, sondern sogar die Rosalinde-Puppe.«

»Los!«, schrie Grossmann, der die beiden Männer die Treppe herunterstürmen hörte. »Mascha, du kommst mit uns!«

»Mascha muss hierbleiben«, wandte Selmar Marsel ein. »Sie muss auf die Kranke achten!« »Sie muss mit uns. Mann, verstehst du denn gar nichts?«, brüllte Grossmann kurz angebunden. »Du kommst besser auch mit. Aber schnell jetzt.«

Alle eilten zur Tür, Sophia warf Mascha noch einen Mantel zu und alle machten sich auf den Weg. »Passt du auf Luise auf?«, rief Max Grossmann, schon in der Haustür stehend, Sophia noch zu.

Eine winzige Zeitspanne lang sah sie noch sein besorgtes, erschöpftes Gesicht unter einer Straßenlaterne, bevor er sich mit seinen Begleitern im Dunkel der nächtlichen Straße verlor, wo auch schon ein Polizeiwagen auf sie wartete.

Natürlich wäre Sophia gerne dabei gewesen, als der Fall sich aufzulösen schien. Doch sie verstand, dass jemand bei Luise bleiben musste und dass es für Max Grossmann in dieser Situation wichtiger war, eine Ärztin mitzunehmen als eine Studentin der Rechte. So setzte sie sich an Luises Bett und lauschte deren regelmäßigen Atemzügen. Es war dunkel im Zimmer, nur auf dem Tisch schimmerte Licht wie von einer von dicken Wolken bedeckten Sonne, denn Selmar oder Mascha hatten ein dunkles, festmaschiges Tuch über die kleine Standlampe geworfen. Ob sie während des Wachens wirklich richtig wach war oder leicht schlummerte, vermochte sie später nicht auszumachen. Deswegen wusste sie auch nicht, ob sie in dieser Zeit geträumt oder fantasiert hatte. Sie vermutete aber, dass es beides war, in diffusem Wechsel.

Sie eilte jedenfalls mit Max Grossmann durch die nächtlichen Straßen Frankfurts, aber es war nicht Winter. Eine laue Sommernacht umhüllte sie beide. Sie standen umschlungen auf dem Eisernen Steg, der seine perspektivisch verzerrte Silhouette, wie sie sie in Delavillas Atelier auf einer Grafik gesehen hatte, in den Himmel streckte. Und über ihm leuchtete nicht wie auf der Grafik der Mond, sondern eine Sonne, nur dass deren Licht dünn war und sie nicht störte. Sie nicht störte bei ihrer leidenschaftlichen Umarmung genau in der Mitte der Brücke zwischen den Brückenpfeilern. So lange hatte sie keinen Mann mehr geküsst, dass sie sich, wie sie sich später voller Schaudern erinnerte, am liebsten vor Begierde mit Max auf den Brückenboden gelegt hätte. Vielleicht tat sie das ja in ihrer Fantasie auch und verbarg es später vor sich selbst vor Scham. Aber dass sie seine Haare geglättet hatte, mit Küssen geglättet, das wusste sie genau.

So wohl ihr dieses Bild tat, so weh taten ihr andere. Sie sah nämlich Max und Mascha durch das Theater eilen. Angeblich suchten sie Rosalinde. Rosalinde, die Puppe. Rosalinde, die Frau. Wo Hattinger und Hartung geblieben waren, wusste Sophia nicht. Vielleicht suchten die tatsächlich nach Rosalinde. Der leblosen Puppe. Der leblosen Frau. Max und Mascha waren inzwischen in einer Loge verschwunden, wo sie sich verbargen, Max hatte die roten Samtsessel an die Logenbrüstung und die Logenwände geschoben, so dass in der Logenmitte ein großer freier Raum entstanden war, ein mit dunkelroter Teppichpracht belegter Raum, über dem eine rote Laterne baumelte. Hier ließ er sich mit Mascha nieder. Doch Mascha, die unter ihm lag, glättete seine Haare nicht, sondern zerwühlte sie, und als plötzlich der Laternenschein beide traf, umgab das Haar ihn wie eine leuchtende Sonne. Und aus dem Souffleurkasten schrie sie selbst, ganz laut, ganz unbeherrscht: »Nein!«

Und dann krabbelte sie aus dem Kasten heraus auf die Bühne. Dort traf sie ein umherirrender Scheinwerfer, und sie stand ganz alleine in seinem Licht. Die Loge, in der sie zuvor Mascha und Max gesehen hatte, kam ihr leer vor, doch sie wusste, dass Mascha und Max dort auf dem Boden lagen und nur Augen für sich selbst hatten. Keine Augen für die unscheinbare Sophia. Keine Augen für die schöne Rosalinde. Sophia schrie. So laut, dass sich Max und Mascha ein wenig erhoben und ihre Augen über der Brüstung erschienen. Sophia hörte auf zu schreien und sagte ganz deutlich von der Bühnenmitte aus wie eine düpierte Geliebte: »Einen schönen Abend noch!« und verließ die Bühne wieder.

Einmal öffnete Luise die Augen und blickte sich unsicher im Raum um, bevor ihr Blick auf Sophia traf. »Ich bin es, Sophia Sachtl, Maschas Freundin aus Wien«, sagte Sophia leise und in beruhigendem Ton und nahm Luises Hand. Als sie bemerkte, dass die Hand in ihrer wieder zu zittern begann, reichte sie ihr eine der Tabletten, die Mascha für Luise dagelassen hatte, und Luise schluckte sie ohne Widerspruch. »Der Stoffberg draußen im Bad«, flüsterte sie.

»Soll ich nachschauen und ihn dir bringen?«

»Ja, bitte.« Luise schloss die Augen wieder, ohne etwas zu sagen oder zu fragen, und Sophia beobachtete Luise kurz im schimmernden Licht der abgedunkelten Tischlampe. Sie ging hinaus in das Badezimmer, wo aber kein einziger Stoff zu sehen war, und setzte sich wieder zu Luise. Die lag wie zuvor ganz ruhig da und Sophia konnte nicht erkennen, ob sie schlief oder wach war. Luise war, das sah sie jetzt, jünger, als sie gedacht hatte; sie mochte ungefähr in ihrem Alter sein, vielleicht ein wenig älter, aber kaum. Sie hatte ein wunderschönes und zartes Gesicht. Haare wie Ebenholz, dachte Sophia, und eine Haut so weiß wie der Tod … Nicht wegträumen jetzt, Sophia!, ermahnte sie sich. Es waren wohl die Ernsthaftigkeit, die immer, und die Anspannung, die häufig in Luises Gesicht stand, die dazu führten, dass man ihre Schönheit übersah. Und sie hatte meistens eine schwere Brille auf der Nase, deren dunkles Gestell den Blick von ihren großen braunen Augen ablenkte, diese sogar kleiner und verkniffener erscheinen ließ. Und natürlich lenkte der Knoten von ihrer Schönheit ab, zu dem sie ihre Haare oft lieblos zusammendrehte. Jetzt aber waren ihre Haare aus dem Knoten herausgerutscht und ein paar Locken fielen ihr ins Gesicht, wobei sie geheimnisvoll und verlockend schwarz schimmerten.

Neulich auf dem Dachboden hatte sie Sophia erzählt, dass sie die Brille nur bei ganz filigranen Arbeiten, wie sie ja im

Theater selten erforderlich seien, benötige, dass sie sich aber das Brillentragen auf ihrer früheren Arbeitsstelle angewöhnt habe, wo es notwendig gewesen sei. Sophia hatte schon da vermutet, dass Luise sich eher hinter der Brille versteckte, als dass die Brille ihr die Welt eröffnete. Sophia setzte sich die Brille auf und nahm zu ihrer Überraschung wahr, dass diese Brille weder die Ferne näher rückte noch die Nähe enträtselte, sondern schlicht und einfach aus normalem Glas war. Warum Luise sie trug, das konnte sie sich nicht vorstellen. Auch nicht, warum diese schöne, zarte Frau sich so wenig ansehnlich präsentierte. Gleichgültigkeit oder sogar Absicht?

Vielleicht aus denselben Gründen wie ich, dachte sie. Aber sie wollte sich nicht wieder in ihre Träume verstricken lassen, sondern wach bleiben, deswegen ließ sie noch einmal den gesamten Abend und die Nacht Revue passieren. Wie spät mochte es eigentlich sein?

Sie waren so um halb acht bei Delavilla eingetroffen und ihrem Gefühl nach stundenlang dort geblieben. Es konnten aber nur zwei Stunden gewesen sein, denn lange vor zehn Uhr schrie Luise und machte aus dem schönen Abend einen schrecklichen.

Der Aufbruch von dort vollzog sich überstürzt, aber wohlorganisiert. Hattinger telefonierte noch ins Präsidium und bestellte alle dort abkömmlichen Beamten und einige Fahrzeuge zum Schauspielhaus und zur Pension. Er war mit seinem eigenen Wagen zu Delavilla gekommen, so dass er schnell mit Max Grossmann und Gustav Hartung zum Theater fahren konnte und wahrscheinlich sogar vor seinen Beamten dort war. Sie selbst hatte den Wagen von Selmar Marsel, ein großzügiges Geschenk seiner Mutter, mit dem normalerweise Rosalinde oder Luise ihn umherchauffierten, zurück in die Pension gefahren, mit Selmar neben sich und Mascha mit Luise im Fonds des Wagens. Sie waren also wirklich allerspätestens um viertel elf zurück in ihrer Pension, wo Mascha Luise verarztete und dann mit Selmar Wache hielt, während sie sich mit Charlotte, Victoria und Josephine unterhielt. So gegen viertel zwölf kamen Grossmann, Hattinger und Hartung unverrichteter Dinge zurück und die seltsame Polonaise durch das Haus begann, die ungefähr eine Dreiviertelstunde gedauert haben mochte. Zwischen dem Aufbruch Hattingers und Hartungs und deren erneutem Klopfen an der Haustür war vielleicht eine Viertelstunde vergangen. Sophia erinnerte sich. Sie wartete ja im Salon auf Max Grossmann und war dort an das Fenster getreten, hatte davor die Polizeifahrzeuge gesehen und Hartung und Hattinger, die, die Hüte noch in der Hand, einstiegen und wegfuhren, um bald danach wieder zu klopfen. Ein paar Minuten im Haus, die Treppe hinauf und hinunter, dann die Fahrt zurück zum Theater, gemeinsam mit Mascha, Selmar und Max Grossmann. Die konnte höchstens eine Viertelstunde gedauert haben, und im Theater musste ja nicht erneut das ganze Haus durchsucht werden, sondern nur der Raum, in dem der Regisseur vielleicht eine furchtbare Entdeckung gemacht hatte. Also noch eine Viertelstunde für die Suche. Und eine weitere für die Rückfahrt. Sophia blickte auf die Uhr. Fast eins. Sie müssten also bald wieder da sein. Falls sie überhaupt zurückkehrten und nicht vom Schauspielhaus aus direkt ins Präsidium gefahren waren. Oder ins Krankenhaus. Hoffentlich nicht.

Sophia hörte Schritte auf der Treppe. Sie stand auf und ging hinaus. Sie beugte sich über das Treppengeländer und sah unten im Stiegenhaus einige uniformierte Beamte, hinter ihnen Hattinger.

Sophia zog sich zurück in Luises Zimmer, lehnte aber die Tür nur an. So konnte sie hören, wohin die Männer gingen. Einen Stock höher. Als sie dort an eine Zimmertür klopften, wusste sie, dass sie vor Valentin Schäfers Zimmertür standen, denn sonst war niemand im dritten Stock anwesend. Und ihr war auch klar, was das zu bedeuten hatte. Und richtig: Eine Tür wurde geöffnet, man konnte hören, wie die Polizisten einige Worte sagten. Dann kamen sie mit Schäfer, dem sie Handschellen angelegt hatten, herunter. Sophia hielt die Luft an, als sie durch den Türspalt die Polizisten und den alten und verstört wirkenden Mann sah. Dieser freundliche alte Mann wollte Rosalinde ein Leid antun? Oder hatte es bereits getan?

Sophia konnte nicht anders und huschte nach einem Blick auf die ruhig daliegende Luise die Treppe hinunter. Sie wollte ein paar Worte mit Hattinger sprechen. Der stand inzwischen bereits an der Haustür, Schäfer und seine Bewacher, die an dessen Jacke herumnestelten, noch in der Eingangshalle. Sie musste deswegen an Schäfer und den Polizisten vorbei. »Entschuldigung«, flüsterte sie, um sich Platz zu machen. Dabei traf sie Valentin Schäfers Blick. Seltsamerweise wirkte er nicht nur traurig, müde und desorientiert, sondern auch erleichtert. »Ich bin neugierig, wo man mich hinbringt«, sagte er zu Sophia. »Hoffentlich ist meine Rosalinde dort, wo ich hingebracht werde. Meine richtige Rosalinde. Denn im Theater war es heute schwierig mit ihr. Es war nämlich nicht meine richtige Rosalinde.« Den letzten Satz flüsterte er Sophia beinahe verschwörerisch zu.

Auch Hattinger sprach sehr leise mit ihr. Offenbar wollte er nicht, dass jemand im Haus wach wurde. »Mein junger Kollege wird bald herkommen und Ihnen alles erzählen. Er ist mit Frau Rosalinde Geiger und Ihrer Freundin ins Krankenhaus gefahren. Frau Geiger scheint nichts Schlimmes passiert zu sein, zumindest schätzt Fräulein Doktor Grünberg das so ein. Ich selbst lasse mich jetzt nach Hause fahren. Ich brauche meinen Schlaf. Und Valentin Schäfer wird die Nacht in Gewahrsam verbringen müssen. Direkte Gefahr geht ja nicht mehr von ihm aus, deswegen reicht es, wenn wir ihn morgen vernehmen, finde ich. Richten Sie das bitte auch dem Kommissar aus, wenn er hier eintrifft. Morgen früh um neun Uhr geht es für ihn im Präsidium weiter. Gute Nacht!«

SAMSTAG, 24. NOVEMBER 1917, LETZTER TAG IN FRANKFURT

Claudine:
Herz, mein Herz,
Ach, will verzagen!
Soll ich's tragen,
Soll ich fliehn,
Soll ich's wagen,
Soll ich hin?
Herz, mein Herz,
Hör auf, zu zagen;
Ich will's wagen,
Ich muß hin!

(Johann Wolfgang von Goethe: Claudine von Villa Bella)

1

»Wenn Sie nur nicht immer alles so klein zeichnen würden«, beklagt man sich gelegentlich. »Sie gehören in eine andere Zeit. Ins Biedermeier. Sie hätten fabelhafte Miniaturen gemalt. Das war damals modern. Wissen Sie das?« Dann nicke ich und werde belehrt: »Heutzutage gibt es kaum mehr Miniaturen. Und im Theater: Da muss sowieso alles riesig sein, weil die Zuschauer weit weg sitzen. Und Ihre kleinen und feinen Details müssen Sie sich abgewöhnen, wenn Sie hier eine richtige Karriere machen wollen.«

Eine Karriere am Theater? Ich?

Ich bin nicht mehr so verzweifelt. Kehre zurück ins Leben. Ins Theater. Verändere mich. Lerne viel.

Als Sophia wach wurde, war es draußen noch sehr finster. Schwarz.

Sie erinnerte sich daran, wie sie sich beim Aufwachen am Vortag aus dem Zimmer geschlichen hatte, um draußen im Licht zu sehen, wie spät es war. Es war dreiviertel sieben. Sie wollte ihre schlafende Freundin nicht wecken und kroch deswegen zurück ins Bett und sah den schwarzen Himmel allmählich dunkelgrau werden. Wie auf einem schwarzen Scherenschnitt, der auf einem dunkelgrauen Papier aufmontiert war, konnte sie dann eine Baumkrone erkennen, an deren Ästen nur noch ganz vereinzelte formlose Blätter herunterhingen, eines schien gerade von einem Winterwind heruntergeweht zu werden. Noch später wurden die schwarzen Äste zuerst dunkelgrau, dann graubraun, dann auch die Blätter. Bald konnte sie sogar sehen, dass die wenigen Blätter vertrocknet und löchrig waren. Da war es fast acht Uhr.

Wenn es jetzt also vollkommen schwarz war draußen und noch kein einziger skelettierter Ast sich abzeichnete, musste es wirklich noch sehr früh sein. Sechs Uhr vielleicht oder viertel sieben. Wieder beschloss sie zu warten und blieb reglos auf dem schmalen Bett, das Mascha für die Dauer ihres Besuchs in ihr Zimmer hatte stellen lassen, liegen. Heute traute sie sich nicht einmal, sich zu bewegen und mit der Uhr hinauszugehen, die leise auf dem kleinen Nachtkastel neben ihrem Bett tickte.

Denn wieder wollte sie jemanden nicht wecken.

Den Mann nämlich, in dessen Achselhöhle ihr Kopf gebettet war und auf dessen Brust ihr Arm lag.

Wenn er denn wirklich da war. Wenn sie nicht wieder ein Opfer ihrer Fantasie war. Wenn sie nicht träumte. Oder Wachträume hatte, ja, das könnte es sein, denn sie hatte ja schließlich die Augen geöffnet. Also schlief sie zumindest nicht. Oder konnte man träumen, erwacht zu sein und die Augen geöffnet zu haben?

Wenn er aber wirklich da war, hier neben ihr, dann sollte sie auf die Uhr sehen. Denn dann hatte er ihr auch wirklich beim Einschlafen noch eindringlich zugeflüstert, dass er früh, sehr früh aufstehen und weggehen müsste. Und dass sie ihn wecken solle, falls sie vor ihm wach würde.

Ein paar Minuten noch, dachte sie. Und sie blickte in den schwarzen Himmel vor dem Fenster und beschloss, den Mann neben sich in dem Augenblick zu wecken, in dem das Schwarz in ein ganz dunkles Grau, ein Fastschwarz, übergehen würde. Das wäre irgendwann nach halb sieben. Das musste früh genug sein.

Die Situation war fremd, intim, aufregend. Und sehr ungewohnt für Sophia, die seit Monaten mit keinem Mann mehr das Bett geteilt hatte. Die eine kurze Affäre während ihrer Witwenschaft war schon lange her. Damals wusste sie schon beim ersten Kuss, dass der nächste Morgen den letzten bringen würde. Den Abschiedskuss. Und jetzt? Wieder eine Affäre, deren Ende schon am Anfang feststand? War das ihr Muster? Ihr Lebensmuster? Erworben durch die gefährlichen Erfahrungen in ihrer Jugend? Oder auch erlernt, um Gefahren zu minimieren? Als Beziehungsprinzip? Wie sie andere Prinzipien gelernt hatte?

Distanz als Lebensprinzip.

Gutes Benehmen als Verhaltensprinzip.

Loyalität gegenüber guten Freunden und schließlich Solidarität mit weniger privilegierten Mitmenschen als ethisches Prinzip.

Und als Beziehungsprinzip eben, nur eine Nacht mit einem Mann zu erleben.

Im Umgang mit ihren Mitmenschen bestach Sophia durch außergewöhnliche gesellschaftliche Fähigkeiten und wirkte in jedem sozialen Zusammenhang sicher. Früher fast noch mehr als heute. Schon als junges Mädchen spielte sie die Gastgeberin im glänzenden Salon ihres Vaters und musste darauf achten, dass es den Gästen an nichts fehlte, weder an Essen und Getränken, aber genauso wenig an Gesprächspartnern und Gesprächsstoff.

Wie anders war das gestern Abend hier in Frankfurt, dachte Sophia. So viele Fremde im Raum, und doch verbunden durch die Kunst, durch ähnliche politische und philosophische Positionen. Immer wieder neue Gesprächspartner und trotzdem nie eine oberflächliche Konversation, kein small talk, sondern Gespräche, richtige Gespräche. Unsere Abendveranstaltungen vor dem Krieg waren durchdacht wie Theateraufführungen, dachte sie. Jede Phase inszeniert. Empfang in der großen Eingangshalle, die Gastgeberin, also ich, schwebte in meinem Kleid die Treppe hinunter, Diener, die sich mit ihren Tabletts durch die Gäste hindurchwinden mussten, um Champagner zu reichen und Kanapees anzubieten, erste kleine Gesprächsansätze, meistens über das Wetter oder die letzte Theaterpremiere. Dann sollte die Gesprächskulisse langsam anschwellen. Die Gastgeberin musste immer wieder Männer oder Frauen, die nicht ganz ins gesellschaftliche Geschehen integriert zu sein schienen, zu anderen führen und dort geschickt ins Gespräch einbeziehen. Sophias Geschicklichkeit dazu beruhte eher auf ihrer Gewissenhaftigkeit als auf angeborenen Fähigkeiten, denn sie hatte zum Entzücken ihres Vaters für jede Person, die je ihr Haus in Hietzing betreten hatte, und das waren sehr viele gewesen, eine Karteikarte angelegt, auf der sie alles zusammengetragen hatte, was sie über deren Vorlieben in Bezug auf Speisen und Getränke, aber auch bevorzugte Gesprächsthemen in Erfahrung gebracht hatte, seien es spezielle Interessen in den Bereichen der Politik oder Kultur oder Stadtentwicklung oder Wissenschaften, seien es bevorzugte Freizeitbeschäftigungen wie eine Sammelleidenschaft oder eine Sportart. Notiert waren auch Hinweise zur Familie, zu Kindern, zu Verwandten oder Freunden. Selbst Themen, die man besser nicht ansprechen sollte, waren festgehalten.

Sophias Karteikarten fungierten als eine Art Regiebuch, das den Erfolg der Geselligkeiten im Hause ihres Vaters garantierte. Als ihr Vater dann zu ihrer großen Freude Ada heiratete, übergab Sophia ihre gerne ihre Kärtchen. Und in der Tat erleichterten diese ihrer Stiefmutter die ersten Monate im Hause sehr.

»Sopherls Regiekarten«, lächelte ihr Vater, wenn er seine Frau über die ordentlich beschrifteten Karteikarten gebeugt fand, aber er fühlte sich, als Ada ihm in einem sehr intimen Moment seine Karte zeigte, doch leicht durchschaubar. »Für mich hat das Sopherl auch eine Karte gemacht? Für ihren Vater, den Hausherrn?«, sagte er und blickte auf die Einträge. Da hatte seine liebe Tochter aber auch haargenau alles aufgeschrieben, was er besonders gerne aß und trank, alles, was er zu seinem häuslichen Wohlbehagen brauchte, Gesprächsthemen, die man besser nicht anschnitt, wenn er belastet aus dem Amt nach Hause kam und den Kopf voller Sorgen hatte. »Deswegen also machst du alles richtig, Ada, Liebste?«, scherzte er. »Deswegen bekomme ich meinen kalten Kümmelbraten mit viel Kren, werde nicht mit Modefragen und häuslichen Problemen konfrontiert?« Aber hinter seinen Scherzen stand eine tiefe Rührung darüber, wie sehr Sophia sich bemüht hatte, ihm das Leben leicht zu machen, aber auch Scham, dass er das zugelassen hatte. Denn eigentlich hätte es natürlich an ihm gelegen, seiner Tochter das Leben leichtzumachen.

Wenn ich eine Karteikarte für Max Grossmann anlegen wollte, dachte Sophia, dann wüsste ich nicht viel daraufzuschreiben.

Ich weiß nicht, was er gerne isst. Ich weiß nicht, was er gerne trinkt. Im Krieg isst und trinkt man eh nur, was es gerade gibt. Ich weiß wenig über sein Leben. Nur eines: Er hat früh seine Mutter verloren und musste dann aufwachsen, ohne die beschützende Liebe eines Vaters zu spüren. Außenseiter in einer rauen und rohen Internatswelt. Was weiß ich über seine Vorlieben? Gut, er liebt das Theater, er schreibt Lyrik.

Sophia dachte unwillkürlich zurück an ihre Jugendliebe. Auch Ferdinand war ein Dichter gewesen. Wohin gingen ihre Gedanken? Wohin verirrten sie sich? Warum machten sie so oft ausgerechnet an schwierigen Momenten ihres Lebens Halt? Warum konnte sie nicht einfach die Momente der heutigen Nacht genießen, die leidenschaftlichen Augenblicke leichtnehmen, statt sie zu analysieren und mit anderen zu vergleichen?

Leichtnehmen? Hieße das nicht auch, dass man darauf verzichtet, unbedingt wissen zu wollen, wie spät es ist? Und darauf verzichtet, sich auszurechnen, wie viele Stunden die zweite Affäre ihres Lebens gedauert hatte? Aber dazu müsste sie nicht einmal rechnen. Gerade einmal eine Nacht lang hatte sie gedauert. Und dieser Nacht war kein wunderbarer Tag vorausgegangen, sondern ein gehetzter Tag voller Pflichten, und sein Ende war traurig.

Sophia fühlte sich wirklich den ganzen gestrigen Tag über immer wieder auf unbestimmte Weise freudlos, obwohl sie alles tat, was nötig war und was von ihr erwartet wurde, und obwohl fast alles, was sie getan hatte, angenehm, anregend oder nützlich war. Die Theaterarbeit am Vormittag, der Spaziergang mit Mascha, der Kaffeehausbesuch mit Mascha, Max und Heinrich Cronhart, die Abendeinladung bei Delavilla, sein vertrautes Wiener Idiom, ungewöhnliche Kunstwerke, nachdenkliche Menschen und denkwürdige Gespräche. Trotzdem schlug ihr Herz immer dann, wenn sie dabei war, sich zu entspannen und wohlzufühlen, störend laut und heftig. Es war der Verdacht. So viele der Menschen aus der Pension, mit denen sie sich an diesem Tag unterhielt, könnten Rosalinde etwas antun wollen. Zum Täter werden. Jede Unterhaltung konnte vergiftet sein von Lüge und Falschheit. Jede Umarmung von Verstellung und Hinterhalt.

Und dann, weg von der Pension, in dem Atelier, hinderte ausgerechnet ihre geliebte Freundin Mascha sie daran, sich wohlzufühlen und alles zu genießen. Und auch jetzt.

Denn, das wusste sie ganz sicher, Max Grossmann, der Mann, der sie da nach einer leidenschaftlichen Nacht schlafend in den Armen hielt, sollte so bei Mascha liegen und nicht bei ihr. Denn er dachte nicht so an sie wie sie an ihn. So dachte er eher an Mascha. Dafür gab es am letzten Abend viele Indizien.

Aber er war mit ihr ins Bett gegangen.

Und das auch noch ausgerechnet in Maschas Zimmer.

Warum tat er das? Weil sie einfach da war, zur Stelle war, um den müden und erschöpften Max Grossmann in ihren Armen aufzunehmen? In ihrem Bett? Ahnte er, dass Widerstand von ihr nicht zu erwarten war? Hatten seine kriminalistische Erfahrung, sein dichterisches Talent ihm dabei geholfen, psychologische Feinsinnigkeit zu entwickeln, die Blicke der Frauen zu deuten? Richtig zu deuten? Und warum hatte sie es getan? Was war los mit ihr? Loyalität gegenüber guten Freunden als ethisches Prinzip?

Vorsichtig berührte Sophia das Haar des Mannes. Es hatte sie in dieser kurzen Nacht regelrecht elektrifiziert. Unabhängig davon, an wen er gedacht haben mochte, bevor er in ihre Arme gefallen war, die Leidenschaft der Begegnung, die sie so fassungslos, fast erschüttert genossen hatte, war echt. Unverstellt. Vorbehaltlos. Sie versetzte sie in eine andere Welt. Keine wirkliche Welt. Aber eine, die sich wirklich anfühlte. Falls sie also doch wirklich sein sollte, dann war es eine Wirklichkeit, die weit von ihrer eigenen entfernt war. Weg von vernünftigen Prinzipien. Gefühlsbestimmt. So aufrichtig, wie eine Begegnung nur sein kann.

Reagieren Körper aufrichtiger als Worte? Wahrscheinlich. Ein Körper reagiert mit Fieber auf eine Krankheit, mit Schmerzen, mit Schwäche, mit Ausschlägen, mit Apathie. Zeigt so sein Bedürfnis nach Ruhe. Liegen. Schlafen. Sein Bedürfnis nach Behandlung. Tropfen. Pulver. Auf Berührung reagiert der Körper mit einem wohligen Gefühl oder mit Abneigung. Man kann es nicht beeinflussen, nur verbergen. Man kann nicht vermeiden, dass man jemanden anziehend findet, begehrt, man kann allenfalls widerstehen.

Worte dagegen können willentlich eingesetzt werden, zur Wahrheitsfindung genauso wie zu ihrer Verschleierung. Oder zur bewussten Lüge.

Worte können aber auch einfach nicht gesagt werden.

Welch absurde Überlegungen! Gab es nichts Wichtigeres zu bedenken? Noch war der Fall nicht ganz gelöst. Rosalinde schwebte zwar nicht mehr in direkter Gefahr, aber vieles, vielleicht das meiste, wusste sie noch nicht. Das Wie. Das Warum. Das Wer.

Als wisse er, woran sie denke, hörte sie Max in ihr Ohr murmeln: »Wenn man nur wüsste, warum jemand die Puppe aus der Requisitenkammer entfernt hat. Und wer es war. Valentin Schäfer selbst bestimmt nicht.«

»Du bist wach?«, fragte sie. »Und ich liege hier und traue mich nicht, auch nur meinen kleinen Finger zu bewegen, um dich nicht zu wecken.«

»Das tue ich auch. Wie lange wolltest du warten?«

»Bis der Himmel nur noch fast schwarz ist.«

»Fast schwarz?«

»Ja, schwarz mit einer Spur von Dunkelgrau, ein ganz kleines bisschen heller als schwarz. Und du?«

»Ich wollte es nicht der Natur überlassen, sondern dem Zufall. Ich wollte warten, bis ich irgendein Geräusch im Haus höre. Irgendein Zeichen, dass jemand wach wird. Dann wollte ich mich blitzschnell anziehen und aus dem Haus schleichen.«

»Wie ein Dieb.«

»Wie ein Dieb, ja. Und was hätte ich dann mitgenommen?«, scherzte er. »Dein Herz vielleicht? Das wäre ein arges Verbrechen.«

»Das wäre es. Wenn du es denn hättest.«

»Ich habe gedacht, gehofft, nein, kein Spiel jetzt, Sophia.«

»Wir haben auch keine Zeit mehr für Spiele, Max. Ich höre das Haus schon knistern, als erwache es. Waren das nicht schon Schritte auf der Treppe?«

»Dann muss ich gehen, mein Herz. Ich lasse dir meines da, dann hast du zwei. Dein kaltes Herz und mein heißes. Überlege dir, wie du damit umgehen willst, bis wir uns wiedersehen.«

Sophia gab keine Antwort. Sie erhob sich vom Bett und ihre Haut brannte, dort, wo sie Max noch spürte. Sie schlüpfte in ihr Nachthemd und zog einen Morgenmantel an. Sie öffnete die Zimmertür und stieg die Treppe hinunter, um die Haustür für Max aufzuschließen. Dann stieg sie wieder hinauf, um ins Badezimmer zu gehen. Dort aber huschte gerade in dem Moment ein junger Mann heraus.

Er war blass. Dünn. Seine Kleidung machte einen schäbigen Eindruck. Seine Haare waren länger als üblich und hingen etwas strähnig herab. Als er sie bemerkte, hielt er einen Arm vors Gesicht, als wolle er sich dahinter verstecken. Sophia war sich sicher, dass sie ihn noch nie gesehen hatte.

Aber warum kam er ihr dann so bekannt vor?

Als sie zurück in Maschas Zimmer kam, dachte sie immer noch darüber nach. Max bemerkte, dass ihre Gedanken nicht mehr bei ihm waren. »Ich bin noch hier«, sagte er, »aber du scheinst dich bei deinem Ausflug in die Welt da draußen schon von mir verabschiedet zu haben.«

Sophia erzählte ihm von der seltsamen Begegnung. Als er recht beunruhigt reagierte, erzählte sie ihm noch, dass man hier im Haus oft davon spräche, dass es spuke. Gegenstände verschwänden und tauchten manchmal wieder auf. Oft aber auch nicht. Fremde würden gesehen und würden dann wieder unsichtbar. Vor allem am frühen Morgen. »Wie du bald, Max!«

Max Grossmann entspannte sich. Natürlich war eine Pension, in der fast ausschließlich unverheiratete und attraktive Frauen lebten, kein Kloster.

»Bald!«, stimmte er zu, zog aber Sophia zurück aufs Bett.

2

Ich bekomme viel erzählt. Ich erfahre, wer gerade wen liebt oder hasst oder beneidet oder bewundert. Ich lerne, wie schnell Gefühle entstehen. Wie schnell sie wieder erlöschen. Manchmal verschwindet ein starkes Gefühl im Theater in kürzerer Zeit, als die Zeit zum ausführlichen Beschreiben gedauert hat.

Ich lerne mitzusprechen. Die richtigen Fragen zu stellen. Die richtigen Antworten zu geben.

Für meine eigenen Gefühle brauche ich nur wenige Wörter: Ich liebe meinen Mann. Nur meinen Mann. Meinen Mann, der an der Front ist. Und natürlich liebe ich unser Kind.

Nur beim Schreiben bin ich so sparsam mit Worten wie früher. Hundert Wörter.

Kurz nachdem Max Grossmann das Haus verlassen hatte, es war inzwischen bereits grau draußen und vor Maschas Fenster zeichneten sich die Umrisse der Baumkrone und des gegenüberliegenden Hauses schon ab, ging Sophia über den Flur, um nach Luise Schulmeister zu schauen. In Luises Fenster waren die Fensterläden geschlossen, so dass man durch die schmalen Spalte der Läden, durch die waagrechte graufahle Linien drangen, nur erahnen konnte, dass es draußen Tag wurde. Sie ging ein wenig näher an Luises Bett, um ihren Atem zu kontrollieren und vorsichtig nach der Hand zu greifen, um den Puls zu fühlen. An die Dunkelheit hatte sie sich inzwischen fast gewöhnt. Als sie näher trat, wurde ihr ein wenig unheimlich zumute, weil das Gesicht der Frau durch das Licht, das durch die durchbrochenen Läden auf sie fiel, wie gestreift aussah. Fast gespenstisch. Hellgraue und dunkelgraue Streifen. Theatermaske, dachte sie. Sie beugte sich über die Frau. Sie blickte direkt in Luises weit geöffnete Augen. Vor Schreck geöffnet.

»Was ist mit dir, Luise?«, fragte sie leise. »Mascha war sich eigentlich sicher, dass du dich heute Morgen ganz erholt fühlen wirst.«

»Das tue ich doch auch«, flüsterte Luise so leise, dass Sophia sie kaum verstehen konnte. »Ich bin ganz wohl.«

Und dann holte sie etwas Längliches und Hartes unter ihrer Decke hervor und reichte es Sophia. Sie sah sie dabei unverwandt an. Sophia griff fast automatisch danach und blickte besorgt auf Luise, die wieder in eine seltsame Starre zu fallen schien. Sie wandte ihre Augen von Sophia ab und richtete sie auf die Lampe, die von der Deckenmitte herabhing und schwach zu sehen war, und es sah aus, als baumelte diese Lampe hin und her, weil Luises Augen immer wieder von rechts nach links und dann zurück zu wandern schienen. Dabei konnte sie eigentlich gar nichts genau sehen, zumindest nicht mehr als Sophia.

Sophia war ratlos.

Sollte sie Klementine wecken und bitten, ins Krankenhaus zu gehen, um Mascha zu holen? Aber nein, Klementine hatte ja gekündigt. Wen sonst sollte sie um Hilfe bitten? Josephine vielleicht? Die kam ihr von allen Frauen in der Pension am freundlichsten vor. Andererseits zweifelte sie manchmal daran, ob so viel Freundlichkeit echt sein konnte.

Bevor sie eine Entscheidung gefällt hatte, hörte sie draußen die Haustür zuschlagen und vernahm auf der Treppe die Stimmen von Mascha und anderen Personen. Sie rannte hinaus und rief, ohne sich noch zu überlegen, wen sie da eventuell störte oder gar weckte, nach Mascha und schrie ganz laut: »Hilfe!«

Mascha eilte nach oben, nahm Sophia in den Arm und wurde von dieser in Luises Zimmer gezerrt. Sie machte das

Licht an und trat an Luises Bett. Sie nahm eine kurze Untersuchung vor und beruhigte Sophia: »Es geht ihr nicht wirklich schlecht, sie hat nur ihre gestrige Angst noch nicht überwunden. Vielleicht hat sie noch einmal von Rosalindes Verschwinden geträumt. Dagegen gibt es eine bessere Medizin als meine Tabletten, wartet kurz!«

Mascha rannte hinaus und kehrte fast im selben Augenblick wieder zurück. Im Türrahmen standen hinter ihr Rosalinde Geiger und Selmar Marsel. Mascha schob die beiden leicht nach vorne, näher an Luises Bett.

Wirklich schien der Anblick des Ehepaars Luise zur Ruhe zu bringen. Sie ergriff mit einem erleichterten Gesichtsausdruck Rosalindes Hand und drückte sie fest. Dabei wiederholte sie immer wieder, wie glücklich sie sei, dass Rosalinde nichts passiert sei. Endlich begann sie haltlos zu weinen, ohne Rosalindes Hand loszulassen.

Rosalinde und Selmar Marsel setzten sich an Luises Bett. »Wir bleiben bei dir, Luise, bis du eingeschlafen bist. Und danach wirst du wieder gesund sein. Bestimmt.«

Mascha nickte zufrieden. »Das wird ihr guttun«, flüsterte sie Sophia ins Ohr und zog die Freundin dann aus dem Raum. »Leider muss ich noch einmal zurück ins Krankenhaus. Nur kurz. Ich bin in spätestens zwei Stunden wieder zurück. Du kannst ja solange schon einmal unten frühstücken, ich habe es bereits klappern hören.«

Sophia ging der wegeilenden Freundin nach unten nach.

Im Salon war sie noch allein, doch die Kaffeekanne und das Geschirr waren schon so zurechtgestellt, wie es ihr mittlerweile vertraut war. Sie legte den Gegenstand, den Luise ihr gegeben hatte, auf einen Stuhl, stellte ihre Tasche darauf und holte sich eine Tasse des warmen Getränks. Friedhilde Rosso kam mit verkniffenem Gesicht mit einem zweiten Brotkörbchen herein, grüßte dann aber freundlich und bot dem frühen Gast eine Scheibe Brot an. »Ich glaube, ich habe schon wieder einen Hilfeschrei gehört heute«, murmelte sie. »Man wird noch verrückt in diesem Haus. Irgendetwas geht da vor sich, das nicht so ist, wie es sein sollte. Als ich eben in der Bibliothek meines Mannes die Vorhänge zurückziehen wollte, hatte ich das Gefühl, dass jemand sich hinter ihnen verbarg. Und dann der Hilfeschrei. Und Stimmen auf der Treppe. Da bin ich zurück in das Schlafzimmer gerannt, um zu schauen, ob meinem Mann nichts fehlt. Glücklicherweise schläft er wie ein Kind. Er braucht die Ruhe der Nacht, um den Tag seiner Kunst widmen zu können. Erst als ich gehört habe, dass jemand den Salon betritt, bin ich wieder hierhergekommen. Ich habe mich direkt gefreut, Sie zu sehen.« Friedhilde Rosso ging zum Mitteltisch und holte von dort das Marmeladenschälchen, das sie vor Sophia hinstellte. Fast gerührt über diese unerwarteten Gefälligkeiten, sagte Sophia: »Wünschen Sie, dass ich mit Ihnen in die Bibliothek gehe und dort die Vorhänge aufziehe?«

Friedhilde nickte bewegt, als habe sie ein unerwartetes Freundschaftsangebot erhalten.

Gemeinsam betraten die beiden Frauen die sogenannte Bibliothek. Die Vorhänge waren hier dicht und nicht so zerschlissen wie im Salon nebenan, so dass es im Raum noch ganz finster war.

»Warum machen Sie kein Licht an?«, fragte Sophia.

»Ich finde meinen Weg zu den Vorhängen hier immer im Dunklen«, sagte Friedhilde, schaltete dann aber doch Sophia zuliebe das Licht ein. Herrenzimmer, würde Papa dazu sagen, dachte Sophia, als sie den vollgestopften Raum genauer musterte, der hauptsächlich Platz für einen bequemen Ohrensessel, um den herum zahlreiche Zeitungen lagen, eine breite Couch und ein Klavier bot, auf dem sich Noten türmten. Auf einem kleinen Tischchen standen Gläser und Flaschen. Wie vor dem Krieg, dachte Sophia, als der Herr des Hauses in seinem Zimmer immer einen Cognac zur Hand hatte. Natürlich wusste sie nicht, was in den Flaschen war.

Sie ging entschlossen auf die schweren Vorhänge zu, die keinen Lichtstrahl durchließen, und zog sie auf. Niemand war dahinter zu sehen. »Schauen Sie, Frau Rosso«, sagte sie freundlich, »da ist niemand. Sie können ganz beruhigt sein.«

Frau Rosso nickte, jetzt getröstet, und ging ans Fenster. Ihr Blick fiel auf den Boden: »Vielleicht ist es kein großer Verlust, dass Klementine uns verlassen hat. Schauen Sie, Frau Sachtl. Lauter Brotkrumen, hier hinter dem Vorhang. Das lockt ja die Mäuse direkt an. Ja, sie war meistens recht folgsam, die gute Klementine, aber geknurrt und gemurrt hat sie dabei den ganzen Tag und ordentlich geputzt hat sie auch nicht, wie man hier sieht.«

Sophia ging nachdenklich zurück in den Salon. Dort sah sie Selmar Marsel und Rosalinde Geiger mit einer Tasse Kaffee in der Hand.

»Luise, die Liebe, ist eingeschlafen«, sagte Selmar erklärend. »Und ich bin auch sehr müde. Dass Friedhildes Kaffee dagegen etwas ausrichten kann, glaube ich nicht.«

»Du willst jetzt bestimmt erfahren, wie es mir dort ergangen ist, in der dunklen Kammer des alten Valentin. Du weißt ja bestimmt schon, dass er mich dort gefangen gehalten hat?«

»Ja, Max war da und hat mich informiert.«

»Ja, das hat er uns so versprochen«, fügte Selmar Marsel ein, »ich musste ja bei Rosalinde im Krankenhaus bleiben, aber ich wollte, dass Max herkommt, um Luise zu beruhigen. Dich natürlich auch, Sophia.«

»Ja, aber vorher hat er mich einem ewig langen Verhör ausgesetzt. Da war er nicht ganz so sensibel, wie ich es erwartet hatte.«

»Siehst du das so? Ich finde, dass Max sehr viel Anteilnahme gezeigt hat. Wie oft hast du ihm erzählt, wie Valentin dich überwältigt hat, obwohl du stärker bist als er, auch reaktionsschneller, und jedes Mal hat er sich diese Geschichte wieder angehört.«

»Aber Selmar, das war doch auch dramatisch. Wie ich da bei ihm war, sehen wollte, wo und wie genau meine Puppe dort die Hauptrolle in Valentins Leben gespielt hat. Natürlich hab ich irgendwie gewusst, dass sie dort unten war, irgendwo im Keller, sie vielleicht sogar einmal gesehen, aber ich dachte, sie sei eben dort nur verstaut, gelagert. Ich hatte natürlich keine Ahnung, dass sie in Valentins Leben so eine große Rolle gespielt hat, eine Hauptrolle, könnte man sagen. Er sollte mir zeigen, wie er da bei ihr saß, wie er gevespert hat, wie er sich dann mit ihr unterhalten hat. Aber Worte sind nicht Valentins Stärke. Deswegen habe ich ihm gesagt, er solle alles so machen, als sei ich die Puppe und er in ihrer Gesellschaft. Da hat er sich auf seinen heiligen uralten Sessel gesetzt, mich zuerst vis-à-vis an die Wand geschoben, dann, als ich ein wenig gewackelt habe, mich gegenüber auf einen Stuhl gedrückt, hat mir erzählt, wie sehr er mich, also ich meine, meine Puppe, vermisst habe, wie froh er sei, mit mir, also ihr, du weißt schon, darüber sprechen zu können, dass er einer der glücklichsten Männer der Welt sei, da er eine so schöne und kluge Gefährtin habe, und so ging es immer weiter. Es war irritierend, ihn immer nur schweigend anzublicken, wobei ich noch das grausige Gefühl hatte, als störte es ihn, wenn ich auch nur mit der Wimper zuckte. Aber das muss man schließlich manchmal, nicht wahr?«

Sophia nickte.

»Und dann habe ich ihn etwas gefragt, vielleicht hat das sogar alles ausgelöst, was dann kam, zumindest Max schien das gedacht zu haben, ich habe ihn nämlich gefragt, ob er vor mir schon einmal eine andere Gefährtin gehabt habe, eine echte, und da ist er aufgestanden, hat mich geschüttelt und hat unter Tränen gestammelt, dass ich doch die echte sei, die einzig echte, die einzige überhaupt. Und ich habe ihn freundlich angeblickt, ganz lieb, wie eine unglücklich Liebende, und bin meinerseits aufgestanden. Wollte es zumindest. Der alte Mann hat sich dann voller Panik auf mich geworfen, und der Stuhl, auf dem ich saß, ist umgefallen, und ich natürlich mit ihm, und Valentin auf mich drauf, der alte Mann, aber das hat nicht so wehgetan, der ist ja klapperdürr. Wie ein Skelett, habe ich gedacht, und dann hatte ich Angst, er verwandle sich in den Tod, und wollte ihn wegschubsen, runter von mir, und er hat plötzlich wie aus dem Nichts eine Schnur gezogen, wie von Geisterhand …«

Selmar Marsel unterbrach sie: »Rosalinde, du machst das Schlimme immer schlimmer. Max hast du noch erzählt, dass unter dem Stuhl ein Korb voller Schnüre und Bänder gestanden habe und dass Valentin, der natürlich jeden Quadratzentimeter seiner Kammer kennt, daraus, fast ohne hinzusehen, eine Schnur gezogen habe und dass du auf dem Stuhl gefesselt gewesen seist, bevor du es richtig bemerkt hattest. Jetzt schmückst du das schon mit Geisterhänden aus, und aus Valentins Sturz machst du so eine Art mittelalterlichen Totentanz, und bald werden Gespenster oder böse Mächte aus dem Hintergrund auftauchen und ihn bei der Vollendung seiner perfiden Pläne unterstützt haben.«

Rosalinde lächelte ihrem Mann freundlich zu und fuhr fort, ohne auch nur eine Spur beleidigt zu sein: »Auf jeden Fall war ich gefesselt. Und dann habe ich geschrien, so laut ich konnte, aber niemand scheint mich gehört zu haben. Nur Valentin, der musste sich bald die Ohren zuhalten und bat mich inständig, wieder ruhig zu sein. Er schien inzwischen zu zweifeln, dass ich wirklich seine Rosalinde war. Denn er wiederholte mehrfach, dass seine Rosalinde, seine echte Rosalinde, von einer anschmiegsamen und hingebungsvollen und folgsamen Treue ihm gegenüber gewesen sei. Sie habe ihm ruhig zugehört, immerzu, nicht ein einziges Mal widersprochen oder auch nur mimisch den kleinsten Einwand vorgebracht. Ich hatte mit meinem Auftritt gegen den der sogenannten echten Rosalinde verloren und habe das Schreien erst einmal eingestellt, um in Ruhe zu überlegen, wie ich mich aus dieser Situation wieder herausbringen könnte. Dabei war ich furchtbar wütend, weil ich doch zu dem Fest wollte.«

»Wieso bist du denn überhaupt zu ihm gegangen?«, fragte Sophia.

»Das habe ich doch schon gesagt. Ich war einfach neugierig. Aber jetzt, Sophia, muss ich erst einmal ein paar Stunden schlafen. Du erlaubst?«

»Natürlich«, sagte Sophia. »Verzeih, dass ich dich in dieser Situation mit meinen Fragen aufhalte. Und Selmar sieht auch aus, als brauche er ein wenig Ruhe.«

»Ja. Ich denke, ich gehe nach Hause. Dort ist es ruhig und …«

»Sicher? Meinst du das?«, fragte Rosalinde leise.

»Ja. Sicher.«

»Und gefahrlos. Vertraut?«

»Ja. Gefahrlos. Vertraut.«

So fand Sophia sich bald wieder alleine in dem Salon. Sie war fast froh darüber, so viel hatte sie zu überlegen.

Der Fall Rosalinde. Rosalinde war wohlbehalten zurück, müde und erschöpft zwar, aber nicht voller Angst und Panik. Selmar Marsel wirkte fast mitgenommener als seine Frau. Eine seltsame Beziehung, dachte Sophia, als sie sich noch einmal vergegenwärtigte, wie ruhig die beiden Eheleute vor ein paar

Minuten voneinander Abschied genommen hatten. Beide hatten offenbar nicht den Wunsch verspürt, das Geschehene gemeinsam zu verarbeiten, im vertrauten Beisammensein Trost und neue Sicherheit zu finden.

War der Fall Rosalinde überhaupt ein Fall im klassischen Sinn? Diese Entführungsgeschichte wie aus einer Oper, die fehlgeleitete Tat eines alten, einsamen und verwirrten Mannes. Wie selten man den Wahn doch sieht, dachte Sophia. Denn Valentin Schäfer funktionierte in seinen Kellerräumen im Theater perfekt und korrekt, voller Übersicht und Hilfsbereitschaft. Hatte dabei ein sehr gutes Urteilsvermögen und zutreffende Ansichten zu allem, was im Theater vor sich ging. Vor allem auf der Bühne. Dass er im Alltag von ausgesuchter Höflichkeit sein konnte, das hatte sie am Vortag nach seiner Rückkehr von der Besichtigung der Puppe gesehen. Seine Zuvorkommenheit konnte einen auf altmodische Art für ihn einnehmen. Er war unauffällig. Sogar fast liebenswert in seiner Skurrilität. Eigentlich wollte er wahrscheinlich nur seine »stumme Schönheit« zurück und als die Rosalinde, die er als Ersatz gewählt hatte, die Schauspielerin nämlich, begonnen hatte zu schreien und sich zu wehren, brachte ihn das völlig durcheinander. Eine Art Entführung, das war es, ja, aber letztlich wohl ohne die Absicht, der Entführten ein Leid anzutun.

»Ach, ich liebte, war so glücklich…«* Die Arie ging Sophia unwillkürlich durch den Kopf. Oder hatte sie sie sogar gesummt? Ja. Aufhören, Sophia. Nicht nur mit dem Summen. Auch mit den Gedanken, die das Summen begleiten.

Zurück zum Fall. So es denn überhaupt ein Fall war. Wenn, dann war er geklärt. Weitgehend. Denn das, was Rosalinde ihr eben so knapp erzählt hatte, schien auch den beruflichen Scharfsinn von Max Grossmann befriedigt zu haben, der ihr

* Arie der Konstanze aus Mozarts Oper »Die Entführung aus dem Serail«

bei seiner nächtlichen Ankunft ja bereits mit zwei oder drei Sätzen erzählt hatte, dass Rosalinde unversehrt sei, dass Valentin Schäfer ihr in keinem Augenblick etwas Böses hatte antun wollen, sondern nur jemanden gebraucht hatte, dem er erzählen konnte, was ihm durch den Kopf ging. Denn nach dem Verschwinden seiner Puppe und während seiner Krankheit sei er so einsam gewesen und habe sie fast herzbrechend vermisst. Dann aber hätten Rosalindes Zetern und Schreien ihn völlig durcheinandergebracht.

Doch halt: Wer hatte eigentlich die Puppe aus dem Theater entwendet? War es Valentin selbst, an dem Abend, an dem das Fieber ihn niederstreckte? Eine Tat im Fieberwahn? Wollte er die Puppe in die Pension schleppen, damit sie ihm an seinem Krankenlager Gesellschaft leistete? Und hatte er sie dann vergessen?

Oder hatte jemand, der ihn nicht leiden konnte, ihn vielleicht sogar hasste, ihm die Puppe gestohlen? Jemand, den er kritisiert hatte? Dem er einen Gefallen verweigert hatte? Oder war es im Gegenteil jemand, der ihn mochte? Der dem kranken Mann seine Puppe bringen wollte? Aber egal, ob er selbst es war, ein Feind oder ein Freund, warum wurde dann an dem Gesicht der Puppe herumgefeilt, bis das Gesicht nicht mehr wie damals, als die Puppe beim Hochzeitstanz herumgeschwenkt wurde, dem Rosalindes nur ähnlich war, sondern es vollkommen exakt abbildete? Fast zum lebensechten Abbild wurde? Zur Doppelgängerin? Und warum wurde sie dann in den Sarg gelegt?

Und wer hätte das gekonnt? Gut, diese Frage diskriminierte nicht hinreichend unter den Betroffenen, denn mit den entsprechenden Hilfsmitteln hätten wohl einige der Pensionsbewohner das Wachsgesicht der Puppe perfekt verfeinern können. Auch Valentin Schäfer selbst?

»Ach, ich liebte, war so glücklich ...« Sophia konnte ihre Erinnerungen an die Liebesspiele und den Liebesernst der vergangenen Nacht immer nur kurzfristig abschütteln, so sehr sie sich auch darum bemühte. Die Liebesleidenschaft der ersten Umarmung. Ein Kuss, der kein Ende zu nehmen schien. Ein Blick. Wortloses Einvernehmen. Erkennen des Begehrens des anderen. Erkennen. Sophia hatte noch unten an der Haustür seine Hand ergriffen und war mit ihm in Maschas Zimmer gegangen. Zu dem schmalen Gästebett. Eine Umarmung, eine Vereinigung, schnell, noch fast angezogen. Danach lagen sie Mund an Mund beieinander, seufzend, keuchend fast, heftig atmend, als zögen sie ihren Atem, ihr Leben aus dem anderen.

Im Roman gibt es das manchmal, dachte Sophia, dass man eine Handlung von ihrem Ende her erzählt. Aber geschehen ist sie trotzdem von ihrem Anfang an. Ein Auto kann rückwärtsfahren, ja. Im Leben kann man vor dem Anfang einer Episode deren Ende nicht erfahren. Oder doch? Max und sie begannen ihre Affäre irgendwann zwischen Nacht und Tag, näher am Morgen aber als am Abend, mit dem, was üblicherweise den ersehnten Höhepunkt einer Liebesgeschichte bildet, mit körperlichen Annäherungen und Erwartungen und Nehmen und Hingeben. Erst danach gingen Max und sie die Schritte zurück zu dem, womit Liebende meistens ihre Beziehung beginnen: Sie blickten sich an, lange Blicke, fast schmerzhaft intensive Versuche, bis in das Innere des anderen zu blicken. Streicheln. Die Haare. Die Wangen. Küsse. Auf die Stirn, die Augen, die Hände. Weiterstreicheln. Weiterküssen. Die nackte Haut streicheln wollen. Küssen wollen. Allmähliches, vorsichtiges Ausziehen des anderen. Leidenschaftlich, ja, aber auch langsam, forschend. Sie entdeckte eine Narbe in seiner Kniekehle. Woher kommt die Narbe? Erzähl! Erzähl!

Und er erzählte. Eine misslungene Mutprobe im Internat,

seine endgültige Isolation. Eine einzige Episode aus seinem Leben. Wie viel kann man erzählen in einer Nacht? Wie viel voneinander erfahren? Wie viel durch die Sprache der Körper und wie viel durch Worte? Erneute Berührungen. Ausgeliefert an das Gefühl, die Hände des anderen überall auf dem Körper zu spüren. Und den Mund. Die Küsse. Und dann wieder willenlos dem Körper folgen, der keine andere Intention mehr kennt, als mit dem anderen eins zu werden, eins zu sein. Einfach zulassen. Nicht nachdenken. Fühlen. Eins bleiben wollen.

Wieder zurück!, zwang Sophia sich. Oder vorwärts?

Wenn denn nun der Fall der Rosalinde-Puppe kein Fall ist, sondern nur eine zufällige Anhäufung skurriler oder wahnsinniger Taten von Menschen, die gewohnt sind, sich anders auszudrücken, symbolischer, maskierter, exaltierter, vielleicht bestand dann wirklich keine Beziehung zu dem Fall der Totenpuppe aus dem letzten Jahr. Wer hatte diese Meinung vertreten? Ach ja, Ruths Vater. Die Rosalinde-Puppe, die große, lebensgroße Rosalinde-Puppe, die fröhliche Gefährtin Rosalindes bei ihrer Hochzeit, die beim Tanzen herumgeschwenkte Doppelgestalt. Irgendwann wurde sie abgestellt in den Kellerräumen des Theaters und vergessen. Gefunden von dem alten Mann. Und es gab eine neue Rolle für die Puppe, als Gefährtin. Freundin. Partnerin. Und dann wieder herausgekramt aus dem Kellerraum. Als Gefährtin Rosalindes dieses Mal? Nicht im realen Leben, sondern dieses Mal auf der Bühne? Als Doppelgängerin auf der Bühne? Als tote Witwe neben der von Rosalinde auf der Bühne dargestellten lebenden Witwe?

Doch wo in Rosalindes Leben begann eigentlich die Bühne, die Maskerade?

Die kleine Totenpuppe hatte gewiss nichts damit zu tun, schloss Sophia sich Doktor Löwens Überlegungen an.

Obwohl … Kannten sich nicht zu viele Menschen aus dem Umfeld der beiden Puppen?

»Ach, ich liebte, war so glücklich …«

Sophia hörte Stimmen vor der Tür. Sie erhob sich. Keine Unterhaltung mit den anderen Pensionsgästen jetzt. Zurück auf das Bett legen, das für ein paar Stunden ihr Lebensraum gewesen war. Oder halt! Vielleicht doch erst das Zimmer überprüfen, ob keine Spuren ihrer Liebesbegegnung zu entdecken waren. Ihres nächtlichen Besuchs. Ihres Verrats an Mascha.

Sie ergriff ihre Tasche und ergriff den Gegenstand, den Luise ihr in die Hand gedrückt hatte, um ihn in die Tasche zu stecken. Dabei sah sie ihn erstmals genauer an.

Und blickte direkt auf die geschlossenen Augen einer kleinen Puppe. Auf Rosalindes Augen.

Hektisch stopfte sie die Puppe in ihre Tasche. Wem sollte sie sie zeigen? Max? Nein, nicht Max, dem geliebten Max. Sondern höchstens Grossmann, dem Kommissar.

Wo er wohl gerade war? Er hatte versprochen, baldmöglichst zurückzukehren. Seine Planungen des heutigen Tages standen ja fest. Waren auch in seiner Behörde bekannt. Sollte sie dort anrufen? Einen seiner Mitarbeiter bitten, ihn zu suchen und direkt zu ihr zu schicken? Oder, falls er nicht zu finden war, nach seinem Vorgesetzten verlangen?

Oder auf Maschas Rückkehr warten? Mit der vertrauten Freundin zusammen den nächsten Schritt tun?

Mit der Freundin, die sie verraten hatte? Nein.

Und überdies wusste sie nicht genau, wann Mascha zurückkommen würde.

Zunächst also zu Luise. Sie musste sie fragen, woher sie diese kleine Puppe hatte. Was sie darüber wusste. War es eine Vorlage für die große Puppe? Oder deren Nachbildung?

3

Hundert Wörter reichen nicht aus, um jemandem deutlichzumachen, wie es sich anfühlt, glücklich zu sein.

Gibt es überhaupt hundert Wörter für das Glück?

Für das Unglück gibt es tausendmal mehr.

Jede glückliche Familie ähnelt der anderen, aber jede unglückliche Familie ist unglücklich auf ihre eigene Art. Über dieses Zitat Tolstois, den mein Vater verehrte und bewunderte, hat er eine so ergreifende Predigt gehalten, dass ich bitterlich weinend in der Gemeinde saß, aber niemand hat auf mich gesehen, weil fast alle mit den Tränen in ihren eigenen Augen zu kämpfen hatten. Nur Mutter nicht.

Das war am Sonntag, bevor ich wegging.

Max Grossmann fühlte sich glücklich und unglücklich zugleich.

Eigentlich glücklicher als je in seinem Leben.

Er hatte, wie er manchmal eher beschämt als stolz vor sich selbst zugab, ein paar Frauen zu viel sein Interesse zugewandt, hatte seinen Charme, dessen Ursache sich ihm noch nie erschlossen hatte, dessen Wirkung er aber ganz genau kannte, ein paarmal zu bewusst eingesetzt, war manchmal auch vor schnellen, vorschnellen sexuellen Begegnungen nicht ausgewichen, von denen er wusste, dass er sie bereuen würde, weil sie ihm nur seine tiefe und schmerzhafte Einsamkeit verstärkt bewusst werden ließen.

Aber seine Nacht, nein, eine Nacht war es ja nicht einmal, seine wenigen Stunden mit Sophia waren anders. Ganz anders.

Warum er trotzdem, nachdem er leise die Treppe der Pension hinuntergestiegen war und die Haustür geöffnet hatte, dem kalten Novembermorgen sein Gesicht nicht froh und heiter entgegenstreckte, wusste er nicht genau.

War es das Wissen darum, dass diese erste Begegnung zwischen ihm und Sophia auch die letzte gewesen war? Zumindest für lange Zeit? Hinderte ihn das am vollständigen Glück?

Oder war es die Tatsache, dass er den Fall noch nicht ganz gelöst hatte, der Sophia überhaupt nach Frankfurt gebracht hatte? Dass er es auch für möglich hielt, seinen Totenpuppenfall nie lösen zu können wie im letzten Jahr Heinrich Cronhart den seinen? Hatte er Angst, vor Sophia unprofessionell und wenig kompetent dazustehen? Nein, denn das wäre eine wirklich vollkommen unangebrachte Unterschätzung von Sophias Intelligenz und ihrem Urteilsvermögen. Oder hatte er wirklich etwas übersehen? Aber wo?

Erst jetzt hob er den Kopf und blickte nach oben zum Himmel, denn plötzlich hatte er das seltsame Gefühl, als sei die Finsternis völlig verschwunden, was natürlich so früh am Tag unmöglich war.

Aber es war wahr. Denn es hatte zu schneien begonnen. Ob Sophia das auch schon gemerkt hatte? Sie stand wahrscheinlich dort oben am Fenster von Maschas Zimmer und blickte hinunter, um ihm nachzusehen. Würde sie ihre Freude daran haben? An den tänzelnden weißen Fleckchen, die sich vor dem grauen Morgenhimmel abzeichneten, so leicht, so bewegt, so fröhlich?

Fröhliche Schneeflocken, dachte er, was für ein absurdes Bild. Ich sollte mich besser nicht so bald an einem Naturgedicht versuchen. Doch die Schneeflocken waren fröhlich und ihre Fröhlichkeit war ansteckend. Denn die wenigen Leute, die unterwegs waren, lächelten. Eine Frau mit einem kleinen

Kind an der Hand lachte ihm verschwörerisch zu, als das Kind versuchte, eine Schneeflocke in der Hand zu fangen. Es schien gelungen zu sein, doch als das Kind stolz und glücklich seine Hand öffnete und der Mutter seine Handfläche hinhielt, war nichts darauf zu sehen, und das Kind schaute enttäuscht drein, bis es einen neuen Versuch wagte. Glück und Unglück, dachte Max Grossmann und wies mit dem Finger auf einen Busch in einem Vorgarten, auf dessen dicken dunklen Blättern ein paar Flocken liegen geblieben waren. Das Kind verstand seinen Wink, ging zu dem Busch und berührte ganz sacht den Schneeflaum.

Am Uhrtürmchen wartete er auf eine Straßenbahn. Um den Kopf des Uhrtürmchens herum flirrte und flimmerte das helle Gestöber. Er hatte beschlossen, direkt zum Präsidium zu fahren und dort alles für den heutigen Tag vorzubereiten.

Doch schon nach wenigen Haltestellen stieg er wieder aus. Seine Unruhe war zu groß, er fürchtete, in seiner Mannschaft eher Unruhe zu stiften als ein effizientes und ergebnisorientiertes Arbeitsprogramm vorgeben zu können. Ein paar Minuten Ruhe noch, dachte er. Ein paar Minuten noch den Schneeflocken zusehen. Von einem ruhigen Wintertag träumen. War morgen nicht schon der erste Adventssonntag? Oder war das erst am nächsten Sonntag? Er musste im Kalender nachschauen. Aber ob ja, ob nein, welch einen Unterschied machte das schon? Die Adventswochen waren Arbeitswochen wie alle anderen Wochen auch. Irgendwann müsste er sich überlegen, was er an Weihnachten tun würde, falls er denn frei hätte. Zu seinem Vater fahren? Stumm mit ihm an einem wenig feierlichen Tisch sitzen? Zu Heinrich gehen, falls der ihn bei sich haben wollte? Mit ihm Schallplatten hören? Oder der Musik der Witwe lauschen, die durch die stille Nacht zu ihnen herunterdringen würde? Oder einmal ein paar Tage verreisen? Er zwang sich, diesen Gedanken nicht weiterzuverfolgen, denn vor ihm erschienen aneinandergereiht die riesigen Dächer der Prachtbauten der Wiener Ringstraße, völlig in Weiß getaucht, und unten rannte Sophia den Ring entlang, lachend, und sie zog einen Schlitten, auf dem ein kleiner Junge saß, der eine Schneeflocke nach der anderen fing, seine Wangen dick mit Luft aufpumpte und dann von seiner Handfläche aus direkt auf die Lippen seiner Mutter blies, wie einen zarten Kuss. Als Grossmann bemerkte, dass er ihn darum beneidete, und das war selbst für einen Traum unvorstellbar kindisch, zwang er seine Fantasie wieder weg von Wien und hin zu Frankfurt.

Er stand direkt vor dem Theater, einem monumentalen modernen Bau mit einer durch Säulen geschmückten und von hohen Kuppeltürmchen eingerahmten Jugendstilfront, der erst gut zehn Jahre* vor Ausbruch des Krieges fertiggestellt worden war, und sah zu, wie die hohe Kuppel an der Rückseite des Gebäudes schon fast von einer dichten weißen Schneeschicht verdeckt wurde. Fast so wie das Burgtheater in seinem Wiener Traum. Er lehnte sich an einen der rechts vom Theater stehenden Bäume, absichtlich unbequem, das Gesicht vom Theater abgewandt, um seine Fantasie zu zügeln, und arbeitete einen Tagesplan für sich und seine Mitarbeiter aus:

Die Zeugen von Ruth Löwens Tod, die eine weitere Frau auf dem Bahnsteig gesehen hatten, mussten ins Präsidium geholt werden.

Ein weiteres Mal mussten sie mit den sogenannten »älteren« Frauen, Ruths Stiefmutter und Rosalinde Geigers Schwiegermutter, sprechen.

Auch die »jüngeren« Frauen, Victoria König, Josephine Maly und Luise Schulmeister, galt es anzuhören.

Falls dies zu keinem Ergebnis führte, mussten auch Wilhelmine Koscinski und Friedhilde Rosso kommen.

---

* Die Fertigstellung erfolgte 1902

Außerdem würden sie Charlotte Stein und Adrienne Strass (konnten die noch als jung durchgehen?) vernehmen.

Gegebenenfalls musste sogar Rosalinde Geiger selbst (aber war das nicht absurd?) noch einmal befragt werden: Was hatte sie im Theater zu tun?

Bei fortbestehenden Unklarheiten mussten seine Mitarbeiter sich erneut die Lücken in den Lebensläufen der beteiligten Personen vornehmen.

Valentin Schäfer musste vernommen und seine Causa anschließend dem Staatsanwalt übergeben werden.

Das schien ihm für einen Arbeitstag genug zu sein. Jetzt könnte er sich eigentlich wieder zu der Haltestelle vor dem Theater begeben, um weiterzufahren.

War er inzwischen wach genug? Ja.

Aber auch konzentriert genug? Nein.

Also ging er besser zu Fuß zum Präsidium, und zwar so schnell, wie er es vermochte, und dabei würde er manchmal den Mund weit öffnen, um die eine oder andere Schneeflocke hineinzulocken.

Als er sein Zimmer betrat, sah er erfreut, dass schon die meisten seiner Mitarbeiter anwesend waren, viele bereits bei der Arbeit. Sie legten Akten an oder telefonierten. Auch Hattinger war da und schien die Lage völlig im Griff zu haben. »Unsere anderen Kollegen, also die, die Sie hier nicht sehen, sind schon unterwegs. Sie müssen die Zeugen von Ruth Löwens Tod noch einmal hierherschaffen sowie die sogenannten älteren und jüngeren Frauen aus der Pension. Ich hoffe, dass das in Ihrem Sinn ist, Herr Kollege. Ich selbst gehe jetzt zu Valentin Schäfer. Möchten Sie mitkommen oder haben Sie andere Pläne?«

Da bin ich ja überflüssig hier, dachte Grossmann, als er Heinrich Cronhart erblickte, der ein mehr als ernstes Gesicht machte.

»Darf ich mit dir sprechen, Max, bevor du dein Tagwerk beginnst?«, fragte er niedergeschlagen. Max Grossmann blickte fragend zu Hattinger, der ihm zunickte.

»Ich habe gestern Abend etwas auf eigene Faust unternommen, das nicht abgesprochen war«, sagte sein Freund.

»Erzähl, Heinrich.«

4

Das Liebste verlieren ... Das sollten die Schuldigen auch!

Die Schuldige! Ich weiß, wer die Schuldige ist. Und wer ihr das Liebste ist.

Nur: Wie tötet man jemanden?

Wie töte ich sie?

Revolver. Messer.

Da fließt viel Blut. Das Leben rinnt sichtbar aus der Schuldigen heraus. Entstellt sie. Aber entstellt auch das Leben selbst. Nein.

Tabletten. Giftige Kräuter.

Aber wie? Sie lässt mich, eine Fremde, bestimmt nicht in ihre Küche. Und es ist hinterhältig. Heimtückisch. Ohne direkte Konfrontation. Nein.

Eine Schnur um den Hals ziehen. Ein Tuch vor Nase und Mund halten. Einen Sturz verursachen.

Nein. Ich kann niemanden töten.

Luise liegt da, wie ich sie verlassen habe, dachte Sophia, als sie sich der jungen Frau näherte. Ruhig. Schicksalsergeben. Sie blickt mich an, als hätte sie mich erwartet. Ich zeige ihr die Puppe, die sie mir vorhin zugesteckt hat. Sie nimmt sie und steckt sie unter ihr Kopfkissen. Sie greift unter ihre Decke und zieht eine kleine Schachtel heraus. Darin liegen Zettel in der Größe von Postkarten, die mit winziger und feiner Handschrift vollgeschrieben sind. Sie drückt mir einen Stapel davon in die Hand und fordert mich durch eine Geste zum Lesen auf.

Sophia las die kurzen Texte durch und verstand, dass Luise ihr eine Art Autobiographie in lauter Hundertwortzetteln gegeben hatte, und sie überlegte, ob Luise meinte, dass diese Lebensberichte ihr dazu verhelfen würden, das Rätsel der kleinen Puppe zu lösen.

»Liebe Luise«, begann sie vorsichtig, »kannst du mir nicht bitte noch ein paar Fragen beantworten? Damit ich alles besser verstehen kann?«

Luise blickte Sophia unverwandt an. Doch sie sprach nicht.

Sophia wusste nicht, was sie als Nächstes tun oder sagen sollte, als es an der Tür klopfte und zu ihrer großen Erleichterung Mascha eintrat.

»Da bin ich wieder«, sagte sie. »Ich habe ja versprochen, ganz schnell wieder hier zu sein.«

Sie trat an Luises Bett und verrichtete anscheinend ungerührt einige professionelle Maßnahmen. Sie legte ihren Handrücken auf Luises Stirn und nickte zufrieden: »Du hast kein Fieber, Luise«, sagte sie beruhigend. Danach maß sie Luises Blutdruck, fühlte ihren Puls und hörte ihr mit einem Stethoskop die Lunge ab. »Du bist gesund, Luise«, sagte sie. »Du kannst aufstehen, wenn du magst. Lass einfach alles ein wenig langsam angehen heute. Du hast einen kleinen Schock erlitten gestern Abend, aber von dem hast du dich doch schon erholt. Komm, zieh dich an, wir warten auf dich und gehen zusammen hinunter und frühstücken. Du musst etwas zu dir nehmen.«

Luise schüttelte den Kopf und winkte Sophia zu sich. Sophia beugte sich über die blasse, erschöpfte Frau und sah, wie diese zu sprechen versuchte. Sie hielt ihr Ohr dicht an ihren Mund, konnte aber kaum etwas verstehen. »Ein wenig lauter, liebe Luise«, sagte sie und vermeinte, den Flüsterversuchen der im Gegensatz zu Maschas Diagnose völlig erschöpft und angestrengt erscheinenden jungen Frau zu entnehmen, dass diese sie bat, ihr ihre Puppen zu holen. »Aus meiner Kammer. Bitte. Die Holzkommode mit drei Schubladen. Nur die Puppen aus der obersten Schublade. Es sind zwei.«

Sophia wusste nicht, ob Luise wusste, was sie da sprach. Sie fürchtete, dass Mascha bei aller Präzision, die sie bei der Überprüfung von Luises physischem Zustand an den Tag gelegt hatte, deren psychische Krise ein wenig unterschätzt hatte. Mascha schien einfach davon auszugehen, dass durch Rosalindes Auftauchen alle Sorgen der jungen Frau behoben sein mussten.

Das aber glaubte Sophia nach der Lektüre der Zettel nicht mehr.

»Ja, Luise. Ich gehe die Puppen holen. Aber sag mir bitte eines: Wer war dein Liebstes? Wahrscheinlich dein Mann. Und wer hat dir dein Liebstes genommen? Das war doch der Krieg. An wem willst du dich dann rächen?«

Schon einmal hatte Luise von Rache gesprochen, es schien ihr so lange her zu sein und war doch erst gestern gewesen. »Und weswegen willst du dich rächen?«

»Du wirst es gleich verstehen, wenn … du die Puppen siehst«, wisperte Luise undeutlich und setzte mit großer Kraftanstrengung hinzu: »Aber ich will mich nicht rächen. Nicht mehr.«

Dann winkte Luise Mascha zu sich, ergriff ihre Hand und bat kaum verständlich darum, sie mit Sophia alleine zu lassen. »Sei nicht böse, bitte«, flüsterte sie. »Aber deine Freundin und ich, wir teilen dasselbe Los.« Dann schloss sie die Augen.

Mascha stimmte Luises Bitte freundlich zu und verließ das Zimmer. An Luises Gesicht war nicht zu erkennen, ob sie sie verstanden hatte. Dann ging Mascha hinunter in das Frühstückszimmer. Viel lieber hätte sie sich in ihr Zimmer zurückgezogen und ein wenig geschlafen oder zumindest geruht, aber sie wollte wach bleiben, falls Sophia sie brauchen würde. Denn dieser schien eine Aussprache über ihre Witwenschaft bevorzustehen. Und das würde schwierig für ihre Freundin werden.

Sophia schlich ganz leise, damit Luise ihre Schritte nicht hören konnte, Mascha nach, die Treppen hinunter statt hinauf zu Luises Kammer, um dieser von dem Fund der neuen Totenpuppe zu berichten. Mascha erschrak angesichts der kleinen Rosalinde-Puppe sehr und schlug Sophia vor, sofort Max in seinem Büro anzurufen.

»Sollte ich mich so in meiner Einschätzung geirrt haben?«, fragte sie Sophia. Doch die ging nicht darauf ein, sondern erklärte ihr nur ganz kurz, dass sie lieber unverzüglich das tun wolle, worum Luise sie gebeten habe, um die Kranke nicht erneut nervös zu machen oder gar zu reizen. Mascha nickte verunsichert, aber einsichtig, und rief Sophia noch nach, dass sie nach dem Anruf bei Max sofort in ihr Zimmer gehen werde, um in Sophias Nähe beziehungsweise zumindest in ihrer Rufweite zu sein.

Sophia stieg in den vierten Stock hinauf und betrat Luises penibel, fast pedantisch aufgeräumte Kammern. In der zweiten stand eine schöne Barockkommode mit tiefen Schubladen. Sophia zog die oberste heraus und stieß auf zwei Schachteln, in denen sich wohl die Puppen befanden, die sie Luise bringen sollte. Die Schachteln entsprachen in Art und Größe der Schachtel, in der Doktor Löwen vor einem Jahr die kleine Puppe finden musste, die seiner Tochter so ähnlich war. Die Totenpuppe seiner Tochter. Auf beiden Deckeln war ein Kreuz zu sehen und darunter stand ein Datum. Ein rascher Blick verriet ihr, dass die eine Schachtel erst vor einigen Monaten beschriftet worden war, die zweite dann im November des letzten Jahres. Das genaue Todesdatum von Ruth Löwen hatte sie nicht parat, aber dass Ruth im November letzten Jahres starb, war ihr bewusst. Sie befürchtete, dass auch diese Schachteln eigentlich Särge darstellten und dass sie in ihnen Totenpuppen finden würde. Etwas in ihr wehrte sich deswegen dagegen, die Schachteln aufzumachen. Ob sie in der November-Schachtel eine weitere Puppe erblicken müsste, die Ruth darstellte? Vielleicht war dann die zweite leer? Weil die zweite Rosalinde-Puppe, die sonst vielleicht darin aufbewahrt wurde, jetzt unter Luises Kopfkissen lag?

Sophia wusste, dass sie den Deckel der Schachteln anheben musste, und zwar bald, denn ihr war klar, dass sie die Lösung des Rätsels enthielten.

Entschlossen ergriff sie den Deckelrand der ersten Schachtel und öffnete ihn einen Spalt weit.

Doch schon, als sie noch kaum einen Blick hineingeworfen hatte, wünschte sie, sie hätte ihre kriminalistischen Ambitionen unterdrückt. Denn was sie dort sehen musste, war so schrecklich, dass sie es kaum ertragen konnte.

Eine Puppe, die ein Kind darstellte, das etwas jünger sein mochte als ihr Sohn. Eine Totenpuppe.

Sie drückte den Deckel schnell wieder herunter, so schnell, dass sie sich nicht einmal sicher war, ob nicht vielleicht doch eine Kinderpuppe, eine richtige Puppe zum Spielen und Schmusen, in der Schachtel auf ein fröhliches Kind wartete. Hatte sie in diesem kurzen Augenblick wirklich die makabre Version einer Puppe, eine Totenpuppe, gesehen? Luise hatte von ihrem Liebsten gesprochen. Konnte sie damit nicht einfach eine Lieblingspuppe gemeint haben? Mit der sie als Kind gespielt hatte und nach der sie sich jetzt in ihrer Einsamkeit und krisenhaften Erschütterung sehnte? Aber war es wahrscheinlich, dass Luises Mutter, die jedes Geldstück dreimal umdrehte, ihrer Tochter eine derart wertvolle Puppe geschenkt hätte? Denn, soweit Sophia es nach dem raschen Blick überhaupt beurteilen konnte, die Puppe war ein perfektes Kunstwerk. Sie war präzise und kunstvoll gearbeitet, hatte feine Haare, einen zarten Teint und Wangen so weich, dass man sie unwillkürlich streicheln wollte. Natürlich konnte man das nicht sehen, schalt Sophia sich, aber sie war sich sicher, dass sie, wäre sie noch ein Kind, die Puppe unbedingt hätte berühren wollen. Müssen. Aber sie wollte ihren Eindruck nicht durch ein erneutes Anheben des Deckels überprüfen. Nur eines wollte sie noch für sich festhalten: Die Puppe sah neu aus. Hätte sie also, was ja unwahrscheinlich war, vor vielleicht zwanzig Jahren der kleinen Luise gehört, wäre mit Sicherheit die eine oder andere kleine Schramme auf dem süßen Gesichtchen und auch das weiße Kleidchen hätte sich beim Spielen mehr als einen Flecken zugezogen. Wenn die Puppe allerdings eine Totenpuppe war, dachte Sophia furchtvoll, dann gibt es irgendwo in der Welt ein Kind, dem sie gleicht. Ihr wurde kalt und heiß zugleich. Denn es konnte ja auch sein, dass dieses Kind nicht mehr lebte.

Die zweite Schachtel traute sich Sophia gar nicht erst zu öffnen. Sie nahm einfach beide Schachteln unter den Arm und ging sehr verunsichert zurück zu Luises Zimmer. Sie öffnete ganz sachte die Tür und hörte Luise deutlicher als zuvor flüstern: »Komm herein, komm herein und zeig mir mein Liebstes.«

Sophia legte die beiden Schachteln auf Luises Tisch.

»Es würde dich zu sehr aufregen, meine Liebe«, sagte sie abwehrend. »Aber ich stelle dir deine Puppen dort auf den Tisch und wenn du ein wenig geruht hast, dann kommt Mascha noch einmal und schaut, ob du dich dem Anblick aussetzen darfst.«

»Aber ich bin doch ganz ruhig. Kein Fieber, mein Puls ist ruhig und mein Blutdruck normal.«

»Lass mich doch dein Fräulein Doktor fragen, unsere Freundin Mascha! Schau, sie trägt die Verantwortung für dein Wohl.«

Luise schüttelte den Kopf und wiederholte mit seltsam monotoner, aber erstarkter Stimme: »Bitte, komm her und zeig mir mein Liebstes.«

Sophia war sehr unschlüssig, gab aber teilweise nach und setzte sich erneut an Luises Bett.

»Du bist sehr einsam, nicht wahr, Luise?«

»Ich war sehr einsam. Schon als Kind. Aber da hat es mir nichts ausgemacht. Dann habe ich gelernt, wie schön es ist, nicht alleine zu sein. Es war Ernst, der mir beigebracht hat, wie schön es ist, nicht alleine zu leben. Sich am Leben zu freuen. Mein Vater hat mich auch geliebt, da bin ich sicher. Aber sich am Leben freuen, das musste er ganz heimlich tun. Er hat sich an meinen kindlichen Bildchen gefreut, als seien sie etwas Großartiges. Er hat sich an seinen antiquarischen Schätzen gefreut, aber Mutter stets erzählt, er benötige diese Bücher, die nicht mehr aufgelegt würden, wegen ihres Inhalts. Dabei hat mein frommer Vater da gelogen. Denn er liebte diese Bücher wegen ihres Geruchs, selbst wenn ich als Kind die Nase rümpfte, wenn mir aus einer seiner Bücherkisten Modergestank entgegenströmte. Er liebte das Papier, ob es nun schweres Bütten war oder dünnstes Japan, er konnte sich an den Einbänden der Bände begeistern. Schau, hat er zu mir gesagt, Kalbsleder. Fünfbündig der Rücken. Kopfgoldschnitt. Ich weiß noch«, lachte Luise, die das eigentliche Gesprächsthema völlig vergessen zu haben schien, »welche Fantasien das Wort bei mir ausgelöst hat, als ich es das erste Mal gehört habe. Märchenfantasien. Kopfgoldschnitt. Haar aus purem Gold. Haare schwarz wie Ebenholz. Aber ich war zu klein, zu jung, um seine Freude zu teilen. Ich freute mich an seiner Freude, ja, das tat ich. Immerhin das tat ich. Er hat mir übrigens, kaum dass ich erwachsen war, Geld in die Hand gedrückt, unter welchem Vorwand er es von Mutter erhalten hatte, habe ich nie erfahren, und mir aufgetragen, von zu

Hause wegzugehen und etwas zu lernen. Das habe ich auch getan, ein Jahr lang habe ich Kurse an einer Kunsthochschule besucht. Da war ich auch einsam wie als Kind, aber es hat mir immer noch nichts ausgemacht. Dann habe ich Arbeit gefunden, eine schöne Arbeit. Und Ernst kennen gelernt. Er hat mit Holz gearbeitet und ich habe Porzellan bemalt. Und er hat mir seine Arbeit beigebracht und ich ihm alles, was ich konnte. Fein und zierlich malen. Sogar nähen hat er gelernt. Ich habe alle seine Werkzeuge oben in der Kammer. Und wenn der Krieg vorbei ist, werde ich Statuen aus Holz schnitzen, wie er es getan hat. Wie er es mir gezeigt hat. Ach, ich war so glücklich. Ich würde gerne stundenlang davon erzählen, wie unser Glück war.«

»Du mit deinen Hundertwörtertexten?«

»Ja, komisch, nicht wahr? Immer noch schreibe ich so knapp, als drohte jeder Buchstabe eine ungeheure Papierverschwendung zur Folge zu haben, wenn man nicht aufpasst, aber sprechen kann ich inzwischen wie ein Buch. Aber du hast recht, eigentlich habe ich schon alles über unser Glück erzählt. Mehr gibt es nicht zu sagen: Wir waren so glücklich. Aber ich könnte es stundenlang wiederholen. Wirklich. Das musst du doch gelesen haben. Dass ich das im Theater gelernt habe, das Reden.«

»Ja. Warum hat dir übrigens deine andere Arbeit nicht mehr gefallen? Warst du nicht mehr zufrieden mit der filigranen Arbeit auf Porzellan?«

»Die hatte ich schon im ersten Kriegsjahr aufgegeben. Die Manufaktur stand kurz vor dem Ruin, aber deswegen habe ich nicht gekündigt.«

»Sondern?«

»Ich habe ein Kind erwartet. Es kam dann schon im Frühling 1915 zur Welt. Ich habe angefangen, zu Hause zu arbeiten, um mich um das Kind kümmern zu können. Ich habe

Näharbeiten gemacht, Säume verlängert oder verkürzt, ausgebessert, aus alten Stoffen neue Sachen genäht. Was eben so anstand …«

»Dann ist dein Kind nur wenig älter als mein Sohn. Er heißt Karl. Und wie heißt dein Kind, Luise?«

»Emma.«

»Emma.«

»Ja. Sie hieß Emma.«

Plötzlich musste Sophia haltlos weinen. Sie wusste nicht, warum sie sich nicht dagegen wehren konnte. Aber die Tränen flossen ihr nur so die Wangen herunter. Sie wusste jetzt alles. Sie kannte Luises Liebstes. Sie hatte sein Abbild in der Schachtel gesehen. Luises Kind war tot. Ihres lebte. War froh, glücklich und gesund.

Maschas Anruf unterbrach den Bericht, den ablegen zu müssen Heinrich Cronhart so erschütterte, dass er gar nicht richtig anfangen wollte. Trotzdem musste Grossmann, als er von der zweiten Rosalinde-Puppe, der kleinen jetzt, erfuhr, unverzüglich zur Pension Rosso eilen. »Komm mit, Heinrich«, schlug er vor, »und erzähl mir deine Geschichte unterwegs.« Cronhart nickte und beide holten ihre Mäntel von den Garderobenhaken. Ausgerechnet Schmidt war es, der herbeieilte und Grossmann am Aufbruch hindern wollte.

»Was ist denn los?«, fragte dieser streng.

»Wir haben so viel herausbekommen, Herr Kommissar. Das müssen Sie wissen, bevor Sie hier weggehen.«

»Ich kann meine Ermittlung drüben im Ostend nicht hinauszögern, Schmidt. Etwas Dringenderes kann ich mir nicht vorstellen.«

»Dann darf ich Ihnen doch wenigstens einen Akt mitgeben? Den können Sie unterwegs schnell lesen. Ich bin seit dem Morgengrauen hier im Amt, die anderen auch, wir haben alles noch einmal verglichen und unsere Protokolle gemacht, und dann haben auch schon die Telefone geklingelt, das eine oder andere Telegramm ist eingetroffen, vor allem auch aus München, so dass wir inzwischen eindeutig das Geheimnis der Wilhelmine Koscinski kennen. Sie werden es nicht für möglich halten, Herr Kommissar.«

»Vielen Dank, Schmidt. Irgendwann erzählen Sie mir einmal, was diesen detektivischen Eifer bei Ihnen und den anderen ausgelöst hat. Ich bin Ihnen und den anderen sehr dankbar. Richten Sie das allen aus. Ich beeile mich mit dem Zurückkommen, weiß aber nicht, was mich in der Pension Rosso erwartet und wie lange mich das aufhalten wird.«

Schmidt nickte und es kam Grossmann fast so vor, als stünde er stramm vor ihm. Er konnte trotz seiner Angespanntheit das Lachen kaum unterdrücken und sah, dass auch sein alter Freund durch diese Episode ein wenig abgelenkt worden war und weniger bedrückt dreinschaute, bevor er erklärte: »Inzwischen hat, soweit ich es mitbekommen habe, Schmidts Frau den Zeitungsartikel entdeckt, und etwas von deiner Berühmtheit ist auf Schmidt selbst übergegangen; er wird in der ganzen Nachbarschaft nach seinem dichtenden Kommissar gefragt.«

»Aber was über die Koscinski herausgefunden worden ist, weißt du noch nicht?«

»Nein. Willst du lieber nachsehen, bevor ich erzähle?«

»Ja, das sollte ich. Damit du meine ganze Aufmerksamkeit hast.«

Die beiden Männer stiegen in die Straßenbahn ein. Glücklicherweise fanden sie nebeneinander Platz und konnten den ordentlich beschrifteten Akt öffnen, in dem zweieinhalb säuberlich getippte Seiten ihnen auf viele Fragen Auskunft gaben. Und wenigstens eine Person von jedem Verdacht befreiten: Wilhelmine Koscinski.

Wilhelmine, geborene Montag, geschiedene Gerber, alias Koscinski, stammt aus einer Frankfurter Arbeiterfamilie. Schon mit vierzehn Jahren arbeitete sie selbst in einer chemischen Fabrik, in der ihre Mutter in langen Schichten in einer ätzend riechenden Halle große Behälter verschiedener chemischer Lösungen reinigen musste, während ihr Vater sich im Lagerraum einer Maschinenfabrik abarbeitete. Wilhelmine hatte das Glück oder, je nach Perspektive, Unglück, zwei sehr gute Lehrer gehabt zu haben. Der erste war streng und lächelte nie, seinen Schülern und Schülerinnen aber brachte er bei, sicher, schnell und fehlerfrei zu rechnen, zu lesen und zu schreiben. Im letzten Schuljahr erteilte ein junger Lehrer Unterricht in ihrer Klasse, der sich in naiver Sentimentalität Größeres für seine Arbeiterkinder ausgedacht hatte: Sie sollten die Dichtung lieben lernen. Darunter verstand er, dass sie Gedichte und Theaterstücke lasen, auswendig lernten und im Unterricht deklamierten. Da sie alle bei ihrem ersten Lehrer sowieso überdurchschnittlich viel gelernt hatten, schadete das keinem, außer eben vielleicht Wilhelmine, die beim Deklamieren vor ihrer Klasse ihre wahre Berufung erkannte: Sie wollte auf die Bühne. Doch erst einmal war daran nicht zu denken. Mit sechzehn Jahren verliebte sie sich in einen jungen Briefträger. Ihr gefiel es, dass er nicht nach Laugen und Säuren roch, dass unter seinen Fingernägeln kein Schmutz war, seine Kleidung keine Ölflecken aufwies und er unter seiner sauberen Uniform ein Hemd trug. Das deklamierende Mädchen entflammte den jungen Norbert Gerber, und als er an einem Samstagabend mit ihr ausging und in seiner Aufregung ein Glas zu viel trank, woraufhin er anfing, das eine oder andere Lied zu schmettern, war es um Wilhelmine geschehen. Leider wurde sie bald schwanger und musste mit siebzehn Jahren heiraten und der Traum nahm rasch ein Ende. Wie ihre Eltern mussten sich auch die Gerbers mit einer Einzimmerwohnung zufriedengeben, Toilette leider außerhalb der Wohnung im Halbstock, und wie ihre Mutter musste auch Wilhelmine das Familienbudget durch Arbeit aufbessern. Sie hatte aber das Glück, eine Putzstelle in einem vornehmen Haus im Frankfurter Westend zu finden. Nicht dass sie am Putzen Freude hatte, aber sie fühlte sich jeden Tag, wenn sie die Villa betrat, leichter und freier als je sonst in ihrem Leben.

Nach der Geburt ihrer Tochter konnte sie dort zu anderen Konditionen weiterarbeiten. Da die junge Frau in ihrer adretten Erscheinung und mit ihrem guten Deutsch der Hausfrau gefiel, sollte sie in Zukunft bei den zahlreichen Nachmittags- und Abendeinladungen dem Diener beim Servieren helfen. Das war auch deswegen praktisch, weil da ihr Mann schon zu Hause war und auf die Kleine aufpassen konnte. Diese Arbeit kam Wilhelmine wie ein sozialer Aufstieg vor, kam sie doch in direkten Kontakt mit den Gästen des Hauses und konnte ihrer Konversation zuhören und dabei ihr Deutsch weiterhin schulen. Oft gab es auch Lesungen oder kleine Präsentationen im Salon. Bei diesen Gelegenheiten musste Wilhelmine sehr aufpassen, dass sie nicht mit offenem Mund mitten im Salon stehen blieb, erstarrt vor Glück, sondern weiterhin ihre kleinen Platten herumtrug und den Gästen Delikatessen aus der Küche anbot.

An einem Nachmittag fiel sie dann auch dem Hausherrn nachhaltig auf. Es war eine Familienfeier zu Ehren des Geburtstags seiner Schwiegermutter, und der zehnjährige Sohn des Hauses sollte seine Großmutter mit einem Balladenvortrag beglücken. Schon in der zweiten Strophe stockte das arme Kind, aber Wilhelmine trat an seine Seite und half ihm flüsternd aus der Patsche. Dies wiederholte sich noch einmal in der vierten und fünften Strophe, dann lachte die Großmutter, die wegen ihres unkonventionellen Verhaltens in der Familie sehr gefürchtet war, laut auf und meinte, dass es einfacher sei, wenn statt ihres Enkels das Dienstmädchen die Angelegenheit zu Ende brachte. Das tat Wilhelmine denn auch, weil die ältere Dame von ihrem Ansinnen nicht abzubringen war, und sie erledigte ihre Präsentation mit derselben Bravour wie seinerzeit in ihrer Klasse.

Die Folge war, dass der Hausherr sich in sie verguckte und sie verführte. Wilhelmine genoss seine Aufmerksamkeit genauso wie seine Geschenke, kleine, unbedeutende Schmuckstücke, einen Seidenschal und zwei Gedichtbände. Doch als ein anderer Gast der vornehmen Soireen im Westend die immer mehr aufblühende Wilhelmine mit dem Angebot lockte, ihr eine Zweizimmerwohnung mit einem eigenen Badezimmer anzumieten sowie ihr Schauspielunterricht erteilen zu lassen, konnte sie dem nicht widerstehen. Leider sollte das neue Leben in München stattfinden. Ihre moralischen Bedenken galten weniger ihrem Mann als vielmehr ihrer Tochter, doch ihr neuer Mäzen versprach ihr, dass sie ihre Tochter zu sich holen konnte, wenn sie die anstrengende Zeit ihres Schauspielstudiums absolviert hätte.

Ihr neuer Liebhaber hatte erstaunlicherweise kaum gelogen. Wilhelmine wohnte in München so schön wie nie zuvor, und es war Schluss mit der Toilette auf dem Halbstock, sie musste sich um nichts sorgen, ihr Nadelgeld war großzügig bemessen. Und auch ein Schauspiellehrer kam regelmäßig, um Wilhelmine zu unterrichten. Ihr Fleiß war groß und ihre Fortschritte waren beachtlich. Nur davon, dass sie ihre Tochter zu sich holen könnte, wurde selten gesprochen. Zu Beginn ihres neuen Lebens wurde sie, wenn sie das Thema anschnitt, vertröstet, später mit dem Argument, dass die Umstellung für die Kleine zu groß sei, regelrecht überfahren.

Dagegen konnte sie kaum Einwände erheben, war doch inzwischen ihr Mann, von dem sie geschieden worden war, mit der Tochter in eine Kleinstadt übergesiedelt, wo er vielleicht eine neue Bindung eingegangen war. Wilhelmine fürchtete, dass ihre Kleine sie gar nicht wiedererkennen würde.

Was noch an ihr nagte, war die traurige Tatsache, dass sie bei ihrem Bestreben, auf der Bühne zu stehen, weder bei ihrem Schauspiellehrer noch bei ihrem Liebhaber Unterstützung fand. Inzwischen war sie auch so langsam über das Alter hinaus, in dem sie in dem ihr besonders vertrauten Rollenfach der jugendlichen Liebhaberin oder Sentimentalen einzusetzen gewesen wäre.

Nach dem Tod ihres Liebhabers, der sie zu ihrem eigenen Erstaunen wohlversorgt zurückließ, so hatte er ihr beispielsweise bereits vor Jahren die Wohnung, in der sie meistens sehr zufrieden und in ungetrübtem Einvernehmen miteinander umgingen, überschrieben, versuchte sie das erste Mal in ihrem Leben richtig ernsthaft, eine Karriere als Schauspielerin zu machen. Es gelang ihr nicht schlecht, aber auch nicht besonders gut. Vielleicht war auch die Tatsache, dass sie selbst ohne ein zusätzliches Einkommen angenehm leben könnte, nicht die beste Voraussetzung für einen wirklich harten Konkurrenzkampf. Bald jedoch zeigte sich, dass ihr permanentes Studium so vergebens nicht gewesen war, denn zum einen erwies sie sich als eine hervorragende Lehrerin, zum anderen schien ihre Ausbildung sie exzellent für Regiearbeiten vorbereitet zu haben, so dass eine große Karriere zwar nicht auf, aber doch hinter der Bühne auf sie zu warten schien.

Dann aber hörte sie, dass ihre Tochter Rosa einen ähnlichen Weg wie sie erwählt zu haben schien, und wagte entschlossen und konsequent einen Neuanfang. Sie verließ München, das ihr nach all den Jahren eine Heimat geworden war, in der sie angenehm zu leben vermochte, und ging nach Leipzig, um ihre Tochter kennen zu lernen. Ohne Rosa darüber zu informieren, dass sie ihre Mutter war, entwickelte sie das zweifelsohne große Talent ihrer Tochter weiter und brachte ihr bei, hart zu arbeiten und hart zu kämpfen. Ihre eigenen Träume schien sie vergessen beziehungsweise auf Rosa übertragen zu haben, die sie fortan zwar nicht als Mutter, wohl aber als strenge Lehrerin und kompetente Beraterin auf ihrem Lebensweg begleitete.

P.S. Wilhelmine hat sich ihren Künstlernamen Koscinski, der leider kein besonders geeignetes Pseudonym darstellt, zur Erinnerung an ihren jungen Lehrer zugelegt, dessen vollständiger Name Pjotr Koscinski lautete.

Max Grossmann und Heinrich Cronhart lachten beide, als sie den Akt durchgelesen hatten, und Grossmann sagte: »Wenn das alles zutrifft, halte ich Wilhelmine Gerber für absolut unverdächtig. Aber darüber hinaus wüsste ich gerne, wer von meinen Leuten diese Geschichte für einen Akteneintrag hält!«

Sophia ergriff Luises Hand. Sie waren sich schon in den Tagen zuvor recht nahegekommen, zwei junge Witwen, die im Krieg den Mann verloren hatten, den sie liebten.

»Sag mir bitte, Luise«, fragte Sophia deswegen offen und direkt, »wem du die Schuld daran gibst, dass … dass Emma nicht mehr lebt.«

»Inzwischen niemandem mehr direkt. Sie starb, weil sie hohes Fieber hatte. Und weil Krieg war. Und sie wie fast alle Kinder nicht ganz so gesund ernährt werden konnte in diesem Steckrübenwinter, obwohl ich alles tat, was möglich war. Und weil ihr mageres Körperlein deswegen vielleicht dem schlimmen Infekt nicht so viel Widerstand entgegensetzen konnte, wie es erforderlich gewesen wäre. Vielleicht hätte sie gerettet werden können, wenn sie rechtzeitig zum Arzt gekommen wäre. Aber das habe ich nicht geschafft. Insofern bin ich auch schuld. Ich rannte zwar mit Emma, als ihr Fieber so rasch stieg, so schnell ich konnte in das Kinderkrankenhaus in der Theobaldstraße. Dort hielt mich der Pförtner auf, denn aus dem Kinderhospital war inzwischen wie aus vielen anderen Krankenhäusern auch ein Lazarett geworden. Das habe ich nicht gewusst. Vielleicht hätte ich es aber wissen müssen als Mutter. Es wurden gerade Soldaten eingeliefert und die Ärzte hatten nur Blicke für diese Männer. Eine Krankenschwester warf immerhin einen Blick auf mein Kind und gab mir die Adresse von Doktor Löwen und meinte, der würde mich bestimmt nicht abweisen. Doch dann wurde ich dort abgewiesen. Von seiner Frau.«

»Sie hat dich wirklich weggeschickt?«, fragte Sophia, die sich an den Vorfall in der Praxis von Doktor Löwen erinnerte, von dem Heinrich Cronhart berichtet hatte.

»Nicht richtig weggeschickt. Ich sollte nur warten, weil ihr Mann gerade beim Abendessen sei. Also kam er nicht sofort, sondern erst, als ich schrie. Und da war es zu spät. Inzwischen verstehe ich seine Frau. Ich hätte sie damals schon verstehen sollen, denn Doktor Löwen sah so erschöpft und müde aus, als hätte er selbst einen schlimmen Infekt und brauchte Ruhe. Aber damals war ich voller Rachegefühle. Ich wollte sie töten. Ich dachte an nichts anderes mehr. So musste ich wenigstens nicht an Emma denken und konnte das Trauern noch hinausschieben. Bis ich erkannte, dass ich sie nicht töten würde. Wollte. Dass ich aber trotzdem Rache suchte.«

5

Aber vor allem: Ich will niemanden töten.

Und was kann ihr Liebstes dafür, dass sie schuld am Tod meines Liebsten ist?

Was ich will, ist also nicht der Tod ihres Liebsten, sondern dass sie sich fühlt, als sei ihr Liebstes tot.

Ich überlege, wie ich das zuwege bringe.

Ich muss ihr Liebstes gefangen nehmen. Dazu bringen, sich wie eine Tote hinzulegen und mit toten Augen auf den Betrachter zu starren. Oder ihr Betäubungsmittel einflößen und sie wie eine Leiche auf ein Bett legen. Oder in einen sargähnlichen Behälter. Ich lege ihre Hände zusammen wie zum Gebet.

Dann fotografiere ich sie.

Der letzte Text hatte Sophia darin bestärkt, dass Luise niemandem etwas angetan hatte.

»Du hast Ruth Löwen auch nicht betäubt und gefesselt?«, fragte sie.

»Nein, das habe ich nicht getan. Obwohl ich, als ich noch so von meinen Rachegedanken beherrscht war, ihre Bekanntschaft gesucht habe. Das war ganz leicht. Ich habe ihr einen kleinen Schubs gegeben, auf der Straße, auf ihrem Schulweg, und dann, als sie strauchelte, habe ich sie einfach aufgefangen.«

Sophia zuckte bei dem Wort »Schubs« zusammen. Ein kleiner Schubs, dachte sie, hat zu der Bekanntschaft zwischen Luise und Ruth geführt. Und ein anderer kleiner Schubs vielleicht zu Ruths Tod. War sie vorschnell zu der Überzeugung gekommen, dass der tödliche Schubs nicht von Luise ausgegangen war?

Luise hatte inzwischen weitererzählt, wie sie den Plan der Puppe entwickelt hatte, einer Puppe, die aussehen sollte wie Ruth und die sie in eine sargähnliche Schachtel legen wollte. Mit dieser könnte sie, so meinte sie, Ruths Mutter tief im Herzen treffen. Sie hatte ihren Plan ausgeführt, aber schon nachdem sie die Puppe hatte von einem Taxifahrer abgeben lassen, habe sie sich geschämt. »Ich wusste plötzlich gar nicht mehr, was ich da getan hatte«, sagte sie. »Und warum ich es getan hatte. Ruth, die liebe Ruth, erzählte mir, wie ihre Eltern reagiert hatten. Ihre Mutter sei völlig unbeeindruckt gewesen, meinte sie, während ihr Vater fast zusammengebrochen sei und sogar die Polizei eingeschaltet habe. Auch sie selbst habe sich sehr merkwürdig gefühlt, als sei ihr Leben in Gefahr. Da wusste ich, dass alles, was ich getan habe, falsch war. Inzwischen hatte ich Ruth schon sehr gerne, unsere Bekanntschaft hat rasch zu einer Art Freundschaft geführt.« Luise erzählte, wie lieb sie das Mädchen gewonnen habe, und sprach voller Zuneigung von Ruths liebenswürdigem und offenem Wesen. Auf jeden Fall habe sie dann erkannt, dass Rache der falsche Weg gewesen sei, um mit dem Tod ihres Kindes umzugehen. Dass sie stattdessen hätte trauern müssen. »Das habe ich dann auch getan«, erzählte sie weiter, »und die ersten Tage meiner Trauer habe ich damit verbracht, eine Puppe meines toten Kindes anzufertigen. Keine Totenpuppe, sondern eine Trauerpuppe. Die Trauerpuppe in der Schachtel dort auf dem Tisch. Ich wollte mit dieser Puppe für mich und auch für Ernst Emma für immer festhalten, ihren Reiz, ihre Anmut, ihre Zutraulichkeit, ihre Zärtlichkeit. In dieser Zeit hat Ruth mir sehr geholfen. Ich habe sie immer von der Schule abgeholt und nach Hause begleitet, und den ganzen Weg über hat sie mir von ihren Träumen und Zukunftsvorstellungen erzählt, und es tat mir so gut, mit jemandem sprechen zu können, der noch an die Zukunft glaubte. Mein Groll und meine Verbitterung nahmen ab. Einmal hat ihre

Mutter, inzwischen wusste ich auch, dass es ihre Stiefmutter war, aus dem Fenster gesehen, als wir kamen. Doch sie hat mich nicht erkannt, das hätte ich bemerkt. An ihrem Todestag wollte ich mit Ruth nach Oberrad fahren. Ich freute mich fast auf diesen Ausflug, doch dann haben wir, als wir am Gleis auf den Zug gewartet haben, Ruths Mutter kommen sehen, und ich bin schnell weggeeilt. Ruth hat mir noch zugelächelt und verstohlen zugewinkt. Und das war das letzte Mal, dass ich das liebe junge Mädchen gesehen habe. Ich habe mir danach schreckliche Vorwürfe gemacht. Aber ich konnte doch nicht wissen, dass Ruth etwas zustoßen könnte, wenn sie in Begleitung ihrer Mutter ihren Großvater besucht?«

Luise schloss wieder die Augen.

Vor der Pension Rosso blieben ungefähr um diese Zeit Heinrich Cronhart und Max Grossmann stehen. Heinrich Cronhart hatte seinen Bericht, mit dem er beim Aussteigen aus der Straßenbahn begonnen hatte, abgeschlossen. Max Grossmann war ebenso bestürzt wie sein alter Freund über den durch diesen Bericht entstandenen Verdacht. Trotzdem musste er so rasch wie möglich eintreten, so dass die Erörterung und Bewertung der neuen Erkenntnisse aufgeschoben werden mussten. Deswegen bat er seinen alten Freund, dass dieser den erforderlichen Gang ohne ihn unternehmen solle. Heinrich nickte traurig.

In der Pension suchte Max Grossmann zunächst nach Mascha. Sie hielt sich immer noch in ihrem Zimmer auf. Die Zimmertür stand offen, da Mascha sofort zur Stelle sein wollte, wenn Sophia nach ihr rufen sollte. Max trat ein und bat sie, ihn über die neuen Vorkommnisse zu informieren. Dabei tat er alles, um das schmale Bett nicht sehen zu müssen, in dem er die letzte Nacht mit Sophia verbracht hatte.

Danach stieg er die Treppe hinauf in den dritten Stock, weil er Rosalinde über den Fund der kleinen Puppe informieren wollte. Die Schauspielerin öffnete schlaftrunken die Tür und rieb sich die Augen wie ein Kind. Mit der Stimme eines kleinen Mädchens begrüßte sie ihn dann auch: »Max, was tust du so früh schon wieder hier? Ich muss schlafen, bitte, bitte, erlaube es mir, *schlafen, schlafen, nichts als schlafen** …«

»Rosalinde, falscher Text. Keine Rolle, bitte. Du stehst nicht auf der Bühne, du musst uns hier nichts deklamieren oder vormachen. Leider muss ich dir mitteilen, dass es nicht nur die große Rosalinde-Puppe gibt, sondern dass auch eine kleine gefunden worden ist. Glücklicherweise jedoch sind wir uns inzwischen fast sicher, dass du nicht in akuter Gefahr schwebst.«

Rosalinde seufzte ganz unverstellt erleichtert auf. Dann schlüpfte sie sofort zurück in die Kleine-Mädchen-Rolle: »Dann darf ich wieder zurück in mein Bettchen? Und nachher, wenn ich wach werde, erzählst du mir alles?«

»Ja, aber lange kannst du nicht mehr schlafen. Wir brauchen dich bald. Ich habe noch ein paar Gespräche zu führen, ganz wenige, und dann versammeln wir uns alle in eurem Salon. Selmar lassen wir auch holen. Oder schläft er hier?«

»Nein«, sagte Rosalinde. »Er ist zu sich nach Hause gegangen. Er braucht immer noch so viel Ruhe, sagte er. Und außerdem, Max, scheint er in irgendwelche Geheimnisse verstrickt zu sein. Ich weiß aber nicht, in welche.« Rosalinde klang nachdenklich und besorgt.

---

* Aus dem berühmten Monolog Hamlets aus Shakespeares gleichnamigem Stück

6

WARUM LACHST DU NIE?, hat er zu mir gesagt, als wir uns kennen gelernt haben.

Ich habe es nicht gelernt, antwortete ich.

Dann bringe ich es dir bei, sagte er.

Und das tat er. Er erzählte mir lustige Geschichten aus dem Theater, er las mir Dialoge aus Lustspielen vor, er zeigte mir, wenn wir miteinander spazieren gingen, wie komisch manches war, das auf den Straßen und Märkten der Stadt vor sich ging. Wenn man denn in der Lage war, es zu sehen.

So lernte ich lächeln.

Das erste Lächeln unserer Tochter brachte mich dazu, dass ich lachte, ganz laut lachte.

Luise lag scheinbar ruhig da. Sie bewegte sich nicht, atmete aber unregelmäßig. Sophia versuchte, ihre eigene Erregung zu unterdrücken und bewusst ganz ruhig und gleichmäßig zu atmen. Vielleicht beruhigten ihre leisen und regelmäßigen Atemzüge die Frau, oder sie zeigten ihr zumindest, dass sie nicht alleine war. Nach ein paar Minuten, sie kamen Sophia endlos vor, ergriff Luise ihre Hand. Luise drückte Sophias Hand sanft und begann dann zu sprechen.

»Hast du deinen Mann gesehen, damals, nachdem er gestorben ist?«

»Wie meinst du das?«

»Nun, gesehen, als sei er am Leben.«

»Nein. So nicht. Aber er war irgendwie trotzdem bei mir. Aber sehen konnte ich ihn nur, wenn ich die Augen geschlossen hatte. Oder im Traum.« Sophia spürte, wie aufmerksam

Luise ihr zuhörte. Sie verstand sie so gut. Luises Mann war erst wenige Monate tot. Deshalb beschloss sie weiterzuerzählen, obwohl ihr diese Vertraulichkeiten schwerfielen.

»Wenn ich die Augen geschlossen hatte, war er da, wo ich ihn mir dachte. Er saß neben mir auf dem Diwan und wir sprachen miteinander. Ich fragte ihn, wie ich weitermachen sollte, was ich mit meinem Leben als Witwe anfangen sollte. Und er gab mir Antworten. Manchmal kam es mir vor, als unterhielten wir uns regelrecht.«

»Aber richtig gesehen hast du ihn nicht?«

»Mit meinem inneren Auge schon.«

»Nein, ich meine richtig, real. Dass du ihn zum Beispiel, wenn du auf seinen Schreibtisch geblickt hast, hinter seinen Aktenbergen sitzen sahest?«

»Ohne dass ich mir vorstellen wollte, er säße dort?«

»Ja.«

»Nein. Eigentlich nein.«

»Was meinst du mit ›eigentlich‹?«

»Ein oder zwei Mal kam es mir so vor, als sähe ich ihn, obwohl ich die Augen offen hatte, mich also nicht in irgendeinen Wachtraum versetzt hatte.«

»Hat dir das Angst gemacht?«

»Nein. Eher glücklich. Obwohl ich später, als ich analysieren wollte, wie es dazu gekommen ist, zu dem Schluss gelangt bin, dass man auch mit offenen Augen träumen kann. Wenn einen das, was man gerade real tut, nicht fesselt. Alltägliche Verrichtungen oder so. Ich habe ihm ja manchmal eine Tasse Kaffee gebracht, wenn er hinter dem Schreibtisch saß. Und das habe ich auch nach seinem Tod quasi automatisch einmal machen wollen. Und es kam mir vor, als hörte ich ihn danke sagen. Jetzt habe ich schon lange nicht mehr von ihm geträumt, weder schlafend noch wach. Ich nehme an, du siehst deinen Ernst manchmal und das irritiert dich. Ist das so? Ich versichere dir, das wird seltener.«

Luise wurde lebhafter: »Vielleicht hast du recht. Als damals mein Kind gestorben ist, habe ich es andauernd gesehen. Damals bin ich aus meiner alten Wohnung ausgezogen, weil dort überall Erinnerungen waren. Ich konnte mir mein Kind überall vorstellen ...«

Luise weinte, fuhr aber fort: »Ich habe sogar eine neue Arbeit angenommen, die am Theater. Wenig später bin ich hierhergezogen. Ich habe also mein ganzes bisheriges Leben verlassen und ein völlig neues angefangen. Anderer Stadtteil, andere Wohnung, andere Arbeit, andere Leute um mich. Das hat es leichter gemacht. Und da mein Mann ja nie hier mit mir gelebt hat, habe ich ihn hier auch weniger vermisst als in meinem früheren Leben, wie ich es immer nenne, wo wir zusammen so glücklich waren. Ich habe ihn übrigens hier in der Pension auch nicht so gesehen wie du deinen Mann, also an bestimmten Plätzen, mit dem inneren Auge, wie du das nennst, sondern nur ein einziges Mal. Und das war heute Morgen, kurz bevor du gekommen bist. Ich habe noch halb geschlafen, aber ich habe Schritte in meinem Zimmer gehört, und der Rhythmus der Schritte war so vertraut, dass ich an ihn denken musste, daran, wie er früher manchmal an mein Bett geschlichen ist, um zu sehen, ob ich schon wach bin, und dann habe ich die Augen ein wenig aufgemacht, es war aber noch sehr finster, doch ich habe trotzdem eine Silhouette gesehen, weil vom Korridor ein leichter Schimmer hereindrang, du weißt, dass die Rossos in der Nacht auf jedem Stockwerk eine kleine Petroleumlampe stehen haben, ich habe also die Silhouette eines großen, schmalen Mannes gesehen, und ich dachte, mein Mann sei da, und ich dachte, wie dünn er doch im Krieg geworden ist, und ich wusste nicht, ob ich ihn ansprechen sollte, und er kam näher und hat mich angesehen und mich geküsst. Und dann war er verschwunden. Und ich blieb einfach liegen. Erst wollte ich ihm nachrennen, aber ich war wie gelähmt. Meinst du, dass ich mir das eingebildet habe, so wie du dir eingebildet hast, deinen Mann gesehen zu haben, als du mit einer Tasse Kaffee zu seinem Schreibtisch gegangen bist?«

»Ruh dich noch einen Augenblick aus, Luise.«

Luise schloss die Augen.

Sophias Blick fiel auf die beiden Schachteln, die sie vorhin auf dem Tisch abgestellt hatte. In der einen also lag das Abbild von Luises Tochter Emma. Und was barg die andere?

Sophia stand ganz leise auf und bewegte sich auf Zehenspitzen zu den Schachteln. Sie griff nach der zweiten Schachtel, die als Datum ungenau ›Frühling 1917‹ trug, und ging mit ihr zurück zu Luises Bett und ließ sich auf dem Bettrand nieder.

Luises Augen waren immer noch geschlossen.

Die Schachtel brannte auf Sophias Schoß. Sie wusste nicht, ob sie die Schachtel öffnen oder später ungeöffnet Max übergeben sollte. Denn dass diese Schachtel ein kleines Abbild von Luises gefallenem Geliebten enthielt, war ihr so sicher, als hätte Luise es ihr schon erzählt. Luises zweite Trauerpuppe. Nur: Mit wem sollte Luise über dieser Trauerpuppe weinen?

Und welche Rolle spielte dann die kleine Rosalinde-Puppe? Da Rosalinde noch lebte, konnte es sich um keine Trauerpuppe handeln, sondern nur um eine Totenpuppe. Da sie in Größe, Stil und Perfektion der Puppe Ruth Löwens genau entsprach, hatte Luise bestimmt auch diese Puppe angefertigt. Nur: Warum hatte sie das getan? Und was bezweckte sie damit?

Inzwischen war Selmar Marsel, den Max Grossmann telefonisch in die Pension bestellt hatte, dort eingetroffen. Max Grossmann bat ihn in den Salon.

Dort fanden sie Adrienne, die müde über einer Tasse kalten Kaffees saß.

»Sie sehen aus, als ob Sie sich schlafen legen sollten«, sagte

Grossmann freundlich. »Sie wurden die ganze Zeit vermisst hier in der Pension.«

»Dann kommt es eben heraus«, sagte Adrienne entschlossen, »irgendwann hätte Josephine sowieso herausgekriegt, wo ich meine Nächte verbringe. Aber keine Sorge, es ist kein erotisches oder kriminelles Abenteuer, das ich besser vor der Polizei geheim halten sollte. Es ist nur eine sehr unangenehme und eigentlich anstößige Arbeit.«

»Wenn Sie das für sich behalten wollen, können wir das akzeptieren«, sagte Max Grossmann, der inzwischen ja von Heinrich Cronhart erfahren hatte, dass Adrienne bei dem Tod Ruths keine Rolle gespielt hatte. Dass sie seinerzeit vor dem Krieg eine kurze Affäre mit Selmar Marsel gehabt hatte, machte sie drei Jahre später nicht verdächtig, Rosalinde eine Morddrohung in Form einer Puppe zugedacht zu haben.

»Warum soll ich es eigentlich nicht sagen«, überlegte Adrienne, »ich habe schon viel getan, das moralisch prekärer gewesen ist. Obwohl Josephine schelten wird. Aber ich habe seit Kurzem eine sehr lohnende Arbeit. Ich stehe an der Bar eines Bordells im Bahnhofsviertel. Aber ich tue nichts Verwerfliches. Ich verkaufe nur Getränke. Natürlich wird mein Trinkgeld höher, wenn ich ein freizügigeres Kostüm anziehe. Nicht Kleid, sondern Kostüm. Denn so betrachte ich das: als eine Rolle, die ich dort spiele. Und diese Rolle ist wesentlich einträglicher als alle, die ich bisher auf einer Bühne gespielt habe.«

»Dann ist ja alles in Ordnung«, sagte Grossmann freundlich. »Und jetzt können Sie, wenn Sie möchten, Frau Strass, Ihre wohlverdiente Bettruhe antreten.«

»Sie möchten wohl mit Selmar alleine sein«, stellte Adrienne Strass fest, und Grossmann nickte.

Luise setzte sich plötzlich auf: »Ich muss aufstehen«, sagte sie. »Ich bin ja gesund. Mascha hat mich mehrmals untersucht. Und sie hat recht. Ich muss einfach nur wieder aufstehen. Und Rosalinde bewachen. Sie schützen.«

»Wovor willst du Rosalinde schützen? Und vor allem, vor wem?«

»Das weiß ich nicht, Sophia. Aber ich weiß, dass ihr Gefahr droht.«

»Warum?«

»Weil ich die Puppe gemacht habe. Ich habe dir doch schon erzählt, dass ich Ruths Puppe gemacht habe. Aus Rache. Und Ruth ist in Gefahr geraten. Und ist gestorben. Und Rosalindes Puppe habe ich auch gemacht. Und sie ist auch in Gefahr geraten. Aber sie darf nicht sterben. Ich kann schon kaum damit leben, dass ich den Tod Ruths verschuldet habe.«

»Aber daran bist du doch nicht schuld!«

»Nicht direkt, also so, dass ich sie hinuntergestoßen hätte auf die Gleise. Aber von der Puppe muss irgendetwas Böses ausgegangen sein. Die Rachsucht, der Hass …«

Sophia war sehr nachdenklich. Als Luises Tochter Emma in der Praxis von Doktor Löwen starb, spürte dieser deutlich die Distanz zwischen sich und seiner Frau. Und als dann die Puppe in das Haus der Löwens kam, da wurde ihm schmerzlich bewusst, dass sie sich einander entfremdet hatten.

»Luise, vielleicht hat die Puppe im Hause der Löwens eine Wahrheit offengelegt, aber etwas Böses ist von ihr nicht ausgegangen. Die Ruth-Puppe sah so lieb, so schön, so ruhig aus – fast wie deine Trauerpuppe von Emma. Steigere dich doch nicht in solche absurde Wahnvorstellungen hinein, Liebe.«

»Aber warum ist dann auch Rosalinde in Gefahr geraten? Ihre Puppe habe ich auch mit bösen Gedanken gemacht.«

»Aber warum? Weswegen hättest du Rachegedanken oder Groll gegen Rosalinde hegen sollen?«

»Direkt rächen wollte ich mich nicht, das stimmt. Aber so etwas Ähnliches war es leider schon. Es war nach Ernsts Tod.

Du hast ja vielleicht gehört, dass Selmar und Ernst in derselben Stunde von derselben Granate getroffen worden sind.«

»Nein, das habe ich nicht gewusst.«

»Selmar und Ernst waren lange Zeit Kameraden in diesem entsetzlichen Stellungskrieg. Sie haben alle Erfahrungen miteinander geteilt und alles gemeinsam erlebt. Es war im April dort im nordfranzösischen Kohlerevier. Du hast bestimmt von der Schlacht bei Arras gehört? Und als dann beide niedergestreckt wurden, sie aber zu ihrer höchsten Freude noch lebten, und als nach Beendigung des Granatenfeuers zwei Sanitäter die Kampfgrenze absuchten, da hat Ernst gesagt, sie sollten zuerst Selmar mitnehmen, denn dieser sei inzwischen ohnmächtig und überhaupt schwerer verletzt …«

Max Grossmann wollte sich zur gleichen Zeit unten im Salon dasselbe von Selmar Marsel berichten lassen. Doch Selmar Marsel konnte nicht mit direkten Erinnerungen an seine Rettung und Bergung aufwarten. »Ich erinnere mich noch an die Öde der Tage davor. Wir lagen in den Stellungen und warteten. Die Franzosen auf der anderen Seite taten dasselbe. Tagelang ging es keinen Zentimeter vorwärts oder zurück. Trotzdem schien etwas in der Luft zu liegen, eine fast unmerkbare Anspannung unserer Vorgesetzten, unerwartete Tabakrationen, eigentlich nichts Greifbares. Dann an einem Montag, am Ostermontag sogar, schneller, als dass ich hätte auf die Uhr blicken können, das Granatfeuer. Briten und Kanadier kämpften gegen uns. So laut, so grell, und ein Schmerz, dass ich dachte, daran zu sterben. Dann keine Erinnerung mehr. An einem Donnerstagmorgen wurde ich wieder wach. Ich habe nie an ein Jenseits geglaubt, aber im Moment des Aufwachens galt mein erster Gedanke dem Einschlag und dem Schmerz, und ich dachte, dass ich tot sei. In einer anderen Welt, einer, an deren Existenz ich nie geglaubt hatte. Doch dann Stimmen neben mir, sie nannten meinen Namen, jemand ergriff meine Hand, fühlte meinen Puls. Geruch drang zu mir. Blut. Exkremente. Eiter. Äther, was weiß ich. Das war nicht der Geruch des Paradieses. Irgendwann öffnete ich die Augen. Ich mache es kurz, Max, ich mag auch nicht darüber sprechen. Ich war im Lazarett, schwer verwundet, mein Bein war amputiert. Ich fragte nach Ernst, meinem besten Kameraden. Er war direkt neben mir, als es passierte. Woher ich das weiß? Weil die Krankenschwester mir das genau erzählen konnte. Die Sanitäter hatten ihr berichtet, dass ich Ernst meine Rettung verdanke. Er hielt sich für leichter verwundet als mich und bat sie deswegen, mich zuerst zu versorgen und wegzubringen. Als sie mich in Sicherheit gebracht hatten, setzte ein erneutes Feuer ein, und sie konnten erst Stunden später nach ihm suchen. Doch sie fanden ihn nicht mehr. Er hatte wohl versucht, sich alleine in Sicherheit zu bringen, als er direkt in das zweite Feuer geriet.«

»Ist das der Grund für dein enges Verhältnis zu Luise Schulmeister?«

»Wie das klingt, Max! Wir sind Freunde, sehr gute Freunde. Sie will alles wissen über die letzten Wochen ihres Mannes, so nenne ich Ernst ganz bewusst. Denn dass sie nicht verheiratet waren, spielt keine Rolle für mich. Luise und Ernst hatten einfach verabredet, nicht im Krieg zu heiraten, sondern erst im Frieden. Dann wollten sie ein großes Liebes- und Friedensfest feiern. Luise ist übrigens der einzige Mensch, mit dem ich über meine Erfahrungen im Krieg und im Lazarett sprechen kann. Insofern nenne ich sie gerne meine psychische Lebensretterin, nachdem ich ihrem Mann meine physische Rettung verdanke. Unsere Gespräche sind für mich wie eine andauernde Therapie …«

Sophia hörte zu, wie Luise ihre enge Beziehung zu Selmar beschrieb. Doch dabei erschloss sich ihr nicht, wieso Luise die Rosalinde-Puppe angefertigt hatte.

»Ich will es dir sagen, Sophia, auch wenn ich mich furchtbar schäme. Es war am Ende der ersten Woche nach Selmars

Rückkehr; wir haben den ganzen Abend miteinander verbracht. Er hat sich ununterbrochen darüber beklagt, dass sein Leben zu Ende sei, dass er ein Krüppel sei. Ich habe ihn gescholten, ihn an sein großes Talent erinnert, ihm den Erfolg vor Augen gestellt, den er mit seinem Theaterstück haben würde. Und in dieser Nacht habe ich die Puppe gemacht, die kleine Rosalinde-Leiche. Ich dachte, wenn er sie sähe, dann fiele ihm ein, dass das Leben noch viel, viel Grausameres bringen könnte. Dass man den Menschen verliert, den man am meisten liebt. Das wollte ich ihn fühlen lassen. Das, was ich tagtäglich gefühlt habe. Denn immerhin ist er am Leben, dachte ich, und er hat eine schöne Frau und ist dabei, sich großes Ansehen zu erringen, während ich mein Kind verloren hatte und dann meinen Mann und ohne Aussicht auf Glück immerzu weiter herumwerkeln musste. Doch als die Puppe fertig war, waren meine bösen Gedanken verschwunden. Die Eifersucht. Der Neid. Die Bitterkeit. Ich versteckte die Puppe, er sollte sie nie zu Gesicht bekommen, und andere auch nicht. Am liebsten hätte ich sie verbrannt, hatte ich doch seit der Geschichte mit Ruth Angst vor Puppen, die ich nicht aus Liebe angefertigt hatte. Ich hatte Angst, dass etwas Böses passieren würde. Wie mit Ruth. So habe ich die kleine Puppe oben in einer Schublade verschlossen. Heute Morgen habe ich unter meiner Matratze etwas Hartes gefühlt und das war die Puppe. Ich weiß nicht, wer sie da hingelegt hat. Ich weiß nur, dass ich furchtbare Angst hatte.«

»Und die große Puppe? Wer hat an der gearbeitet?«

»Das weiß ich nicht, Sophia, wirklich nicht.«

»Hast du irgendeine Ahnung, wer es gekonnt hätte?«

»Zuerst dachte ich, fast alle hier. Aber die große Puppe ist schon sehr perfekt, nicht wahr? Als hätte ein Künstler sie gemacht.«

»Sollen wir jetzt Max alles erzählen?«

»Ja.«

7

Nach dem Tod unserer Tochter meinte ich, nie wieder lachen zu können.

Rachepläne verzerrten mein Gesicht und mein Herz. Endlich Trauer und Tränen. Dann wieder ein Todesfall. Ich verließ das Haus nicht mehr. Tagelang. Wochenlang. Irgendwann kam ein Brief aus dem Theater. Ich solle mich dort am Nachmittag einfinden. Ich verstand nicht, wer mir diesen Brief geschickte hatte, aber ich bin aufgestanden, habe mich angezogen und bin hingegangen.

Man bot mir eine Stelle an, ich sollte in der Schneiderei und beim Bühnenaufbau helfen. Da wusste ich, dass der Brief von Ernst kam. Indirekt natürlich. Und ich habe ein wenig gelächelt.

Luise stand auf und zog sich an. »Holst du bitte Max Grossmann zu mir?«

Sophia stieg die Stufen hinab in das Erdgeschoss. Dort fand sie Max Grossmann in ruhigem Gespräch mit Selmar.

»Luise will mit dir sprechen«, teilte sie ihm mit.

Max lächelte ihr freundlich zu und verließ den Raum.

Sophia blieb bei Selmar Marsel sitzen, der ungeduldig auf etwas zu warten schien. »Was für Geheimnisse gibt es da um Luise, die ich nicht hören darf? Zwischen Luise und mir gibt es keine Geheimnisse, das sollte Max eigentlich wissen.«

Sophia vertröstete ihn freundlich: »Das wird nicht lange dauern, Selmar. Ich bin sicher, dass die beiden bald wieder da sein werden.«

Wirklich kamen Grossmann und Luise Schulmeister zusammen mit Mascha nach einer knappen Viertelstunde wieder zurück und setzten sich zu ihnen. Der Kommissar wandte sich an Sophia und Mascha: »Ich würde gerne hier bei Selmar und Luise bleiben. Könnte eine von euch Rosalinde holen gehen? Die ist ja schließlich unsere Hauptperson.«

»Ich gehe«, sagte Sophia und fragte sich zum ersten Mal, ob das wirklich zutraf. Natürlich drehte sich alles um Rosalinde, und sie hatte, seit sie das Personenverzeichnis in den Händen hielt und die Beteiligten kennen gelernt hatte, immer das Gefühl, als hätten sich alle nur deswegen versammelt, um ihre Rolle in Rosalindes Leben und Karriere zu spielen.

Dasselbe dachte auch Max Grossmann, während er mit Selmar und Luise auf Rosalinde und Sophia wartete.

Selmar, Rosalindes Ehemann, war da. Wilhelmine, die Schauspiellehrerin und Rosalindes Mutter. Josephine, die erfolglose Jugendfreundin, dieser im Konkurrenzkampf um Rollen unterlegen. Adrienne und Victoria, zwei ehemalige Geliebte ihres Mannes, beide von diesem nach einer kurzen Affäre verlassen. Victoria wahrscheinlich sogar schwanger von ihm. Valentin, ein älter einsamer Mann, der den Fundus des Theaters bewachte und sich dabei mit einer vermeintlichen Rosalinde unterhielt …

Aber war es so?, fragte sich wenige Momente später Sophia. Ließe sich nicht alles auch aus einer anderen Perspektive sehen? Könnte nicht Selmar im Zentrum des Geschehens stehen? Umgeben von Adrienne und Victoria, zwei früheren Geliebten, von Rosalinde, seiner wunderschönen, aber eifersüchtigen Ehefrau, und von der warmherzigen Witwe seines besten Kriegskameraden, die sich sehr um ihn bemühte, vielleicht zum Kummer seiner Ehefrau? Zu den Nebenfiguren gehörten bei dieser Sichtweise noch Selmars Mutter und, ja, auch seine

Schwiegermutter, die sich noch nicht zu erkennen gegeben hatte. Und so wenig Grund zur Eifersucht Rosalinde ihrem Gatten gab, denn dem alten, leicht verrückten Mann konnte er doch bestimmt nicht gram sein, so viel Grund zur Eifersucht könnte im Grunde sie in Bezug auf ihn haben.

Als Sophia im dritten Stock ankam, stand Rosalinde schon vor ihrer Tür. »Ich habe deine Schritte gehört«, sagte sie, »und wollte dir entgegengehen. Ich bin ein wenig traurig, dass du uns heute schon wieder verlässt. Wir haben ja nicht oft miteinander gesprochen, aber wenn wir es getan haben, hatte ich das Gefühl, dir gegenüber ganz aufrichtig sein zu können.«

Sophia betrachtete Rosalinde. Wieder einmal hatte sie das Gefühl, die Schauspielerin noch nie gesehen zu haben. Rosalinde war kaum, nein, Sophia schaute noch einmal genau auf ihr Gesicht, sie war tatsächlich überhaupt nicht geschminkt. Ihre Haare waren streng nach hinten gekämmt und dort zu einem kleinen Knoten zusammengedrechselt. Kein einziges Löckchen oder Strähnchen hatte sich gelöst. Sie war unauffällig gekleidet und trug eine schlichte weiße Bluse und einen dunkelbraunen Rock, der allerdings zwei Handbreit kürzer war als Sophias hellgraues Gegenstück.

»Wir stehen jetzt wohl vor einer Art Aufklärung«, sagte Rosalinde. »Ich habe gesehen, dass du von meiner Aufmachung überrascht bist. Aber mir ist heute Nacht etwas aufgefallen: Jeder denkt hier, ich sei die Hauptperson der seltsamen Puppengeschichte. Aber ich sehe das ganz anders, deswegen habe ich mich auch gekleidet, als spiele ich eine Nebenrolle, eine Sekretärin, eine Gehilfin, eine Studentin. Nicht wie die große Diva. Hast du, die ja die Dinge gewissermaßen von außen sehen kann, schon einmal darüber nachgedacht, dass sich eigentlich alles hier ausschließlich um Luise dreht? Weichen nicht mein Mann, Mascha und du nicht von ihrem Bett? Gehorchen nicht die vier Aktricen hier in der Pension ihren

Anweisungen aufs Wort? Und sogar die beiden Töchter des Rabbiners? Sucht nicht sogar die strenge Wilhelmine Luises Placet bei ihren Regieentscheidungen? Und – gilt nicht jeder Blick meines Mannes immer nur ihr?«

»Lass uns hinuntergehen«, sagte Sophia. »Denn dort warten alle auf dich. Auf dich, hörst du?«

Die große Aufklärung fiel, dramaturgisch gesehen, enttäuschend kurz und nüchtern aus.

Max Grossmann betonte, dass er selbst und sein gesamter Mitarbeiterstab sowie Heinrich Cronhart als freiwilliger Helfer sehr viel Recherchearbeit geleistet hätten, dass aber das meiste, was er ihnen jetzt mitteilen werde, der Tatsache zu verdanken sei, dass Sophia Sachtl in langen Gesprächen mit einer Beteiligten diese zu einer Art Geständnis bewogen hätte. Wobei sie eigentlich nichts zu gestehen gehabt hätte, zumindest nichts, was kriminalistisch von Belang sei.

Rosalinde, Selmar und Mascha blickten voller Spannung auf den Kommissar, während Luise den Kopf senkte, dann aber aufblickte und bat: »Lass es mich selbst sagen, Max.« Sie blickte Selmar und die versammelten Frauen an und sagte dann: »Ich habe die kleine Puppe Ruth und die kleine Puppe Rosalinde hergestellt.«

Alle waren bestürzt und verblüfft, sich ihrer Einschätzung dieser Tatsache nicht sicher, als Max Grossmann das Wort ergriff: »Beide Male befand sich Luise Schulmeister in einer Art seelischem Ausnahmezustand, die erste Puppe ist nach dem Tod ihres Kindes entstanden und die zweite nach dem Tod ihres Mannes.«

Alles andere verschwieg er.

Heinrich Cronhart hatte sich dem Haus sehr langsam genähert. Davor blieb er stehen, um seine Uhr aus der Tasche zu ziehen. Er betrachtete den silbernen Deckel, auf dem ein fein ziseliertes florales Muster zu sehen war, als hätte er ihn noch nie gesehen. Er beobachtete, wie eine Schneeflocke auf den Deckel niederflog und sich in dem Moment, als sie ihn berührte, schon wieder auflöste. Auf der Löwenmähne aber blieb der Schnee bereits liegen, und es sah aus, als hätte der Löwe goldene Haare mit weißen Spitzen. Cronhart öffnete den Deckel. Es war zehn Uhr. Normalerweise begann Doktor Löwen am Samstag um neun Uhr mit seiner Ordination.

Hinter dem Glasfenster der Eingangstür erblickte er eine handgeschriebene Patienteninformation: ›Heute muss die Sprechstunde leider ausfallen‹. Darunter waren zwei Adressen anderer Kinderärzte in der Nähe vermerkt. Also ist sie schon da, dachte Cronhart. Und hat sofort alles geregelt, um eine ungestörte Aussprache zu ermöglichen, aber auch daran gedacht, hilfebedürftige Patienten über andere Anlaufstellen zu informieren. Wann sie wohl gekommen ist? Ob sie wohl im Praxisraum saßen? Oder sich für ihr Gespräch die Bibliothek gewählt hatten?

Cronhart bewegte den Schlegel vorsichtig an das Maul des Löwen. Er wusste, dass diese Berührung zu leicht war, um im Haus vernommen zu werden. Er wiederholte den Vorgang, diesmal entschlossener, und erschrak fast, als er den metallischen Klang hörte. Wenig später öffnete Barbara Löwen die Tür und lächelte ihm freundlich zu, als sei er ein willkommener Gast, und bat ihn herein. Er war überrascht, als sie ihn in die Küche führte, wo Doktor Löwen am Küchentisch saß und wo ein zurückgeschobener Stuhl darauf hinwies, dass auch sie dort mit ihm gesessen und gewartet hatte. Doktor Löwen blickte von seinem Kaffee auf und nickte ihm zu. Barbara Löwen bot Cronhart ebenfalls einen Platz am Küchentisch an und brachte ihm einen Kaffee. Zu dritt saßen sie jetzt über ihren Getränken und schwiegen. Die Stimmung war, wie

Cronhart, der befürchtet hatte, einem verzweifelten und niedergebeugten Ehepaar zu begegnen, verwundert bemerkte, nicht angespannt. Wüsste man nicht, was zwischen dem Ehepaar vor sich gegangen war, hätte man den Eindruck gewinnen können, dass die beiden einträchtig und friedlich beieinandersaßen.

Löwen, der schließlich das Wort ergriff, sagte: »Barbara hat mir erzählt, dass Sie sie gestern am späten Nachmittag, das zweite Mal in dieser Woche, in Oberrad aufgesucht haben.«

»Eigentlich bereits das dritte Mal. Am Donnerstag war ich zweimal bei ihr. Und was hat Ihre Frau über meine Besuche erzählt?«

»Dass sie Vertrauen zu Ihnen gefasst hat. Dass sie Ihnen vieles anvertraut hat, was sie schon längst jemandem hätte erzählen müssen.«

»Sie spielen darauf an, wie Ihre Frau rückblickend ihre Ehe begreift und ihre eigene Rolle wahrnimmt? Auch ihre Rolle als Mutter Ihrer Tochter?«

»Ja. Darüber haben wir ausführlich gesprochen. Barbaras Wahrnehmung, warum alles zwischen uns so aus dem Ruder gelaufen ist, hat mir so viel deutlich gemacht. Wir haben es nicht geschafft. Aber es war nicht nur ihr Versagen. Darüber habe ich nie nachgedacht. Jetzt verstehe ich manches besser. Auch meine Schuld an unserem Scheitern. ›Mir ward die Liebe nicht‹, hat Barbara mir aus einem Gedicht zitiert. ›Drum tön' ich wie die Geige, Der man den Bogen bricht.‹ Aber jemand hat diesen Bogen gebrochen. Und das war ich. Ganz allein ich. Ich habe schließlich zugelassen, ja, mir gewünscht, dass Barbara Gärtner mich heiratet, die tüchtige und junge Barbara Gärtner. Und ich wusste, dass sie mich liebt, und war deswegen voll Hoffnung, dass alles gut gehen würde. Aber ich wusste gleichzeitig, dass ich immer noch meine erste Frau liebte. Und Ruth liebte. Und von meiner zweiten Frau habe ich mir vor allem gewünscht, dass sie ihre Pflichten erfüllt. Mir gegenüber. Ruth gegenüber. Und das hat sie getan. In vollem Umfang, Tag und Nacht. Im Haus, in der Praxis.«

»Mir ward die Liebe nicht – Drum wühl' ich mich in Arbeit Und leb' mich wund an Pflicht«, zitierte Cronhart. Doktor Löwen nickte, und die beiden Männer sahen, dass Barbara zu weinen angefangen hatte.

Doktor Löwen kramte in der Schublade des Küchentischs und zog eine Serviette hervor, die er ihr reichte.

»Das war unser Gesprächsstand, als ich Ihre Frau am Donnerstag verließ«, sagte Cronhart. »Was hat sie Ihnen über unser Gespräch am Freitag erzählt?«

»Noch nichts«, antwortete Doktor Löwen.

Barbara holte tief Luft und sagte: »Ich werde es erzählen. Sofort. Ich wollte nur noch ein wenig mit meinem Mann zusammen schweigen. Nachdem wir das erste Mal in den vielen Jahren unserer Ehe miteinander gesprochen haben, wie wir das hätten seit langer Zeit tun sollen. Denn das, was zu erzählen jetzt noch ansteht, wird es uns, nachdem es ausgesprochen wurde, nicht mehr möglich machen, hier noch länger zusammenzubleiben. Er wird mich aus dem Hause schicken und Sie werden mich mitnehmen müssen, Herr Cronhart.«

»Was sagst du da? Was meinst du damit?«, fragte Doktor Löwen. Barbara Löwen antwortete nicht. »Wissen Sie, wovon sie spricht?«, wandte er sich an Cronhart.

»Ich fürchte, ja. Sie wissen, dass mein Nachfolger Ruths Tod noch einmal untersucht. Und in diesem Zusammenhang bin ich gestern noch einmal bei Ihrer Frau in Oberrad gewesen, Herr Doktor Löwen. Mit schlimmsten Ahnungen.«

»Was konnte Sie denn so besorgt machen, Herr Cronhart?«, fragte der Arzt voller Unruhe.

»Ich habe gestern ihr gegenüber einen Verdacht geäußert, den sie aber weder entkräften noch bestätigen wollte. Da habe ich sie vor die Wahl gestellt, entweder heute zu Ihnen zu gehen und Ihnen gegenüber alles aufzudecken und zu gestehen, wenn es denn etwas zu gestehen geben sollte, oder aber auf mich und Kommissar Grossmann zu warten und mit uns zu einem … Verhör ins Präsidium zu kommen.«

Doktor Löwens Augen weiteten sich voller Schrecken. Er bedeckte instinktiv seine Ohren mit den Händen, als wolle er nichts weiter hören, und flüsterte kaum vernehmbar: »Und dass sie hergekommen ist, bedeutet …?«

»Ich befürchte, es bedeutet genau das, was Sie im tiefsten Innern wissen …«

Barbara Löwen setzte sich aufrecht hin und blickte die beiden Männer an. »Ich werde es ganz kurz machen. Die Details werde ich dann später vor dem Kommissar darlegen. Wir gehen zurück zu diesem entsetzlichen Tag, als Ruth starb. Sie kam spät von der Schule nach Hause, wir«, sie schaute zu ihrem Mann, »warteten schon mit der Suppe auf sie. Du warst voller Sorge. Die quälte dich, seit uns die Puppe geschickt wurde. Ich bat dich anzufangen, aber du hast dich geweigert. Du sagtest, du könntest keinen Löffel herunterbringen, bevor nicht das Kind gesund und munter daheim wäre. Dann kam sie, sie lachte und war fröhlich und entschuldigte sich, dass sie sich mit einer Freundin ein wenig verplaudert hätte. Ich habe sie wegen dieser Gedankenlosigkeit gescholten, ich fürchte, ich habe sie sogar rücksichtslos genannt. Nachdem wir die Küche aufgeräumt hatten, schickte ich sie zu meinem Vater, dem sie das erste Gebäck des Jahres vorbeibringen sollte. Es war Ende November, genau vor einem Jahr, kurz vor der Weihnachtszeit. Du warst dagegen, weil du meintest, dass sie dann bei ihrer Rückkehr in die Dunkelheit geriete, aber ich bin wie immer nicht darauf eingegangen. Ich hasse mich wegen all der lieblosen Bemerkungen, die ich gemacht habe. Aber es war einfach wie immer, ich konnte alles perfekt bedenken und planen und tun, alles in deinem Sinn, in der Praxis und im Haus, erntete aber unfreundliche Blicke, nein, eigentlich gar keine. Aber darauf brauche ich jetzt nicht mehr einzugehen, das haben wir ja alles schon vorhin besprochen …«

»Und leb' mich wund an Pflicht«, warf Cronhart zum zweiten Mal ein, und Barbara Löwen nickte, bevor sie fortfuhr: »Ruth war kaum weg, da habe ich Gewissensbisse bekommen, weil ich durch meine abweisende Kälte wieder einmal die lebensfrohe Daseinsfreude des jungen Mädchens unterdrücken wollte und weil ich nach einem Blick auf die Uhr auch eingesehen habe, dass sie den Weg dorthin und wieder nach Hause nicht vor Einbruch der Dunkelheit schaffen konnte. Deswegen habe ich beschlossen, sie zu begleiten. Ich bin in den Mantel geschlüpft, schnell zum Bahnhof gefahren, ich dachte mir nämlich insgeheim, dass sie mit dem Zug fahren würde, obwohl wir das nicht ausdrücklich besprochen hatten, aber sie spazierte doch dort so gerne herum, am Main, durch die Felder. Und die Sonne hat geschienen, es war sogar recht mild, nicht so ein kalter Wintertag wie heute. Hoffentlich erwische ich sie noch, habe ich gedacht. Das arme Mädchen, das wegen ein paar Minuten gescholten wird. Ich kannte natürlich die Abfahrtzeiten, ich besuchte meinen Vater ja regelmäßig. Ein Blick auf die Uhr, ja, es würde noch reichen. Ich rase zum Bahnsteig. Ich sehe Ruth nicht, renne den Bahnsteig entlang, ganz weit, hinaus aus der Halle, ganz weit hinaus. Dort steht sie, und sie ist nicht allein, nicht traurig, sondern hat eine Freundin bei sich, und sie lachen. Lachen sie über mich? In mir ist in dieser Sekunde irgendetwas zersprungen, als sei mein Herz zerplatzt, auseinandergerissen in zwei Teile, und der gute Teil wurde immer kleiner und kleiner und der böse hat sich aufgeplustert und hat Beine und Arme bekommen und ist fast hingeflogen dorthin, wo sie standen. Ruth hat gesehen, wer da auf sie zurennt, und sie hat ihrer Freundin, ich habe sie kaum wahrgenommen, ich sah nur Ruths lachenden Mund, etwas gesagt. Ich meinte, sie sagen zu hören: ›Geh weg, da kommt sie, die böse Hexe.‹ Und ich ging weiter. Oder rannte. Vielleicht schlich ich auch. Ich weiß es nicht. Irgendwo setzte ein schreckliches Schreien ein. Ich ging weiter. Ging direkt auf sie zu, in sie hinein, rannte sie um. Der Schrei wurde ganz laut. Ich dachte, es sei Ruth, aber es war nicht Ruth. Ruth lag unten und die Lokomotive dampfte auf sie zu. Ich bin weggegangen. Ganz langsam. Die Leute hatten alle ihre Blicke dorthin gerichtet, woher der Schrei kam. Niemand hat auf die arme Ruth geschaut.«

Barbara Löwen rannen Tränen aus den Augen, aber sie wischte sie weg und fuhr fort: »So habe ich dein Kind umgebracht. Du wirst es mir nie verzeihen können. Und ich bitte dich auch nicht darum. Herr Cronhart, können wir jetzt ins Präsidium gehen?«

Cronhart blickte zu Doktor Löwen. Der schaute seine Frau an. Cronhart konnte seinen Blick nicht deuten.

»Herr Cronhart«, ergriff dieser schließlich das Wort, »Barbara war ihrer Sinne nicht mächtig damals, dort auf dem Bahnsteig. Ihr Herz ist zerplatzt, wie sie sagt, und mit ihrem Herzen auch ihr Verstand, ihre Vernunft, ihr moralisches Empfinden, alles, was Barbara ausgemacht hat. Das sage ich Ihnen als Arzt. Barbara hat sich jetzt wiedergefunden, sie tut Gutes, sie bereut, von ihr wird niemals wieder irgendeine Gefahr ausgehen. Ich bitte Sie, alles, was Sie heute gehört haben, in sich zu verschließen. Barbara gehen zu lassen. Sie ihr Kinderheim einrichten zu lassen. Weiter um Ruth trauern zu lassen und um sich und ihre eigenen Mädchenträume.«

Cronhart dachte lange nach.

Dann nickte er: »Mit Max Grossmann werden wir alle sprechen müssen, umso mehr, als ich ihm bereits von meinem gestrigen Besuch bei Ihrer Frau erzählt habe und auch von meinem Verdacht. Aber ich kann Ihnen zuverlässig zusichern, dass auch er die von Ihnen vorgeschlagene Lösung einer juristischen vorziehen wird.«

Er wandte sich Frau Löwen zu: »Ich werde Sie jetzt zu Ihrem Vater bringen, Frau Löwen.«

Barbara Löwen stand auf: »Ich bin in der Lage, alleine nach Oberrad zu fahren.« Sie reichte Cronhart die Hand und wollte sich bedanken, aber er wehrte ihren Dank ab: »Ich werde Sie einmal besuchen, wenn ich darf. Wenn der Krieg vorbei ist.«

Dann sah sie zu ihrem Mann. Auch ihm wollte sie die Hand reichen, zog sie aber in der Bewegung wieder zurück. Doch Doktor Löwen griff danach und verabschiedete sich: »Ich werde dich nicht besuchen, Barbara. Nie. Aber ich wünsche dir, dass dir gelingt, was du dir vorgenommen hast, und dass du dabei Zufriedenheit findest.«

Dann drehte Barbara Löwen sich um und verließ die Küche. Die beiden Männer hörten, wie die Haustür zufiel, und vernahmen wenig später das laute Klopfen des Schlegels auf dem Löwenmaul.

»Hat sie etwas vergessen? Muss sie noch etwas gestehen?«, fragte Cronhart beklommen.

»Nein«, antwortete der Hausherr. »Sie hat nur, als sie ging, das Plakat von der Eingangstür genommen, mit dem sie heute Morgen hier erschienen ist, um uns eine ungestörte Aussprache zu ermöglichen. Ich nehme an, sie denkt, dass es für mich am besten sei, wenn ich mich jetzt wieder um meine kleinen Patienten kümmere.«

8

Ernst fällt nicht, habe ich gedacht. Denn es gab noch etwas, das er tun musste.

Wir waren im September 1916 das letzte Mal zusammen, Ernst, Emma und ich. Wir waren so glücklich. Emma konnte noch erfahren, wie leicht und unbeschwert das Leben sein konnte. Und in den Nächten versuchte ich, in seinen Armen wach zu bleiben, um keine Sekunde des Glücks zu versäumen.

Dann musste er zurück an die Front. Wenig später ist Emma gestorben.

Ich wusste, dass er heimkommen würde, um mit mir zu trauern. Vor der Puppe zu weinen.

Deswegen konnte ich nicht glauben, dass er tot war.

Das Schweigen im Salon dauerte lange an.

Es war schließlich Mascha, die als Erste aussprach, was wohl auch Rosalinde und Selmar dachten: »Wer aber hat Valentins Puppe gestohlen, verschönert und hierhergebracht? Und warum?«

Sophia wandte sich an Luise: »Erlaubst du, dass ich die anderen beiden Puppen hole? Deine Trauerpuppen?«

Luise stimmte zu und wieder musste Sophia hinauf in den zweiten Stock steigen. Dort wollte sie nämlich endlich die zweite Schachtel öffnen. Es ließ sich nicht länger hinauszögern. Da Sophia jetzt auch wusste, dass sie darin die Puppe von Luises Mann finden würde, war ihr beklommenes Unbehagen auch weniger groß als zuvor.

Wirklich fand sie in der Schachtel die Puppe eines jungen Mannes vor. Er trug keine Uniform, sondern eine einfache schwarze Leinenhose und ein weißes Hemd. Aber neben ihm lag, wie weggeworfen, eine zerknüllte Uniform. Und mit seinen Füßen schien er seine Soldatenstiefel wie verächtlich in die Ecken seines Sarges weggeschoben zu haben. Sophia ließ den Blick hochwandern, um sein Gesicht anzuschauen. Er würde bestimmt die Augen geschlossen haben, als schliefe er.

Sie erschrak.

Denn mit diesem Gesicht hatte sie nicht gerechnet. Sie kannte diesen jungen Mann. Seltsam, dass Luise eine Trauerpuppe dieses Mannes in einen Sarg gelegt hatte. Denn dieser junge Mann lebte noch.

Sie ging mit beiden Schachteln zurück in den Salon. Unten hielt Selmar inzwischen Luises Hand und die beiden wirkten sehr zusammengehörig. Luise schien nach ihrer Beichte ein wenig Farbe gewonnen zu haben, vor allem aber ruhiger geworden zu sein. Rosalinde saß ein wenig abseits von ihnen, blickte aber voller Verständnis und Empathie auf ihren Mann und Luise.

Sophia war so aufgeregt, dass sie es kaum vermochte, ihre Beobachtung mitzuteilen. Sie gab Luise die erste Schachtel. Diese öffnete sie und zeigte Selmar und Rosalinde die Trauerpuppe ihrer Tochter. »Unsere Emma.«

Die zweite Schachtel reichte Sophia Max: »Er ist …«

»Ja?«

»Er ist da. Hier.«

»Wer?«

»Der Mann.«

»Sophia, du sprichst in Rätseln! Wer ist da?«

»Der Tote. Nein, der Soldat. Der Zivilist. Der junge Mann aus der Schachtel.«

»Du sprichst von dieser Männerpuppe?«

»Nein, versteh mich doch. Der Mann, dessen Abbild die Puppe ist.«

»Die Vorlage? Die lebendige Vorlage?«

»Ja. Ich habe ihn heute ganz in der Früh im Stiegenhaus gesehen. Er kam aus dem Bad heraus, er war es. Ganz bestimmt. Wer ist er? Und was will er hier? Luise, warum hast du eine Puppe von ihm?«

»Es ist dunkel hier in der Früh, vor allem im Treppenhaus«, sagte Mascha, »trotz der Petroleumlampen. Und du warst doch bestimmt übermüdet. Hast da in meinem Zimmer gelegen und auf mich gewartet. Meinst du nicht, dass du dich geirrt haben könntest? Ein junger Mann, sagst du? Ich habe dir doch schon einmal erzählt, dass das hier kein Mädchenpensionat ist. Manche der Damen haben Männerbesuch. Da sind die Rossos ganz tolerant. Eine ihrer guten Eigenschaften.«

»Ja. Ich weiß. Aber er war es. Ganz bestimmt. Nur verändert. Der Puppenmann ist, obwohl er die Augen geschlossen hat, entspannt, als lächle er. Er ist leger gekleidet, seine Gesichtsfarbe ist frisch, sein Haar zwar unkonventionell lang, aber sehr gepflegt. Und der nächtliche Gast im Badezimmer war ganz, ganz dünn, ungepflegt, seine Haare waren kürzer als bei der Puppe. Schon länger als üblich, aber sehr strähnig. Und er war furchtbar blass. Seine Augen hielten mich nicht fest, er blickte an mir vorbei. Unglücklich war er. Sehr, sehr unglücklich.«

Inzwischen hörten auch Selmar, Luise und Rosalinde Sophias Bericht zu.

»Du hast ihn gesehen, Sophia?«, fragte Luise.

»Ja.«

»Hier?«

»Ja.«

»Mit deinem inneren Auge?«

»Wie könnte ich das. Ich kenne ihn doch nicht.«

»Vielleicht hast du mich einmal mit seiner Fotografie in der Hand vorgefunden, das kann doch sein.«

»Ja. Kann sein. Aber, Luise, ich kann nur wiederholen, dass ich den Mann, dessen Abbild ich da in meinen Händen halte, heute Morgen hier in der Pension gesehen habe.«

»Sophia. Das kann nicht wahr sein!«

»Doch. Ich habe mich nicht geirrt, ich bin ganz sicher. Wer ist es?«

Doch Luise konnte ihr keine Antwort mehr geben. Sie sah zuerst kreideweiß auf Sophia und sackte dann auf ihrem Stuhl zusammen. Mascha kümmerte sich sofort um die ohnmächtige Frau.

Was die arme Luise heute alles noch einmal durchleben muss. Welchen Schmerz, welche Rätsel, dachte Sophia und drehte die Puppe um, so dass alle sie sehen konnten. »Kennt ihr ihn?«

Ihr Blick fiel auf Selmar Marsel, der mindestens so bleich aussah wie Luise, die gerade wieder die Augen geöffnet hatte.

Selmar schien ebenfalls außerstande, eine Antwort zu geben. Es war Luise, die nach einem kurzen Räuspern ganz fest sagte: »Das ist Ernst. Mein Ernst.«

»Dann lebt Ernst«, sagte Sophia. »Dann hattest du recht damit, dass er heute Nacht nach dir geschaut und dich geküsst hat.«

Luises Farbe im Gesicht wechselte schlagartig von hellem Weiß zu kräftigem Rosa. Alle schauten sie an und dachten, noch nie einen Menschen gesehen zu haben, der so glücklich lächelte. Sophia fing Rosalindes Blick auf und meinte, in deren Augen zu lesen, dass sie recht gehabt hätte, dass wirklich alles um Luise kreise. Doch diese Ebene erschien ihr jetzt unangebracht. So ging sie nicht darauf ein und lächelte der Schauspielerin nur verständnisvoll und freundlich zu.

Die eigentliche Aufklärung kam von Selmar. Dieser teilte ihnen in wenigen Sätzen mit, dass Ernst vor drei Wochen hier aufgetaucht sei, er habe ihn vor der Pension abgepasst. Und Ernst habe ihn gebeten, ihn bis zum Ende des Krieges zu verstecken. Er habe ihm das zugesichert, aber nur unter der Bedingung, dass niemand, nicht einmal Luise, davon erführe. Denn die Sanktionen, die Fahnenflüchtigen und ihren Helfern drohten, seien nicht zu unterschätzen*. Und die liebe Luise sei nun einmal keine Schauspielerin wie Rosalinde, und sie hätte niemals ihr plötzliches Glück verbergen können. Er habe Ernst zunächst im Haus seiner Mutter versteckt, wo er deswegen auch viele Nächte verbracht habe, um seinen Freund mit dem Nötigsten zu versorgen. Doch obwohl er eigentlich dachte, dass das Haus seiner Eltern mit den vielen ungenutzten Räumen ein perfekter Unterschlupf sei, war dem nicht so. Seine Mutter nämlich habe einen sehr leichten Schlaf und gehe auch in der Nacht dem geringsten Geräusch nach. Sie habe schon angefangen, davon zu sprechen, dass ein Geist das Haus heimsuche, und wollte den Rabbiner um Hilfe bitte. Deswegen habe er Ernst hier in der Pension untergebracht, und hier sei alles viel leichter gewesen. Die vielen Bewohner, zahlreiche Lieferanten, ständige Besuche von Kollegen und Freunden, auch in der Nacht, die vielen ungenutzten Kammern, auch sein eigenes kleines Räumchen, das Rosalinde ihm dazugemietet hatte, damit er Ruhe fände, eine offene Speisekammer, ein Badezimmer in jedem Stockwerk, und zur Not ein Versteck unter den Decken und Möbelstücken, die ungenutzt und halbvergessen auf dem Dachboden aufbewahrt wurden. Alles sei gut gegangen, erzählte Selmar, besser als erwartet. Und im Dunklen, also nachts, sei Ernst hinaus ins Freie gegangen,

* Im Ersten Weltkrieg gab es in Europa in allen Armeen Hunderttausende Fahnenflüchtige, teilweise gut getarnt durch falsche Ausweise, mit denen immenser Handel getrieben wurde. Gegen Ende des Kriegs wuchs die Zahl der Deserteure noch einmal sprunghaft an.

habe sich auch manchmal ins Theater geschlichen. Er habe sich langsam, sehr langsam, von den Strapazen erholt, die ihm seine Flucht von der Front und sein gefährlicher Heimweg durch Frankreich bereitet hatten, auch seelisch. Langsam habe Ernst an seinen Erkundungsgängen durchs Haus und seinen Versteckstrategien sogar Spaß gehabt, obwohl das Wort in diesen Zeiten unangebracht sei. Ein paarmal sei er wie ein Kobold aufgetreten und habe sich damit amüsiert, allerlei Schabernack zu treiben. Luise hingegen habe er beschützt, ihr sei nie etwas weggekommen oder verräumt worden.

Allerdings sei dann ein Problem aufgetreten, Ernst habe angefangen, ihn um seinen vertrauten und freundschaftlichen Umgang mit Luise zu beneiden, obwohl er ihm mehrfach versichert, zugesichert, ja, versprochen habe, dass Luise seine Freundin sei wie er, Ernst, sein Freund. Er tröste sie wie sie ihn, er beschütze sie wie sie ihn.

Und dann habe Ernst diese Dummheit mit der Puppe gemacht. In einer Nacht, in der er sehr allein und verzweifelt war. Er habe die Puppe aus dem Theater geholt und sie mit seinen Werkzeugen, die Luise ja alle wohl verwahrte, und mit Luises Instrumenten und Materialien perfektioniert, so gut er es vermochte. Denn er habe ja schließlich während ihres Zusammenlebens viele der Fertigkeiten Luises von ihr beigebracht bekommen, wie sie umgekehrt von ihm fast alles gelernt habe, was er konnte. Dann habe er die Puppe wie eine Tote in einen Sarg gelegt. Ernst wollte ihm auf die verquere symbolische Art von Künstlern vor Augen führen, dass er sich stärker von Luise zurückhalten solle. Dass schließlich Rosalinde seine Frau sei und dass sie, anders als die Puppe, am Leben sei. Während Luise sich für eine Witwe halte, aber keine sei. Was aber nur Selmar wisse und hoffentlich nicht vergessen habe.

Am nächsten Tag, als die Puppe entdeckt wurde, habe Ernst sich schon furchtbar geschämt. Deswegen, weil er auch nur einen Augenblick lang dachte, dass Luise sich noch in der Trauerzeit in einen anderen verlieben würde, deswegen, weil er seinen Freund durch diese Puppensache in Gefahr brachte, deswegen, weil er sah, wie ängstlich Luise wurde und wie unglücklich er den armen alten Valentin gemacht hatte. Glücklicherweise waren Rosalinde und die anderen kaum besorgt. Es sei zu einem großen Streit zwischen ihm und Ernst gekommen, doch dann habe er beschlossen, seinem Freund und Lebensretter trotzdem weiter beim Verstecken und Überleben zu helfen.

»Wo ist Ernst Schlerk jetzt?«, fragte Max Grossmann und stand auf. Luise tat es ihm gleich. »Bring mich hin, Selmar!«, bat sie.

Sophia legte die wenigen Kleidungsstücke, die sie mitgebracht hatte, in ihre Reisetasche und blickte sich zum letzten Mal in Maschas Zimmer um. Nein, sie hatte nichts vergessen. Das Typoskript von Selmars »Frauen im Krieg« hatte sie bereits ganz unten in der Tasche verstaut, und das juristische Fachbuch, das die letzten drei Nächte ungeöffnet auf ihrem Nachtkastel lag, hatte sie sich oben griffbereit zurechtgelegt, um sich während der Fahrt nach Zürich damit zu beschäftigen. Noch einmal streifte ihr Blick das Bett, dann verließ sie schnell den Raum. Von unten hörte sie leises Sprechen und Lachen; an diese Geräuschkulisse im Hause Rosso war sie inzwischen gewöhnt. Das würde sie vielleicht sogar vermissen in der ruhigen Abgeschiedenheit ihrer großen und eleganten Züricher Wohnung am See. Und Mascha natürlich, obwohl sie insgeheim froh war, die Freundin verlassen zu können, weil sie immer noch Gewissensbisse plagten. Hätten die sich doch nur stärker bemerkbar gemacht, bevor sie ihrer Leidenschaft so spontan und unüberlegt nachgegeben hatte. Dann könnte sie Mascha zum Abschied unbefangen und liebevoll umarmen.

Was der Pensionswirt an meiner Stelle sänge?, versuchte sie sich abzulenken, und dann fielen ihr die Worte des Zaren* ein: »Verraten! Von euch verraten, Denen ich Vertraun und Liebe geweiht.« Ach nein, das passte nicht, das wäre Maschas Text, wenn diese etwas wüsste.

Aber es half alles nichts, Sophia musste die Stiegen hinabgehen und sich unten von den Pensionsinhabern und ihren Mitbewohnern und Mitbewohnerinnen der letzten Tage verabschieden.

Trotz des Geräuschpegels fand sie nur wenige Pensionsgäste im Salon versammelt, die beiden Musiker, mit denen sie kaum ein Wort gewechselt hatte, waren da, Wilhelmine Koscinski, mit der sie ebenfalls kaum etwas zu tun gehabt hatte, und Friedhilde Rosso, die sich bei Sophia sehr formvollendet für deren morgendliche Hilfe – »Sie wissen schon, Frau Sachtl«, – bedankte und dabei eine ausufernde Geste machte, die leicht in einer Umarmung Sophias hätte enden können. Sie hätte Sophia gerne an den Bahnhof gebracht, murmelte sie, aber seit Klementine nicht mehr bei ihnen sei, ersticke sie in Arbeit.

Und natürlich war Mascha da, um sie zum Bahnhof zu begleiten. »Wollen wir uns ein Taxi nehmen, Sophia?«, fragte sie.

»Nein, Mascha, der kurze Weg bis zur Elektrischen wird mir guttun, und ich habe ja wirklich nur leichtes Gepäck bei mir.«

Schweigend gingen die beiden Freundinnen den Sophia schon so gut bekannten Weg stadteinwärts hinunter, bis sie das Uhrtürmchen sahen und an der Straßenbahnhaltestelle stehen blieben. Immer noch fiel Schnee, und inzwischen blieb er schon in den Wallanlagen und auf den Hausdächern liegen, nur auf der Straße verwandelte er sich sofort in schmutzigen

* Albert Lortzing: »Zar und Zimmermann«

Matsch. Die Straßenbahn kam bald darauf angefahren und beim heftigen Bremsen spritzte schmutziges Schneewasser auf. Die zwei jungen Frauen stiegen ein und Sophia schaute zum Fenster hinaus, als nähme sie Abschied von jedem Gebäude, an dem sie vorbeifuhren. Am Bahnhof angekommen, gingen Sophia und Mascha so zügig zu dem Gleis, das ihnen am Fahrkartenschalter genannt worden war, als könnten sie den Abschied kaum erwarten. Dabei hatte diese wortlose und effektive Bewältigung des Wegs dazu geführt, dass sie viel zu früh angekommen waren. Ganz vorne am Bahnsteig stand ein junger Mann, er mochte kaum dreißig Jahre alt sein, der in jeder Hand einen kleinen Blumenstrauß hielt. Frühe Christrosen, dachte Sophia, wie schön, ganz weiß, und dabei so klein, so unscheinbar. Und der wunderbare leichtrosa Rand an jedem Blatt der Blumen, die fast wie große Schneesterne aussahen. Wie passend, heute beim ersten Schneefall des Jahres und so kurz vor Beginn des Advents. Aber ungewöhnlich früh. Ob es die irgendwo zu kaufen gab? Oder hatte er sie aus irgendeinem Garten? Sie schaute zu Mascha hinüber und dachte daran, wie gut Mascha und sie sich früher immer verständigen konnten, schnell, wortlos, aber nie kam es zu Missverständnissen. Und heute schien dieselbe Wortlosigkeit, die früher für ihre Eintracht stand, sie zu trennen. Ja, Mascha blickte definitiv nicht zu ihr. Sie schaute den jungen Mann an und errötete heftig. Sophia fragte sich, ob das ein Bekannter ihrer Freundin sei, ein Kollege vielleicht oder ein ehemaliger Patient. Aber dann wäre sie bestimmt nicht so rot geworden. Mascha räusperte sich: »Sophia, meine Liebe, ich habe hier jemanden herbestellt, um ihn dir vorzustellen. Du hast ja bestimmt bemerkt, dass ich trotz Urlaubs jeden Tag einmal kurz ins Krankenhaus gegangen bin. Das war nicht nur wegen eines Patienten, sondern auch wegen – ihm.« Sie ging auf den Mann zu, umarmte ihn innig und stellte ihn dann ihrer Freundin vor: »Das ist ein Kollege, und seit ein paar Wochen ist er mehr als das. Darf ich vorstellen? Doktor Hugo Hoven. Und das, Hugo, ist meine Sophia. Seit Tagen erzähle ich dir ja nur von ihr. Vertragt euch bitte, meine Lieben, und mögt euch.«

Sophia war unendlich erleichtert. Ohne nachzudenken, sagte sie spontan: »Und was ist mit Max? Ich dachte, Max und du …?« Jetzt bemerkte sie ihren Fauxpas und entschuldigte sich: »Es tut mir leid, Mascha, Herr Doktor Hoven, verzeihen Sie mir bitte. Mascha wird Ihnen versichern, dass ich mich normalerweise nicht so schlecht benehme.«

Doktor Hugo Hoven war in keiner Weise irritiert. Er schien sich über Sophias Zerknirschung eher zu amüsieren und fragte gespielt zornig: »Welcher Max? Mascha, ich muss doch sehr bitten!« Sophia verstand sofort, was den jungen Arzt für Mascha so anziehend machte. Er sah gut aus, sehr gut, er war ein wunderbarer Arzt, das wusste sie, weil Mascha in den vergangenen Tagen sehr oft seinen Namen als den eines Kollegen, von dem sie viel lernen konnte, erwähnt hatte, er war klug, hatte Humor und war nicht so leicht aus der Ruhe zu bringen. Er überreichte Mascha und ihr je ein Sträußchen und fragte Mascha lachend, ob er wohl die Prüfung bei ihrer Freundin bestanden hätte.

»Ach, Mascha, warum hast du uns nicht früher miteinander bekannt gemacht?«, fragte Sophia. Aber sie wusste die Antwort. Schließlich waren die letzten Tage so vollgestopft gewesen mit Terminen, Gesprächen, Unternehmungen, die für den Fall wichtig waren, dass die Zeit für eine Vertiefung ihrer Bekanntschaft mit Hugo Hoven gar nicht gereicht hätte. Aber jetzt hatte sie wenigstens Gewissheit, dass es ihrer Freundin wirklich in allen Belangen wieder gut ging. Sie freute sich und nahm Mascha spontan in den Arm. »Aber das heißt doch auch …?«, fiel ihr ein. »Ja«, antwortete Mascha.

»Wovon sprichst du mit deiner wunderschönen Freundin?«,

schaltete sich Hugo Hoven ein. »Ach, nichts«, sagte Mascha. »Frauengespräch.«

»Das klang aber eher so, als sei es ein Frauengespräch, das von einem Mann handelt. Sprecht ihr schon wieder von diesem Max?«

Sophia und Mascha lachten.

»Ja«, sagte Mascha. »Ich glaube, dass Sophia manchmal gedacht hatte, ich sei interessiert an Max Grossmann, dem jungen Kommissar, von dem ich dir erzählt habe.«

»Der, der uns erwischt hat? Schmusend im Krankenhaus? Vor ein paar Wochen?«

»Ja, genau der«, sagte Mascha amüsiert. »Aber wir haben nicht geschmust, wie klingt denn das! Wir haben einen sanften Kuss ausgetauscht.«

»Ich erinnere mich da eher an eine leidenschaftliche Umarmung«, scherzte Hugo Hoven, der offensichtlich bereit war, Sophia genauso offen entgegenzutreten, wie Mascha das tat. Mascha setzte ihren Bericht fort: »Weißt du, Sophia, Hugo und ich standen im Entree des Krankenhauses. Beide sozusagen in Berufskleidung, also in unsern weißen Kitteln und mit dem Stethoskop vor der Brust. Aber zu unserer Ehrenrettung muss ich sagen, dass wir schon Dienstschluss hatten und nur kurz besprachen, wie und wo wir den Feierabend verbringen wollten. Und da ist es eben passiert, diese situationsunangemessene Annäherung. Gut, wir standen ein wenig neben dem Empfang und der Schalter war gerade nicht besetzt. Da trat ein junger Mann mit einer roten Mähne zu uns. Er hatte gut sichtbar Goethes »Faust« in der Hand. Er fragte uns, in welchem Zimmer ein Freund von ihm läge.«

»Und ich wusste es sogar zufälligerweise, denn ich hatte ihn unter meinem Messer«, unterbrach Hugo Hoven.

»Ich hingegen hätte es nicht einmal sagen können, wenn ich es gewusst hätte, so peinlich war mir die Situation.«

»Und das war Max, nicht wahr?«, sagte Sophia.

»Ja, das war Max. Du kannst dir vorstellen, wie erschrocken ich war, als ich ein paar Wochen später im Polizeipräsidium auf ihn traf. Du musst doch gemerkt haben, wie seltsam ich mich verhalten habe?«

»Ja, schon, aber ich habe es etwas anders gedeutet. Ich habe, ehrlich gesagt, vermutet, dass du ein wenig … verliebt in ihn gewesen seist.«

»Ach du liebe Güte. Ich habe doch nur Augen für diesen Mann da.« Mascha ergriff ihren Freund fest am Arm. »Aber weil es mir peinlich war, habe ich diesen Scherz gemacht, dieses Faust-Zitat. Als Anspielung. Aber er hat mich nicht erkannt. Die meisten Leute achten, wenn ihnen jemand in Uniform oder Berufskleidung begegnet, nur auf seine oder auch ihre Rolle und schauen nicht auf das Gesicht. Und ich glaube, Max weiß bis heute nicht, wo er mich schon einmal gesehen hatte, obwohl ich ihm so viele Tipps gegeben habe. Den »Faust«, das Krankenhaus, seinen Krankenhausbesuch, seinen Freund … Hätte Hugo übrigens gestern Abend keinen Dienst gehabt, dann hätte ich auch ihn mit zu Delavilla genommen. So habe ich nur darum gebeten, dass er heute hier erscheint. Ich konnte dich nicht abreisen lassen, ohne dass ihr beide euch kennen gelernt habt!«

Sophia war auf einmal ganz, ganz glücklich. Ohne Einschränkungen glücklich.

»Das freut mich aber, sehr verehrte Frau Sachtl, dass ich so offensichtlich Ihr Einverständnis für meine Beziehung zu Mascha habe. Ich muss gestehen, ich hatte schon ein wenig Angst. Vorstellung bei der besten Freundin, das kann genauso schlimm sein wie der erste Besuch bei den zukünftigen Schwiegereltern.«

Mascha drängte auf einmal weiterzugehen, mehr ans Ende der Halle, dorthin, wo man schon das Freie ahnen könne. Sie hängte sich in Sophias Arm ein und flüsterte ihr schnell zu, dass Max auch dann, wenn sie sich nicht so grenzenlos in Hugo verliebt hätte, für sie unerreichbar gewesen wäre. »Denn das musst du doch gemerkt haben, meine Liebe, Liebste, dass er eigentlich immer nur Augen für dich gehabt hat!«

Das aber hatte Sophia nicht. Jeden Blick von Max, der einer anderen galt, hatte sie konsequent fehlgedeutet. Nicht als Interesse oder Neugier oder Amüsement oder Anteilnahme, sondern immer nur als Liebe. Das hatte ihr ihre Nacht verleidet und dazu geführt, dass sie den ganzen Tag lang weder Max noch Mascha in die Augen blicken konnte. Vertane Zeit, verlorene kostbare Zeit … Doch jetzt nicht noch mehr Zeit verrinnen lassen, indem man der nachtrauert, die unwiderruflich vorbei ist. Im Zug kann ich weiter nachdenken, dachte Sophia und wandte sich entschlossen ihrer Freundin und deren neuem Freund zu.

Da hörte sie irgendetwas, ein kleines Lied. Was war es nur? Und wer sang dort? Fast am Ende des Bahnsteigs? Es klang wie Herr Rosso. Was tat er dort? Und was sang er? »Du Jungfrau, schön und liebevoll, Du traute Jungfrau, lebe wohl, Bis ich dich wiederseh‹«.* Sophia traute ihren Ohren kaum und auch nicht ihren Augen. Da standen um den singenden Tenor herum so viele der Menschen, die sie hier kennen gelernt hatte. Rosalinde war mit Selmar gekommen, Victoria und Charlotte waren ebenso da wie Adrienne und Josephine, und die Letzteren begleiteten Rossos Gesang mit leisem Summen, und dahinter standen noch Hattinger und Delavilla. Und, ja! Heinrich Cronhart und Max Grossmann. Alle winkten und sprachen durcheinander. Manche hatten kleine Geschenke dabei, die sie ihr in die Hand drückten, mehr als sie fassen konnte.

* Mozart: »Die Zauberflöte«; allerdings ist Rosso hier recht kreativ, in der Oper selbst nämlich wird von einem »Jüngling« gesungen, von Tamino.

So musste sie ihre Tasche öffnen und alles darin verstauen, und da trat auch schon Max zu ihr und half ihr und flüsterte ihr Worte ins Ohr, über die sie während der Fahrt nachdenken würde. Alle drückten ihr die Hand, Heinrich besonders fest und liebevoll, die Frauen umarmten sie, Hattinger bestellte Grüße für ihren Vater und allmählich entfernten sich alle, damit Sophia noch ein paar Minuten mit ihrer Freundin blieben, ein paar letzte Minuten für Freundschaft und ein intimes Frauengespräch und Umarmungen und Lachen und Weinen. Und dann für Winken.

Was sie nicht mehr sahen, war, dass auch Mascha und ihr Begleiter bald weggingen.

Sophia hatte tatsächlich noch ein paar intime Momente, allerdings mit Max Grossmann.

Was sagt man in so einer Situation? Was sagt man beim Abschied von jemandem, den man noch kaum kennen gelernt hat? Obwohl man ihm so nahe war wie selten einem anderen Menschen? Sophia fiel noch einmal ein, worüber sie am Morgen nachgedacht hatte. Dass Körper vielleicht eindeutiger und unverstellter reagieren als Worte. Also stellte sie sich auf ihre Zehenspitzen und küsste Max, bis der Dampf des heranfahrenden Zugs sie einhüllte. Gut, ein paar Minuten blieben noch, bis eine neue Lokomotive am Zugende angekoppelt war. Hinein also, beide. Max verstaute die Tasche im Gepäcknetz, holte sie dann auf ihr Geheiß hin noch einmal herunter und sie kramte von ganz unten das Manuskript heraus, das sie jetzt doch lieber lesen wollte als die juristische Abhandlung. Dann streckte er sich mit der Tasche wieder nach oben und Sophia konnte den Blick nicht von ihm wenden.

Er blickte auf die Uhr: »Wir können uns noch zwei Minuten Geständnisse ablegen, Sophia. Liebesgeständnisse. Oder möchtest du lieber Konversation machen, Liebste?«

»Letzteres«, sagte Sophia heiter.

»Gut. Dann stell du mir mit deinem gesellschaftlichen Geschick eine Frage und ich werde sie dir beantworten.«

Sophia gefiel das Spiel: »Da gibt es schon etwas, das ich wissen möchte.«

»Gut. Frag einfach.«

»Was verbirgt sich in der Kammer, die Friedhilde uns nicht aufgeschlossen hat?«

»Du vergisst nie etwas, meine Schöne. Hoffentlich mich auch nicht«, setzte er leicht hinzu.

»Sag es mir bitte. Ich will es wissen.«

»Das willst du nicht!«

»Doch. Sonst erfindet meine Fantasie das Schlimmste. Gebrauchsgegenstände aus Blaubarts Kammer. Aus Folterkammern.«

»Schlimmer!«

»Schlimmer?«

»Ja. Gut, ich deute es wenigstens an. Mehr als andeuten darf ich das nicht. Ich bin immerhin Beamter und muss meine Dienstgeheimnisse wahren. Also lass deiner Fantasie freien Lauf …«

Sophia musste so lachen, dass sie den Schmerz fast vergaß, der ihr in wenigen Augenblicken bevorstand, wenn der Zug losführe und sie Max draußen vor dem Fenster stehen sehen würde, wie er immer kleiner würde und undeutlichere Konturen bekäme und dann im Dampf des Zugs und in der Dunkelheit unter den dunklen Schneewolken, durch die sich kaum mehr ein Lichtstrahl durchkämpfen konnte, vollkommen verschwömme und sich auflöste.

»Ich muss aussteigen«, sagte Max, »ein Kuss noch!«

Er eilte hinaus, Sophia öffnete das Fenster und schaute hinaus. Er stand direkt unter ihr. Weinte sie?

»Wein' nicht, meine Liebe, nur weil ich es dir nicht sage! Du erfährst alles! Die Gebrauchsgegenstände waren rote Mieder und schwarze Schnürleiber und violette Strumpfbänder und seidene Strümpfe und …«

Mehr verstand Sophia nicht mehr, denn der Zug war angefahren. Tränen liefen ihr das Gesicht herunter, aber sie wusste nicht, ob sie vom Lachen oder Weinen kamen. Und Max konnte das auch nicht erkennen, Max, der da draußen vor dem Fenster stand und sah, wie Sophia immer kleiner wurde und undeutlichere Konturen bekam und dann im Dampf des Zugs und in der Dunkelheit unter den dunklen Schneewolken, durch die sich kaum mehr ein Lichtstrahl durchkämpfen konnte, vollkommen verschwand und sich auflöste …

Weitere Krimis finden Sie auf den folgenden Seiten und im Internet:

WWW.GMEINER-SPANNUNG.DE